무대 에튜드

배우를 위한 연기 지침서

서양편 ◆ 724

무대 에튜드

배우를 위한 연기 지침서

Л.М. **쉬흐마토프** · В.К. **리보바** 지음 | **박상하** 옮김

이원기 (청운대학교 방송연기학과)

 뉴욕타임스 지에 실려 있었던 사실이다. 한국이 세계에서 가장 뛰어난 것 10가지. 그 속에는 IT(인터넷)를 비롯하여 김치, 성형 열풍, 한류, K팝 따위가 들어 있었다. 그 기사가 호의적으로 쓴 기사인지 독자에게 재미를 주고자 쓴 기사인지는 알 수 없으나 중요한 사실 한 가지를 간과했다. 즉, 지난 10년 이상 동안 '연극' 또는 '연기' 관련 학과의 입시 경쟁률이 조금도 수그러질 기세를 보이지 않고 줄곧 세계 최고를 유지해오고 있다는 사실이 포함됐어야만 했다. 예외가 없는 것은 아니다. 중국에서 '연극' 전공학과 랭킹 1위인 북경의 중앙희극학원의 경우 연기전공 학생 30명 모집에 매년 1만 명가량이 입시에 응한다. 수년 전, 연변 조선족 자치주의 추모 양이 중앙희극학원 연기 전공자로 합격하자 조선족 사이에서 엄청난 얘깃거리가 되었다는데 당연지사라 할만하다. 그러나 인구 비례로 따져볼 때, 우리나라의 '연극(연기)학과' 입시경쟁률이 중국의 해당 전공 입시경쟁률에 결코 뒤지지 않는다는 것이고, 한층 더 주목해야 할 점은 다음과 같은 것이다. 우리의 대학교육이 문사철(문학, 역사, 철학)과 외국어문학 분야가 빈사상태를 지나 존폐의 위기에 처해있는데 반해 연극(연기) 관련 학과는 갈수록 는다는 점이다. 전망하건대, 이런 현상은 앞으로도 한동안 지속될 것으로 보인다. 30년도 더 된 시절에 이와 같은 수수께끼 같은 일을 겪었다. 예술고등학교 학생 가운데 미술, 음악, 무용 전공자는 대체적으로 집안이 경제적으로 안정되어 있는 데 반해, 연극영화 전공학생 중에 결손가정 출신이 유난히 많았다. 그 당시는 요즘처럼 결손가정이 흔하던 때가 아니었다. 왜 그랬을까? 상담을 해보면 빨리 성공해서 혼자 된 어머니께 효도하겠다는 등의 기특한 생각에서 비롯된 현상이었던 듯하다. 달리 생각해보면 미술이나 음악 무용 등은 기초가 없으면 성공이 어려운데 연극(연기)는 기초 없이도 할 수 있다고, 그리고 성공하면 단박에 인생역전, 돈 벌고 유명해지리라는 환상이 자리 잡고 있었던 게 아닐까? 계속 생각해 본 끝에 얻어낸 결론이다. 젊은이들의 그러한 환상은 요즘도 계속된다. 매년 경향 각지의 수시, 정시 실기시험 채점 위원으로 참여해 본 사람이라면 누구나가 느꼈을 것이다.

『배우의 역설』에서 디드로Dedrot는 '연기'가 얼마나 표현하기 힘들고 정의하기 어려운지를 말하고 있다. 지구를 둘러싼 태양계가 변하고 19세기 말 격동기 속에서 미묘하고도 거대하게 변해가는 러시아 사회의 느낌을 포착하여 표현하고자 함으로써 새로운 극을 창조해낸 체홉의 드라마를 연극으로 구현해보고자 애쓴 스타니슬랍스키는 극의 연출가와 배우가 되는 전 과정이 엄청난 자제력과 더불어 종종 대단한 신체적 인내력이 요구된다고 가르치고 있다.[1]

그에게 직접 연기를 배운 적이 있는 배우 로버트 루이스R. Lewis는 1934년 파리에서 요양 중이던 스타니슬랍스키에게서 배우가 준비해야 되는 과정을 "자기 자신에 대한 작업work on himself부터, 행동, 느낌(열정의 진실성), 진정한 느낌의 창조, 내면적인 느낌의 과정, 감정을 표현하는 과정, 만일 내가magic if, 주어진 상황, 비트beat. 즉 연기에서의 생각의 단위, 작은 과제들, 상상력, 정서적 기억, 주의집중, 진실에 대한 느낌, 느낌의

---

[1] 『스타니슬랍스키의 유산』, Methuen, p. 9

교환, (다른 색깔을 보여주기 위한) 감정의 재창조, 감정교환의 흐름, 상투성을 제거하게 만드는 지배력, 작은 과제들을 마무리 짓고 내적인 움직임의 감각을 숙달하기, 연극적 개성과 장면에 대한 동정적 감각, 작업에 대한 윤리적 엄격함, 템포-리듬, 긴장하지 않고 지내기, 외적인 템포와 리듬, 소리의 적절한 위치 찾기, 말투, 말하는 규칙, 언어에 대한 감각, 움직임, 무용, 펜싱, 운동, 재주넘기(곡예), 조형성, 제대로 걷는 방법, 등 40가지나 설명을 들었다"고 한다.[2]

아리스토텔레스의『시학』과 비슷한 시기에 쓰여진 것으로 알려진 인도의 연극학 고전『나띠야 샤스뜨라』를 보면 수많은 몸동작, 춤동작은 물론이고 관객이나 독자가 느끼는 심미적 느낌인 주요 8가지 '라사RaSa'인 연정, 해학, 비애, 분노, 영웅적 기재, 공포, 혐오, 놀람을 받쳐주는 기반 정서, 부수적 정서, 표출 정서를 표현하기 위하여 머리 연기, 시선 연기, 눈동자 연기, 눈꺼풀의 움직임, 눈썹의 움직임, 코의 움직임, 뺨의 움직임, 입술의 움직임, 볼의 움직임, 입의 움직임, 안색의 처리, 목의 움직임, 수많은 손동작, 손가락 움직임, 팔의 움직임, 가슴의 움직임, 허리의 움직임, 배의 움직임, 엉덩이의 움직임, 허벅지의 움직임, 정강이의 움직임, 발의 움직임, 발동작과 신체의 다른 부위와의 연결 동작 등 엄청나게 많은 것을 익혀야 한다고 설명한다.[3]

'연기'의 경지를 꽃으로 표현한 일본 중세 노드라마能樂(노가꾸)의 위대한 작가이자 연출가요 배우였던 제아미 모토키요世阿弥元淸는 노能의 명인이 되려 하는 자는 무엇보다도 본업 이외의 길에 발을 들여놓지 말아야 할 것과 호색, 도박, 과음, 이 세 가지는 엄금할 것이며, 수련은 철저히

2   김석만,『인간의 마음을 사로잡는 연기의 세계』, 연극과 인간, pp. 54~65 요약.
3   이재숙 옮김,『나띠야 샤스뜨라 (상), (하)』, 소명출판.

하되, 자만심으로 인한 강퍅함은 경계해야 할 것임을 가르치고 있다. 그리고 오래도록 지지 않는 꽃이 되려면, 즉 훌륭한 연기력을 길게 유지시키려면 "많은 노能 작품의 수련과 연구를 극에 이르도록 철저히 연구한 연후에야 비로소 다시는 잃지 않을 진정한 꽃을 오득悟得하게 될 것"이라고 했다.[4]

이처럼 '연기'란 남 보기에는 쉬워보여도 하면 할수록 어려워서 자칫 잘못 뛰어들었다가는 오도 가도 못한 채 인생을 허송하기 첩경인 분야이다. 바로 그런 까닭에 제대로만 들어서서 끝없이 밀려드는 온갖 유혹을 끈질기게 물리치며 정진을 거듭한다면 온 천하를 들었다 놓을 수도 있을 정도로 동시대와 후대에까지 강렬하고도 깊은 울림을 전해줄 수 있는 역설의 예술이다. 세상에는 백약이 무효인 불치의 병조차 고칠 수 있는 명약이 있듯이 명약이기 때문에 독이 될 가능성도 있게 마련이다. '연기(예술)'을 아무나 할 수 있고 누구나 쉽사리 체득할 수 있는 것으로 잘못 생각하는 무수한 젊은이, 배우임에는 분명한데 그 자신을 위해서나 관객을 위해서 시급히 병든 부위를 도려내고 수혈을 해야만 하는 많은 이에게 꼭 필요한 종합비타민 같은 지침서는 없는 것인가?

이에 대한 해답을 찾기에 앞서 세상의 이치부터 되새겨볼 필요가 있다. 왜냐면 모든 예술이 그렇듯 연극이나 연기(술) 또한 세상의 이치와 긴밀히 상통하고 맞닿아 있는 까닭이다. 세상의 큰 모양새가 달라지고 유행이 바뀌고 미의 기준이 변하면 그에 따라 연극의 형태나 양식도 변하고 연기표현 방식도 달라져 왔음을 연극의 긴 역사는 말해준다. 다만 연극의 존재 이유는 교훈적인didactic 면보다는 재미mimetic가 더 중요하다는 것과, 연기술의 핵심은 변신(인물창조)이라는 것 따위가 시대를 초월

---

[4] 제아미 지음, 김충영 옮김, 『풍자화전風姿花傳』, 지식을 만드는 지식.

하여 불변의 진리처럼 전해져 가리라고 추측될 뿐이다. 그리고 만고의 진리와도 일맥상통하는 삶의 빛나는 가치 가운데 하나가 있으니 "연습 (노력)만이 살 길"이라는 말이다. '한류'의 진원지 한가운데에는 우리의 훌륭한 배우들이 있고 그들을 구루Guru로, 혹은 꿈의 멘토로, 또는 롤모델로 여기며 열공하는 수많은 예비배우와 배우지망생이 있다. 이들 모두에게 공통적으로 요긴한 안내서 중 하나가 '에튜드'에 관한 책일 것이다. 때맞춰 이 방면의 역저가 번역되어 나오게 되었으니 너나없이 반기지 않을 수가 없다. 이 책이 지니는 여러 가지 가치 중 가장 소중한 가치는 바로 본격적인 '연기'에 앞서 여러 측면으로 연기의 바탕을 넓혀주고 '준비'를 하도록 유도하고 있음이다. 유행이나 사조보다도 연극(연기)에 담겨있는 더 본질적인 면에 주목하여 많은 날을 예행연습에 보낸 저자의 뜻 깊은 삶의 태도와 그 소중한 결실을 우리나라의 배우들에게 소개하고자 한 박상하 교수님의 혜안은 수많은 배우지망생과 현역 배우에게 바른 길로 정진할 수 있는 기본적인 방침과 방법을 소개시키는 셈이다.

'연기'가 이미 직업이 된 많은 분, '연기'를 생의 목표로 삼으려는 수많은 젊은이가 충분한 시간을 두고 읽어가며 익혀나간다면 가뭄 끝에 단비를 만난 것에 비유할 것인가? 연기 면에서 침체 상태에 빠질 때마다 필요한 부분을 펼치고 다시 공부한다면 그때마다 한 단계 더 높은 차원으로 발돋움 할 수 있는 도약대가 되어줄 터이니 용지불갈의 샘이 따로 없다 할 것이다. 스타니슬랍스키 자신도 에튜드(에쮸드)를 "배우로서의 기술을 발전, 완성시키기 위한 연습이요...중략...배우가 희곡에서 주어진 주제에 따라 반드시 몸으로 수행해야 하는 과제"라고 말했다.[5]

---

[5] 김태훈, 『현장에서 통일되어야 하는 스따니슬랍스끼의 연기학 전문용어 - 개념과 원리의 활용』, 도서출판 예니, p. 190.

당송팔대문장가 중 한명으로 불렸던 구양수歐陽修 선생은 글을 잘 짓는 요체를 "많이 읽고, 많이 생각하고, 많이 지어보는 것"으로 정의한 바 있다. 어찌 보면 연극에서 '에튜드'라는 것도 그와 비슷한 면이 있는 것이 아니겠는가? 다만 차이가 있다면 흔히 생각하는 (반복) 훈련 개념과는 달리 "에튜드의 기지에는 비록 단순한 과제라 할지라도 예술적 사고가 분명히 자리 잡고 있고, 사건의 발전에 있어 우연성의 요소가 배제되며, 반복성을 필요로 하되 매번 새로운 것이라는 인식을 절대적으로 요구하고 있다."는 점이다.[6]

하지만 대상이 변할 뿐이지 지地, 화火, 풍風, 수水라는 세상의 본질 자체가 변할리 없듯이 예술이 꽃 피는 이치의 핵심이 어디 가겠는가? 벼루 다섯 개를 구멍 뚫리고 붓 1000자루를 써 없애고 나서야 만고에 빛나는 추사체秋史體를 남긴 김정희金正喜 선생의 생애가 보여준 바도 어느 면에서는 서예상의 '에튜드'에 해당하리라.

한국 연극계에서 '에튜드'가 본격적으로 소개된 것은 러시아 유학파들 덕분이다. 이제 각 급 학교의 연기교육이나 각 연극단체의 워크숍에서 보다 체계적이고 다양한 각도로 '에튜드'가 활용될 즈음에 박상하 교수님이 '에튜드'의 본고장 러시아의 원조元祖 '에튜드' 계열의 고전을 소개하게 된 것은 여러모로 뜻 깊은 일이다. 계제에 여기서 꼭 집고 넘어갈 것은 이 역서의 출현이 실로 여러 해에 걸쳐 다각도로 치밀하게 궁구한 끝에 나온 결과물이라는 점이다. 즉 옮긴이께서는 그동안 스타니슬랍스키와 네미로비치-단첸코의 적통자였던 박탄고프의 가르침과 업적부터 연구한 이래, 러시아의 현대희곡을 여러 편 번역 소개하는 한편, 교육

---

[6] G. 크리스티 지음, 박상하·윤현숙 옮김, 『스타니슬랍스키 배우교육』, 도서출판 동인, p. 147.

자로서 실습실에서 느낀 필요성과 연출가로서 작업의 현장에서 요구하는 바에 부응하기 위해 때를 기다린 끝에 시의 적절하게 번역 소개하기에 이르렀다는 말이다. 그리고 한 가지 더 알려드리고 싶은 것은 원래 영문학 방면에서 다양한 연구와 해박한 지식을 쌓으며 두드러진 어문학적 능력을 인정받은 바탕 위에 러시아 어문학까지 통달하게 되신 관계로 "때로는 고되고, 때로는 불가능해 보이는 번역이라는 도박이자, 시련이요 감내해야하고 고통"으로 표현되기도 하는 번역을 어느 누구보다도 잘 수행하셨다고 믿는다.[7] 기실. 번역이란 슐라이어마허Schleiemacher의 말마따나 "독자를 저자에게 데려가는 것"이요 "저자를 독자에게 데려가는 것"이며[8] 서로 다른 언어권 간의 문화적 매개이자 자국문화의 확대에 지대한 기여를 하는 행위라고 할 것이다. 이런 면에서도 박 교수께서는 번역자로서의 직분을 훌륭하게 성취한 데 그치지 않고 독일의 질풍노도 Sturm und Drang 시대의 찬란한 별이었던 헤르더Herder, 괴테Goethe에 이어 낭만주의 천재시인 노발리스Novalis를 거쳐 한 때 번역으로 호구지책을 삼았던 제임스 조이스J. Joyce 사무엘 베케트S. Beckett, 보리스 파스테르나크B. Pasternak, 같은 위대한 문사의 후계자로 발돋움하시리라 믿어 의심치 않는다.

---

[7] 폴 리쾨르 지음, 윤성우/이향 옮김, 『번역론-번역에 대한 철학적 성찰』, 철학과 현실사, p. 70.
[8] 앞의 책 p. 75.

15년여에 걸쳐 역자는 러시아의 연극예술을 소개하고자 저서와 번역
작업을 해왔다. 물론 그중 몇 권은 역자가 모스크바에서 수학할 때 이미
번역을 시작한 것도 있었다. 그 결과, 저서인『연기교육자, 연출가 박탄
고프』, 번역서인『러시아 현대희곡− 사랑』,『러시아 현대희곡− 그와
그녀』,『차고 넘치는 시간』, 그리고『스타니슬랍스키 배우교육 I』을 출
판하였고,『스타니슬랍스키 배우교육 II』를 곧 출판할 예정이다. 그러고
난 후, 역자는 쉬흐마토프와 리보바의『무대 에튜드』를 번역하기로 하
였다. 여기에는 특별한 이유가 몇 가지 있었다.

1. 주지하다시피 '스타니슬랍스키 시스템'은 이미 연극적 유산이
   다. 그의 시스템의 핵심도구는 '에튜드'이다. 그러나 국내에는
   '스타니슬랍스키 시스템'에 대해서는 이론적으로 어지간히 알
   려져 있지만, 정작 그의 시스템의 키워드인 '에튜드'에 대해서
   는 실제로 알려진 바가 거의 없다.
2. 역자는 연기를 가르치거나 학습하는 데 있어서 '에튜드'라는
   교육 도구야 말로 주요 무기라고 생각한다. 왜냐하면 '에튜드'
   는 자연인인 배우가 '역할'로 들어가기 전에 반드시 거쳐야 할
   '배우 자신'에 대한 탐구와 긴밀히 맞물려 있기 때문이다. 이
   문제와 해결은 배우에게 실로 중요한 단계인데, '에튜드'는 이
   러한 문제에 대한 모범이다.

3. 역자가 출판한 저서와 번역서, 그리고 전자신문인 〈뉴스브릿지〉에 매주 월요일마다 기고하고 있는 〈연기컬럼〉에는 '에튜드'가 공통으로 내포되어 있다. 그리하여 '에튜드'를 심도 있게 고찰할 수 있는 연기서가 필요했으며, 이에 역자는 많은 에튜드에 관한 책자 중 쉬흐마토프와 리보바의 『무대 에튜드』가 가장 적합한 책이라고 판단했다.

이 책은 배우를 위한 연기 안내서이자 지침서이다. 또한, 이 책은 연기를 위한 실전문제집이다. 저자는 이 책을 다음과 같이 소개한다.

1. 연기교육에서 가장 기본적인 연습과제에 관한 책이다.
2. '박탄고프 극장 부속 B. V. 슈킨 연극대학교'의 1학년부터 수업시간에 사용했던 연기전공 요소들의 기본 프로그램이다.
3. 이 책의 목적은 연극대학 교육자와 학생들에게 연기술의 기본 요소들을 자기화하기 위해 만들어진 실제적인 연습과제의 유형들을 소개하는 것이다.

저자의 언급에 의하면, 이 책은 배우를 위한 기본적인 연습과제에 관한 책이다. '기본'이라는 의미는 연극학교에서 '자신에 대한 배우의 작업'에 해당하는 1학년, 2학년 교과과정을 뜻한다. 이때 필요한 교육기자재가 바로 '에튜드'이다. 그리고 '연습과제'라는 의미는 본 연습에 들어가기 전 해야 할 과정으로서의 실기과제를 뜻하기에 실전문제집, 실기교재집이다. 이때 필요한 교육장치(방법)가 바로 '에튜드'이다. 따라서 '에튜드'는 배우에게 기본적이고 실제적인 연기교육 도구라고 할 수 있다.

앞에서도 언급한 것처럼, 본서는 쉬흐마토프와 리보바가 '박탄고프 극장 부속 슈킨 연극대학교'에서 1학년부터 연기실기시간에 사용했던 연기교육프로그램이 구체적으로 서술되어 있다. '슈킨 연극대학교'는 스타니슬랍스키의 수제자이자 작업의 동료이었던 박탄고프가 설립한 '박탄고프 스튜디오'에서 출발한 연극학교이다.

주지하다시피 '스타니슬랍스키 (배우교육) 시스템'은 배우의 창조 작업에 있어서 인간의 본성 및 자연의 법칙을 위해 강압, 상투성, 진부성 등을 제거한 '신체적 행동'에 의한 연기술이다. 그리하여 박탄고프의 제자인 저자는 스타니슬랍스키와 박탄고프에 의해 구축된 '시스템'을 차용하여 이 책을 기술한다. 그중에서도 '시스템'의 가장 중요한 교육 도구인 '에튜드'에 대한 개념, 활용, 방법 등을 상세하게 적어놓고 있다.

쉬흐마토프와 리보바의 『무대 에튜드』는 크게 두 부분으로 구성되어 있다. 1부는 무대적 집중, 근육의 이완, 상상력, 신체적 자감, 관계의 치환, 제시된 목표 달성을 위한 행동, 무대적 행동의 적극성, 상대배우와의 교류, 2부는 관찰력의 발전, 인물 형상화 작업(문학작품 인물 교류 에튜드)으로 기술되어 있다. 이것은 연극학교의 배우교육에 있어서 저학년, 즉 1학년, 2학년에 해당하는 교과과정으로서 '자신에 대한 배우의 작업'을 중심으로 '역할에 대한 배우의 작업'의 일부를 소개하고 있다.

이제 거의 스타니슬랍스키 연기론자인 아내와 은근히 자극을 지속적으로 주고 있는 인서에게 고마움을 한껏 전하고 싶고, 컴맹인 역자를 위해 고생한 제자 지영, 기연, 미나, 소라, 강연, 형진, 종현, 지우, 재휘, 주연, 예율에게 고맙다는 말을 전한다.

돌곶이에서

동료 여러분!

저는 누구보다 연극교육자로서 자신의 삶을 바치려는 연기과科 동료들이 이 책을 읽으리라 생각합니다.

이 책은 저와 같이 슈킨 연극대학교에서 근무한 레오니드 모이세예비치 쉬흐마토프와 베라 콘스탄티노브나 리보바가 자료를 수집하여 저술한 책입니다. 이 두 사람은 평생 같이 살았으며 두 분 중 어느 분이 저의 지도교수였는지 확실히 말하기 어려울 정도로 평생 함께 학생들을 가르쳤습니다.

『무대 에튜드』의 재발간은 이번이 처음은 아닙니다. 이전 판은 저의 동급생이었던 유라 카틴-야르체프가 에튜드의 편집과 책의 출판을 맡았으며, 이번 판의 편집 책임은 저보다 25년 뒤에 학교를 졸업했고 유리 바실리예비치 카틴-야르체프가 지도교수였으며 베라 콘스탄티노브나 리보바에게 가르침을 받은 미하일 세마코프가 맡았습니다. 이 책은 박탄고프 연극 학파의 계승, 박탄고프가 한시도 잊어서는 안 된다고 강조했던 시대정신 속에서 끊임없이 새로이, 학파의 전통을 보존하려는 사실과 논거라고 할 수 있습니다.

오래전 우리가 슈킨 학생이었을 당시의 슈킨 연극대학교는 철저히 실용적인 교수법을 기반으로 창조적인 자유로움과 즉흥성이 언제나 흘러넘치는 곳이었습니다. 지금도 슈킨의 분위기는 자유의 느낌을 낳는 창조적 해방과 무대에 머무는 즐거움이 존재합니다. 배우가 무대에서 이런 행복한 순간을 혼자서만 누리는 것이 아니라 상대배우와 관객에게 전해주기 위해서는 반드시 연극적 언어를 습득해야 합니다.

본서『무대 에튜드』는 배우라는 직업의 '알파벳'과 어휘 그리고 문법을 습득하는 길을 열어줍니다. 그래서 직업이 아닌 사람에게 이 책은 건조하고 추상적으로 보일 수도 있습니다. 그러나 'a' 또는 'b'는 'a'와 'b'일 뿐이지만 학생들이 그것을 습득하여 얼마나 많은 결합을 만들어낼 수 있을지는 학생들의 개성과 재능, 연기교육자의 자질에 달려있습니다.

L. M. 쉬흐마토프와 V. K. 리보바는 진정한 지식인이었으며, '순수한 피'의 박탄고프인이었고, 1기 스튜디오인이었습니다. 그들은 잔소리하지도, 설교를 늘어놓지도, 우리의 자존심을 짓밟지도 않았습니다.

여러분도 그들의 이런 자질들을 이 책에서 느낄 수 있을 것입니다. 여러분이 이 책의 글과 정신에 흠뻑 빠져들기 바라며 아울러 이 책이 여러분의 교육자로서의 탐색에 도움이 되리라고 확신합니다.

박탄고프 극장 예술책임자

소련 인민배우

국가상 수상자

M. A. 울리야노프

┃차례┃

1. 이 책은 L. M. 쉬흐마토프(Леонид Моисеевич Шихматов)와 V. K. 리보바(Вера Константиновна Львова)가 2006년 '모스크바 ВЦХТ'에서 출판한 세 번째 개정판을 번역 판본으로 한다.

2. 인명, 지명
1) 스타니슬랍스키: 현재 출판된 러시아 연극에 관한 저서와 번역서에는 '스타니슬랍스키, 스따니슬랍스끼, 스타니슬라프스키, 스타니스랍스키, 스타니스라브스키' 등의 한국어로 쓰여 있으나, 역자는 그 중에서도 '스타니슬랍스키'로 통일하여 표기한다.
2) 박탄고프: 현재 출판된 러시아 연극에 관한 저서와 번역서에는 '박탄고프, 박탕코프, 바흐딴꼬프, 바흐탄코프, 바흐탄고프' 등의 한국어로 쓰여 있으나, 역자는 그 중에서도 '박탄고프'로 통일하여 표기한다.
3) 체홉: 현재 출판된 러시아 연극작품이나 저서, 번역서에는 '체홉, 체호프' 등의 한국어로 쓰여 있으나, 역자는 현재 연극계에서 통용되고 있는 '체홉'으로 통일하여 표기한다.
4) 기타 러시아 인명, 지명: 현재 외국어 표기법에 따라 표기한다.

3. 표기 기호
1) 문학작품이나 책은 『 』로, 공연물이나 예술 활동 작품은 〈 〉로 표기한다.
2) 지명, 단체명, 강조부분, 간접인용문은 ' '로 표기한다.
3) 직접인용문이나 대화체는 " "로 표기한다.

예브게니 바그라티오노비치 박탄고프에게 이 책을 바칩니다.

1부

들어가는 말

진정한 예술의 경계선과 창조적인 본성의 유기적인 법칙을 확실히 알게 된다면
길을 잃지 않을 것이며 자신의 실수를 깨닫고 바로잡을 수 있을 것이다.
배우 본성의 법칙에 의거하는 내적 체험의 예술[1]을 위한 확고한 기반이 없다면
길을 잃고 혼돈하다가 기준을 상실하게 될 것이다.
이것이 바로 내가 일체의 예외 없이 모든 분야의 배우들이
내적 체험의 예술의 기본을 익혀야 한다고 생각하는 이유이다.
모든 배우의 학교 작업은 여기서부터 시작되어야 한다.
— K. S. 스타니슬랍스키

이 책은 연기를 위한 기본적인 연습과제에 관한 책이다. 이 책에는
우리가 '박탄고프[2] 극장 부속 B. V. 슈킨 연극대학교'[3]의 1학년 수업시간

---

[1] "스따니슬랍스끼는 이것을 자신이 반대하는 딜레탕티즘, 진부함, 스탬프적인 연기 등과 대립되는 '배우의 창조형태'라는 개념의 전문 용어로서 사용하였다. 시스템의 저자는 배우의 걸음걸음, 각각의 모든 움직임과 행동은 정서에 의해서 정당성이 부여되고, 그때야 살아있는 기운을 가질 수 있다고 생각하였다. 오직 그 경우에만 '자연스러운 진실과 아름다움의 연극'이 만들어지는 것이다. '체험의 예술'은 창조하는 배우의 내적 정서로서 관객의 심리적 감화를 지향하는 예술이다." 김태훈 지음, 『스따니슬랍스끼의 연기학 전문 용어』, 예니, 2009, 36쪽 재인용.

[2] 1883.2.1일 블라디카프카즈에서 출생. 1903년 모스크바대학교 자연과학부 입학, 1904년 법학부로 전과. 1909년 '아다세프 드라마학교' 입학. 1911년 '모스크바 예술극장(므하트)'의 연구원. 1913년 하우프트만의 <대홍수>로 '제1(므하트) 스튜디오'에서 첫 연출작업. 1917년 '학생연극 스튜디오'를 '드라마 스튜디오'로 개명(박

에 수행했던 연기 요소 습득 프로그램[4]에 관해 서술되어 있다.

이 책의 목적은 연극대학 교육자와 학생들에게 연기의 기본 요소들을 습득하기 위해 만들어진 실전 연습과제[5]의 유형들을 소개하는 것이다.

연극예술에는 연기방식이나 인간의 감정과 욕망을 무대에서 구현하는 형식이 서로 다른 여러 연기학파들이 있다. 이들은 배우들에게 다양한 감정을 연기하도록 가르친다. 교육자가 의자에 앉아 '공포의 장면'을 연기하면 그다음 모든 학생들이 교육자를 모방하여 공포를 묘사하는 법을 배운다. 증오, 사랑 등도 같은 과정을 '거친다'. 이러한 외면적이고 진부한 묘사는 특정 형상 고유의 개인적인 감정이 아니라, 사실을 모방하는 '수공업 연극'[6]의 배우들에게 특징적으로 나타나는 '일반적인'(모

탄고프 책임), 이후 '박탄고프 스튜디오'로 명명. '만수로프스카야 스튜디오', '군스트 스튜디오', '제3(므하트) 스튜디오' 책임자. 배우작업으로 L. N. 톨스토이의 <산송장>에서 집시 역, 메테를링크의 <파랑새>에서 사하르 역, 디킨스의 <난로위의 귀뚜라미>에서 테클톤 역, 베르게르의 <대홍수>에서 프레겔 역, 게이에르만스의 <희망의 죽음>에서 단치에 역, 입센의 <로스메르홀름>에서 브렌겔 역, 셰익스피어의 <12야>에서 광대 역 등이 있고, 연출작업으로 자이체프의 <라닌가의 정원>, 베르게르의 <대홍수>, 입센의 <로스메르홀름>, 메테를링크의 <성 안토니의 기적>, 스트린드베리의 <에릭 14세>, 안스키의 <가-지부크>, 고치의 <투란도트 공주> 등이 있다. 좀 더 자세한 설명은 박상하, 『연기교육자, 연출가 박탄고프』, 동인, 2009 참고.

3 [역주] '박탄고프 스튜디오'에서 개명된 연극대학교로 박탄고프의 제자였던 슈킨이 설립하였다. 현재 모스크바 '아르바트 거리'에 있다.

4 [역주] 슈킨 연극대학교의 배우교육 기본 프로그램은 두 단계로 나누어져있다. 즉 '자신에 대한 배우의 작업'과 '역할에 대한 배우의 작업'이다. '자신에 대한 배우의 작업'은 '행동을 위한 요소 훈련', '대상 없는 행동', '1인 에튜드', '2인 에튜드', '관찰 작업' 등으로 구성되며, '역할에 대한 배우의 작업'은 '문학 작품 인물 에튜드', '장면 연기', '공연' 등으로 구성된다.

5 [역주] 본 과제에 들어가기에 앞서 행하는 기초 훈련 형태를 통틀어 말한다. 러시아어로는 упражнение, 영어로는 exercise로 번역된다.

6 [역주] 체계적인 연기법에 따른 것이 아닌 전통적인 연기법에 따른 모방의 연기술, 연극.

든 형상이나 희곡에 나타나는 '일반적인' 공포, '일반적인' 사랑) 욕망과 감정이다. 이러한 '외면적'이고 틀에 박힌 연기 속에서 배우는 행동하는 것이 아니라 행동을 묘사하는 것이며, 느끼는 것이 아니라 느낌을 묘사하는 것이므로 그것은 수공업일 뿐 진정한 예술로 인정될 수 없다.

'재현 연극'[7] 이론가이자 유명한 프랑스 배우인 코클랭은 "가정에서 자신이 맡은 역할에 엄청난 투자를 하여라. 그다음 관객들에게 그 결과를 보여주어라."라고 언급하였다. 재현 연극의 배우는 역할을 준비하는 동안 가정이나 연습실에서 맡은 역할을 내적 체험한 다음 자신의 내적 체험을 쏟아 부을 형식을 암기하여 그대로 무대에서 반복한다. 배우가 연습 기간 실제로 역할을 내적 체험하였고, 감정 또한 개별적인 특성을 나타내며, 기술도 매우 효과적이므로 이러한 연기는 예술로 인정받을 수 있다. 그러나 이러한 창조는 비록 아름답다 하더라도 깊이가 없으므로 내용보다 오히려 형식이 더 흥미롭다.

여러분이 성실히 노력하는 두 배우를 만났다고 가정하자. 한 배우는 차갑고 이성적이며 최고 수준의 거짓을 연기할 수 있는 사람이고, 다른 배우는 뜨거운 영혼과 타고난 재능을 소유한 인물이라고 하자. 만약 두 배우가 똑같이 열심히 배우로서의 길을 걸어간다면, 여러분은 진실한 감정과 거짓 사이의 엄청난 간극을 보게 될 것이다.[8]

---

[7] "재현 예술에서도 배우는 배역을 생활한다. 이처럼 우리의 메소드와 일부 일치점이 있기 때문에 형태가 다르기는 해도 재현 역시 참된 예술이라고 생각할 수 있다. 하지만 목표가 서로 다르다. 재현적 배우가 배역을 생활하는 까닭은 완벽한 외형을 얻기 위함이다. 일단 외형이 만족스럽다고 생각되면 그들은 기계적으로 훈련된 근육을 이용하여 그 형태를 재생해낸다. 우리 학교에서는 역할의 생활이 창조의 중요한 계기가 되긴 하지만 이런 연기학교에서는 다만 향후 예술 작업을 위한 준비 단계일 뿐이다.", 스타니스랍스키 지음, 신겸수 옮김, 『배우 수업』, 예니, 2001, 재인용.

저명한 러시아의 배우 M. S. 쉐프킨[9]은 재현 연극배우와 내적 체험의 연극배우 사이의 차이점을 위와 같이 설명하였다. 또한 그는 "재현 연극에서 필요한 것은 모방이지만 내적 체험의 연극에서 필요한 것은 행동하는 것이다. 그런 척하는 것이 아니라 그렇게 되는 것이다."라고 언급하였다.

스타니슬랍스키 시스템에는 최고 수준의 내적 체험 예술의 이론과 실기, 내적 체험 예술의 목표('역할 속에 인간 영혼의 삶을 구축'하고 공연마다 새롭게 내적 체험을 겪는 것) 등이 완벽하게 반영되어 있다. 스타니슬랍스키 시스템은 전 세계의 무대예술에 엄청난 영향을 미친 러시아 연극 문화의 최고 업적이다. 스타니슬랍스키 이전까지 연기술은 일련의 뛰어난 배우들의 창조적 미스터리로서 배우들 자신도 온전히 이해하지 못하고 개별적인 생각이나 기법, 느낌, 무질서한 이론들만 공유했던 것에 반해, 스타니슬랍스키 시스템은 인간 본성을 통해 구축된 배우의 창조 작업의 확고한 법칙으로 자리 잡았다.

시스템의 가장 중요한 과제 중 하나는 모든 사람이 실제 삶 속에서 생각하고, 행동하고, 느끼는 법칙에 따라 무대에서도 생각하고, 행동하고 느낄 수 있도록 해주는 거의 일상적인 인간적 자감과 행동의 습득이다. 이와 관련하여 스타니슬랍스키는 자신의 연극 원칙을 다음과 같이 정의하였다.

따라서 우리의 중요 과제는 외적인 형태를 통해 역할의 삶을 표현하는 것뿐만 아니라, 자기 본연의 인간적인 감정이 타인의 삶에 적응

---

[8] M. S. 쉐프킨, 『메모와 편지』, 모스크바, 1864, 199쪽.
[9] [역주] '말리극장'의 배우. 러시아 연극 예술가들은 그를 사실주의 연기의 효시라고 부른다. 스타니슬랍스키 또한 시스템을 정립하는 데 있어 그로부터 절대적인 영향을 받았다.

되도록 함으로써 자기 영혼의 모든 유기적인 요소들을 다 바쳐 희곡 작품 전체와 표현되는 인물의 내적인 삶을 무대에서 형상화하는 것이다.[10]

시스템은 무대에서 살아있는 사람이 되는 데 방해가 되는 장애물을 극복하고, 학생들이 사실주의 연극의 창조과정에 대한 준비를 할 수 있도록 길을 열어준다.

배우의 창조 과정에서 배우가 억지로 자신 속에서 격렬한 감정(분노, 격노, 증오 등)을 '쥐어짜 내기' 위해 쓰는 우직한 기법인 강압의 요소를 제거한 것은 스타니슬랍스키의 탁월한 업적이다. 강압 속에서 배우는 내적인 내용으로 채워지지 못하고 인위적이고 외적으로 감정을 표현하게 되는 투박한 무대적 상투성과 만나게 된다. 분노는 찡그린 눈썹과 꽉 쥔 주먹으로, 경멸은 머리를 쳐들고 입가를 내려뜨린 채 반쯤 내려뜬 눈꺼풀 아래 흘겨보는 시선으로, 적의는 꽉 다문 이와 희번덕거리는 눈동자로 표현하는 것이 그것이다.

이러한 상투적 기법이 얼마나 쉽사리 배우의 연기 속에 파고드는지 생전 처음 무대에 서는 배우들조차 그런 모습을 보일 정도다. 스타니슬랍스키는 이와 관련하여 다음과 같이 말한 바 있다.

무대에 처음 서는데 도대체 어디서 그런 상투성이 온 걸까? 내가 아는 두 소녀는 극장도 공연도 연습장면조차도 본 적이 없는데, 그럼에도 불구하고 그들은 지극히 통속적인 상투성으로 비극을 연기하였다.[11]

---

[10] K. S. 스타니슬랍스키 전집 8권 중 2권, 예술, 1954, 25쪽.
[11] K. S. 스타니슬랍스키 전집 8권 중 2권, 39쪽.

이렇듯 시스템은 스타니슬랍스키가 연극예술 속에서 가차 없이 몰아내고자 했던 배우의 상투성, 상투적인 온갖 종류의 기법들과의 치열한 투쟁 속에서 구축되었다. 그는 시스템에 대해 이렇게 기록한다.

> 시스템은 바로 우리의 유기적인 본성의 일부이다. 정신적인 본성만큼이나 신체적인 본성의 일부이다. … 우리는 자신 속에 이러한 창조 능력, 이러한 '시스템'을 가지고 태어났다.[12]

이에 기반을 두어 사람의 내면세계를 창조로 이끌어주는 일련의 정신 공학적 기법들이 만들어졌다. 만약 배우의 창조적 상상력이 등장인물의 예술적인 무대적 삶을 구축한다면 진정한 감정은 장애물을 극복하는 행동의 과정에서 무의식적으로 저절로 생겨난다.

모든 학생들은 연기의 요소[13](집중, 근육이완, 상상력 등)가 어떤 것인지 알아야 하고, 어떻게 그것을 습득할 수 있는지 실제로 느껴야 한다. 여기서 타인의 경험은 별 도움이 되지 못하므로 각각의 요소들을 개인적으로 습득하기 위한 자립적이고도 깊이 있는 작업이 필요하다. 이 모든 것들이 무대적 자감自感으로 합쳐질 때, 즉 거의 일상적인 사람의 상태로 만들어졌을 때 학생들은 '나로부터' 행동하는 것이 무슨 의미인지 느끼게 된다. (즉 이것은 삶의 갈등 속에서 다른 그 누구도 아닌 바로 그 자신이 행동했을 법한 그대로 행동하는 것을 의미한다.)

학생들이 '나로부터', 무대에서 자신의 유기적인 본성으로부터 행동

---

[12] 위의 책, 304쪽.
[13] [역주] '행동을 위한 요소 훈련'으로서 에튜드로 들어가기 전에 허구의 무대에 적응하기 위한 훈련. 이 훈련 요소에는 '긴장과 이완', '주의와 집중', '상상력', '공간과 사물에 대한 치환', '관계에 대한 치환' 등이 있다.

하는 것이 무슨 의미인지 실제로 깨닫게 되면, 배우의 창조 과정에서 자신의 길을 갈 수 있게 되고 좋아하는 배우를 모방하거나 어린 시절 기억에 남았던 연극적 인상에서 벗어날 수 있게 된다. 따라서 스타니슬 랍스키는 "만약 문득 우리가 이제까지 단 한 번도 본 적이 없는 어떤 것을 무대에서 보여주고 싶다는 생각이 든다면 삶 속에서의 나처럼 무대 에서도 내가 되어라. '배우'가 아니라 '사람'으로서 말이다."라고 학생들 에게 자신의 개성을 발휘하고 자립적인 창조 작업으로 가기 위한 길에 대해 설명한다.

　연기교육 초반에 학생들이 '나로부터' 유기적으로 행동하는 법[14]을 배 우는 것은 매우 중요하다. 왜냐하면, 배우는 자신이 연기하는 인물의 감 정 및 내적 체험과 유사한 자신의 감정과 내적 체험에 의거하여 예술적 형상을 창조하기 때문이다. 그러나 배우의 창조에 필수적인 무대적 자감 자체로는 아직 역할이나 예술적 형상을 창조하지 못한다. 무대적 자감은 시작 단계 혹은 역할 창조의 토대가 되는 기반에 불과하다. 이에 대해 스타니슬랍스키는 '시스템은 창조로 가기 위한 안내서이지 목표 자체는

---

[14] "스따니슬랍스끼 전집의 두 번째 책으로 거기에는 배우 연기술의 형성과 완성, 그리고 배우가 '자신에 대해 작업'을 위한 준비상태와 스스로 창조적인 상태를 지속적으로 유지하기 위해 연마해야하는 본질적 조건들이 체계적으로 조합되어 있다. '시스템'은 저자에 의해 '예술에서의 나의 인생'과 '자신에 대한 배우의 작 업', 두 책으로 발행되었다. 세 번째로 '역할에 대한 배우의 작업'이 발행될 것이 제기되었지만, 그것은 완성되지 못하고, 8권 전집에서의 4권을 위해 사용된 노트, 메모지, 초고, 준비 자료만이 남아 있다.(스따니슬랍스끼 사후, 1957년 발행) '자신 에 대한 배우의 작업'은 배우가 평생을 두고 계속 해야 하는 작업이다. 그것의 목적은 정신의 유연성과 몸의 자유로움을 배양하는 것에 있다. 배우는 반드시 자 신의 정신적 주의력과 창조적인 상상력에 의해 몸을 자유롭게 사용할 수 있어야 한다. 그것을 위해서 배우에게 일정한 훈련이 주어지는데, 이후 무대에서의 올바 른 균형감각, (무대)진실에 대한 인지 능력, 각각의 역할로서 무대에 서의 자연스 러운 존재능력 등이 발전된다." 김태훈 지음, 『스따니슬랍스끼의 연기학 전문 용 어』, 예니, 2009, 29쪽 새인용.

아니다.'라고 언급한 바 있다.

또한, 스타니슬랍스키 시스템은 '초목표'[15]에 대한 그의 가르침을 빼고 생각할 수 없다. 초목표란 희곡이 공연되고 역할이 연기되며 연극예술이 존재하는 목적, 즉 국민적이고 예술적인 사상에 대한 갈망이다. 바로 이러한 이유로 초목표에 대한 문제, 즉 배우가 자신의 연기로 관객에게 무엇을 말하고자 하는가에 대한 문제는 줄거리가 있는 소규모 연습과제나 에튜드[16]에서부터 제기되어야 한다.

1954년 연극대학 1학년 수업에 관한 회의에서 배우, 연극대학의 학생과 교육자를 위한 '연습과제집'을 만들자는 의견이 제기되었는데, 그때 우리에게 그러한 '연습과제집'을 만들어 달라는 제의가 들어왔다. 수많은 연습과제와 에튜드가 급격히 구식이 되어가고 있으므로 우리는 그러한 작업이 가능하리라고 생각하지 않았다. 새로운 세대의 학생들이 저마다의 주제와 줄거리를 가져오고 쉼 없이 변화하는 삶은 예술 앞에 새로운 지평을 열어주기 때문이다. 또한, 교육자와 학생 집단 저마다 각자의 독특성으로 미래 배우의 개성을 드러내기 위한 각자의 길을 찾아야 하기

---

[15] "희곡의 중요한 목표를 위해 배우가 행위로서 지향하는 도달점이다. … 각각의 부분별 목표와 모든 배우들의 행동을 하나로 이끌고, 배우/역할의 심리적 활동의 원동력을 제공하고 또한 창조적 자감의 요소들이 궁극적으로 강하게 지향하는 그래서 희곡 전체를 포괄적으로 관장하는 중요한 목표를 우리는 작품의 초목표라 한다. 전체 희곡에서 무슨 일이 진행되고 있는지, 그리고 창조적 구성과 배우의 행위(동) 및 인물의 분석 등은 모두 희곡의 초목표를 수행할 것을 의도한다." 김태훈 지음, 『스타니슬랍스끼의 연기학 전문 용어』, 2009, 예니, 118쪽 재인용.

[16] 러시아어로는 этюд, 영어로는 etude이다. "스타니슬랍스키 시스템을 수행하는데 있어서 핵심적인 교육용 도구이다. 에튜드는 우리말로 '즉흥 연습극' 혹은 '즉흥 상황극'으로 번역할 수 있다. 에튜드는 '즉흥'의 요소를 강하게 내포하고 있고, 본(本)연습에 앞서 행하는 연습극이다. '극'이라고 번역하는 이유는 하나의 구조(발단-전개-위기-절정-대단원)를 내포하기 때문이다. 그러나 짧고 제한된 시간 안에 이루어져야 한다." G. 크리스티 지음, 박상하/윤현숙 옮김, 『스타니슬랍스키 배우교육 I』, 동인, 2012, 재인용.

때문이다. 그러나 다행히 우리에게는 '박탄고프 극장 부속 슈킨 연극대학교' 1학년 학생들과 수업시간에 수행했던 연습과제와 에튜드에 대한 기록이 있었다. 그래서 이 문제에 관심을 가지는 사람들에게 우리가 보기에는 지금도 구식이 아닌 기록들 일부를 소개해주는 방식은 가능하리라고 생각한다.

우리는 박탄고프의 제자로서 스타니슬랍스키 시스템에 대한 주요 내용은 박탄고프에게서 직접 배운 것이다. 스타니슬랍스키는 박탄고프를 다음과 같이 기록하였다.

> … 그중 한 명이 바로 우리 연극사에서 탁월한 역할을 수행한 고(故) 예브게니 바그라티오노비치 박탄고프였다. 그는 '시스템'이 배출한 첫 번째 학생 중 한 사람이었으며, 시스템의 열렬한 옹호자이자 선전자였다.[17]

그 당시 박탄고프는 스승인 스타니슬랍스키의 발견에 매료되어 시스템의 모든 원칙을 직접 점검해 보았으며, 자신이 얻은 성과물은 그 어느 것도 비밀로 하지 않았고, 스승에게 배운 모든 것을 자신의 제자에게 전달하는 것을 자기 의무로 생각한 스타니슬랍스키의 수석 제자였다. 박탄고프는 자신의 기록 중 하나에 다음과 같이 쓰고 있다.

> 학교가 저지르고 있는 커다란 실수는 교육해야 하지만 그저 가르치기만 하고 있다는 점이다.[18]

---

[17] K. S. 스타니슬랍스키 전집 8권 중 1권, 348쪽.
[18] E. V. 박탄고프, 『메모, 편지, 논고』, 예술, 1939, 131쪽.

박탄고프는 연기 교육을 연기 요소의 습득뿐만 아니라 무엇보다도 예술가의 세계관 형성, 동시대에 대한 예리한 감정의 함양, 조국에 대한 사랑, 삶을 창조적으로 보고 삶의 요구사항을 예견하고 자신의 예술을 국민의 이상 구현을 위해 헌신할 수 있는 능력으로 보았다. 박탄고프의 탁월한 교육자적 재능은 학생 각자에게 시스템의 이론적 원칙을 자신 속에 자립적으로 점검하는 일에 몰두하게 하고, 학생들의 자율 작업에 대한 감각과 창조적 발의를 일깨우는 그의 능력에서 잘 나타난다.

아울러 박탄고프는 대배우들을 연기교육자로 초청하고, 창조 노선에 구애받지 않으며 다양한 예술분야의 뛰어난 활동가들과의 대담과 콘서트를 조직하는 등 단 한 번도 스튜디오[19]의 좁은 틀 내에 갇혀 있었던 적이 없었다. 그의 제자들은 스타니슬랍스키와 수업을 하는 행복한 기회도 누릴 수 있었다.

스튜디오의 신입 단원들 모두 박탄고프의 수업시간, 스튜디오의 수업시간 사이의 쉬는 시간에 흐르는 창조적 분위기에 놀람을 금치 못했으며 곧 이에 매료되었다. 스튜디오의 젊은이들은 순수하고 진지했으며, 유쾌하고 웃음이 많은 사람도 있었지만, 그 누구도 과잉 연기하지 않았고, 그 누구도 누군가를 흉내 내려 하지 않았으며, 관계할 때는 서로에 대한 존경심을 가지고 있었다. 여기에 거칠거나 경박한 태도는 일절 없었다.

작업에 대한 태도는 박탄고프의 수업시간에 스튜디오를 감싸는 정숙함으로 특징지을 수 있다. 만약 지각한 사람이 있다면 발끝으로 살금살금 무대 앞쪽으로 다가가 미처 숨도 돌리지 못하고 가만히 수업 내용에 열심히 귀를 기울였다. 모든 것에서 진정한 창조의 분위기를 만들기 위

---

[19] [역주] '모스크바 예술극장(므하트)'의 산하 스튜디오에는 '제1(므하트) 스튜디오', '제2(므하트) 스튜디오', '제3(므하트) 스튜디오'가 있었다. 박탄고프는 '제3(므하트) 스튜디오'의 책임자로서 작업했다.

한 신중하고도 의식적인 규율이 느껴졌다.

스튜디오의 소박한 무대장치에는 엄격한 예술적 감각이 돋보였고, 스튜디오 사람들 스스로 최대한 청결함을 유지하려고 노력하였다. 일례로, 박탄고프는 마루에 떨어진 종잇조각이나 꽁초(극히 드문 일이지만)를 발견한 경우 아무 말 없이 손수 주워 쓰레기통에 버렸는데, 그럴 때마다 우리는 자신의 부주의함에 부끄러워 얼굴을 붉히곤 했다. 모든 것을 자신의 손으로 직접 해야 하는 이러한 스튜디오의 특징은 연극과 예술에 대한 태도와 자세를 교육하는 최상의 방법이었으며, 이 속에서 우리는 예술작업을 위해 많은 것을 희생해야 하고 쉼 없이 일해야 하며, 예술을 자신의 삶의 핵심으로 만들어야 한다는 것을 깨달았다.

스튜디오에 막 들어온 사람들이 해야 할 첫 번째 일은 공연이 있을 때 무대전환수[20]로서 작업하는 것이다. 이는 우리 대부분에게 의외의 일이었다. 왜냐하면, 우리는 아직 극장을 잘 알지 못하는데다 무대 전환은 눈에 띄지 않는 그 어떤 사람들의 몫이라고 생각했기 때문이다. 그러나 기꺼운 마음으로 신속히 무대를 정리하는 선배들의 모범이 매우 인상적이었으므로 얼마 후 우리도 이 작업의 정확성과 신속성, 질서정연함에 완전히 매료되었다. 이 작업은 공연 시 무대 뒤의 흐름이 어떤 것인지 알 수 있게 해 주었고, 조용하고 신속하게 무대 전환을 하는 것에 대한 책임감을 키워주었다.

무대의 스태프로서 우리가 할 일은 서두르지 않고 침착하게 그리고 조용히 무대전환을 할 수 있도록 사전에 행동선을 정확히 계산하고 필요한 소품을 미리 준비하는 것이었다. 물론 막과 휘장을 만지는 것은 엄격

---

[20] [역주] 공연 중에 막과 막 사이, 장과 장 사이에 무대 장치를 전환하는 사람을 의미한다.

히 금지되었다. 엄청난 신속성으로 '깔끔하게' 무대전환을 수행한 경우도 몇 번 있었다. 예를 들어, 체홉의 〈결혼 피로연〉[21]에서 손님 역할의 배우들은 무대 뒤에서 식탁에 앉는 순서대로 줄 서서 대기하다가 각자 자기 의자와 소품을 직접 들고 등장해야 했다. 무대에 식탁이 놓이고 30명의 배우가 소리 없이 자기 자리로 가서 각자 자기 의자와 자기 소품, 그리고 음식을 내려놓았으므로 무대 전환은 채 1분도 걸리지 않았고, 막이 열렸을 때는 성대하게 잘 차려진 식탁 앞에 많은 손님들이 이미 자리를 잡고 앉아 파티를 즐기고 있었다.

배우 역할을 맡지 못한 사람들은 의상과 소품, 객석 진행자로 일했다. 총 52석의 관객석에 가설무대나 각광脚光도 없이 관객석에서 두 걸음 정도 떨어져 있는 작은 무대가 전부였지만, 연출가와 스튜디오 배우들의 독창성에 힘입어 엄청난 설득력으로 모든 사람을 놀라게 한 무대가 만들어졌다. 가구와 필요 소품들은 회색 휘장 앞에 배치되었고, 나머지는 조명으로 처리하였다. 식탁 위의 큰 빵 덩어리 속에 숨겨져 있는 조명은 배우들의 얼굴을 비춰주었고, 조명은 사선으로 처리되어 무대에 깊이와 전망을 더해주었다. 메테를링크의 〈성 안토니의 기적〉 두 번째 버전[22]에서는 무대의 아랫부분이 아래 배경막에 가려져서 무대에서 일어나는 모든 것들이 조명으로 양각 처리되기도 했다.

스튜디오의 공연은 수준 높은 공연 문화, 연기의 고상함과 진지함 그리고 인간적인 느낌을 자아냈다. 완벽하게 가다듬어진 목소리를 가진 배우도, 찌푸린 얼굴로 소리 질러 대는 악인도 없었다. 모든 것이 진실이었고, 모든 것이 섬세한 분위기의 변화, 인간적인 생각, 절제된 형식 속

---

[21] [역주] A. 체홉의 단막 희극.
[22] [역주] 1921년 1월 29일에 '제3(므하트) 스튜디오'에서 박탄고프 연출로 두 번째 제작 공연된 메테를링크의 작품.

의 진정한 연극성, 진정한 고상함과 청춘의 매력으로 충만한 삶이었다.

우리가 박탄고프와의 수업을 잊을 수 없는 이유는 그가 뛰어난 연출가이자 배우, 극장장이었기 때문만은 아니다. 그는 연기교육자로서도 탁월한 재능을 소유하고 있었다. 수업 시간에 박탄고프는 보통 관객석의 뒤편에 놓인 작은 의자에 앉았고, 그 외 스튜디오 사람들은 그의 앞에 자리를 잡았다. 그는 학생들의 장면 발표를 볼 때 최대한의 집중력으로 사소한 것 하나도 놓치지 않고 무대에서 일어나는 모든 것을 주시하였으며, 발표가 끝난 다음 배우들에게 상세한 논평을 해 준 것은 물론이고, 관객석에 앉아 발표를 지켜보던 스튜디오 사람들에게도 저마다 발표를 어떻게 보았으며, 무슨 생각을 했는지, 또 어떤 행동을 했는지도 일일이 말해주었다. 그의 이러한 특별한 관찰력은 배우의 예리한 주의력에서 나온 속임수가 아니라, 자기 학생들의 장단점을 잘 파악하고 있는 교육자로서의 면모를 여실히 드러내 주는 것이었다.

박탄고프는 매일 연습을 통해 스튜디오가 설정한 예술적 과제를 해결하기 위해 완벽하게 몰두하고 연습시간이나 수업시간에 예술을 위해 자기 자신을 온전히 바칠 줄 아는 탁월한 능력의 소유자였다. 박탄고프는 "창조는 최고의 집중이다, 본성 전체가 집중할 때 창조의 에너지를 얻을 수 있다."[23]라고 언급하였다.

박탄고프에게 연습은 단순한 반복이 아니라 희곡, 배우, 연출가 모두가 합일되는 바로 그 순간에 만들어지는 창조적 행위이다. 그는 미리 집에서 미장센[24]을 연구한 다음 그 작업의 결과를 연습시간에 반복하는

---

[23] V. K. 리보바의 메모에서 인용.

[24] "… 미장센은 무대의 공간에서 등장인물들의 배치뿐만 아니라 위치 바꿈 또한 의미하며, 그래서 미장센은 일정한 시간을 가지고 있거나 시간에 따라 발전하기도 한다. … 그러므로 미장센에 대해 말하면서, 우리는 동시에 미장센의 구성요소인

연출가를 좋게 생각하지 않았으며, 영감 없는 창조를 인정하지 않았다.

풍부한 예술적 직감을 획득하기 위해 박탄고프는 연습 시간에 배우의 색채, 무대에서의 울림, 형상의 결정이 이루어지는 순간을 높이 평가했다. 또한, 그는 우리에게 어떤 사물로도 특정 시대에 살았던 사람들의 삶, 풍속, 행동거지, 상호관계, 윤리 등을 만들어낼 수 있다고 말했으며 이를 실전에서 증명해 보였다.

예를 들어, 메테를링크의 희곡 〈성 안토니의 기적〉에서 그는 등장인물과 군중 씬scene 참여자들을 무대로 불러내어 자신의 생각을 알려주며 인물들을 '만들어냈다'. 즉 등장인물들의 분장, 머리모양, 의상, 제스처, 행동거지 등을 어떻게 해야 하는지 일러주었다. 그 후, 박탄고프가 사망한 뒤 우리는 프랑스 지방의 삶을 그리고 있는 이 희곡을 파리에서 공연하게 되었다. 공연은 프랑스 지방의 삶의 모습에 매우 부합되었으므로 프랑스와 관련된 모든 것을 으레 트집 잡듯이 비판하는 프랑스 비평가들도 명백한 우리의 승리 앞에 감탄사를 연발하며 프랑스인들의 유형을 훌륭하게 표현했다는 칭찬을 아끼지 않았다. 여기서 한 가지 덧붙일 점은, 박탄고프가 프랑스의 지방 마을에서 한 번도 산 적이 없다는 사실이다.

그러나 박탄고프의 직관, 영감은 '하늘에서 내려준 빛'과는 아무 상관이 없다.

무에서는 유를 창조할 수 없다. 그러므로 '영감에 의한 작업'이 없다면 역할을 연기할 수 없다.[25]

그룹 나누기의 총체를 염두에 두게 되는 것이다." G. 크리스티 지음, 박상하/윤현숙 옮김, 『스타니슬랍스키 배우교육 I』, 동인, 2009, 265쪽 재인용.
[25] E. V. 박탄고프, 『메모, 편지, 논고』, 128쪽.

박탄고프에게 영감의 원천은 예술적 현상을 이해하기 위해 그가 의식적으로 축적한 수많은 자료들이었다. 그는 상상력에 기반을 둔 엄청난 준비 작업을 통해 연습 시간 때마다 불꽃 같은 재능을 발휘하였으며, 탁월한 연극적 해결책과 발견들을 제시할 수 있었다.

> 영감이란 무의식이 이전 작업들의 자료를 결합하여 의식의 참여 없이(의식을 불러올 뿐) 모든 것에 하나의 형태를 부여하는 순간 이다.[26]

박탄고프는 모든 수업, 연습, 공연이 예술적 축제가 되기 위해서는 국민 앞에 예술가의 책임을 명확히 인식해야 한다고 생각했다. 또한 박탄고프에게는 작업이 완결된 다음 연출가, 극장장, 교육자로서의 입장을 떠나 바로 관객의 눈으로 작품을 볼 줄 아는 능력이 있었다. 이러한 특별한 능력 덕택에 박탄고프 공연의 특징인 강렬한 인상과 관객의 영혼을 파고드는 예리함이 가능했다. 이와 관련해 박탄고프는 다음과 같이 언급했다.

> 자신의 집에서 자기 자신을 위한 배우가 된다는 것은 황홀한 일이다. 하지만 이는 자신 속의 생각과 감정을 일깨우고 관객도 그 생각과 감정에 젖어들게 만드는 능력, 대중을 느끼고 그들을 자기 쪽으로 끌어오는 능력을 의미하는 연극 예술은 아니다.[27]

박탄고프는 모방과는 거리가 먼 사람이었다. 그는 스타니슬랍스키의

---

[26] 위와 동일.
[27] V. K. 리보바의 메모에서 인용.

진정한 제자이자 추종자로서 스타니슬랍스키 시스템을 배우 창조를 위한 유일한 길로 받아들였으며, 진정한 연극성을 가진 연극으로 돌아갈 수 있기를 꿈꾸었다. 스타니슬랍스키와 네미로비치-단첸코[28]도 그의 이러한 갈망을 지지했는데, 단첸코는 그의 승리를 '예술극장의 자랑'으로 평가하였고, 스타니슬랍스키는 그를 '우리의 새로운 예술의 첫 번째 결실'이라고 언급했다.

박탄고프가 살았던 시대에 대한 이해 없이 그를 이해하기란 쉽지 않다. 그의 마지막 작업은 아직 소비에트 희곡이 형성되지 않았던 1922년 초에 종료되었으므로 '혁명적인 민중이 자신 속에 있는 모든 것을 발견하게 되는' 민중 연극에 대한 박탄고프의 꿈은 미처 실현되지 못했다.

혁명이 시작되었을 때 우리는 예술이 이전과 같아서는 안 된다는 것을 느꼈다.[29]

박탄고프는 혁명 전의 연극에 큰 영향을 미쳤던 자연주의에 상당한 반감을 보였다.

모든 자연주의자들은 하나같이 다 똑같다. 어떤 사람의 공연을 다른 사람의 공연으로 착각할 수 있을 정도다.[30]

이 때문에 박탄고프는 자신의 제자들에게 배우적 창의성과 창조적 대담성을 일깨우는 방법을 찾아 나서게 되었다. 스튜디오의 배우 중 무딘

---

[28] [역주] 스타니슬랍스키와 함께 '모스크바 예술극장'을 창단한 러시아의 연극예술가.
[29] E. V. 박탄고프, 『메모, 편지, 논고』, 258쪽.
[30] B. E. 자하바, 『박탄고프 그리고 그의 스튜디오』, 아카데미, 1927, 125쪽.

기질의 배우에게는 격렬한 기질을 요구하는 작품을 발표하도록 하였고, 주인공 역할을 받지 못한 배우에게는 특정 역할이 부여되었다. 하지만 특정 역할은 거의 모두에게 주어졌다. 이와 더불어 박탄고프는 스튜디오의 배우들이 예술적 가능성을 더 폭넓게 보여줄 수 있도록 자율 작업[31]의 발표 기회를 확대하였다. 아울러 그는 스튜디오 사람들의 생활 속에 거만이나 교만, 자신의 성과에 대한 도취 등이 자리 잡지 않도록 언제나 우리를 주의 깊게 지켜보았다.

필자가 메테를링크의 〈성 안토니의 기적〉에서 경찰국장(그는 성 안토니라고 사칭하는 부랑자를 체포하기 위해 무대에 등장)의 역할을 맡았을 때의 일이다. 리허설 전날 박탄고프는 경찰국장 역할을 어떻게 해야 하는지 직접 시연을 했다. 겉으로는 제복 차림의 예의 바르고 상냥한 헌병이었으나 그의 눈빛은 마치 '너희는 언제든지 굴욕스러운 심문을 당할 수 있는 내 먹잇감이야'라고 말하는 듯했고, 표정없는 '썩은 미소' 속에는 경찰의 잔인성이 배어 있었다. 이것은 그가 스튜디오에서 보여준 최고의 연기 중 하나였다. 우리는 매우 감탄했다. 말할 필요도 없이 나는 특히 더 매료되었다. 나는 박탄고프처럼 사소한 것 하나라도 놓치지 않으려 했고 그의 자세, 제스처, 시선 하나하나를 기억해내려고 애썼다. 리허설에서 나는 다행히도 박탄고프가 보여준 모든 것을 잘 따라 했다. 동료들도 무척 칭찬해 주었다. 연습이 끝난 뒤 논평 시간에 나는 주인공이 되어 박탄고프가 칭찬해주기만을 기다렸다. 그의 논평이 시작되자 나는 그의 시선이 내게 머무르기를 참을성 있게 기다렸다. 그러나 그가 나에 대해 언급을 하기는 했으나 그의 시선은 내게 머물지 않았고 나의

---

[31] [역주] 수업 외 시간에 학생 배우들이 스스로 단편 작업을 하여 학기 초에 발표하는 작업.

연기도 별로 기억하지 못했다. 그가 교실에서 나가자 나는 정신을 차리고 뒤따라 나갔다. "예브게니 바그라티오노비치! 저는 어땠나요?" 그는 걸음을 멈추고 어깨너머로 나를 쳐다보더니 한 마디 툭 던졌다. "자신을 알아야 해!" 그는 아무리 매료되었다 하더라도 모방이 창조가 될 수 있는지, 아무리 어리고 경험 없는 배우라 할지라도 자신이 창조한 역할에 자신의 것을 가져오려고 해야 하는지 아닌지 등과 같은 문제를 내가 해결하도록 남겨두고 가버렸다.

공연을 앞두고 나는 박탄고프의 '보여줌'[32]을 보기 이전의 내 작업을 바탕으로 그의 연기에서 내적인 본질만을 가져와 역할을 새로 만들었다. 역할이 새로 만들어진 다음 박탄고프가 나의 연기에 대해 언급은 해 주었지만, 그 이후 나는 혹독하고 자기 비판적인 점검이 끝나기 전까지는 내 작업이 완료되었다고 생각하지 않기로 했다. 이렇듯 내가 아는 한 박탄고프의 다른 많은 제자들은 평생 잊지 못할 만큼 엄격한 수업을 받았다.

박탄고프는 배우가 자신의 역할을 어떻게 연기해야 하는지 정확히 보여줄 수 있는 능력을 지녔기에 그의 '보여줌'은 무대적 형상 구축을 위한 훌륭한 모범이 되었다. 이후 우리는 저명한 여러 연출가들의 훌륭한 시연을 볼 기회가 있었는데, 그들은 자신들의 시연을 통해 훌륭하게 연기된 역할을 보여준 다음 배우들에게 자신들의 해석을 무작정 따르도록 강요했지만, 박탄고프는 배우 자신 속에서 역할이 성장할 수 있는 싹을 보여주었고, 그것은 아무리 작은 역할이라 할지라도 항상 최고조의 집중

---

[32] [역주] demonstration, 때때로 박탄고프는 배우들에게 창조의 불꽃을 지피기 위해 인물에 대한 특징이나 성격을 직접 시연해 보이기도 했다. 이것은 배우를 표본에 대한 외적인 모방으로 떠밀거나, 적극적인 탐색으로의 책임감을 없애버리지 않는 한도 내에서이다.

을 통해 수행되었다.

연극이 무엇이냐는 질문에 대답하기 위해서는 연극의 요소들을 열거해야 한다. 그 중 첫 번째가 집단이다. 한 사람의 천재적인 배우로 인한 연극은 연극이 아니다. 그는 괴물이자 기적이다. 좋은 연극보다 한 사람의 위대한 배우를 선호하는 것은 연극의 본질을 부정하는 것이다. 왜냐하면, 연극이란 개념에는 집단의 개념이 포함되어 있기 때문이다.[33]

위의 언급은 박탄고프가 우리에게 비록 한순간이라 하더라도 무대에 등장하는 것에 대한 책임감을 길러주기 위함이었다. 왜냐하면, 연극은 집단이고 앙상블이기 때문이다. 그 속에서 핵심적인 것은 연기의 질이므로 훌륭하게 연기된 작은 역할은 큰 역할과 같은 예술적 가치를 지닌다.

이러한 신념은 박탄고프가 연습시간이나 공연 관람 후 군중 속의 작은 역이나 대사 없는 역의 배우에게 보여준 관심으로 뒷받침되며, 이는 배우 개개인이 연습과제나 역할 수행을 위해 각자의 가정에서 자립적인 작업을 하도록 만들었다. 그리하여 우리는 수업시간에 이전 연습시간에서 알게 된 것을 보완하고 발전시켜 만든 새로운 것을 선보이고자 노력했다.

박탄고프와의 수업은 우리에게 축제였으므로 우리는 기쁜 마음으로 수업을 기다렸다. 그러나 박탄고프는 몸이 아파 정해진 수업에 나오지 못하는 경우가 많았다. 수업이 취소될 때면 우리는 자율적으로 연습했다. 에튜드를 만들고 관객석에 앉아 서로의 연기에 대해 논평을 해 주었

---

[33] V. K. 리보바의 메모에서 인용.

다. 간혹 배우들 모두가 연기하려 드는 바람에 전원이 참여할 수 있는 장막극 에튜드-공연을 준비하기도 했다. 우리는 스튜디오 사람 중에 특별히 한 명을 선정하여 에튜드에 대해 상세하게 비평해 달라는 부탁을 하고 연기하였다. 이렇듯 자율 연습에 대한 열망, 창의성의 발전, 가정에서의 과제, 수업을 위한 준비, 연습, 이 모두가 '창조하는 것을 배워라.'라는 박탄고프의 요청에 대한 우리의 대답이었다.

다음은 연극학교의 목표에 대한 박탄고프의 강의를 간략히 기록한 내용 일부이다.

연극학교의 정당성은 학교에서 배우는 과목의 본질에 대한 인식에 있다. 이는 창조하는 것을 배우는 데 필요하다. 배우의 창조란 무엇인가? 배우의 능력과 풍요로운 영혼 속에서 이러한 풍성함을 보여주어야 한다. 학교에서는 창조를 위한 여건을 구축하는 법을 배워야 한다. 창조란 무슨 의미인가? 예술은 이러한 창조 과정이 일어나는 바로 그 순간에 존재한다. 배우의 예술은 구체적 형태로 나타나지 않는다. 도대체 왜 이것이 창조이고, 도대체 왜 배우는 타인의 말을 하기 위해 창조적 상태에 있어야 하는가? 그것은 바로 무대의 모든 것이 거짓이기 때문이다. 학교는 이것이 실제로 내게 일어날 수 있다고 믿을 수 있는 능력을 길러주어야 한다. 거짓이 진실로 변화되는 과정이 바로 창조적 과정이다. 글자 그대로의 의미에서 믿는 것이 아니라 거짓을 진실로 받아들일 수 있는 능력, 자신 속의 사건이나 사람에 대한 새로운 관계를 일깨울 수 있는 능력을 갖춰야 한다. 글자 그대로의 의미에 대한 믿음은 창조가 아니라 병이자 착각이다. '진실인 것처럼 만들어라!'는 삶처럼 만들라는 것이 아니라 삶의 법칙에 따라 만들라는 것이다. 진지해지는 데 있어 거짓이 방해되지 않도록 하고 집중을 흩뜨리지 않도록 해야 한다. 무대에서의 쓸데없는 웃음은 제시된 상황에 진지하게 관계하지 못할 때 발생한다. 진지해진다는 것은 내가 중요한 일을 하고 있다는 것을 안다는 의미이다. 무대에서의 연기는 새로운 관계에 대한 연기이다. 삶에서는 목표가 관계의 원인이 되지만 무대에서는 나 스스로 자신 속에 필요한 관계를 불러내야한다.[34]

박탄고프의 학생들은 그의 생각 하나하나를 욕심내어 받아들였고 그 것을 실현하려고 애썼다. 어느 날 박탄고프가 속텍스트[35]에 대해 언급하며 "비록 '엄마 차 좀 주세요.'와 같은 평범한 말을 할지라도 관계는 예리하게 드러날 수 있는 에튜드를 만드는 것이 좋다."라고 지나가듯 말한 적이 있었다. 그런데 시험-발표에 그런 종류의 에튜드가 선을 보였다. 엄마는 늦도록 귀가하지 않는 딸을 기다리고 있다. 엄마는 너무나 걱정한 나머지 딸이 오자 그녀와 한마디도 하고 싶지 않을 정도로 화가 났다. 딸은 잘못을 느끼고 엄마에게 용서를 구하려고 하지만 엄마는 본 척도 하지 않는다. 그러자 이번에는 딸도 자신의 늦은 귀가를 나쁘게만 보는 엄마에게 화가 난다. 그녀는 도전하는 듯 엄마에게 말한다. "엄마, 차 좀 주세요!" 그러자 엄마는 엄격한 목소리로 대답한다. "아니, 너한테는 차 못 줘!" 에튜드의 속텍스트가 명확하고 표현력이 풍부하였기에 박탄고프는 매우 만족하였다.

박탄고프는 학생들 모두에게 자율 작업을 하도록 했는데, 그것은 다음

---

[34] 위와 동일.

[35] "서브텍스트(sub-text)이며, 다른 말로는 속텍스트(내재된 의미)라고도 하는데 이 것은 대사를 지속적으로 정당화시키고 활기를 띠게 하면서 대사 밑에 부단히 흐르고 있는, 그러나 외적으로는 드러나지 않고 내적으로 느껴지는 '역할의 인간적 정신의 삶'이다. … 대사 밑에 숨은 의미가 배우로 하여금 역할의 대사를 발화하게 하는 것이다. … 연기가 예술로서 창조한다는 의미는 바로 이 숨은 의미에 대한 상상력과 구현이다." 김태훈 지음, 『스따니슬랍스끼의 연기학 전문 용어』, 예니, 2009, 167쪽 재인용.

과 같은 이유에서이다.

> 시스템을 알 수는 없다. 다만 시스템을 찾기 위해 노력할 뿐이다.
> 자신을 점검하는 법을 배워야 한다. 시스템의 최대 성과는 자기 자신
> 을 인식하는 것이기 때문이다.[36]

탐구와 창조적 창의성은 박탄고프에게 예술의 주된 원칙이다. 예술이
란 어쩌면 기존에 알려진 모든 것에 대한 대항, 새로운 미지의 예술에
대한 열망, 삶 속의 현대성에 대한 열망일지도 모른다. 이와 관련하여
박탄고프는 다음과 같이 언급했다.

> 모든 가르침은 온전한 자유로 가는 길이다. 이러한 자감에서 벗어
> 나지 않기 위해서는 엄청난 용기가 필요하다. 필요한 모든 것을 만들
> 어 내는 예술적 본성의 권능에 온몸을 맡겨라. 자신에게 절대로 기존
> 의 해결책을 강요하지 마라. 배우 자신 속의 용감성을 발전시켜라.[37]

간혹 박탄고프는 어려운 작업을 통해 학생들에게 대담성을 가르쳤다.
〈투란도트〉[38]를 연습할 때의 일이다. 희극적인 인물이자 이탈리아 코미
디에 나오는 마스크를 쓴 인물인 타르탈리아(B. V. 슈킨), 판탈로네(I.
M. 쿠드랍체프), 트루팔디노(R. N. 시모노프), 브리겔라(O. F. 글라주노
프)를 맡은 네 명의 배우는 대사를 즉흥적으로 만들어 관객석에 앉아있
는 사람들을 웃겨야 했다. 박탄고프는 이들에게 가능한 모든 수단을 동

---

[36] 각주 33과 동일.
[37] 위와 동일.
[38] [역주] 극작가 카를로 고치의 『투란도트 공주』를 말하며, 박탄고프 연출로 1922년
2월 28일에 '제3(므하트) 스튜디오'에서 초연되었다.

원하여 익살을 부리라고 주문한 다음, 자신은 스튜디오의 다른 사람들과 함께 몇 시간이고 앉아서 무력한 배우들이 어렵사리 생각해 낸 지독히도 재미없는 익살을 지켜보며 눈살을 찌푸리고 있었다. 박탄고프의 참을 성은 가히 상을 받을 만했다. 몇 번의 연습 끝에 배우들은 자유로움, 대 담성, 장난스럽고 즉흥적인 자감을 터득하게 되었고, 마침내 공연 무대 에서도 자신의 역할을 눈부시게 수행할 수 있었다.

박탄고프는 자신의 강도 높은 작업의 마지막 시기에 몹시 아픈 상태 였으나 〈투란도트〉의 연습을 중단하지 않았고 하루빨리 완성하기 위해 연습에 박차를 가하였다. 〈투란도트〉의 마지막 연습은 박탄고프가 열이 39도를 넘는 무리한 건강 상태에서 진행되었다. 조명 설치를 마친 시각 이 새벽 3시를 넘었으나 그는 작품의 리허설을 강행하였고 아침 녘에야 겨우 끝이 났다. 그제야 박탄고프는 집으로 돌아갔으며, 그 이후로는 자 신의 작품을 보지 못하게 되었다. 박탄고프는 예술사에 길이 남을 공적 을 세웠다. 죽을 만큼 아픈 몸으로 치명적인 병마에 시달리면서도 경쾌 하고도 가벼우며 즐거움으로 반짝이는 축제 같은 공연을 만들었다.

◆

새로운 학생들과 만날 때면 수업시간의 창조적 분위기와 규율을 정하 는 데 약간의 어려움을 극복해야 한다. 수업 초기 몇몇 학생들은 자신이 대학생이라는 사실을 미처 실감하지 못하고 '고등학생다운 대담함'을 보이는 경우가 있다. 이는 공통교양과목 수업 시의 행동, 결석, 결석에 대한 정당화와 각종 증명서의 제출 등에서 잘 드러난다. 수업을 빼먹은 학생들은 기발한 이유를 대며 결석한 진짜 이유를 밝히지 않는다.

그러므로 연기교육자는 학생들에게 배우란 교육이라는 단어의 가장 넓은 의미에서 높은 수준의 교육을 받은 사람, 문화적인 사람이 되어야 한다는 점을 강조해야 한다. 그렇지 않을 경우 그러한 배우는 관객을 매료시킬 수 없다. 왜냐하면, 배우는 관객의 모범이기 때문이다. 극장에 온 관객들은 무의식중에 배우에게서 분명한 발음과 생각하는 능력을 배우고, 무대에서 울려 퍼지는 올바르고 아름다운 언어와 표현력 있고 유연한 동작, 올바른 행동거지를 즐긴다. 학생들은 이 모든 것을 연극대학에서의 교육기간 동안 연마해야 하며 서투름이나 근육의 긴장, 올바르지 않은 말이나 저속한 단어의 사용에서 벗어나야 한다.

끝으로, 가장 중요하면서도 가장 어려운 것이 바로 학생들에게 윤리와 규율, 예술, 동료, 교육자, 관객에 대한 올바른 관계 교육이다. 우리는 이러한 교육을 아주 작은 것에서부터 시작한다. 예를 들어, 정해진 시간에 정확히 수업을 시작하고 창조 작업을 위한 진지한 분위기를 조성하기 위해 지각하지 않는 것이 무엇보다 중요하다. 그래서 우리는 지각한 학생을 강의실에 들여보내 주지 않는데, 간혹 수업 시간에 맞춰 학교에 와서 복도에서 기다렸으나 교육자가 강의실로 들어가는 것을 보지 못해 정시에 교실로 들어가지 못했다고 변명하는 학생도 있다. 그럴 경우 교육자는 그 학생에게 수업이 시작되는 강의실에 들어와서 기다려야 한다는 사실을 알려주고 수업에는 들여보내 주지 않는다.

제일 먼저 우리는 남학생들에게 여학생들이 무거운 가구를 나르지 않도록 배려하는 습관을 강조한다. 대신 여학생들에게는 남학생들이 소품이나 소도구를 배치하는 것을 도와주도록 한다.

시작 단계에서 학생들에게 반드시 알려 주어야 하는 주요 사항은, 무대는 배우가 자신의 최고 생각과 감정을 실행하는 장소이며 창조적인 작업을 수행하는 곳이므로 전적인 존경심으로 무대를 대해야 한다는 점이다. 러시아와 구소련의 배우 전통에 따르면 외투나 모자, 덧신을 착용한 상태로 무대를 지나가서는 안 된다. 무대와 무대 뒤(극진행상 필요한 경우 제외)에서 흡연은 절대 금지다. 우리는 학생들이 무대 뒤를 지나갈 때 무대 배경막을 건드리지 않도록 주의해야 하며, 더 나아가 무대 뒤를 지나갈 때 생기는 바람에 무대 배경막이 흔들리지 않도록 적절한 거리를 유지하며 걸어가라고 강조한다. 무대의 막이나 휘장에 손대는 것도 엄금한다. 경솔한 움직임 하나로 인해 무대에서 일어나는 사건으로부터 관객의 집중이 흐트러질 수도 있고, 관객이 중요한 대사를 듣지 못할 수도 있으며, 그로 인해 그 이후의 내용을 전혀 이해하지 못할 수도 있기 때문이다. 또한, 관객의 집중을 방해하는 휘장의 움직임 하나가 관객에게 자신이 지금 극장에 있다는 사실을 상기시킴으로써 사건의 사실성에 대한 믿음을 깨뜨릴 수 있기 때문이다. 한 가지 덧붙일 말은, 새로 들어온 학생들이 무대를 전환할 때 그들의 말소리뿐만 아니라 가구 옮기는 소리도 들리지 않을 정도의 완벽한 고요함을 만들어내기란 쉽지 않지만 수행해야 한다는 점이다.

한편, 우리는 일단 연습과제가 시작되면 학생들이 자기 마음대로 중단하고 끝까지 다 보여주지 않는 행위를 허용하지 않는다. 우리의 경고에도 불구하고 계속하여 연습과제를 중단하는 학생에게는 배우라는 직업에 맞지 않는 사람이라는 극단적인 비난도 서슴지 않는다. 이것은 학생들에게 용감성을 길러주고, 학생들이 자신의 무능력과 타협하지 않고 연습과제를 성공적으로 수행하기 위해 분투하는 법을 가르쳐야 하기 때문이다.

아울러 우리는 배우의 진지함 부족에도 가차 없이 맞선다. 이런 의미에서 우리는 무대에서 쓸데없이 웃거나 창조 작업에 필수적인 배우의 진지함을 상실한 학생을 엄격하게 꾸짖는다. 대부분의 학생 집단에는 한 명 또는 몇 명의 '익살꾼'이 있기 마련인데, 이들은 교육자의 눈을 피해 무대 뒤에 숨고 진지한 장면에서 동료들을 웃기는 것을 무척 좋아한다. 하지만 '피해를 본 학생들'은 으레 잘못된 동료애에서 그러한 행위를 저지른 범인을 감싸준다. 하지만 그런 '익살꾼'은 결국 드러나기 마련이며 '죗값을 치를 때'가 온다. 물론 이 시간이 빨리 올수록 좋은 수업 분위기가 만들어진다. 그리하여 학년 내에 진정으로 예술을 사랑하는 건전한 핵심 그룹이 만들어지면, 연극적 관례와 규칙은 학생들의 피와 살이 되고 수업시간의 규율과 학생들의 창조적 창의성을 북돋아 주는 든든한 지원군이 된다.

1학년들이 더 진지해지고 중고등학생 식의 '어린애 병'에서 벗어난다면, 배우라는 직업의 사회적, 예술적인 의미와 이를 달성하기 위한 방도에 대하여 질문을 제기할 수 있다. 이에 대해 스타니슬랍스키는 다음과 같이 기록하였다.

> ... 사람들, 그리고 삶의 반영으로서의 무대는 영웅들이 수행하는 업적이 아니라 평범한 일상에 의해 영위된다. 그렇다면 보통 사람들은 평범한 일상 속에서 영웅적인 노력을 할 수 없다는 뜻인가? 가정에서 이루어지는 가장 평범하고 단순한 동작에서부터 조국과 친구, 위대한 과업을 위해 자기 목숨을 내놓는 자기희생의 숭고한 노력까지 모든 단계를 통해 우리는 형상을 이해하고 창조하며 진실하고 올바른 신체적 행동 속에 그 형상을 반영하는 법을 배워야 한다.[39]

우리의 삶 속에서 서사시와 영웅주의를 찾아내는 능력을 개발하고 자신의 철학적, 예술적 세계관을 더 넓히며 현대 사회의 성과와 학문적 발견을 비롯하여 동시대를 알고자 하는 갈망을 확대해 나가야 한다. 연

---

[39] K. S. 스타니슬랍스키 『논고, 말, 담화, 편지』, 249쪽.

극학교에서의 공부는 일생 중 단 한 번 있는 기회이므로 여기서 놓친 것은 다시 되돌아오지 않는다는 사실을 명심해야 한다.

> 매일 비록 작더라도 새로운 지식으로 자신의 교육 수준을 높여가
> 지 않고, 매일 자신이 맡은 역할이나 스튜디오 동료들과의 관계에서
> 그 어떤 새롭고 훌륭한 자질을 발견하지 못한다면, 돌이킬 수 없는
> 무의미한 죽음을 맞은 것으로 간주하라.[40]

연극학교에서 제공되는 행복한 기회를 무시하고 새로운 지식의 습득이나 동시대의 중요한 이슈에 무관심한 사람은 협소한 세계관과 일차원적인 감정의 소유자, 게다가 창조된 역할마저도 암담한 그런 사람이 될 위험성이 다분하다. 한 가지 덧붙일 말은, 자신의 사상적인 시각의 확대와 배우적인 기술의 습득을 위한 작업은 배우로 활동하는 한 평생토록 계속되어야 한다는 점이다. 연기 요소에 대한 배우 각자의 이해와 습득은 시간이 지날수록 그 깊이가 더해지므로 이를테면 경력 많은 배우의 감정과 근육의 자유로움은 1학년 학생과는 비교할 바가 못 되는 것이 그것을 증명하는 것이다.

◆

연기수업 커리큘럼은 박탄고프가 설정해 놓은 프로그램과 '박탄고프 극장 부속 슈킨 연극대학교'의 실제 작업에서 발전되고 보완된 프로그램에 기반을 두어 만들어졌다. 우리가 여기에 소개하는 연습과제는 우리

---

40 위의 책, 252쪽.

연극대학의 교육자들이 사용하는 모든 기법과 연습과제를 총망라한 것은 아니다. 이는 우리가 오랜 시간 동안 학생들과 진행했던 수업 일부에 대한 예시적인 설명이다.

우리는 실기 수업 시간에 학생들이 수행한 연습과제를 소개함으로써 창조적 상상에 자극을 주어 활발히 움직이게 하고, 새로운 세대의 학생들에게 배우의 필수적인 자질 발전을 위한 자기만의 연습과제와 에튜드를 만드는 일에 대한 관심을 일깨우고자 한다. 사실, 집중과 근육의 이완에 대한 몇몇 연습과제는 이미 고전이 된 지 오래지만 우리는 여전히 이 과제를 부여한다. 그러나 '제3장 상상력'에서는 무한한 상상의 나래를 펼 수 있다.

에튜드에 대해 말하자면 주제가 구식이 되지 않는 한 일부 에튜드는 반복될 수 있다. 학생들 각자가 그것을 자신의 방식으로 새롭게 연기하기 때문이다. 앞서 말했듯이 매일 새로운 주제와 줄거리가 선을 보이지만 언제나 자신의 것이 남의 것보다 더 흥미롭고 매력적인 법이다.

연습과제가 지향하는 목표와 연습과제를 통해 발전시키고자 하는 요소는 변하지 않지만, 연습과제 자체는 그것을 수행하는 사람의 개성에 따라 달라질 수 있다. 이에 대해 스타니슬랍스키는 다음과 같이 기록하였다.

여러분은 배우가 수천 명의 관객 앞에서 무대에 등장하면 두려움, 당황함, 소심함, 책임감, 어려움 등으로 인해 침착함을 잃을 수도 있다는 것을 알고 있다. 그 순간 그는 정상적으로 말하고 보고 듣고 생각하고 원하고 느끼고 걷고 행동할 수 없다. 그에게는 관객을 기쁘게 하고 자신을 무대에서 보여주고, 관객의 즐거움을 위해 자신의 상황을 숨기고자 하는 옳지 못한 욕구가 생겨난다.

그러한 순간 배우가 쌓아온 모든 요소들은 와르르 허물어지며 집중을 위한 집중, 대상을 위한 대상, 진실의 감정을 위한 진실의 감정, 적응을 위한 적응 등과 같이 상호 연관 없는 별개의 것으로 분리된다. 이러한 현상은 말할 것도 없이 비정상적이다. 실제 삶같이 배우의 자감을 이루는 요소들은 서로 분리되지 않는 것이 정상이다.[41]

이같이 요소들의 불분리성은 창조의 순간에 삶에서와 거의 똑같은 올바른 무대적 자감이 만들어질 경우 존재한다. 연기교육 과정에서 우리는 학생들에게 이러한 요소들(무대적 자감의 요소, 배우술의 요소, 연기 또는 테크닉의 요소, 무대적 행동의 요소 등과 같이 다양한 이름으로 불리기도 하지만 본질은 같다)이 어떤 것인지 알려주고, 학생들에게 그것을 자신 속에 실제적으로 확인해 보고, 그것을 조절하는 기술을 습득하고, 의식적으로 요소 각각을 연결해 보는 기회를 준다. 박탄고프는 "에튜드를 훌륭히 연기하는 것보다 가능한 한 자주, 의식적으로 우리 교육 시스템의 규정에 따르는 것이 중요하다. 이는 우리가 자신 속에 '키우고 있는' 모든 가능성을 무의식적으로 이용하는 습관을 만들기 위해서이다."[42]라고 언급했다.

우리는 스타니슬랍스키가 체계화한 요소들이 하나의 무대적 자감 속에 긴밀히 결합되어 삶과 창조 작업에서 개별적으로 존재하지 않는다 하더라도, 학생들의 관심이 해당 연습과제가 목표로 삼는 특정 요소에 최대한 집중될 수 있도록 연습과제를 구성하였다.

간혹 우리는 연습과제의 더 나은 발전을 위해 상당히 앞서 나가기도 한다. 이는 한 요소가 다른 요소의 발전을 견인하는 원동력이라는 점을 잘 알기 때문이다. 하지만 학생들에게는 이 점을 따로 언급하지 않는다.

---

[41] K. S. 스타니슬랍스키 전집 8권 중 2권, 321쪽.
[42] E. V. 박탄고프, 『메모, 편지, 논고』, 133쪽.

학생들이 모든 요소들을 차례차례 자기 것으로 만들 수 있도록 하기 위해서이다. 이에 대해 스타니슬랍스키는 "우리 같은 보통 사람들은 오랜 시간 동안 지속적인 노력을 통해 자신 속에 내적인 무대적 자감의 요소들을 하나하나 개별적으로 습득하고 발전시키고 길러 나가야 한다."[43]라고 기록한 바 있다.

◆

무대적 자감을 위한 요소들의 다양한 특성, 창조의 법칙, 심리기재 등은 천재적인 시스템 창시자인 스타니슬랍스키의 저서와 언급 속에 완벽하리만큼 잘 명시되어 있다. 그러나 우리는 여기에서 기술된 실제 연습 과제들이 추구하는 목표 범위 내로 한정하고자 한다.

연기를 위한 초기 연습과제들의 목표는 다음과 같은 스타니슬랍스키의 말로 정의할 수 있다.

　… 무대에서 우리는 모든 것을 잊어버린다. 삶 속에서 어떻게 걷고, 어떻게 앉고, 먹고, 마시고, 이야기하고, 보고, 들었는지를 잊어버린다. 한마디로 말해, 우리가 살면서 내적, 외적으로 어떻게 행동하는지를 잊어버린다. 아기가 걷고, 말하고, 보고, 듣는 것을 배우는 것처럼 우리도 이 모든 것을 무대에서 다시 배워야 한다.

---

[43] K. S. 스타니슬랍스키 전집 8권 중 3권, 313쪽.

1 무대적 집중

무대에서 행동하는 능력의 훈련은 내적인 무대적 자감의 요소 중 하나인 집중에 대한 연구에서부터 시작한다. 집중은 심리적인 과정으로 이 과정에서 여러 개의 동시적 인상 중 하나가 특별히 선명하게 부각된다.

자신의 주의를 집중시키는 능력은 감각기관(시각, 청각, 촉각, 후각, 미각)의 유기적인 활동 및 생각하고 행동하는 능력과 관련이 있다. 연습 과제를 통해 학생들은 무대에서도 실제 삶과 마찬가지로 생각하고 행동하고 느껴야 한다는 것을 깨닫게 된다.

삶과 마찬가지로 무대에서 배우의 주의는 어떤 물건, 말, 소리, 생각, 사람, 행동 등에 집중된다. 이렇게 '특히 선명하게 감지되는' 물건이나 현상을 집중의 대상이라고 한다. 배우는 무대에 머무르는 매 순간 관객석은 물론 무대 위에도 집중의 대상을 가지고 있어야 한다. 만약 배우가 정말로 주의 깊고 진지하게 무대에서 어떤 행동(예를 들어, 발견한 지갑을 눈여겨 쳐다본다)을 수행한다면 관객은 흥미롭게 그의 행동을 주시한다. 하지만 배우가 자신이 어떤 행동을 수행하고 있는지 보여주려고[44]

---

[44] [역주] 이것은 '보여주기식'의 연기를 의미한다. '인 척'하고, 감정을 드러내거나 표현하려고 하는 모든 상투적인 연기형태를 말한다.

한다면, 그의 진실한 집중은 자기가 어떤 인상을 관객에게 주고 있는지 알고 싶은 마음으로 가득 찰 것이고, 그 즉시 관객은 거짓을 알아채고 흥미를 급격히 상실할 것이다. 따라서 배우는 체계적인 연습과제를 통해 무대 위의 대상에 대한 보여주기식 집중이 아니라, 유기적인 집중을 유지하는 법을 배워야 한다.

삶에서는 어떤 대상 자체가 우리의 주의를 잡아끄는 경우가 있지만, 무대에서는 배우 스스로 자신 속에 대상에 대한 주의를 불러일으켜야 하며 자신의 의지로 이러한 주의를 유지해 나가야 한다. 그리하여 배우에게 관객석의 반응은 부차적이며 전혀 중요하지 않은 것이 될 수 있도록, 무대 위의 대상에 집중하고 그 대상을 자신에게 최고로 흥미로운 것이 될 수 있도록 만드는 법을 배워야 한다.

연습과제를 통해 학생들은 관객석을 의식하지 않게 된다. 마치 체스경기에 열중한 사람들이 주위에 무슨 일이 벌어지고 있는지 알지 못하는 것처럼 엄청난 집중의 순간에 관객을 거의 잊게 되는 것이다.

누구나 처음에 무대로 불려나오면 어느 정도의 흥분을 느끼기 마련이다. 우리는 학생 몇 명을 무대로 불러낸다. 이때 그 무엇도 '연기하지' 말고, 그 누구도 묘사하지 말고, 일상생활 속에서 자신이 하는 것처럼 행동하라고 일러둔다. 아울러 우리는 어조와 태도에서도 학생들에게 이 것은 전혀 별일 아니며 지극히 간단하고 평범한 일일 뿐이라는 점을 보여주어야 한다. 우리는 학생들에게 편하게 앉으라고 말한 다음, 학생들이 편안하게 무대에 적응할 수 있도록 일부러 잠깐 아무런 주의를 기울이지 않는다. 한마디로 말해, 무대에 나왔다는 사실이 정상적인 인간의 자감을 망치지 않도록 신경 써야 한다.

그러고 난 후, 학생들에게 일정 시간 동안 교실에서 들리는 소리를 들은 다음 기억하라고 말한다. 사실상 이 연습과제에는 무대 위 학생뿐 아니라 관객석에서 이를 지켜보는 학생들도 참여하는 셈이다. 먼저 한 학생이 어떤 소리(예를 들어, 의자에서 삐걱삐걱 소리가 났다, 공책이 떨어졌다, 누군가가 한숨을 쉬고 기침을 했다, 누군가가 연필로 책상을 딱딱 두드렸다, 누군가가 자세를 바꿨다, 누군가가 무슨 말을 했다 등)를 들었는지 말한 다음 나머지 학생들이 보충해서 이야기한다.

이러한 연습과제에서 우리가 할 일은 학생들이 듣는 시늉을 하는 것이 아니라 진짜로 무언가를 듣도록 해야 한다. 학생들이 듣는 사람의 자세를 어떻게 잡아야 할지 고민하다가 막상 들어야 하는 소리는 듣지 못하고 놓치는 경우가 많기 때문이다. 이럴 경우 학생들에게 일상생활 속에서 소리를 어떻게 듣는지 떠올려 보고, 듣기 위해서 특별한 에너지를 소모하지 않는다는 점에 주의를 기울이도록 한다.

다른 그룹의 학생들은 길거리에서 들려오는 소리를 듣고 무엇을 들었는지 이야기해 보도록 한다. 그다음은 복도나 위층 등에서 무슨 일이 일어나고 있는지 들어보도록 한다. 만약 거리의 소리를 듣고 있다면 어떤 차(화물차인지 승용차인지)가 지나가는지 알아 맞춰보도록 한다.

또 다른 연습과제를 예로 들어보자. 몇 명의 학생들을 무대로 불러내어 관객석에 등을 돌리고 앉도록 한다. 관객석에 앉아 있는 학생들은 우리의 지시에 따라 다양한 주제로 서로 이야기한다. 무대에 있는 학생들은 무엇을 들었는지 이야기해 본다.

다른 그룹의 학생들에게는 가방을 열어 공책을 꺼내고 의자를 옮겨 강의를 들을 준비를 하도록 한다. 관객석에 등을 돌리고 무대에 앉아 있는 학생들은 어떤 소리와 대화를 들었는지 자세히 나열해 보도록 한다.

그리고 학생 두 명을 무대로 불러낸다. 학생 각자에게 어떤 물건, 예를 들어, 담배케이스, 성냥갑, 콤팩트, 시계, 열쇠 등을 준다. 한 학생에게 물건 한 개를 주고 한참 동안 그 물건을 상세히 관찰하도록 한다. 그다음 그 물건을 파트너(이 연습과제에 참여한 다른 학생)에게 넘겨주고 첫 번째 학생에게 보이지 않게 쥐도록 한다. 첫 번째 학생이 살펴보았던 그 물건의 용도, 모양, 색깔, 특징 등에 대해 상세히 이야기한다. 우리는 그 학생에게 물건 주인의 성격에 대해서도 말해보도록 한다. 두 번째 학생은 그 물건을 살펴보며 첫 번째 학생이 미처 보지 못한 것을 알려준다. 그다음 두 번째 학생이 첫 번째 학생에게 물건을 건네주고 그것에 관해 이야기한다. 첫 번째 학생은 그것을 살펴보며 보충해서 말해준다. 그다음 모든 학생들이 각자 자기의 물건을 꺼내 이러한 연습과제를 실행해 본다.

다음은 방 안의 벽, 천장, 바닥, 문, 창문, 가구 등에 손볼 곳이 있는지 살펴보도록 한다. 그다음 학생들에게 그 대상을 보지 않고 말하도록 하고 나머지 학생들은 말하는 내용이 맞는지 아닌지 확인한다. 대부분의 경우 처음에는 학생들의 이야기와 사물의 상태가 일치하지 않으므로 연습과제를 여러 번 실시해야 하며, 그제야 비로소 자신들이 본 내용을 정확하게 말할 수 있다. 이러한 연습과제의 목표는 스타니슬랍스키의 언급처럼 "… 무대에서 보고 보이고, 듣고 들리는 것을 배우기"[45] 위해서이다.

우리는 학생들이 대상에 자신의 주의를 집중할 수 있게 하려고 경쟁 분위기를 조성하여 가능한 많은 소리와 소음, 대화를 듣고 기억하도록 유도하고, 아울러 가능한 한 세밀하게 관찰 대상을 살펴보게 하려고 학생들을 부추기기도 한다. 이때 가장 적게 맞춘 학생은 한 번 더 연습과제를 수행하도록 한다.

이제 다른 연습과제로 넘어가 보자. 한 학생에게 한 쌍의 시계를 주어

---

[45] K. S. 스타니슬랍스키 전집 8권 중 2권, 102쪽.

살펴보고 소리를 들어보도록 한 다음, 두 시계의 외형과 작동방식 등의 차이점을 말해보도록 한다. 만약 시계주인이 있다면 어떤 시계가 누구의 것인지도 맞춰 보도록 한다.

또 다른 연습과제로 동전을 꺼내 살펴보게 한 다음, 똑같은 다른 동전과 한데 섞어 자기가 살펴보았던 바로 그 동전을 찾도록 한다. 다른 학생들은 맞는지 확인해본다.

교실에 누가 있는지, 어떤 사물이 있는지에 따라 연습과제를 추가로 더 만들 수도 있다. 예를 들어, 재빨리 몇 초 내에 교실에 금발과 흑발이 몇 명인지, 사각형과 원형의 물건이 몇 개인지, 서류가방과 배낭, 책과 공책은 각각 몇 개인지, 면도한 사람과 안 한 사람, 머리빗은 사람과 안 빗은 사람은 몇 명인지 등을 맞춰본다.

다음은 놀이형 연습과제를 수행해보자. 이를 위해 참여한 학생 수보다 하나 작은 개수의 의자를 둥글게 놓는다. 한 학생이 소리 내어 신문기사를 읽고 나머지는 의자 주위를 돌며 걷는다. 신문 기사를 읽는 학생이 사전에 약속했던 의미에 해당하는 단어를 읽으면, 예를 들어, '큰' 또는 '작은'이라는 단어가 주어질 경우 '커다란', '대규모의', '미미한' 등의 단어가 나오는 경우 모두 재빨리 의자에 앉는다. 미처 앉지 못한 학생은 놀이에서 빠진다. 의자를 한 개 더 빼낸 다음 놀이를 계속한다. 가장 주의력 깊고 재빠른 학생 한 명만 남을 때까지 계속한다. 이때 여러 가지 노래를 부르며 연습과제를 수행할 수도 있다.

다음으로 촉각을 위한 연습과제를 예로 들어보자. 대상을 눈으로 보지 않고 전적으로 촉각에만 주의를 집중한다. 예를 들어, 손으로 만져서 각기 다른 두 종류의 천, 서류가방, 볼펜, 손수건 등의 차이점을 알아낸다. 또 다른 연습과제로 호주머니나 가방에 몇 개의 동전을 넣은 뒤 손으로 만져서 총액을 맞춰보거나, 다른 친구의 맥박수를 세어보거나, 그리고 학생 중 한 명의 눈을 가리고 앉아있는 다른 학생에게 데려가 머리 모양과 얼굴을 만져봄으로써 그가 누구인지 맞춰 볼 수도 있다.

후각을 위한 연습과제로는 교실에서 무슨 냄새가 나는지 말해보거나 서류가방, 배낭, 손수건, 콤팩트 등의 냄새를 맡아본 다음 어떤 물건인지 맞춰보도록 한다. 또한, 여러 종류의 담배 냄새를 맡아보고 향의 차이를 말해보도록 할 수도 있다.

미각을 위한 연습과제로 달고, 짜고, 쓰고, 떫고, 시고, 느끼한 맛을 떠올려 보도록 한다. 수업 시간에 먹거나 마셔보는 것이 항상 가능하지는 않으므로 학생들은 무대 위의 배우처럼 음식의 맛을 전달할 필요가 있다면(예를 들어, 『검찰관』[46]의 흘레스타코프처럼 질긴 도끼 같은 쇠고기를 먹고 있다면), 대부분의 경우 미각에 대한 기억으로 연기해야 한다. (흘레스타코프 역할의 배우에게 진짜로 도저히 씹을 수 없는 딱딱한 커틀릿을 주어서는 안 된다!)

감각기관의 훈련은 매우 중요하다. 그러므로 불필요한 노력이나 지나친 무기력함을 배제하고 최대한 학생들의 자감이 실생활에서와 유사할 수 있도록 해야 하는 것이 중요하다.

다음의 연습과제는 지극히 단순한 관찰력의 발전을 위한 것이다. 한 학생이 무대에 앉고 다른 학생이 어떤 물건을 보이지 않도록 손으로 숨긴 채 앉아 있는 학생에게 다가가 '하나, 둘, 셋'을 세는 동안만 보여준 다음 다시 그 물건을 가린다. 앉아 있는 학생은 짧은 시간 동안 무엇을 보았는지 이야기한다. 예를 들어, 우리는 어떤 여학생에게 '하나, 둘, 셋'을 세는 동안 열쇠 꾸러미를 보여주었다. 그 여학생은 열쇠 꾸러미에 8개의 열쇠가 달린 것을 보았고, 제일 큰 열쇠 한 개는 아파트 열쇠, 세

---

[46] [역주] 고골의 장막 희극.

개는 작은 맹꽁이자물쇠의 열쇠, 나머지는 서랍 열쇠라고 말했다. 정말 그대로였다.

이와 같은 연습과제를 몇 개 더 수행해보자. 책상 위에 시계, 볼펜, 담배케이스, 지갑, 책 등과 같은 몇 가지 물건들을 놓는다. 한 학생이 무대로 나와 10초 동안 책상 위의 물건을 본 뒤 뒤돌아선다. 그다음 다른 학생이 물건들의 위치를 바꾸고 첫 번째 학생에게 원래 위치대로 배치하도록 한다.

또 다른 연습과제로 몇 명의 학생들이 어떤 미장센에 따라 배치된 의자에 앉는다. 한 학생이 5초 동안 미장센을 본 뒤 나간다. 앉아있던 학생들은 자세와 자리를 바꾸고 의자도 한 개 빼낸다. 다시 들어온 학생이 모든 것을 원래의 미장센대로 되돌려놓는다.

이번에는 성냥으로 복잡한 기하학적 모양을 만든 뒤 한 학생에게 보여준다. 그리고 성냥을 뒤섞은 뒤 원래의 모양대로 복구하도록 한다.

이제 한 학생이 관객석을 등지고 앉아 누가 관객석을 지나가는지 맞춰본다. 여자인지 남자인지, 만약 발걸음 소리가 귀에 익다면 정확히 누구인지 맞춰 본다.

다음으로 책상 위에 몇 개의 물건들을 올려놓고 식탁보를 덮는다. 식탁보 위로 물건을 더듬어 만져본 다음 어떤 물건인지 맞춰 본다.

이제는 학생들이 일상 속에서 지극히 단순한 사물들을 얼마나 인식하지 못하는지 알려주기 위해 학생들에게 매우 친숙한 물건(자기 신발, 가방, 배낭 등)을 살펴보도록 한다. 이전에는 몰랐던 사실을 말해보도록 한다. 경험상 대부분 물건의 소유주는 자신의 친숙한 물건들을 잘 모르고 있다는 것이 사실로 드러난다.

한편 숙제로 학생들이 매일 오가는 거리에 어떤 변화가 생겼는지 주의 깊게 관찰하도록 과제를 내 줄 수도 있다. 또한, 오랫동안 가보지 않앉던 도시의 한 지역을 방문하여 어떤 건물이 새로 들어섰는지, 어떤 거리에 아스팔트가 새로 깔렸는지, 어디에 나무가 심어졌는지 등을 관찰해 본다.

그리고 난 후, 거리에 앉아 지나가는 사람들을 관찰해보고 그들의 어떤 점이 흥미로웠는지 말해 보도록 한다. 엄마가 우는 아이를 어떻게 달래는지, 연인들은 어떻게 앉아있는지, 남자가 데이트시간보다 늦게 오는 아가씨를 얼마나 초조하게 기다리는지, 사람들이 직장에서 어떻게 퇴근하는지, 공연 시간에 늦은 사람들은 어떻게 하는지, 어떻게 싸우고 어떻게 화해하는지, 거리에서 일어나는 많고 많은 일을 관찰하도록 한다. 등굣길에 거리에서 본 것들도 말해 본다.

V. N. 다비도프[47]는 "배우는 관찰하고 '스펀지처럼' 흡수할 줄 알아야 한다."라고 기록한 바 있다. 이러한 연습과제들은 예술적 형상의 창조 시, 배우의 창조적 메소드의 중요한 한 부분이 되는 삶에 대한 심오하고 매혹적인 연구의 시작이다.

역할에 대한 작업은 차후의 과제이므로 지금은 오랜 시간 동안 대상에 집중을 유지할 수 있도록 해주는 연습과제를 계속 해야 한다.

다음의 연습과제들은 본질상 어려운 것이 아님에도 불구하고 처음에 성공한 적이 거의 없다. 그러므로 정확하게 실행하는 것이 필수적이다.

---

[47] [역주] V. N. 다비도프(Владимир Николаевич Давыдов, 1849~1925) 소련 인민 배우, 연출가, 연기교육자.

그룹 연습과제

<타자기>

① 그룹을 반원형으로 배치한다. 그들에게 알파벳 글자를 각자 배분한다. (소그룹일 경우 각자가 2~3개의 글자를 받을 수 있다.) 학생들 각자가 어떤 글자를 받았는지, 그리고 알고 있는지 점검해 본 후, 교육자는 '하얗게 되다(белеет)'라는 단어를 말한다. 교육자가 손뼉을 친다. 글자 '베(б)'가 손뼉으로 교육자에게 대답한다. 다시 교육자가 손뼉을 치면, 글자 '에(е)'의 학생이 손뼉으로 대답한다. 교육자의 손뼉마다 글자 엘(л), 에, 뜨(т)를 가진 학생들이 차례대로 손뼉 친다. 단어의 마지막에는 그룹 모두가 손뼉 친다. 전체 구절을 그렇게 해 본다.

② 같은 과제를 교육자의 손뼉 없이 다시 해 본다. 학생들이 손뼉으로 구절을 전달한다.

단 한 명이라도 집중하지 않으면 이 연습과제는 성공할 수 없다. 박자가 처지는 학생도 있기 마련이다.

<계산기 1>

15명이 참여한다. (14명은 원으로 서고 한 명은 진행자다.) 10명에게는 숫자 0에서 9까지 주고 4명에게는 부호 +, −, ×, ÷를 준다. 진행자가 5+9= 이라고 말한다. 진행자의 손뼉에 맞춰 '5'가 한 발 앞으로 나오고 '+'는 손뼉을 치고 '9'도 한 발 앞으로 나온다. '='은 모두 손뼉 2번을 친다. '1'과 '4'는 두 발 앞으로 나와 결과가 14임을 보여준다. 전부 손뼉 3번을 치면 끝난다.

<계산기 2>

7명이 참여한다. (첫 번째는 일의 자리, 두 번째는 십의 자리, 세 번째는 백의 자리, 네 번째는 천의 자리, 다섯 번째는 만의 자리, 여섯 번째는 십만의 자리, 일곱 번째는 진행자다.) 진행자가 어떤 숫자를 말한다. 예를 들어, 진행자가 '125102'라고 말하고 손뼉을 치면 '십만 자리' 학생이 한번 꾸벅 인사를 하고, '만 자리' 학생은 두 번 몸을 돌리고, '천 자리' 학생은 다섯 번 팔을 들어 올리고, '백 자리' 학생은 한번 무릎을 구부리고, '십 자리' 학생은 움직이지 않고, '일 자리' 학생은 두 번 연달아 발을 구른다. 그다음 모두 손뼉 친다.

<시차를 두고 동작 따라 하기>

학생들은 마주 보고 두 줄로 선다. 첫 번째가 몇 개의 체조동작을 한다. 두 번째가 첫 번째를 관찰하여 한 박자 늦게 그 동작을 따라 한다. 세 번째가 두 번째를 관찰하여 한 박자 늦게 그 동작을 따라 한다. 그런 식으로 전체 그룹이 실행한다. 연습과제는 음악에 맞춰 실행할 수도 있는데, 처음에는 느린 템포로 시작하여 끝으로 갈수록 빨라지게 한다.

<거울>

두 학생이 서로 마주 보고 선다. 한 학생이 마치 거울인 듯 다른 학생의 '반영'이 되어 모든 행동을 따라 한다. 이 연습과제는 거울을 보고 있는 사람의 오른손 동작에 대해 왼손으로 동작하는 '거울'의 특성을 잘 살려야 한다. 또한, 이 연습과제에서는 동시성이 중요하다. 그러므로 첫 번째 학생은 '거울'이 동작을 바로 따라 할 수 있도록 천천히 시작해야 한다. '거울'의 동작 역시 거울 보는 사람의 동작과 정확히 일치해야 한다. 거울 앞에서 체조, 빗질, 화장, 유리 닦기, 넥타이 매기, 면도 등을 해볼 수 있다. 그다음 서로의 역할을 바꾼다. (두 사람 사이에 유리가 없는 틀을 세워놓고 연습해도 좋다.)

<**그림자**>

학생 한 명이 방안을 걸어 다니고 그 뒤로 다른 한 학생이 그의 동작을 따라 하며 동작의 리듬을 포착하도록 한다. 첫 번째가 멈추면 두 번째도 멈추어 첫 번째와 같은 동작을 한다. 그다음 '그림자'가 진행자가 되고 진행자는 '그림자'가 된다.

<**안내자**>

무대 또는 교실에 책상이나 의자 등으로 장애물을 만든다. '안내자'는 장애물 사이로 그룹을 인도하여 지나가고 나머지는 한 줄로 안내자 뒤를 따라가며 그의 동작을 따라 한다.

<**연출가와 배우**>

'연출가'가 어떤 행동을 한다. 예를 들면, 조심스레 문으로 다가가 귀를 기울인다. '배우'는 객석에서 그를 관찰하며 그의 행동을 정확히 기억한다. 그다음 '연출가'의 동작을 따라 하고 '연출가'는 맞는지 점검한다. 그다음 서로의 역할을 바꾼다.

<**매듭과 형상**>

한 학생이 밧줄, 넥타이, 손수건으로 복잡한 매듭을 만들거나 신문지로 여러 가지 형상(예를 들어, 수탉, 모자, 배 등)을 만든다. 나머지 학생들은 그것을 관찰한 다음 똑같이 만든다.

위의 연습과제는 주의의 집중을 신체적 행동과 결합함으로써 보다 더 큰 효과를 발휘한다. 이와 관련하여 스타니슬랍스키는 "집중은 행동과 결합하여 서로 합쳐짐으로써 대상과의 긴밀한 관계를 구축한다."라고 말한 바 있다.

학생들이 대상과의 관계라는 것이 무엇인지 실제로 이해했다면 과제에 따라 주의를 이동시키는 훈련을 시작해본다. 먼저 학생들이 객석의 반응을 부차적인 것으로 생각하고 무엇보다도 무대 위의 대상에 전적으로 집중 하도록 만들어주는 집중의 범위(대, 중, 소)에 대한 개념을 알려주어야 한다.

한 학생에게 무대 위의 탁자 앞에 앉도록 한다. 탁자에는 어떤 물건(책)이 놓여있으며, 바로 그 물건이 '대상-한 점'이 된다. 이때 탁자는 작은 집중의 범위이며, 의자는 중간 집중의 범위이고, 큰 집중의 범위는 무대 전체이다. 학생은 시험 준비를 위해 책을 읽고 있으며 탁자 위에는 몇 권의 책이 더 놓여 있다. 의자 위에도 책이 놓여 있고 무대 끝 부분에 다른 탁자나 책장 등이 더 놓여 있을 수 있다. 학생이 읽고 있던 책에서 눈을 들어 탁자 위에서 참고될 만한 다른 책을 찾는다.(작은 집중 범위) 그다음 자리에 앉은 상태에서 그 책이 의자 위에 놓여있는지 살펴본다.(중간 집중 범위) 자신의 주의를 책장으로 옮겨 보지만(큰 집중 범위) 거기서도 발견하지 못하자 다시 책을 읽기 시작한다.(대상-한 점) 이처럼 주의를 작은 범위에서 중간으로, 다시 큰 범위로, 그다음 반대로 이동시키며 옷 입기, 식사하기, 식탁 차리기, 뜨개질하기, 편지쓰기 등을 해본다.

이와 관련하여 학생들에게 다른 과제를 부여한다. 집이나 거리에서 자신의 주의를 작은 범위에 모아보고, 그것을 중간 범위로 옮긴 다음, 다시 큰 범위로 옮겨보도록 한다. 즉 자유로운 주의의 이동이 어떤 것인지 느껴보도록 한다.

만약 무대에서 집중이 흐트러져서 대상이 사라지고 머릿속에 잡념이 생긴다면, 다시 한 번 '대상-한 점'에 주의를 집중한다. 실제로 이는 작은 어떤 물건(예를 들어, 옷에 달린 단추)을 주의 깊게 쳐다본다는 의미이다. 그 단추에서 어떤 작은 특징을 발견했다면, 다시 집중하기 시작했다는 의미이므로 집중의 범위를 작은 범위로, 다시 중간 범위 등으로 확대해 나갈 수 있다. 이러한 방법은 앞으로 배우의 작업에서 실제로 매우 큰 의미를 가진다.

집중을 위한 다음의 연습과제들은 무대에서 생각할 수 있는 능력을 훈련하기 위해서다. 이를 위해 우리는 학생들에게 다음과 같이 제안한다.

①무대에서 신문 기사를 읽고 그 내용을 이야기한다.
②신문(편지, 인쇄된 페이지 등)을 작게 찢어서 섞은 다음 학생들에게 찢어진 내용을 읽을 수 있도록 다시 맞추도록 한다.
③무대에 앉아 무엇인가를 읽도록 한다. 나머지 학생들은 소음을 내거나, 노래 부르거나, 큰 소리로 이야기하거나, 여러 가지 질문을 던져 그의 집중을 방해한다. 읽고 있는 학생은 연습과제를 마친 다음, 읽은 내용에 관한 이야기를 할 수 있어야 한다.
④위와 같은 조건에서 충분히 큰 숫자를 곱하고 나누도록 한다.
⑤사행시 또는 경구를 짓도록 한다.
⑥라디오에 응모하기 위한 방송용 콘서트 프로그램을 만든다. 푸시킨, 레르몬토프, 톨스토이 등과 같은 유명 작가의 작품 10개를 기억해 낸다.

사람은 가정이나 자연 속에서 혼자 있을 때 비로소 자기 자신이 된다. 사람이 어떻게 관례나 삶 속에 형성된 행동거지에 영향을 받게 되는지 생각해 보는 것도 의미 있는 일이다.

학생이 무대에서 근육이 이완된 상태에서 주의를 집중하여 혼자 연습과제를 수행할 때 '군중 속의 고독'[48]이라 불리는 상태가 발생할 수 있다. 그러한 상태에서 학생은 관객이 자신을 보고 있다는 사실을 잊어버리고 마치 가정이나 자연 속에 혼자 있다고 생각하고 그에 적합한 행동을 할 수 있어야 한다. 예를 들어, 무대에 앉아 오늘 아침부터 자신의 일과를 떠올려보거나 오늘 할 일이 무엇이 남았는지 생각해 볼 수도 있다. 또는 언젠가 받았던 모욕감이나 삶에서 즐거웠던 기억들 아니면 여름휴가 등을 생각해 볼 수도 있다.

스타니슬랍스키는 내적 집중을 위한 가정에서의 연습과제에 대해 다음과 같이 언급하였다.

매일 불을 끄고 잠자리에 누워 지나간 하루를 의식적으로 되돌아보는 습관을 기르고 가능한 세세한 것까지 전부 다 기억할 수 있도록 노력하라. 만약 점심이나 모닝커피를 생각한다면, 먹은 음식뿐만 아니라 식기와 식기 세팅까지도 눈에 보듯이 기억해 낼 수 있어야 한다. 그리고 식탁에서의 대화를 통해 발생된 생각과 내적인 감정, 음식의 맛도 기억해 보라. 또한, 최근의 일 뿐만 아니라 더 오래된 삶의 단편도 떠올려 보라.

좀 더 깊게 들어가서 의식적으로 개별적인 물건들을 떠올려 보고, 그것을 이용하여 자신이 한때 살았던 집과 방 그리고 다른 장소를 떠올려 보라. 이는 한때 잘 알고 있었던 행동의 연속성과 지나간 날의 궤적으로 여러분을 데려다 줄 것이다. 이 또한 자신의 내적인 집중으로 꼼꼼하게 점검해 보라. 가능한 구체적으로 자신과 가까운 사람들(살아있는 또는 이미 죽은)도 떠올려 보도록 하라. 이 모든 작업에서 집중은 커다란 역할을 하며 연습과제를 성공적으로 수행하기 위한 새로운 자극이 될 수 있다.[49]

---

[48] 스타니슬랍스키, 신겸수 역, 『배우 수업』, 예니, 2001, 108쪽.
[49] K. S. 스타니슬랍스키 전집 8권 중 2권, 120~121쪽.

2 근육의 이완

　근육의 지나친 긴장은 대부분 원래 자기 모습보다 더 좋게, 더 똑똑하게, 더 아름답게, 더 우아하게, 더 빈틈없이 보이려고 애쓰는 데서 비롯되며, 자신의 가치를 상실하지 않을까 하는 두려움에서 기인한다.

　이와 관련하여 B. V. 슈킨[50]은 다음과 같은 일화를 들려주었다. 그가 군대에 있을 때 아주 높은 곳에서 뛰어내리는 훈련이 필수적이었는데, 이를 위해서는 발끝으로 디디고 가볍게 앉았다가 일어서며 정확하게 뛰어내려야 했다. 그는 이 어려운 과제를 멋지게 수행하기 위해 엄청난 노력을 기울였는데, 뛰어내리기 전에는 가슴 깊이 숨을 들여 마셨지만 가볍게 앉을 때에는 옷에 달린 단추가 전부 다 떨어져 나갈 정도였다고 한다.

　F. I. 샬랴핀[51]도 회고록에서 자신의 데뷔 무대를 다음과 같이 말하고 있다.

---

[50] [역주] 러시아의 인민배우. 박탄고프의 '제3(므하트) 스튜디오'에서 학생배우로 활동하였다. 그의 이름을 따서 스튜디오는 '슈킨 연극대학교'로 개명되었다.

[51] [역주] 러시아의 오페라 가수. 모스크바 왕립 가극장, 페테르부르크 극장, 밀라노의 스칼라극장, 뉴욕의 메트로폴리탄 오페라단에서 활동하였다.

내가 연출가를 찾아가자 그는 선뜻 나에게 희곡 『경찰관 로저』의 경찰관 역을 제안했다. … 나는 서툴고 병적일 정도로 내성적이었지만 어쨌든 연습하는 동안은 모두 다 평상복 차림이었고, 막도 닫혀 있는 상태였으므로 나는 나름대로 역을 이해했고, 또 무대 위에서 움직일 수도 있었다. … 공연이 시작되었다. … 기억나는 거라곤 수많은 괴롭고 불쾌한 느낌뿐 …… 누군가 무대 뒤의 문을 열고 나를 무대로 밀어냈다는 기억이 난다. 나는 무대 위에서 걷고 말하고 살아야 한다는 것을 잘 알고 있었다. 그러나 그렇게 할 수가 없었다. 다리는 무대 밑으로 뿌리를 내리는 것 같았고, 팔은 몸통에 철썩 달라붙어 움직이려 하지 않았으며, 혀는 입안 가득 부풀어 올라 돌처럼 굳어버렸다. 나는 단 한마디도 말할 수 없었고 손가락 하나도 까딱할 수 없었다. 하지만 귓가에는 무대 뒤의 여러 목소리가 속삭이는 소리가 들렸다.

"제발 말하라고, 이 녀석아, 무슨 말이라도 해!"

"빌어먹을 로저야, 말을 해!"

눈앞의 모든 것이 빙빙 돌며 누군가의 크고 깊은 입이 여러 목소리로 웃어대는 것 같았고 무대가 흔들거렸다. 나는 사라져가며 죽어가는 것 같았다. 막이 내려왔다. ……[52]

무대에서 이 정도로 심한 근육의 긴장이 나타나는 건 극히 드문 일이지만, 긴장이 어느 정도까지 무대에서 배우의 행동에 방해될 수 있는지 단적으로 보여 주는 좋은 예이다.

다음은 근육의 긴장으로 인해 내적인 균형이 깨어진 특이한 예이다. 수줍음 많은 한 청년이 약혼녀의 부모 집에 첫 인사를 하러 왔는데, 너무 긴장한 나머지 차를 마시는 자리에서 식탁보의 술 장식을 양복 단추에

---

[52] F. I. 샬랴핀, 예술, 1957, 1권, 32, 75쪽.

빙빙 감고 있었다. 이윽고 그가 일어서자 식탁보가 청년 쪽으로 당겨지면서 식탁 위의 모든 것이 한꺼번에 바닥으로 쏟아질 뻔했다.

또 다른 예로, 기차 시간에 늦은 한 남자가 아내와 짐꾼을 데리고 숨을 헐떡이며 기차역으로 뛰어들어 왔다. 그는 아내에게는 반 루블짜리 한 닢을 쥐어 주고 짐꾼에게 키스한 다음 달리는 기차에 올라탔다. 이 이야기는 사실일 소지가 다분하다. 그뿐만 아니라 성대한 행사 식장에서 임명장을 받는 사람들이 엉거주춤한 걸음걸이로 걸어나가는 경우도 종종 있다.

배우가 관객의 관심 한가운데에 놓이면 근육의 지나친 긴장이나 무기력(자제력이나 내적 균형감의 상실 등)함이 여러 가지 형태로 나타난다. 이는 무례함이나 무기력함, 완전한 창의성 부재로 나타날 수도 있다. 경험 없는 배우는 지나치게 많은 동작이나 불필요한 행위로 자신의 겸연쩍음과 부자유스러움을 감추려 한다. 횡격막과 성대의 긴장으로 발성을 망칠 수도 있고, 큰 소리 대신 작고 쉰 소리가 나올 수도 있으며, 눈은 안갯속에서 사건을 보는 듯하고, 귀는 상대배우가 말하는 대사의 의미를 포착하지 못할 수도 있다. 그리하여 마침내 흥분으로 학생들은 생각하고 행동하는 능력을 상실할 수도 있다. 이러한 상태에서 창조란 불가능하다. 이를 스타니슬랍스키는 다음과 같이 기록한 바 있다.

> 창조의 상황에서 신체의 완전한 자유로움, 즉 근육의 긴장에서 신체의 이완은 큰 역할을 한다. 근육의 긴장은 우리 자신도 모르게 무대에서뿐만 아니라 삶에서도 신체를 지배하며 마치 신체를 얽어매어 신체가 심리적인 행위의 안내자가 되는 것을 방해하는 듯하다. … 그러므로 불필요한 긴장으로부터 신체를 이완시키는 습관을 길러야 하며 이는 창조 활동의 커다란 방해물 중 하나를 제거한다는 의미이다.[53]

스타니슬랍스키는 내적인 무대적 자감의 요소인 근육의 자유로움을 길러줄 수 있는 훈련법을 찾아냈다. 그것은 바로 '근육 감독관'[54]을 만드는 것이다. 즉 어떤 근육에 불필요한 긴장이 있는지 신속히 찾아내어 그것을 제거하고, 모든 행동에 더도 덜도 아닌 꼭 필요한 만큼의 근육에너지만 소모하여 근육의 자유로움 상태를 유지하는 능력을 발전시키는 것이다. 이에 대해 스타니슬랍스키는 "이와 같은 자기 점검과 불필요한 긴장 제거 과정이 무의식적이고 기계적으로 이루어지는 단계에까지 도달해야 한다."[55]라고 기록하였다. '감독관'을 만들기 위해서는 자신의 신체 근육과 근육의 이완 방법에 대한 공부부터 시작해야 하는데 다음과 같은 연습과제가 도움될 수 있다.

의자에 앉아 손가락을 천천히 긴장시키고 팔꿈치와 어깨는 이완시킨다. 이를 위해 손가락은 긴장상태로 남겨두고 팔꿈치와 어깨만 움직인다. 그다음 마치 손가락에 묻은 물기를 털어내듯 자유롭게 손끝을 흔들어 정상적인 상태가 되도록 서서히 손가락 근육을 풀어준다.

다음은 오른쪽 다리의 발가락, 발바닥, 종아리, 허벅지 근육을 긴장시키고 난 다음 풀어준다. 왼쪽 다리도 똑같이 실시한다. 그다음 배, 가슴, 등, 어깨, 팔, 목의 근육을 차례대로 긴장시켰다가 이완한다. 이때 긴장시키지 않아야 할 근육은 완전히 이완된 상태여야 한다.

얼굴은 무대에서 실제 작업을 할 때 무엇보다 자주 긴장되기 때문에 얼굴 근육은 특히 주의 깊게 긴장시키고 이완시켜야 한다. 필자의 일화를 예로 들자면, 어느 날 연기를 하다가 상대 배우가 나에게 무슨 말을

---

[53] K. S. 스타니슬랍스키, 『논고, 말, 담화, 편지』, 488쪽.
[54] [역주] '근육 제어기'로 번역될 수 있으나, 연기학적 용어로는 통상 '근육 감독관'이라는 의미로 쓰인다. 근육의 긴장을 감독하는 의식적인 자신을 뜻한다.
[55] K. S. 스타니슬랍스키 전집 8권 중 2권, 135쪽.

하고 있는지 도무지 이해할 수 없었던 적이 있었다. 내 몸의 어디가 긴장되어 있는지 살펴보다가 얼굴이 긴장되어 있다는 것을 알았다. 얼굴 근육을 이완시키자마자 나는 곧바로 정상적인 자감을 되찾았으며 상대배우의 대사도 정확히 이해하게 되었다. 얼굴 근육의 이완이라는 것이 어떤 느낌인지 알기 위해서는 이마, 눈썹, 코, 입, 턱의 근육을 긴장시키고 이완시켜보면 된다.

이제 몸의 근육을 긴장시킨 다음, 이완시켜보고 근육의 움직임을 관찰함으로써 무대에서 근육을 조정하는 법을 배울 수 있다. 다음의 연습과제에서는 먼저 머리에서 발끝까지 차례대로 신체의 근육을 이완시킨 다음, 점차 필수적인 긴장을 회복할 수 있어야 한다. 이때 학생들에게 완전한 근육의 이완은 가정에서 누운 자세로 연습할 때에만 가능하다는 점을 설명해 주어야 한다. 의자에 앉은 자세에서 학생들은 팔, 다리, 목, 얼굴의 근육만 이완시킬 수 있다. 등에는 앉아 있는 사람이 의자에서 넘어지지 않도록 지탱하기 위한 약간의 필수적인 긴장이 남아있다. 이완의 정도를 확인해보기 위해 무대로 '점검하는 학생'을 내보낸다. 그는 앉아있는 사람의 팔이나 다리를 들어 올려 축 늘어뜨려진 근육의 무게를 느껴본다. 이때 갑자기 팔이나 다리를 놓아버린다면 그대로 툭 떨어져야 한다.

간혹 근육의 이완과 무기력함을 혼동하는 학생도 있다. 그러나 무기력함은 불필요한 긴장과 마찬가지로 정상적인 자감 형성의 방해물이며, 일체의 창의성과 행동하는 능력조차도 망쳐버린다는 점을 학생들에게 설명해 주어야 한다.

학생들은 근육의 이완이란 주어진 행동을 하기 위해 필수적인 근육에 대한 긴장의 정도라는 점을 명심해야 한다. 일례로, 성냥갑에 성냥을 그을 때 필요한 정도보다 적게 힘을 가한다면 성냥불은 켜지지 않을 것이고, 반면 더 많은 힘을 가한다면 성냥개비가 부러질 것이다. 성냥불을 켤 때 꼭 필요한 만큼의 힘만 소비한다면 동작은 자유로울 것이다. 이런 이유로 근육이 긴장된 학생은 무대에서 성냥불을 켜는 첫 시도가 어려운 것이다.

바늘에 실을 꿰는 것 같은 단순한 행동도 무대에서는 근육이 완전히 이완되었을 때에만 신속히 할 수 있는 동작이다. 무대에서는 사모바르[56]에서 나오는 물이 찻잔 가득히 찰 때까지 기다리기도 쉽지 않다. 무거운 것을 들어 올리는 일은 엄청난 근육의 긴장을 요구하는 일이지만 역도선수는 큰 노력 없이(그렇게 보이는 것이겠지만) 너무나 가볍게 바벨을 들어 올린다. 배에서 흔들거리는 다리를 지나 선착장까지 등에 무거운 짐을 지고 나르는 경험 많은 짐꾼들은 불필요한 긴장 없이 얼마나 자유롭게 일하는가.

근육의 이완을 위한 연습과제는 학생들이 교육자의 지시에 따라 순간적으로 어떤 근육이라도 자유롭게 긴장시키고 이완시킬 수 있는 단계에 도달할 때까지 지속해서 훈련되어야 한다. 그러나 '감독관'(불필요한 긴장을 기계적으로 찾아내고 제거하는 능력)의 구축은 가정에서 부단히 연습할 때에만 가능하다. 이에 대해 스타니슬랍스키는 다음과 같이 언급하고 있다.

> 이러한 습관은 수업 시간이나 가정에서 과제를 할 때뿐만 아니라 무대 밖의 실제 삶 속에서, 즉 눕고, 일어나고, 옷을 입고, 산책하고, 일하고, 쉬는 순간에도, 한마디로 말해 살아있는 모든 순간에 매일 체계적으로 훈련되어야 한다. 그리하여 근육 감독관을 자신의 신체적 천성 속에 정착시키고 자신의 두 번째 천성으로 만들어야 한다.

---

[56] [역주] 차를 끓여 마시기 위하여 만든 러시아의 전통 찻주전자.

그럴 경우에만 근육 감독관은 창조의 순간에 우리를 도와줄 수 있다. 만약 할당된 시간에만 근육의 이완을 위한 훈련을 한다면 원하는 결과를 얻지 못할 것이다. 제한된 시간 동안 행해진 연습과제로는 습관을 만들 수 없으며 무의식적이고 기계적인 익숙의 단계까지 도달할 수 없기 때문이다.[57]

다음 연습과제를 위해 우리는 몇 명의 학생들에게 교실 안을 걸어 다니도록 한다. 잠시 후 우리의 신호에 따라 오른쪽 다리만 긴장시키고 나머지 신체 부분은 이완시킨 채 걷도록 한다. 그다음 걸어 다니면서 다리는 이완시키고 팔이나 목을 긴장시키고 이완시켜본다. 본 연습과제에서 중요한 것은 학생들이 걸어 다니면서 근육을 긴장시키고 이완시키는데 익숙해지도록 하는 것이다. 그러므로 학생들이 능숙하게 잘할 때까지 이러한 연습과제를 지속해서 실시한다.

그리고 난 후, 학생들은 우리의 지시에 따라 어떤 자세를 취한다. 그 자세를 그대로 유지한 채 불필요한 긴장이 있는 곳이 어디인지 확인해보고, 그 자세를 유지하기 위한 최소한의 긴장만 남겨두고 긴장 부위를 이완시킨다. 간혹 근육을 이완시키는 대신 힘을 완전히 빼버리거나 이완시키면서 자세를 바꾸는 경우가 있다. 그러나 자세를 바꾸지 않고 근육을 이완시키는 법을 배워야 한다. 그다음 학생들은 상호관계하에 할 수 있는 어떤 행동, 예를 들면, 서로 인사하기, 책 건네주기, 주소 적기, 외투 건네주기 등을 한다. 학생들은 우리의 신호에 따라 행동을 멈추고 불필요한 긴장이 있는 곳이 어디인지 확인한 다음 근육을 이완시키며 동작을 종료한다.

---

[57] K. S. 스타니슬랍스키 전집 8권 중 2권, 135~136쪽.

본 연습과제에서 중요한 것은 부자유스러운 행동과 자유로운 행동이 각각 어떤 느낌을 주는지 포착하는 것이다.

이제 학생들은 어떤 대상을 자세히 쳐다본다. 우리의 신호에 따라 대상을 쳐다보는 자신의 행동이 자유로웠는지 아닌지 점검해본다. 그다음 다시 한번 집중해서 쳐다보는데, 이번에는 긴장된 시선이 아니라 일상에서처럼 적은 에너지만 사용하여 대상을 쳐다본다.

이러한 연습과제들은 들으면서, 만지면서, 냄새를 맡아가며 실시해야 한다. 이때 학생들로 하여금 강한 동작일수록 자유로워야 한다는 사실을 깨닫도록 해야 한다. 예를 들어, 화가 나서 주먹으로 탁자를 힘껏 내려쳤다면 이 동작은 자연스러울 것이다. 왜냐하면, 자신의 상태를 완화하기 위해 강한 동작이 필요하기 때문이다.

삶에서는 긴장되어 있는지도 잘 모르는 경우가 많으므로 연습과제 수행 결과 학생들은 일상에서보다 무대에서 더 자유로워야 한다. 근육의 부자유스러움은 개인마다 다르게 나타나는데 간혹 확연히 눈에 띄는 경우도 있다. 즉, 입꼬리가 처지면서 부자연스럽고 겸연쩍은 미소를 짓거나, 곤두선 눈썹에 두 눈을 '부릅뜨거나', 호흡이 자유스럽지 못하고, 손을 어디에 두어야 할지 모르며, 목이나 등이 뻣뻣해지기도 한다. 심지어 무대에서 어떤 물건이 떨어졌는데도 이를 인식하지 못해 줍지 않는 경우도 있다. 무대에서 퇴장할 때 모자나 다른 물건을 가져가는 것을 깜박 잊는 경우도 있다. 무대에 놓인 의자가 행동에 방해되는데도 불구하고 그것을 치울 생각을 하지 못하고 계속해서 걸려 넘어지는 경우도 있다.

위의 예는 확연히 보이는 경우이다. 이런 경우는 학생에게 긴장을 풀라고 귀띔해 줌으로써 그를 도와줄 수 있다. 그러나 학생이 자유로운지 아닌지 명확지 않은 경우도 종종 있고 학생 자신조차도 잘 모르는 경우도 있다. 자유로운 신체는 말할 것도 없이 유연하다. 압박이 무엇인지 모르는 동물이나 아이들은 자유롭고 유연하다. 그러므로 무대에서 자유로운지 아닌지 판단하는 중요한 기준은 어떤 사람의 자세나 동작을 쳐다보는 것이 기분 좋은지 아닌지 하는 느낌이다. 즉 기분이 좋다면 그는 자유로운 것이고 무엇인가가 불편하게 한다면 자유롭지 못한 것이다.

앞서 말했듯이 근육의 이완을 달성하는 데 가정에서 수행하는 연습과제는 매우 중요한 역할을 한다. B. V. 슈킨은 한때 스튜디오에서 살았는데, 우연히 늦은 밤까지 스튜디오에 남아있게 된 사람이라면, 슈킨이 늦은 밤 텅 빈 어둑어둑한 무대에서 동작의 자유로움과 율동성 그리고 표현력을 높이기 위해 그날 세운 목표에 도달할 때까지 지치지 않고 오랜 시간 동안 연습하는 모습을 볼 수 있었을 것이다. 그가 무대로 나가기 전 이야기를 나눌 기회가 있었다면, 그가 일의 본질을 설명하면서도 손으로는 근육 이완을 위한 연습과제를 행하고 있고, 손가락은 표현력 있게 움직이고 있으며, 그 자신도 내면에서 울리는 역할의 내적 리듬을 따라 움직이고 있는 것을 볼 수 있었을 것이다.

근육의 이완을 위한 연습과제는 네다섯 번째 수업 시간부터 시작하며 차후 집중을 위한 연습과제와 결합하여 동시에 시행한다. 그러나 학생들이 근육의 이완을 위한 연습과제를 터득했다고 해서 다시는 긴장되는 일이 없을 거로 생각한다면 큰 오산이다. 근육의 긴장은 지칠 줄 모르는 교활한 적처럼, 배우로 활동하는 평생 매복하고 있다가 전혀 예기치 못한 순간에 튀어나온다. 긴장은 연습 작업이 힘들 때, 특히 흥분으로 자신을 추스르기 힘든 새로운 작품의 첫 공연 때 자주 나타난다. 이럴 때 어디에 불필요한 긴장이 있는지 찾아내어 신속히 제거해주는 잘 훈련된 습관이 큰 도움이 된다. 이러한 습관은 무대에 머무르는 시간 동안 근육의 자유로움을 정기적으로 점검(물론 시도 때도 없이가 아니라 적당한 순간에)해 볼 수 있도록 도와준다.

그러나 한 종류의 연습과제만으로 완전한 근육의 이완을 기대하기는 어렵다. 어느 정도의 내적 긴장은 여전히 남아 있다가 학생이 무대 위의 행동에 집중하기 시작할 때 그때야 비로소 사라진다. 그뿐만 아니라 근육의 자유로움과 집중은 서로 밀접한 관계를 맺고 있다. 진실로 어떤 대상에 집중하게 되면, 즉 다른 대상(예를 들어, 관객석)에게서 벗어나게 되면 분명히 자유로워진다. 반대로 이것은 근육의 자유로움 없이는 대상에 전적으로 집중할 수 없다는 의미이다. 따라서 집중과 근육의 자유로움은 긴밀하게 얽혀있으며, 무대 행동의 과정에 항상 함께하는 배우의 창조를 위한 필수 조건이다.

우리는 근육의 이완에 관해 여러 번 수업을 진행하면서 학생들에게 무대에서 생각하는 능력의 훈련을 계속할 필요성에 대해 강조하였다. 이를 위해 우리가 자주 사용하는 연습과제 중 하나가 바로 연상 연습과제이다. (연상은 독자적인 현상들 사이의 관계이며 이 때문에 한 현상이 다른 현상을 불러일으킬 수 있다.) 이러한 연습과제는 학생들이 내적으로 얼마나 자유로운지를 보여주고 '내면의 눈'[58]으로 본 형상의 고리를 불러일으킨다. 이때 상상력은 학생의 의지와는 상관없이 학생의 내면세계를 기반으로 발생하는데, 기억을 되살리고 예술적인 인상을 뚜렷이 해주며 상상의 형상들이 발현될 수 있도록 도와준다.

우리가 어떤 단어를 말하면 학생들은 은연중에 떠오른 영상에 관해 이야기한다. 예를 들어, '개'라는 단어를 말했다면, 어떤 학생에게는 트리, 할머니, 하얀 손수건 등과 같이 어린 시절의 단편적인 영상이 떠오른

---

[58] [역주] 러시아어로는 'видение'인데 '보다'라는 동사의 명사 형태이다. 따라서 '봄', '환상', '상상력' 등으로 번역하는 것이 직역(直譯)이나 여기서는 전문적인 연극 용어로 '내면의 눈', '내적 시각', '내면적 시선' 그리고 '내적 영상'으로 번역하는 것이 적합하다.

다. 다른 학생에게는 '개'라는 단어 다음에 개집, 짐마차, 식료품을 사러 가던 시장, 여름을 함께 보냈던 친구 등이 떠오른다. 세 번째 학생에게는 아무것도 떠오르지 않는다. 만약 학생 중 그 어떤 영상도 떠오르지 않는 사람이 있다면 억지로 강요하여 인위적인 이야기를 꾸며내도록 할 필요는 없다. 차후 내적으로 자유로워지면 연상의 고리가 생겨날 것이기 때문이다.

그다음 우리가 서로 연관이 없는 세 개의 단어를 긴 휴지를 두고 말하면 학생들은 떠오르는 세 개의 연상의 고리에 관해서 이야기한다. 예를 들어, 첫 번째 단어는 '트렁크'이다. 한 학생에게 다음과 같은 영상이 떠올랐다. 눈부신 금속 장식이 붙어있는 커다란 트렁크, 그다음은 파란 줄무늬 벽지로 장식된 방과 아래로 내려가는 계단, 그다음은 구리로 만든 번호판으로 장식된 마구가 얹혀있는 백마, 그다음 먼지 속에서 회색빛 길이 나타난다. (이 연상의 고리 속에서 학생에게 친숙한 것은 하나도 없다.)

두 번째 단어는 '뻐꾸기'이다. 뻐꾸기가 나와서 뻐꾹뻐꾹 소리를 내는 집 모양의 시계가 떠오른다. (학생은 그런 시계를 어느 집에서 본 적이 있다.) 시계에서 눈부신 사슬이 내려오고 닻이 펼쳐진다. 그다음은 아무것도 보이지 않는다.

세 번째 단어는 '설탕그릇'이다. 한 학생이 휴양소에서 멋진 일행들과 함께 배를 탄 기억을 떠올렸다. 자기가 내려야 할 곳에 배가 정박하기를 기다리며 선상 레스토랑에 앉아 차를 마시고 있다. 배가 항구에 도착하자 라디오 소리가 커진다. 배에서 사귄 사람들이 한 음절 한 음절 또박또박 발음하며 소리친다. 다-스비-다-니야![59]

---

[59] [역주] '안녕'이라는 러시아어.

다음은 다른 연상의 고리이다.

첫 번째 단어는 '고양이'이다. 한 학생의 연상은 다음과 같다. 작은 접시에 우유가 담겨있고 회색 새끼 고양이가 핥아 먹는다. 마루에는 햇살이 눈부시게 쏟아진다. 곧바로 뜨거운 태양이 보이고 자신은 해변의 보트에 있다. 집채만 한 파도가 밀려오자 겁에 질려 해변을 향해 힘껏 노를 젓는다. 다리에 있던 사람들이 보트를 발견하여 그가 밖으로 빠져나올 수 있도록 도와준다. 그는 해변에 서 있지만 좀처럼 제정신이 들지 않는다. 주머니에 손을 넣어 담배를 찾는다. 담배는 물에 젖어 엉망이 되었다. 겨우 마른 담배 한 개비를 찾았으나 손이 떨려서 바로 피우지 못한다.

두 번째 단어는 '냅킨'이다. 하얀색을 보고 푸키레프의 그림 〈어울리지 않는 결혼〉 속에 그려진 신부의 옷을 떠올린다. 그녀의 침울하고 눈물에 젖은 얼굴이 떠오른다.

세 번째 단어는 '나뭇잎'이다. 전쟁 시절의 왈츠 멜로디와 단편적인 몇몇 단어가 떠오른다. '노란 나뭇잎이 흩날린다', '아코디언 연주자가 왈츠 〈가을날의 꿈〉을 연주한다.' 공습경보를 떠올린다. 엄마가 달려와서 그를 방공호로 끌고 간다. 사격. 옆에는 어린아이들이 울고 있다.

연상은 이미지나 단편적인 영상의 형태로 나타날 수도 있고, 과거에 느꼈던 흥분에 대한 기억을 되살릴 수도 있으며, 읽었던 책이나 보았던 그림, 희곡, 음악에 대한 인상을 일깨울 수도 있고, 삶 속에서 잊고 있었던 사건, 어린 시절, 학교, 여러 가지 노래, 음식 등을 떠올리게 할 수도 있다.

연습과제를 좀 더 살펴보자. 우리가 세 개의 다른 물건을 긴 간격을 두고 보여주면 학생들은 떠오른 연상을 말한다. 그리고 어떤 멜로디를 연주하거나 노래를 부른다. 그다음 연상에 관해 말해본다. 또 어떤 사물을 만져본 다음 연상의 고리에 관해 이야기해본다. 이처럼 후각도 똑같이 해본다.

이러한 연습과제들은 무대에서 기억과 이미지에 기반을 둔 사고가 구축될 수 있도록 도와주며 아울러 상상력의 발전을 위한 작업의 토대가 된다.

3 상상력

　배우의 예술, 배우의 창조 작업은 실제 삶에서가 아니라 예술적인 허구에 의해 구축된 삶에서 발생하고 실행되며, 여기에서 가장 중요한 역할을 하는 것이 바로 상상력, 즉 창조적 환상이다.

　　상상은 존재하는 것, 일어날 수 있는 것, 우리가 알고 있는 것을 만들어내는 반면, 환상은 존재하지 않는 것, 현실 속에서 우리가 알지 못하는 것, 한 번도 일어난 적이 없었던 것을 만들어낸다. … 무대에서 모든 동작과 말은 진실한 상상의 삶의 결과이어야 한다.[60]

　무대에는 진짜가 없다. 방은 실제 방과는 다른 가벼운 벽으로 만들어진 가설물이고 네 개의 벽 중 하나는 치워지고 대신 어두운 관객의 공간이 자리 잡고 있다. 무대 위의 아버지는 진짜 아버지가 아니며, 가발에다 분장하고 타인의 말을 하는 학교 친구는 무대에서 존재하는 어떤 인물의 행동, 생각, 갈망, 감정만 지니고 있을 뿐 진짜 그 인물이 아니고, 무대에서의 삶 자체도 공연 시간 동안만 존재할 뿐이다. 한마디로 말해 주위의

---

[60] K. S. 스타니슬랍스키 전집 8권 중 2권, 70, 94~95쪽.

모든 것이 허구이자 거짓이다. 그렇다면 그러한 거짓에서 벗어나 무대에서 타인의 삶을 진짜로 사는 방법은 무엇인가? 그 방법은 오로지 창조적 상상뿐이다. 상상의 힘을 통해서만 배우는 자신을 둘러싸고 있는 거짓을 예술적인 진실, 예술의 진실로 바꿀 수 있다. 바로 이 과정이 배우의 창조 작업의 핵심이다. 이에 대해 스타니슬랍스키는 "배우와 배우의 창조적 기술의 과제는 희곡의 허구를 예술적이고 무대적인 실재로 승화시키는 데 있다."라고 언급하였다.

이러한 맥락에서 상상력의 발전을 위한 연습과제는 주어진 사건이 실제로 나에게 발생할 수 있음을 믿는 능력을 길러줄 수 있어야 한다. (무대에서는 글자 그대로 믿어서는 안 된다. 글자 그대로의 믿음은 창조가 아니라 병이자 환각이다.) 배우의 상상력은 무대에서 거짓을 진실로 받아들일 수 있도록 해준다. 그리하여 사람에 대한 새로운 관계를 일깨울 수 있도록 해 준다. (예를 들어, 동급생 친구를 친아버지로 대하는 것 등)

상상력의 활동은 배우의 창조 작업의 모든 측면을 아우르며 다양하고 무한하다. 사람은 스쳐 지나가는 시선, 제스처, 역사적인 중대 사건 등을 상상할 수 있으며, 실제로 한 번도 본 적이 없더라도 다른 사람의 묘사에 따라 어떤 사물이나, 행동, 자연 현상 등을 상상해 볼 수 있다.

필자의 경우를 예로 들자면, 나는 실제로 한 번도 폭풍우 치는 바다에서 배가 침몰하는 광경을 본 적이 없다. 하지만 셰익스피어의 〈템페스트〉 중 배가 침몰하는 장면을 연기하게 되었다. 나는 작가의 묘사 속에 나타난 정보와 기타 자료(그림, 선원의 목격담, 음악 등)를 참고하여 폭풍우와 침몰해 가는 배 안 승무원의 행동을 상상해보고, 비록 그러한 상황에 부닥쳐 본 적은 없었지만 내가 그런 절망적인 상태에 처한 승객이었다면 어떻게 했을까 등을 그려보았다. 또한, 새로 맡게 된 역할에서는 과거가

아니라 지금 살고 있는 동시대에서 내가 맡게 될 인물의 형상을 찾아야
하는 경우도 있었다.

상상력은 새로운 과제와 인상에 영감을 받고, 강력한 자극으로 상상력
을 일깨우는 다양한 예술 장르의 새로운 작품과의 만남, 아울러 희곡,
연출가, 동급생 친구들이 주는 창조적 상상을 위한 자료 등에 의해 풍요
로워지며, 적극적인 창조 작업의 과정에서만 성공적으로 발전할 수 있
다. 그러나 상상력의 발전을 위해 가장 중요한 것은 바로 사람의 행동에
대한 살아있는 관심이다.

그렇다면 상상의 형상은 어떻게 발생하며, 어떤 형태로 나타나는 것일
까? 이에 대해 푸시킨[61]은 『서적상과 시인의 대화』에서 다음과 같이 노
래한다.

절벽 위 내 안식처가 다시 보이는구려.
고독 속의 어두운 내 거처
거기서 나는 상상의 향연을 열어
뮤즈를 청하곤 했다오.
거기서는 내 목소리 한층 달콤하게 울리고
거기서는 선명한 환영들이 한참 동안 머물렀다오.
형언할 수 없는 아름다움으로
내 머리 위를 날아다녔다오
영감에 찬 밤이 오면! ……

상상의 형상 발생에 대한 스타니슬랍스키의 언급을 살펴본다면 위의

---

[61] [역주] 러시아의 국민시인. 그의 대표 서사시로 『루슬란과 류드밀라』, 소설로 『에
브게니 오네긴』, 『대위의 딸』, 희곡으로 『보리스 고두노프』, 『돌의 손님』, 『모차
르트와 살리에르』 등이 있다.

시 구절이 더 분명히 이해된다.

> … 상상을 위한 주제를 정해야 한다. 이미 여러분이 소위 내면의 시선, 즉 연극 전문 용어로 내적 시각이라 불리는 시각적 형상을 보기 시작했기 때문이다.
>
> 개인적인 느낌으로 판단컨대 '상상하다', '환상에 잠기다', '꿈꾸다'라는 단어는 무엇보다 '생각하는 대상을 내면의 시각으로 본다'라는 의미이다.
>
> 내면의 눈으로 본 형상은 우리 속에서, 우리의 상상 속에서, 기억 속에서 먼저 발생하고 그다음 우리가 볼 수 있도록 우리 바깥으로 의식적으로 옮겨진다. 하지만 우리는 이러한 상상의 대상을 외부의 눈이 아니라 내면의 눈(시선)으로 본다.
>
> 청각의 영역도 마찬가지이다. 우리는 상상의 소리를 외부의 귀가 아니라 내면의 청각으로 듣지만, 대부분의 경우 이러한 소리의 진원지를 내면이 아니라 외부에 있다고 느낀다.
>
> 같은 내용이지만 다른 말로 표현한다면, 상상의 대상과 형상이 비록 우리 바깥에서 그려진다 할지라도 어쨌든 그것은 우리 내면에서, 우리의 상상과 기억 속에서 먼저 발생한다.[62]

내면의 청각이 존재한다는 사실의 좋은 예로 청력을 잃은 뒤 〈교향곡 9번〉을 작곡한 베토벤을 들 수 있다. 지팡이로 길을 두들겨 가며 걷는 시각 장애인도 내면의 시각으로 익숙한 길을 보는 좋은 예가 될 수 있다. 마지막 예로, 여러분은 자신의 방에 불이 꺼져 있더라도 내면의 시각을 통해 깜깜한 어둠 속에서 그 방의 물건들이 어떻게 배치되어 있는지 볼

---

[62] 각주 60의 책, 83, 85쪽.

수 있을 뿐만 아니라 필요한 물건을 찾을 수도 있다.

물론 상상의 형상을 보기 위해 억지로 노력을 기울일 필요는 없다. 그것은 마법의 단어 '만약에'가 여러분의 상상력을 건드리자마자 저절로, 쉽게, 자신도 모르는 사이에 나타날 것이기 때문이다. 무대에서의 작업은 배우를 일상의 현실에서 상상의 세계로 이동시켜주는 지렛대 역할을 하는 마법의 단어 '만약에'를 희곡이나 역할 속에 도입하는 것에서부터 시작된다.

> '만약에'라는 단어가 가지는 영향력의 또 다른 비밀은 이 말이 실제 사실이나 존재하고 있는 것이 아니라 있을 법한 것만을 말한다는 점이다. … '만약에' … 이 단어는 아무것도 단정 짓지 않는다. 그저 가정하고 해결해야 할 문제를 제기할 뿐이다. 그에 대한 답변은 배우의 몫이다.[63]

상상은 조건적인 '만약에'를 도입할 수 있도록 슬쩍 건드려 주는 역할을 한다. '만약에' 무대 위의 가설물이 내 집이라면 나는 무엇을 할 것이며 어떤 기분을 느끼게 될까? '만약에' 동급생 친구가 친아버지라면 나는 그를 어떻게 대할까? '만약에' 내가 나 자신이 아니라 내가 연기해야할 주인공이라면 나는 어떻게 처신하고, 무엇을 생각하고, 무엇을 느끼고, 무엇을 갈망하고, 무엇을 하게 될까?

---

[63] 위의 책, 59쪽.

(1) 자세의 정당성

배우의 상상력을 발전시키기 위한 연습과제는 '자세의 정당성', 즉 상상으로 만들어진 자세의 근거 찾기에서부터 시작되며, 이것은 '만약에'가 도입되는 첫 번째 연습과제이다.

우리는 학생들에게 이리저리 교실을 걸어 다니다가 손뼉을 치며 어떤 자세를 취하도록 한다. 그다음 그 자세 그대로 근육의 긴장을 푼 뒤 어떤 행동으로든 그 자세의 정당성을 찾도록 한다. 정당성이란 자신의 행동을 설명할 수 있는 이유이다. 예를 들어, 한 학생이 집게손가락을 쭉 편 채 팔을 앞으로 내뻗고 있다. 근육의 긴장을 푼 다음 이 학생은 자기 집 초인종을 누르기 위해 이런 자세로 서 있는 것이라고 자신의 자세를 정당화하였다. 그다음 학생은 몸을 앞으로 숙이고 팔을 쭉 뻗은 채 왼쪽 다리를 들고 있다. 이 학생은 근육의 긴장을 푼 다음 자전거를 타려고 했었다며 자신의 자세를 정당화하였다. 자리에 앉아있던 세 번째 학생은 자기 몸집보다 훨씬 큰 나무 조각을 끌고 가는 개미를 관찰하고 있었다며 자신의 자세를 정당화하였다.

> 상상의 힘을 믿어라. 그러면 그 즉시 중대한 목표의 달성을 위해 … 죽은 자세가 살아있는, 진짜 행동으로 변모할 것이다. 행동 속에서 오로지 진실만을 느껴라. 그러면 그 즉시 본성 자체가 도움의 손길을 내밀 것이다. 이로써 불필요한 긴장은 약화되고 필요한 긴장은 강화될 것이며, 이러한 과정이 의식적인 기술의 개입 없이 저절로 일어날 것이다.[64]

---

[64] 위의 책, 140~141쪽.

학생들이 자세의 정당성을 찾은 다음 교육자에게 그것을 말했다면 잠시 그 상태에서 머물러 자세의 정당성을 느껴보아야 한다. 정당성을 찾은 뒤 실제로 그것을 느끼고 나면 그때까지 불편하던 자세가 편안해지며 나름의 의미가 생긴다. 학생들은 이러한 연습과제를 실행해 봄으로써 무대에서는 정당화되지 못한 자세가 단 하나라도 있어서는 안 된다는 점을 깨달아야 한다. 학생들은 자세의 정당성을 찾는 훈련을 반복함으로써 무대에서는 그 어떤 자세도 두려워할 필요가 없다는 결론에 이르게 된다. 그 어떤 자세라도 정당화할 수 있기 때문이다.

단, 정당성이 유효할 수 있도록 우리는 다음과 같은 것은 금지한다. 무의식적으로 자세를 잡는 연습을 하기 위해 교육자가 손뼉을 치기 전에 미리 자세를 생각해 두는 것, 댄스 스텝을 한 다음 춤을 추려 한 것이라고 정당화하는 것, 감정의 표현(나는 두렵다, 나는 기쁘다 등)으로 자세를 정당화하는 것 등이다. 그리고 난 후, 우리는 다음과 같이 무의식적으로 제스처를 취한 다음 그것을 정당화하는 연습과제를 수행한다.

① 행동: 팔 들어 올리기
- 정당성 – 택시를 잡거나 수업시간에 발표한다.
② 행동: 손등을 목에 대기
- 정당성 – 깨끗하게 면도 되었는지 살펴보거나, 잇몸병으로 볼이 부어오르지 않았는지 살펴본다.

이번에는 안락의자를 무대에 놓아두고 이를 이용하여 여러 가지 자세나 미장센을 만들어 보고 그것을 정당화해 본다. 연기교육자는 두 명혹은 그 이상의 학생들에게 특정 신호에 따라 어떤 자세를 취한 다음 그룹의 전체 행동 속에서 그 자세의 정당성을 찾도록 한다. (예를 들면, 두 명이 바닥에 앉았다면, 도미노 놀이를 하고 있다거나, 야영장에서 모닥불을 피우고 있다는 등의 상황으로 자세를 정당화할 수 있다.) 이제 학생들 각자가 나름의 정당성을 가지고 미장센을 만들어 보도록 한다. 예를 들어보자.

기둥 옆 안락의자에 한 아가씨가 앉아있다.
- 첫 번째 정당성 – 무도회. 그녀의 기사가 다른 여자에게 춤을 청했기 때문에 안락의자에 앉아 그들의 춤을 지켜본다.
- 두 번째 정당성 – 무대 뒤편. 콘서트 무대에 나가기 직전 악보를 훑어본다.
- 세 번째 정당성 – 바닷가. 부두의 주랑에서 배를 기다리고 있다.
- 네 번째 정당성 – 박물관에서 피곤하여 쉬려고 앉아있다.
- 다섯 번째 정당성 – 영화관에서 영화를 보고 있다.

학생들이 첫 번째 연습과제의 핵심을 이해하게 되면 이제 연기교육자가 학생들 내면의 창조적 적극성과 창의성을 일깨워주어야 할 차례다. 학생 중에는 무대로 나가는 것이 부끄러워 자기보다 용감한 다른 학생에게 항상 기회를 양보하는 학생이 있기 마련이다. 먼저 그런 부류의 학생이 누구인지 파악한 다음 그 학생이 창조 작업에서의 소심함과 타성을 극복할 수 있도록 수업시간마다 무대로 나갈 기회를 주어야 한다.

연기실습실에서 조용히 앉아있기만 하는 학생이 있다면, 그가 자신의 의견을 발표할 수 있도록 자극을 주기 위해 수행한 연습과제에 대한 짧은 토론을 해본다. 부끄러워서 아무 말 하지 않는 학생들에게는 질문을 던짐으로써 점차 전체 대화에 참여시킨다. 학생들의 발표가 끝나면 연기교육자는 학생들의 작업에 개별 평가를 한 뒤 전체적으로 결론을 내린다. 연기교육자는 학생들의 발표에 많은 의미를 부여해야 한다. 토론을 통해 학생들이 동료들 앞에서 부여받은 과제를 올바르게 이해했는지,

동료들의 관점에서 그 과제가 잘 이행되었고 또 진실했는지 등이 드러나기 때문이다. 또한, 토론을 통해 학생들의 예술적 감각이 함양되고 과잉 연기, 억압, 자기도취, 무례함, 타성, 불필요한 신경과민, 교태, 관객과 장난하기 등과 같은 결코 있어서는 안 될 나쁜 습관들도 분명히 드러난다. 이러한 토론을 통해 비판 및 자기반성에 대한 원칙적인 태도가 함양됨은 물론 학생들 상호 간의 우호적 공동체 형성도 가능하다.

여기서 짚고 넘어가야 할 점은, 학생들이 처음에는 동료들의 비판에 화를 내며 자기방어를 시도한다는 점이다. 연기교육자는 학생들이 거부감 없이 비판을 받아들일 뿐만 아니라, 그 내용을 염두에 두고 말로서가 아니라 새롭게 수행하는 연습과제를 통해 비판의 옳고 그름을 증명할 수 있도록 격려해 주어야 한다. 이때 연기교육자는 학생들 상호 간의 비판이 학생들 사이의 일상적인 과정으로 자리 잡을 때까지 모욕적인 말은 적절하게 차단해주어야 한다. 아울러 동정이 아니라 솔직한 비판이 될 수 있도록 적합한 비판 형식을 찾아주어야 한다.

(2) 제시된 상황

이제 제시된 상황을 구축하기 위해 상상력을 발전시키는 연습과제를 수행해보자.

> 제시된 상황이란 희곡의 줄거리, 사실, 사건, 시대, 시간적·공간적 배경, 삶의 조건, 희곡에 대한 배우와 연출가의 이해, 희곡에 대한 본인의 상상력 첨가, 미장센, 가구 배치, 무대 배경, 의상, 소도구, 조명, 음향 등이며, 이는 배우의 창조적 행위 시 배우가 주의를 기울여야 하는 모든 것들이다.[65]

무대적 행동을 유발하는 제시된 상황은 연기교육자가 학생들에게 누가, 언제, 어디서, 왜, 어떻게라는 의문을 제기할 때 발생하며, 학생들의 상상력을 통해 현실 속에서 가능하고 논리적이며 일관성 있고 진실 되게 일상의 삶을 구축하고 자신의 행동 근거를 확립하게 해준다. "'만약에'는 창조적 행위를 시작하게 만들고, '제시된 상황'은 이를 발전시킨다."[66]

제시된 상황은 가장 단순한 연습과제부터 시작되어 발전되고 확장되어가며, 배우의 전 작업 과정에서 없어서는 안 될 동반자로서 배우의 활동 기간 전반에 걸쳐 배우와 동행한다. 그러므로 연기교육자는 학생들에게 연습과제, 에튜드, 역할의 제시된 상황 구축 시 자세하고 면밀하며 매력적인 상상이 될 수 있도록 이에 대한 감각을 길러주어야 한다. 형식적으로 만들어진 제시된 상황은 상상력은 물론 정당성 및 행동 욕구를 위한 자양분이 될 수 없다. 만약 제시된 상황이 머리로만 만들어진 것이라면, 자신의 삶에서 끄집어낸 기억들로 살아 움직이게 하여야 하고, 자신에게 중요한 관심사로 변모시켜야 한다. 한마디로 말해, 제시된 상황에 빠져들 수 있도록 만들어야 한다.

만약 여러분이 자신이 누구인지, 어디서, 왜 왔는지, 무엇이 필요한지, 여기에서 어디로 갈 건지, 거기서 무엇을 할 건지 알지 못한 채 무대에서 기계적으로 말하고 행동한다면, 여러분은 상상력의 부재 속에서 행동한 것이며, 여러분이 무대에서 존재했던 그 순간은 길었든 짧았든 간에 자신에 대해 진실 되지 못한 시간이었고, 여러분

[65] 위의 책, 62쪽.
[66] 위의 책, 61쪽.

은 그저 태엽 장치 기계나 자동인형처럼 행동한 것에 불과하다.[67]

제시된 상황 구축을 위한 상상력에 자극을 주기 위해 다음과 같은 연습과제를 수행해 보자. 학생들은 연기교육자의 신호에 맞춰 자유롭게 자세를 취한다. 그다음 불필요한 긴장을 제거한 뒤 자신의 자세를 정당화한다. 그다음 한 학생이 자신의 행동을 유발한 제시된 상황에 관해 이야기한다.

예를 들어, 연기교육자의 신호에 맞춰 한 학생이 팔을 앞으로 쭉 뻗는 자세를 취했다고 하자. 이 자세는 자기 집 현관 초인종을 누르려고 했다는 설명으로 정당화된다. 그다음 그 자세를 그대로 유지한 채 이 행동과 관련된 상황을 설정한다. 일례로, 휴양소에서 휴가를 보낸 뒤 집에 돌아와 초인종을 누르는데 아무도 대답이 없다. 부모님이 다차[68]로 떠나신 것이다. 그렇다면 어떻게 집으로 들어가지? 결국, 같은 건물에 사는 친구 집에 가기로 한다. 그리고 난 후, 이 내용에 관해 연기교육자에게 말한다.

같은 행동에 다른 제시된 상황을 설정할 수 있다. 사랑하는 여자의 집 앞에서 초인종을 누른다. 그녀가 자기 부모님에게 인사시키려고 집으로 초대한 것이다. 진지한 고백의 시간이 다가온다.

이번에는 다른 자세를 취해본다. 두 손을 입가로 들어 올린다. 강가에 서서 맞은편 강기슭에 놓여있는 보트를 향해 소리친다. 지금은 밤, 아무런 인기척도 없이 춥기만 하다. 그런데 갑자기 엄마가 심장발작으로 쓰러졌다. 어떻게든 맞은편 강기슭의 병원으로 가서 의사를 불러와야 한다.

---

[67] K. S. 스타니슬랍스키 전집 8권 중 2권, 95쪽.
[68] [역주] 러시아 시골의 농장주택.

(3) 행동 공간의 정당성

연기교육자가 한 학생에게 "자네가 지금 있는 곳은 어디지?"라고 묻자 그 학생이 어떤 장소(예를 들어, 공원)를 언급한다. 연기교육자가 다시 "어떻게 여기에 오게 되었지?"라고 질문하자 학생은 자신이 공원에 가게 된 이유와 상황을 정당성 있게 설명한다.

이제 연기교육자는 엽서, 그림, 사진, 삽화 등을 보여주거나 어떤 멜로디를 연주한 다음 동물의 울음소리를 흉내 낸다. 학생들은 연기교육자가 보여준 것을 짧은 이야기로 만든다. 이야기가 매끄럽게 진행되지 않을 경우 연기교육자는 누가, 언제, 왜, 어떻게, 무엇을 위해 등과 같은 질문으로 학생들을 도와주어야 한다. 그러고 난 후, 어떤 물건을 보여준 다음 그 물건과 관련된 이야기를 만들어 본다.

<그룹 이야기>

첫 번째 학생이 어떤 이야기를 시작한다. 그다음 두 번째 학생이 연기교육자의 신호에 따라 첫 번째 학생이 멈춘 곳에서부터 이야기를 이어 나가고, 그다음 세 번째 학생이 두 번째 이야기를 이어나가는 방식으로 그룹 전체가 이야기를 마칠 때까지 계속한다.

이러한 연습과제는 이야기 속의 등장인물과 그들의 행동선을 기억에 담아두고 있어야 하기 때문에 학생들의 상상력 발전 및 집중력 훈련에 도움이 된다. 시간적 배경을 다른 시대로 옮겨 연습과제를 보다 복잡하게 만들 수도 있다. 교육자가 의미상 서로 관련 없는 몇 개의 단어를 나열하면 학생들은 제시된 단어를 이야기에 포함하고 행동의 발전 속에서 상호 연관 짓는다.

상상력 발전을 위한 연습과제는 가정에서는 물론 길을 가면서도 실시할 수 있다. 예를 들어, 학교 가는 길에 만난 낯선 사람을 관찰한 다음 그의 일대기를 만들어 수업시간에 발표해 볼 수 있다. 길에서 만난 사람 중 한 명을 골라 그가 아침 일찍부터 지금까지 무슨 일을 했는지 상상해본다. 그가 무엇을 할 것이며, 어디로 가고 있는지, 어떤 집에 사는지도 상상해본다. 아니면 다른 도시로 이사 가는 것과 관련된 상황이나 이사 과정 그 자체를 그려본다. 다른 시대로의 여행(철도 부설 이전 시대)이나 험준한 산을 넘는 광경을 상상해 볼 수도 있으며, 마음속으로 현재 사는 도시를 산책하며 흥미로운 장소를 방문해 보고 스포츠 경기도 관전해본다. 상상 속에서 새로운 이상 도시를 건설해 보고 우주선을 타고 날아가 보기도 한다. 그다음 이것에 관해 수업시간에 이야기해본다.

이제 상상력의 발전과 제시된 상황 구축에 대한 수업과 함께 에튜드 속에서 이를 구현하는 작업을 시작해본다. 연기교육자는 서로 연관이 없는 몇 개의 작은 신체적 행동을 제시한 뒤 학생들에게 이것을 이용하여 짧은 에튜드를 유기적으로 만들고 행동의 발전 속에서 정당화하도록 한다.

이러한 에튜드에서는 실제 물건을 사용하는 것이 좋으며, 에튜드의 실행 순서는 주어진 행동 순서로 하거나 아니면 자유로운 순서로도 가능하다. 에튜드의 예는 다음과 같다.

① 에튜드 1: '팔을 들어 올린다 – 몸을 숙인다 – 창문으로 다가 간다'
- 정당성: 이미 어두운 밤이다. 방으로 들어가 전구를 켜려고 **팔을 들어 올리다가** 창문이 열려있고 탁자 위의 종이는 바람에 날려 흩어져 있는 것을 본다. **몸을 숙여** 바닥에서 종이를 집어 올리고 **창문으로 다가가** 닫는다.

② 에튀드 2: '창문으로 다가간다 – 팔을 들어 올린다 – 몸을 숙인다'

• 정당성: 자기 방에 앉아 공부하고 있다. 일하러 갈 시간이다. 비가 그쳤는지 살펴보려 **창가로 다가가서** 아까보다 더 세차게 쏟아지는 것을 보고 **팔을 올려** 옷걸이에 걸려 있는 비옷을 꺼내 입은 다음 **몸을 숙여** 바지 단을 접어 올리고 일하러 나간다.

③ 에튀드 3: '팔을 들어 올린다 – 몸을 숙인다 – 창문으로 다가간다'

• 정당성: 잼을 곁들여 차를 마신다. 열린 창문으로 땅벌이 날아들어와 잼 주위를 맴돈다. **팔을 들어** 벌을 쫓아버리려 한다. 화가 난 벌이 주위를 윙윙거린다. 벌이 머리카락 속으로 파고들어 올까 겁이 나서 손으로 머리를 감싸고 **몸을 숙인다.** 벌이 창밖으로 나간다. **창문으로 다가가** 닫는다.

이와 유사한 연습과제를 몇 개 더 들 수 있다.

① 에튀드 1: '방으로 들어온다 – 의자를 옮긴다 – 종이를 찢는다 – 몸을 숙인다'

• 첫 번째 정당성: 손님이 오는 것을 보고 방을 정리한다.

• 두 번째 정당성: 중요한 편지를 기다리고 있다. 누군가가 편지가 왔다는 말을 전해준다. **방으로 뛰어들어와 의자를 옮겨와서** 편지를 읽는다. 어제 이미 반납한 책에 대한 도서관의 독촉 편지다. **편지를 찢어** 벽난로에 넣는다. **몸을 숙여** 벽난로 속의 재를 뒤집는다.

② 에튀드 2: '호주머니에서 뭔가를 꺼낸다 – 의자 위에 선다 – 성냥을 켠다'

• 정당성: 타버린 전구를 갈아 끼운다.

③ 에튀드 3: '돌아선다 – 무릎을 꿇는다 – 손바닥을 친다 – 손수

건으로 어떤 행동을 한다'

- 정당성: 외출하려고 **돌아서서** 가방을 찾는다. **무릎을 꿇어** 아래 서랍에서 손수건을 꺼낸다. 좀벌레가 기어 나온다. 잡으려고 손바닥을 탁 친다. 좀벌레가 죽었다. **손수건으로 손을 닦는다.**

이러한 연습과제에서 정당성은 강렬한 극적 사건 없이 단순하고 일상적이어야 한다. 제시된 상황은 학생들 스스로 만들어야 하고 어디에서, 언제, 왜, 누가, 무슨 일이 발생 했는가 등과 같은 질문에 답변할 수 있어야 한다. 이러한 연습과제를 통해 학생들이 얼마만큼 집중하고 근육을 이완시키고 있는지 아울러 그 어떤 상황이라도 정당화할 수 있는 능력, 즉 재치와 창의성을 얼마만큼 가지고 있는지 알 수 있다.

(4) 진실의 감정과 믿음을 발전시키는 '신체적 행동의 기억'[69]을 위한 연습과제

본 연습과제는 손으로 물건을 직접 다루지는 않지만 자신의 상상력을 동원하여 마치 그 물건이 손안에 있는 것처럼 느끼며 신체적 행동을 수행하기 위한 것이다. 예를 들면, 수도꼭지와 비누, 수건 없이 손 씻고 수건으로 닦기, 바늘과 천 없이 바느질하기, 담배와 성냥 없이 담배 피우기, 구두, 솔, 구두약 없이 구두 닦기 등이다.

대상 없이도 제대로 수행되고 있는 행동을 보면 그것을 수행하는 사

---

[69] "러시아어로는 память физических действий, 영어로는 memory of physical action이다. '신체적 행동의 기억', '대상 없는 행동', '물체 없는 행동', '빈 물건 다루기', '상상의 사물을 다루는 행동' 등으로 번역할 수 있다." G. 크리스티 지음, 박상하 옮김, 『연기교육자, 연출가 박탄고프』, 동인, 2009.

람이 진짜로 옷을 깁고, 담배를 피우며, 손에 있지도 않은 물건을 진짜로 느끼고 있는 것으로 믿게 된다. 스타니슬랍스키는 '빈 물건'을 이용한 신체적 행동을 가수의 발성 연습, 바이올린 연주자의 악보와 같이 연극 배우에게 없어서는 안 될 매일의 필수 연습과제로 간주하였다.

여러분은 대상 없이 행하는 지극히 단순한 행동을 통해 올바른 자감을 얻을 수 있다. (스타니슬랍스키는 종이, 잉크, 펜 없이 편지 쓰는 연습과제를 내 주었다) …

다음과 같은 에튜드를 실행해 보자. 종이에 어떤 것을 적어야 한다. 그래서 펜과 종이를 찾는다. 이 모든 과정을 서두르지 말고 논리적으로 실행해보자. 종이를 찾았다. 종이 잡기가 그리 쉬운 일은 아니므로 어떻게 종이를 잡는지 느껴보아야 한다. (손가락으로 시범을 보여준다) 여러분은 어떻게 종이를 잡을지 생각해야 한다. 종이가 손에서 미끄러질 수도 있다. 처음에는 천천히 실행해 본다. 펜을 잡는다는 것이 어떤 것인지도 알아야 한다. 무슨 말인지 알겠나? 이제 펜에 남아있는 잉크 방울을 털어내 보자. 글을 쓰기 시작한다. 아주 단순한 행동이다. 다 썼다. 펜을 내려놓고 흡습지로 물기를 빨아들이든지 아니면 종이를 공기 중에 흔들어 말린다. 여기서 여러분은 상상력을 동원하여 꼭 해야 하는 일이 무엇인지 결정하고, 자신의 실제 행동과 완전히 일치하도록 만들어야 한다. 이런 사소한 일조차도 숙련될 수 있도록 노력해야 한다. 작은 진실 없이는 결코 큰 진실을 찾을 수 없기 때문이다. 이와 같은 작은 진실의 순간을 통해 여러분은 참된 진실을 느끼게 된다. 지극히 사소한 여러분의 행동 논리 속에서 비로소 진실은 여러분의 것이 된다. … 필요한 것은, 여러분 스스로 그 논리성을 느껴보는 것이다. 이처럼 사소하고 단순한 행동이 여러분을 진실로 이끌어 줄 것이다.[70]

일상에서 우리는 여러 가지 사소한 행동들의 세부사항을 전부 기억하지는 못한다. 습관적, 기계적으로 행하기 때문이다. 기억에 의거하여 대상 없이 행동해 본 다음 진짜 물건을 가지고 같은 행동을 수행해 보면 얼마나 많은 세부사항들을 빠뜨렸는지, 또 손안에서 그 물건의 무게와 형태를 비롯한 세세한 것들을 느끼지 못했는지 깨닫게 된다. 그러므로 처음에는 아주 단순한 '대상 없는 행동'으로 시작한다. 예를 들면, 성냥 켜기, 성냥갑에서 성냥 꺼내기, 병에 든 물을 컵에 따르기 등이다.

이러한 연습과제는 가정에서도 지속적으로 연습해야 한다. 처음에는 실제 물건을 가지고 해 보고, 그다음 대상 없이 해 보고, 그다음에는 다시 실제 물건을 가지고 해본다. 물건을 잡고, 놓고, 걸고, 제거하는 것이 어떤 의미인지 자신의 근육이 기억할 수 있도록 느낌을 점검해보며 여러 번 반복해야 한다.

학생들이 집에서 연습한 것을 수업시간에 발표하면 연기교육자는 이를 평가하고 잘못된 사항을 수정해준다. 예를 들어, 한 여학생이 옷 깁기를 보여주었는데, 바늘과 실은 정확하게 잘 나타내었지만 계속해서 한 곳만 깁고 있을 뿐 옷감을 전혀 움직이지 않았다. 또 다른 남학생은 대상 없이 하는 행동을 실제 일상에서와 똑같은 속도로 재빨리 수행하려다가 행동의 세부사항을 모두 놓쳐버렸다. 장갑 끼기는 좋았지만 장갑 벗기는 나빴고, 그의 손에는 생기가 없었다. 덧신 벗기는 덧신에서 발을 빼내지 않았다. 물 따르기는 수도꼭지를 잠그지 않았다. 담배 피우기는 담배 맛을 느끼지 않았다. 음식 먹기는 음식 맛을 느끼지 않았다. 연기교육자는 학생들에게 처음에는 모든 행동을 일상보다 일부러 천천히 해야 하며, 신체적 행동의 지극히 세부적인 부분에도 맛을 접목시켜야 한다는 점을

---

[70] K. S. 스타니슬랍스키, 『논고, 말, 담화, 편지』, 657쪽.

알려주어야 한다. 그중에서도 가장 어려운 과제는 무거운 물건 들어 올리기이다. 이러한 연습과제는 특히 꼼꼼하게 연습해야 한다.

한편 우연성은 진실의 감정이 생기는 데 많은 도움을 준다. 예를 들어, 뜨개질하고 있는데 실 뭉치가 또르르 굴러가는 바람에 실이 다 풀려버렸다고 가정하자. 이 연습과제를 수행하는 여학생이 실 뭉치를 주워 다시 실을 감았다. 만약 이와 같은 우연성이 연습과제에 포함된다면 연습과제는 더 다채로워질 수 있다.

또한 연습과제는 여러 가지 정당성에 따라 다양한 템포로 실행될 수 있다. 예를 들면, 시간이 많을 때의 바느질과 급할 때의 바느질은 전혀 다르게 실행된다.

'빈 물건'으로 행동하기는 혼자 할 때보다 짝을 이루어 수행할 때 훨씬 더 흥미롭다. 예를 들면, 장작 패기, 보트 젓기, 소방호스 풀기, 펌프질하기, 금속 벼르기 등이다. 연기교육자들이 학생들의 창조적 창의성 계발을 위해 여러모로 애쓴다는 것을 알고, 이번에는 학생들이 신체적 행동의 기억에 대한 발표-시험을 자발적으로 준비하였다. 학생들은 '학생 기숙사에서 새해맞이 준비하기'라는 제목의 집단 에튜드로 '대상 없는 행동'을 유감없이 보여주었다. 에튜드는 톱으로 나무를 켜는 것부터 시작한다. 두 학생이 보이지 않는 톱으로 눈에 보이지 않는 장작을 켠다. 이때 톱 켜는 소리와 잘려 튀어 나가는 장작개비 소리는 행동과 일치해야 한다. 소리는 맨 처음 통나무 표면에 톱을 댈 때부터 잘린 장작개비가 튀어 나가는 순간까지 톱질의 모든 세부사항과 정확히 일치해야 한다. 그다음 장작을 잘게 부수는 소리, 종이 찢는 소리, 성냥불 켜는 소리가 들린다. 학생들은 새해를 맞이하기 위해 보이지 않는 새 옷으로 갈아입고, 보이지 않는 트리를 장식하고, 보이지 않는 통조림과 와인을 따고, 과일과 과자를 놓아 식탁을 차린다. 신체적 행동의 기억을 위한 연습과제는 신속한 무대전환 연습과제와도 결합되었다. 눈 깜짝할 사이 막이 닫히더니 다시 열린 순간, 무대에는 진짜 난로가 온기를 내뿜고, 진짜로 장식된 트리가 불빛을 발하며 '대상 없는 행동' 속의 가상의 그 물건들이 진짜로 식탁에 차려져 있었다. 학년 전체가 식탁에 둘러앉아 제야의 종소리를 들으며 술잔을 높이 들었다.

연기교육자는 잘 만들어진 '대상 없는 행동'을 위한 연습과제에서 학생들이 얼마만큼 집중하였는지, 대상에 집중하였는지, 근육의 자유로움(즉 해당 행동을 하는 데 필요한 그만큼의 힘을 쏟았는지)이 어떤 것인지 느껴보았는지, 상상력은 어떤 작용을 하였는지, 제시된 상황은 어떻게 정당화하였는지, 자신의 행동 진실을 얼마나 믿었는지, 행동의 논리를 정확히 느꼈는지 등을 점검한다.

무대에서 배우는 아무것도 들어있지 않은 술잔으로 와인을 마셔야 하고, 아무것도 쓰여 있지 않은 편지를 읽어야 하고, 종이로 만든 꽃의 향기를 맡아야 하고, 무겁지 않은 것을 무겁게 들어야 하고, 뜨겁지 않은 다리미를 뜨거운 다리미로 다루어야 한다. 한마디로 말해, 온갖 가짜 물건들을 가지고 연기를 해야 한다. 그러다 보니 간혹 무대에서 너무 빨리 편지를 쓰고, 잔에 담긴 와인이 다 쏟아질 만큼 심하게 잔을 흔들고, 세지도 않은 채 돈을 내고, 한번 휙 붓기만 하면 와인 잔이 다 채워지는 경우도 있다. '빈 물건'을 이용한 연습과제는 가짜 물건을 다루어야 할 때 진정성을 찾을 수 있도록 도와준다.

'대상 없는 행동'과 유사한 연습과제가 하나 더 있는데, 그것은 바로 무대 격투[71]이다. 무대에서의 진짜 격투는 별로 흥미롭지 못하며, 그 사

---

[71] [역주] 무대에서 이루어지는 모든 '움직임' 수업 중 하나이며 무기를 가지고 격투를 하는 것도 여기에 포함 된다. 이것은 무대에서 필요한 모든 동작 테크닉 훈련이다.

실성으로 인해 예술의 경계선을 넘기도 한다. 무대 격투란 한 배우가 상대 배우에게 어떤 행동을 하겠다는 힌트를 주면, 배우가 그 신체적 행동의 세기와 방향을 예상하여 진짜 힘을 싣는 것이 아니라 신체적 행동의 세기와 방향을 연기하는 것이다. 예를 들어, 한 배우가 웅크리고 앉아 있는데 상대배우가 목덜미를 잡고 일으켜 세웠다고 하자. 상대 배우가 실제 힘은 싣지 않은 채 동작의 방향만 알려주면, 다른 배우가 믿을 만하게 그의 동작선을 연장하여 당연히 실려 있어야 할 그 힘을 예상하고 스스로 일어서는 것이다. 이번에는 반대로 반격하기 위해 상대 배우를 떠밀었다고 가정해보자. 상대 배우는 떠민 동작에 실린 힘을 예상하고 동작선을 연장하여 저만치 나가떨어진다. 이때 중요한 것은 적절한 리듬, 상대배우에 대한 집중, 적절한 힘(대상 없는 행동의 연습과제에서 실제로는 무겁지 않은 물건을 무거운 것처럼 들어 올리는 데 필요한 그만큼의 힘) 싣기이다.

이러한 연습과제에서 가장 중요한 것은 누군가가 나를 어떤 방향으로 힘껏 떠밀었을 때 내가 실제로 나가떨어진 것과 똑같이 나가떨어지기, 누군가가 내 목덜미를 잡아들어 올렸을 때 내가 실제로 끌려 올라온 것과 똑같이 끌려 올라오기 등과 같이 정확하게 행동을 실행하는 것이다. 그리하여 이러한 연습과제는 실제 힘을 싣지 않고 무대 격투나 몸싸움을 하는 또 다른 기법에 해당한다.

다음은 오래전부터 실행해오고 있는 신체적 행동의 기억을 위한 연습과제이다.

<신체적 행동의 기억을 위한 연습과제>

만두소 만들기	털실 옷 풀기
빗질하기	꽃 옮겨심기
전기 퓨즈 교체하기(타버린 퓨즈)	통조림 열기
벽지 바르기	닭 모이주기
겨울 대비용 창문 막기	구슬 끼우기
벽신문 만들기	설거지하기
다림질하기	가발의 컬 말기
침대 시트 세탁하기	자동차 타이어 떼어내기
자전거 타이어 바람 넣기	사진 현상하기
도면에 줄긋기	방 청소하기
등유 램프에 등유 넣기	자전거 분해하기
반죽 만들기	파티 준비하기
강가에서 옷 벗고 수영하기	옷 재단하기
유화 물감으로 그림 그리기	만년필 분해하기
자수 밑그림 그리기	벽시계 수리하기
시계 수리하기	천 염색하기
벽난로 불 지피기	머리 자르기
아침 식사 준비하기	막대기 자르기
소목장 일하기	채찍 꼬아 만들기
무선사 일하기	수프 만들기
바느질하기	모닥불에 바베큐 굽기
커튼 달기	벽에 회반죽 칠하기
재봉틀에 기름칠하기	수확하기
총 닦기	뜨개질하기
낚시하기	개울 건너기
양배추 잘게 썰기	옷 입기
침대 시트 널기	바닥 닦기
사모바르 준비하기(물 부어 세워놓기)	식탁 차리기

팔에 붕대감기	점토 만들기
잠자리 펴기	초콜릿 상자 만들기
타자치기	잼 끓이기
재봉틀질 하기	차 마시기
말 매기	우물에서 물 긷기
샤워하기	면도하기
소포 포장하기	책 제본하기
단화 끈 매기	진공청소기로 청소하기
바이올린 조율하기	감자 깎기
청어 손질하기	소포 풀기

4 신체적 자감(自感)

　우리는 지금 교실에서 수업 중이다. 이것은 진짜 현실이다. 교실, 교실의 물품, 수업, 학생, 연기교육자 모두 지금 있는 그대로 남겨두자. '만약에'의 도움을 받아 존재하지 않는 상상의 삶으로 나를 이동시켜보자. 이를 위해 우선은 시간만 바꾼 다음 자신에게 말한다. '지금은 낮 3시가 아니라 새벽 3시다.' 상상력을 동원하여 수업이 이토록 길어지게 된 상황을 정당화해보자. 별로 어렵지 않다. 당장 내일이 발표-시험인데 아직 손봐야 할 게 너무 많아 이 시간까지 극장에 남아 있다고 가정해 보자. 그러자 새로운 상황과 걱정거리가 생긴다. 가족들이 걱정하고 있다는 것을 알면서도 이곳에 전화가 없어서 수업이 지체되어 귀가하지 못한다는 사정을 알릴 수가 없다. 어떤 학생은 초대받은 파티에 가지 못했고, 또 다른 학생은 집이 너무 멀어 버스가 끊긴다면 집으로 돌아갈 길이 막막하다. 이처럼 상상은 수많은 생각, 감정, 기분을 자아낼 것이다. 이것은 학생들 모두에게 다음에 무슨 일이 생길지도 모른다는 분위기를 조성하며 전체 상황에도 영향을 미친다. 이것이 바로 내적 체험을 위한 준비단계 중 하나이다. …

　한 가지 경험을 더 해보자. 현실 속에, 즉 지금 수업이 진행되고 있는 바로 이 교실에 새로운 '만약에'를 가져와 보자. 이번에는 시간은 그대로 오후 3시로 하되 계절을 바꿔보자. 겨울도, 영하의 날씨도 아닌 영상 15도라는 멋진 기온과 따뜻한 온기를 내뿜는 봄이 배경이다. 자, 벌써 여러분의 기분이 변하고 있다. 수업 마친 다음 시내로 놀러 간다는 생각 하나만으로 여러분의 얼굴에는 이미 미소가 맴돌고 있다.[72]

이처럼 창조적 상상력의 도움으로 배우에게는 다음과 같은 질문에 답변할 수 있는 신체적 자감이 생긴다. 만약 지금 너무 덥다면 여러분은 어떤 기분을 느끼고 무슨 일을 할 것인가? 춥다면, 피곤하다면, 아프다면, 지금 막 수영하고 나왔다면, 점심을 먹었다면, 졸린다면, 흡연실에서 나와 신선한 공기 속으로 나갔다면, 첫눈이 왔다면 등이다.

그뿐만 아니라 여러분이 어떤 장소로 들어갔을 때 그곳을 지배하고 있는 분위기도 신체적 자감에 큰 영향을 미친다. 만약 여러분이 위독한 친구가 누워있는 병원에 들어갔다면, 병자를 둘러싸고 있는 그 분위기에 자기도 모르게 지배될 것이며 그 분위기를 깨지 않으려고 조심스럽게 처신할 것이다. 도서관의 열람실에 들어갔다면 여러분은 거기서 공부하고 있는 사람들에게 방해되지 않으려 애쓸 것이며, 그것이 여러분의 자감을 결정지을 것이다. 만약 파티 시간에 늦어 황급히 뛰어들어갔는데 마침 파티가 최절정의 분위기였다면, 여러분의 자감은 파티를 지배하고 있는 그 분위기에 뒤섞이고 싶든지 아니면 그냥 나가고 싶든지 두 가지 욕구에 의해 결정될 것이다.

길을 걸어갈 때에도 계절(봄인지 가을인지, 여름인지 겨울인지)에 따라, 날씨(화창한 날씨인지 폭풍우인지)에 따라, 목적(퇴근길인지 출근길인지, 등굣길인지 하굣길인지)에 따라 걸음걸이가 달라질 것이다.

---

[72] K. S. 스타니슬랍스키 전집 8권 중 2권, 75~76쪽.

근육의 힘에 의해 좌우되는 가장 단순한 형태의 신체적 자감은 여러 희곡에서 자주 접할 수 있다. 그 예로 A. N. 오스트롭스키[73]의 『제 식구는 봐줍시다!』를 살펴보자.

아그라페나 콘트라티예브나가 왈츠를 추고 있는 그녀의 딸 리포치카의 뒤를 따라 이리저리 뛰어다닌다.
아그라페나 콘트라티예브나: 내가 이 나이에 너 때문에 이렇게 뛰어다녀야 겠니? 후유, 언제까지 괴롭힐래, 이 못된 것아?

위에서 보는 바와 같이 아그라페나 콘트라티예브나는 너무 지쳐 말도 겨우 할 정도로 기진맥진한 상태다. 중매쟁이도 바로 그런 상태로 방에 들어온다. 숨을 헐떡이는 중매쟁이의 모습이 대사에 그대로 나타난다.

우스티니야 나우모브나: (들어오며) 후유! 이 집 계단이 왜 그리 가파르누. 기어기어 겨우 올라왔네.

A. N. 오스트롭스키의 희곡 『명절 꿈은 아침에!』의 발자미노프에게는 좀 더 복잡한 신체적 자감이 엿보인다.

발자미노프: (머리를 감싸 쥐고 뛰어들어온다) 귀, 귀! 아이고, 내 귀야!
마트레나: (문간에서 머리 지지개를 들고) 제가 뭐 미용사인가요? 저한테 뭘 바라신 거예요!

---

[73] [역주] 러시아의 극작가. 그의 대표 희곡작품으로는 『뇌우』, 『숲』, 『죄 없는 죄인』 등이 있다.

발자미노프: 그래, 내가 머리 말라고 했지, 언제 귀를 말랬어.

마트레나: 그러게 구레나룻은 뭐하러 길러 가지고? 미장원이나 갈 것이지, 왜 저한테 해 달래요!(나간다)

발자미노프: 맙소사, 이 일을 어쩐담. (거울로 다가간다) 아, 아, 아! 시꺼멓게 탔구먼!…… 아이구, 아파라, 내놓고 다니란 법은 없으니 머리로 대충 안 보이게 가리는 수밖에.

발자미노바: 시작하죠!

발자미노프: 스치다니[74]! 벌건 지지개로 온 귀를 다 지져놨는데…… 오, 오, 오! 어머니! 열 받아 죽겠네…… 아이구, 맙소사!

단순한 신체적 자감을 보여주는 몇 가지 예를 살펴보았다. 모든 사람들이 자신의 삶의 매 순간 그렇듯 그 어떤 희곡이라 할지라도 등장인물 모두가 어떤 신체적 자감 속에 놓여있다는 것을 간과하지 말아야 한다. 연기교육자는 본 파트의 수업을 위해 가장 단순한 연습과제부터 시작하며, 학생들로 하여금 주어진 제시된 상황에 부합되는 신체적 자감을 찾도록 한다.

이제 '길 걷기' 연습과제를 통해 신체적 자감을 찾아보자.

① 더위 속에서: 한 학생이 본 연습과제를 다음과 같이 보여주었다. 남쪽 지방의 무더운 어느 오월. 그는 이곳에 막 도착하여 해변으로 간다. 탁 트인 공간, 해변의 바람, 선명한 태양의 느낌이 그를 감싼다. 수영하고 싶어진다. 신체적 행동의 기억을 위한 연습과제를 활용하여 그는 '옷 벗기'를 시작한다. 티셔츠, 바지, 신발을 벗는다. '벌거벗은 채' 잠깐 뜨거운 태양 아래 편

---

[74] [역주] 발자미노바가 '시작하죠(за дело)'라고 한 말을 '스치다(задела)'로 잘못 들은 발자미노프가 그냥 스친 정도가 아니라며 화를 낸다.

안히 앉아있다. 그다음 물에 들어간다. 물은 아주 차갑다. 맨 먼저 발바닥에 차가운 느낌이 들고 물속으로 점점 들어감에 따라 종아리와 무릎도 차가워진다. 그는 몸에 물을 끼얹으며 생각한다. 수영할 필요가 있을까. 그다음 결심한 듯 더 깊이 들어간다. 물이 어깨까지 차오르자 '헤엄치기 시작한다'. 본 연습과제에서 이 학생은 해변, 탁 트인 공간, 더위, 추위의 느낌 모두를 매우 잘 전달하였다.

② 빗속에서
③ 진창길 속에서
④ 눈보라 속에서
⑤ 미끄러운 길에서
⑥ 안갯속에서
⑦ 여명에
⑧ 뜨거운 해변의 모래사장에서

이러한 연습과제 수행 시 학생들은 어디에서, 어디로, 왜 가고 있는지를 알아야 하는데, 이러한 이유들이 신체적 자감의 원천이 되기 때문이다. 가령 심하게 아픈 사람에게 줄 약을 사러 빗속을 걸어가는 것과 연인과의 밀회를 위해 빗속을 걸어가는 것은 같은 길과 비라 할지라도 완전히 다른 자감일 것이다. 또 가랑비가 내리는 경우와 폭우가 내리는 경우는 완전히 다르며, 아스팔트대로와 시골 길, 숲 속 오솔길을 걷는 것도 각각 전혀 다른 자감일 것이다.

만약 빠른 걸음으로 서둘러 걸었다면 연습과제는 짧아졌을 것이고, 비가 그치기를 기다리며 나무 아래 서 있었다면 길어졌을 것이다. 나무 밑에는 비가 한 방울도 떨어지지 않았다고 정당화할 수도 있을 것이며, 처음에는 비를 피할 수 있었지만, 나중에는 비가 나뭇잎 사이로 떨어지는 바람에 이리저리 마른 곳을 찾아 옮겨 다니느라 시간이 지체되었다고 정당화할 수도 있다. 또한, 비옷과 우산을 착용하고 있었던 경우와 뜻밖에 소나기를 맞는 경우는 전혀 다를 것이다.

플랫폼에서 기차를 기다리고 있다고 가정해 보자. 여러 가지 상황이 가능하다. 예를 들어 보자.

① 늦지 않으려고 급하게 달려와서 지금 숨을 고르며 기차를 기다리고 있다.
② 열차 시간표가 변경되어 아침 기차가 취소되었는데, 그것을 몰랐으므로 이제 종일 저녁 기차를 기다려야 한다.
③ 기차표를 잃어버려 표 없이 기차를 타려고 한다.
④ 출장차 왔는데 다행히 일이 잘 풀려 좋은 결과를 가지고 떠난다.
⑤ 휴가를 떠난다.
⑥ 상사를 만난다.
⑦ 약혼녀를 만난다.
⑧ 나는 기차역 당직이다.

이 모든 이유들로 다양한 신체적 자감 및 그에 합당한 행동선이 결정된다.

연습과제를 실행할 때 중요한 것은 상상에 의해 구축된 상황의 진실성을 믿고, 만약 나라면 그런 상황에서 무엇을 느꼈을 것이고, 어떻게 하였을까를 떠올려보는 것이다.

학생들에게 더위에 대한 신체적 자감을 찾아보라고 제안하면 일단 손수건을 꺼내 부채질을 하며 땀부터 닦아내는 경우가 종종 있다. 그러나 호흡의 리듬이 바뀌고 입안이 바짝바짝 마르는 것 같으며, 빨리 샤워를 한 뒤 속옷을 갈아입고 싶다는 더위에 대한 진짜 느낌이 없다면 이러한 행동들은 외적인 것에 불과하다.

추위에 대한 신체적 자감도 마찬가지다. 많은 경우 학생들은 곧바로 어깨를 부르르 떨며 움츠린 뒤 손과 귀를 호호 불며 한쪽 다리를 다른 쪽에 비벼댄다. 이는 추위의 진짜 느낌, 즉 처음에는 찬 기운에 약간 상쾌해지며 정신이 번쩍 드는 듯하지만 시간이 지날수록 팔, 다리, 귀, 코, 온몸이 얼어붙는 것 같은 느낌을 떠올리지 못한 것이다. 한편 추위의 느낌은 개인에 따라 다를 수도 있다. 어떤 사람은 심하게 추위를 타서 견디기 힘들지만, 다른 사람은 오히려 상쾌함을 느낄 수도 있기 때문이다.

기본적인 연습과제를 몇 개 더 살펴보도록 한다.

<방에 들어오기>

① 방금 씻었든지 아니면 빨래를 했든지 젖은 손이다.
② 난로를 뗀 후 더러운 손이다.
③ 세면대에서 세수하는 도중에 물이 끊겨 비누칠한 얼굴이다.
④ 베인 상처에 요오드를 바른 손이다.

또 다른 상황에서 신체적 자감을 찾아보도록 하자.

① 구두에 못이 박혔다.
② 구두가 꼭 죈다.
③ 피곤해서 자고 싶은데 절대로 자면 안 된다. (당직이다)
④ 옷이 젖은 채 남의 집을 방문하여 현관에 더러운 자국을 남긴다.
⑤ 매우 배고픈 상태로 맛있는 식사를 기다린다.
⑥ 맛있게 식사한 뒤 소파에서 잠이 들었는데, 전화벨 소리에 눈은 떴지만 좀처럼 잠에서 깨어나지 못한다.
⑦ 담배를 피우고 싶은데 담배가 없다.
⑧ 기차를 타야 하는 데 늦었다.

그리고 이제 다음과 같이 아픈 사람의 자감을 찾아보도록 하자.

① 머리가 아프다.
② 이가 아프다.
③ 이를 뺐다.
④ 감기에 걸려 재채기하고 기침한다.
⑤ 고열이다.
⑥ 다리 인대가 늘어났다. 다리를 절룩거린다.
⑦ 눈에 먼지가 들어갔다.
⑧ 벌에 쏘였다.

이러한 연습과제에서 학생들은 으레 자감을 과잉 연기한다. 연기교육자는 과잉 연기를 제거한 다음 학생들에게 자감의 결과, 즉 어떤 자감의 최종 형태를 곧바로 보여줄 필요는 없다는 점을 설명해주고, 이러한 자감이 축적되는 방법을 찾아보도록 한다. 예를 들어, 신발이 꽉 쥔다고 하자. 처음에 신발을 신었을 때는 잘 맞는 것 같았다. 그러나 신발이 꽉 조인다는 사실이 드러나고 결국 걸을 수 없을 만큼 발이 아픈 상태가 된다.

학생들은 어떤 경우에서든 자신의 행동의 정당성을 찾아야 하고 자기 나름의 방식으로 연습과제를 수행해야 한다. 연습과제는 행동이 주가 되고 신체적 자감은 그에 수반될 수 있도록 실행되어야 한다. 예를 들어, 아주 중요한 파티에 가야 한다고 가정해보자. 새 신을 신었는데 점점 발이 조인다는 사실이 드러난다. 학생이 무대로 나오기 전까지 발생한 사건(제시된 상황)은 신체적 자감에 영향을 미칠 것이고, 학생은 그러한 자감 속에서 무대로 나와야 한다.

진실한 자감의 발생에 있어서 중요한 역할은 바로 창조적 상상력이다.

만약 더위, 추위, 비, 질병 등의 상황에서 모든 학생들이 동일하게 처신한다면, 이것은 분명 커다란 실수가 될 것이다. 이러한 실수는 학생들이 더위, 추위, 비 등을 '일반적으로' 느끼려고 할 때 발생한다. 다양하게 제시된 상황은 학생들 각자에게 자기 방식으로 연습과제를 수행할 수 있도록 해 주며, 이로써 그 연습과제는 개인적, 다면적, 독창적인 것이 된다.

예를 들어, 연습과제 '새 옷 입기'를 살펴보자.

새 옷은
① 마음에 들 수도 안 들 수도 있다.
② 꽉 조일 수도 있다.
③ 옷을 선물해 준 사람을 위해 입을 수도 있다.
④ 찢어질 수도 있다.
⑤ 너무 클 수도 있다.
⑥ 다른 사람들의 옷에 비해 너무 화려할 수도 있다.

한편, 연습과제 '피곤해서 자고 싶다'는 매우 다양한 제시된 상황에서 수행될 수 있으며, 학생들 각자가 수행한 연습과제는 저마다 완전히 다른 것이 되어야 한다. 피곤함은 기분 좋은 느낌일 수도, 힘든 느낌일 수도 있다. 하지만 절대로 자서는 안 된다. 위험하기 때문이거나 당직 근무 중에 조는 모습을 누군가에게 보이기 싫어서일 수도 있다. 그래서 한쪽 눈은 망을 보고 다른 쪽 눈은 자게 되거나 아니면 잠들지 않도록 대책(진한 차 마시기, 담배 피우기, 신문 읽기 등)을 마련한다.

일상에서 피곤함은 개인에 따라 보통 다르게 표현된다. 만약 계속된 이동으로 지친 관광단이라면, 어떤 사람은 자리를 잡고 앉자마자 잠이 들 것이고, 다른 사람은 짚을 한 아름 가져와 그 위에 누울 것이고, 세 번째 사람은 모닥불을 피우기 위해 마른 나뭇가지를 모으고, 네 번째는 공동 저녁 식사를 기다리지 못해 뭔가를 먹고, 다섯 번째는 노트에 그날의 인상을 기록하고, 여섯 번째는 씻으려고 할 것이다. 이 모든 다양한 행동들이 피곤함이라는 단어의 분위기로 한데 엮일 수 있다.

이처럼 신체적 자감은 지속적으로 변화하는데, 간혹 매우 짧은 순간에 변하는 경우도 있다. 예를 들어, 온몸이 꽁꽁 언 사람이 따뜻한 방으로 들어왔다고 가정하자. 처음에는 여전히 추위를 느끼며 귀와 손을 비비면서 따뜻한 난로 곁으로 다가오려 하지만 뜨거운 차를 마시고 난 다음에는 오히려 열기를 부담스러워하며 좀 더 시원한 곳을 찾게 되는 경우다.

A. P. 체홉의 단편 『손님』에서는 지긋지긋한 손님 한 명이 밤늦도록 떠나지 않고 머물러있다. 주인은 자고 싶었으나 온갖 방법을 다 써보아도 도무지 손님은 갈 생각을 하지 않는다. 주인은 한참 동안 고민하다가 마침내 좋은 방법을 찾아냈다. 손님에게 돈을 빌려달라고 요청한 것이다. 그러자 손님은 벌떡 일어나 가버렸다.

이 장면에서 체홉은 주인의 신체적 자감의 변화를 멋지게 보여준다. 주인은 너무나 자고 싶은 나머지 짜증이 나서 미칠 지경이다. 그러나 마침내 손님으로 하여금 떠날 마음을 먹게 만들었을 때에는 얼마나 큰 승리감을 느꼈겠는가. 이처럼 사람이 자고 싶을 때에도 참으로 복잡한 자감이 생길 수 있다.

또 다른 예로, 사람의 신체적 자감에 대해 눈부신 광채와 유머로 묘사한 A. P. 체홉의 단편 『부주의』를 살펴보자.

스트리진은 잠깐 망설이다가 두려움을 억누르고 벽장으로 향했다. 조심스레 벽장문을 열고 오른쪽 구석에서 병과 잔을 찾아내어 따른 다음 다시 병을 제자리에 놓고는 십자가를 긋고서 쭉 들이켰다. 바로 그때 기적 같은 일이 벌어졌다. 무서운 힘이, 정말이지 폭탄 같은 힘이 갑자기 스트리진을 벽장에서 떼어내어 트렁크 쪽으로 집어 던진 것이다. 그의 눈에는 무언가가 반짝였고 숨은 막힐 것 같았으며 마치 늪 속에 빠져 온몸에 거머리가 달라붙은 듯한 느낌이 온몸을 타고 흘렀다. 술이 아니라 다이너마이트를 삼킨 것 같았으며, 그 다이너마이트가 자신의 몸을, 집을, 온 동네를 날려버릴 것만 같았다… 머리, 팔, 다리, 온몸이 찢겨 지옥 어딘가로, 모르는 세상으로 날아가는 것 같았다…

그는 3분쯤 숨도 쉬지 않고 죽은 듯이 트렁크에 누워 있다가 몸을 일으키며 자신에게 물었다.

"여기가 어디지?"

정신을 차리자 제일 먼저 코를 찌르는 석유 냄새가 분명히 느껴졌다.

"세상에, 내가 마신 게 술이 아니라 석유였단 말이야!"

그는 기겁했다.

"오, 신부님, 성자님"

독을 먹고 죽을 뻔했다는 생각에 그는 천당과 지옥을 오르내렸다. 실제로 독을 마셨다면, 방에 냄새가 날 뿐만 아니라 입술은 타는 듯하고 눈에는 불똥이 튀며 머릿속에는 땡땡 종소리가 나고 배에는 찌르는 듯한 통증이 있었을 것이다. ……

기쁨의 신체적 자감은 수많은 뉘앙스와 감정, 기질은 물론 심리적 충동까지도 가질 수 있다 … 신체적 자감을 선택하는 데 있어 인간의 심리 속에 자리 잡고 있는 환상의 힘은 무한하다.[75]

V. I. 네미로비치-단첸코의 위와 같은 언급은 신체적 자감의 영역은 무한할 뿐만 아니라 간혹 전혀 예기치 못한 형태로 나타나기도 한다는

---

[75] V. I. 네미로비치-단첸코, 『논고, 말, 담화, 편지』, 예술, 1952, 167~168쪽.

점을 강조한다.

L. N. 톨스토이의 『산 송장』의 마지막 장면을 떠올려보자.

> 페쟈: (자신의 가슴에 총을 쏜 다음) 얼마나 좋은가 … 얼마나 좋
> 은가 ……
> (죽는다)

그의 자감에는 상처로 인한 아픔이 핵심이 되어야 할 것 같은데 그는 아픔을 느끼지 않는다. 오히려 육체적 고통보다 더한 도덕적 고통으로부터의 해방감을 느끼는 것 같다.

이처럼 신체적 자감은 가장 단순한 연습과제에서부터 지극히 복잡한 창조적 과제에 이르기까지 광범위하며 배우가 행동하는 동안 배우와 동행하고 무대에서 일어나는 모든 사건에 적절한 음색을 부여한다.

5 관계의 치환

"무대 예술은 배우가 자신의 상상으로 스스로 구축한 것을 진실로 받아들일 때 발생한다."라고 E. V. 박탄고프는 기록하고 있다.

창조적 상상력으로 구축된 삶이 무대에서 만들어질 때 사물, 행동 공간, 사건, 상대배우에 대한 배우의 관계는 변화한다. 관계의 치환 하에서 우리는 내적인 '재배치'(배우로 하여금 조건적인 사물과 조건적인 행동 공간 그리고 가공의 사건을 진짜인 것처럼 받아들이고 상대배우를 등장인물인 양 대하는 것)를 이해할 수 있다. 예를 들어, 소품 총을 진짜 총인 듯, 무대 장치와 소품 가구를 진짜 자기 방의 벽과 가구인 듯, 상상의 모욕을 진짜 모욕인 듯, 같은 반 친구를 친아버지 또는 적인 것처럼 대한다.

관계의 치환을 일으킬 수 있는 근본적인 방법은 바로 마법의 단어 '만약에'와 제시된 상황 및 올바른 신체적 자감의 구축이다.

극작가의 창작을 기반으로 배우가 구축한 상상의 세계가 그를 정서적으로 사로잡고 무대적 행동에 집중하도록 만들기 위해서는 배우가 이 세계를 자신을 둘러싸고 있는 현실 세계만큼 실제적인 어떤 것으로 믿을 수 있어야 한다. 이는 배우가 무대에서 환각 비슷한 어떤 것에 몰두해야 한다거나, 연기하면서 자신을 둘러싸고 있는 현실을 인식하지 못해야 한다거나, 무대장치의 휘장을 진짜 나무로 받아들여야 한다는 의미는 아니다. 반대로, 배우는 자기가 맡은 역할의 배우로서 경험하고 수행하는 모든 것을 통제하기 위해 의식 중 어느 부분은 희곡의 지배로부터 자유롭게 남겨두어야 한다. 배우는 무대에서 자신을 둘러싸고 있는 무대장치와 소품이 다름 아닌 바로 무대장치이고 소품일 뿐이라는 사실을 분명히 알고 있다. 그러나 그것은 배우에게 아무런 의미도 없다. 배우는 마치 자기 자신에게 다음처럼 말하는 것 같다. '나는 무대에서 나를 둘러싸고 있는 모든 것이 조잡한 현실 모조품이며 거짓이라는 사실을 안다. 하지만 만약 이 모든 것이 진실이라면 나는 이러한 현상을 어떻게 받아들이고, 어떻게 행동하게 될까?' … 배우의 가슴속에 바로 이 창조적인 단어 '만약에'가 떠오른 순간부터 그를 둘러싸고 있는 주위의 실제 현실은 더는 그의 흥미를 끌지 못하며, 그는 다른 삶, 즉 자신이 구축한 상상의 삶의 영역으로 이동한다.[76]

사물, 행동 공간, 사건, 상대배우에 대한 관계의 치환에 힘입어 학생들의 자감, 행동과 행위의 논리, 생각과 감정의 흐름 또한 주어진 조건에 따라 변화한다.

이러한 과정은 어느 공연에서나 발생한다. 무대에는 많은 종류의 진짜 물건과 가짜 소품들이 뒤섞여 있으며, 진짜 물건이라 해도 대부분 질이 낮은 것들이다. 의상은 모직이 아니라 종이로, 실크 대신 공단으로 만들어졌으며, 그릇은 풀이나 석고 등과 섞어 만든 종이뭉치이므로 실제로 여기에 뭔가를 따라 마셔서는 안 된다. 난로 또한 합판으로 만들어 색칠한 것이지만, 배우는 이것과의 관계와 행동을 통해 관객들로 하여금 실제로 따뜻한 온기를 내뿜는 난로가 있는 것처럼 믿도록 만들어야 한다.

---

[76] K. S. 스타니슬랍스키, 『논고, 말, 담화, 편지』, 451~452쪽.

비록 배우뿐만 아니라 관객도 진짜 난로가 아니라는 사실을 알고 있지만, 그 순간 이 사실은 아무런 의미도 갖지 못한다. 이처럼 배우는 관계를 통해 관객들로 하여금 등장인물이 받은 것은 종이돈이 아니라 진짜 돈이며, 소품 총은 사람을 죽일 수 있는 진짜 무기라고 믿도록 만들어야 한다.

예를 들어, 『뇌우』의 카테리나는 진짜 열쇠를 손에 쥐고 있다. 하지만 관객은 그 열쇠가 카바노프 가의 정원에 있는 쪽문의 열쇠가 아니며, 현실에서는 쪽문 자체도 존재하지 않는다는 사실을 잘 알고 있다. 그러나 카테리나 역의 여배우는 자신의 상상력으로 구축한 세계에 관객을 몰입하게 하여 관객도 그녀와 마찬가지로 이 열쇠가 그녀를 보리스와 만나게 해 줄 거라고 믿기 시작한다.

(1) 사물에 대한 관계 치환

무대에 의자가 놓여있다. 우리는 학생들에게 "만약 여러분 앞에 표트르 I세의 옥좌가 놓여있다면, 여러분은 이 의자를 어떻게 대할 것이고 어떤 행동을 할 것인가?"라는 질문을 던진다. 가령 한 학생이 "그 의자를 자세히 살펴보고 싶습니다."라고 대답했다고 하자. 우리는 그 학생에게 자신 속에 발생한 새로운 관계(관심)를 기반으로 마치 표트르 I세의 옥좌를 대하듯 이 의자를 살펴보도록 한다. 이때 우리는 학생들에게 의자 대신 옥좌를 보려 하지 말 것, 환각을 불러일으키지 말 것, 박물관이나 그림에서 본 어떤 옥좌를 떠올리지 말 것, 자신의 상상 속에서 옥좌의 형상(높은 등받이, 황금 팔걸이 등)을 그려보려 하지 말 것, 자기 눈앞에 있는 의자 그 자체를 살펴볼 것 등을 강조한다. 즉 의자의 광택, 나뭇결,

나사, 긁힌 자국을 비롯한 모든 세부사항을 명확히 살펴보면서 마치 상감 제품, 부각세공품, 문장, 장식품 등을 대하듯 그 의자를 대하도록 해야 한다.

그러고 난 후, 우리는 그 학생에게 이 의자에 대한 다른 관계를 찾아보라고 제안한다. 만약 그 학생이 박물관에서 미국의 전기 사형 의자를 본 적이 있다면 머릿속에 그 의자를 떠올렸을 것이다. 학생이 다시 한번 의자를 자세히 살펴본다면 등받이 부분의 굴곡을 전기장치인 듯, 의자에 박혀있는 나사를 사형수가 결박당했던 바로 그 지점인 듯 대할 수 있을 것이다.

이러한 연습과제에서 비록 사물이 진짜가 아닌 '가짜'라 할지라도 그 사물에 대한 관계는 진짜로 모색되어야 한다. 이를 위해 우리는 관계를 찾고자 하는 사물의 형태와 어느 정도 유사한 다른 사물을 '대치'하고자 한다. 이때 연습과제의 제시된 상황은 학생들 스스로 만들어야 한다.

이것은 상상의 힘을 빌려 사물의 세계를 내적으로 변화시키는 수많은 예들 중 하나이다. 이를 꺼릴 필요는 없다. 오히려 상상에 의해 구축된 삶 속에 포함시켜야 한다.

연습을 하다 보면 이러한 과정은 항상 발생한다. 사실 우리는 비엔나풍 의자 하나로 작가와 연출의 상상력이 만들어 낼 수 있는 것이면 무엇이든(집, 광장, 배, 숲 등) 다 만들어낼 수 있다. 여기서 우리가 믿는 것은 비엔나풍 의자(나무 의자든 돌의자든)의 진정성이 아니라 가짜 물건(만약 그 물건이 나무로 만들어졌든 돌로 만들어졌든 간에)에 대한 자신의 관계의 진정성을 믿는 것이다.[77]

---

[77] K. S. 스타니슬랍스키 전집 8권 중 2권, 78쪽.

한 여학생이 '만약 이 의자가 다락에서 꺼내온 낡고 닳아 부서진 할아버지의 안락의자라면'이라는 관계로 가정하였다. 여학생은 의자를 자세히 훑어보며 얼마나 튼튼한지 만져보더니 그 위에 앉는 것으로 연습과제를 시작하였다. 그러나 그녀의 이러한 행동은 남에게 보여주기 위한 과잉 연기였으며, 의자와의 진실한 관계는 이루어지지 않는 것이었다. 곧이어 그녀가 부서진 안락의자를 어떻게 사용할 수 있을지 진짜로 탐색하기 시작하자 그제야 비로소 의자와의 진실한 관계가 이루어지기 시작했다. 그녀는 의자를 조심스럽게 가져와 구석구석 먼지를 닦아낸 뒤 수리 여부를 결정하기 위해 파손 부위를 자세히 살펴본 다음 방 한구석에 잠시 놓아두기로 결정했기 때문이다.

다른 학생은 작은 꼬챙이를 하나 가지고 와서 '만약 자신이 너무도 갖고 싶었던 만년필을 선물로 받았다면'이라는 관계로 가정하였다. 그다음은 '만약 이 꼬챙이가 길에서 주운 볼펜이라면'이라는 관계로 가정하였다. 이 학생은 두 연습과제 모두 다 행동이 너무 형식적이었고, 그 어떤 관계도 만들어지지 않을 만큼 지나치게 서둘렀다. 학생이 마음을 가라앉히고 침착하게 서두르지 않게 되자 비로소 자신이 주운 물건과 주인을 찾아주는 일에 대해 생각할 수 있는 여유를 갖게 되었고, 그 즉시 꼬챙이와의 올바른 관계가 이루어지기 시작했다.

위 학생은 대체로 수업 초반부에는 긴장이 풀리지 않아 신경이 곤두서 있는 편이었다. 그러므로 이런 학생은 시연할 수 있도록 자주 무대로 불러내어 무대에 익숙해지고 자유로울 수 있도록 도와주어야 한다.

이번에는 다른 학생이 반지 하나를 가지고 와서 '만약 이 반지가 엄마의 반지라면'이라는 관계로 가정하였다. 그는 손바닥에 반지를 올려놓고 무언가를 생각하였다. 이런 그의 모습이 흥미로워 무슨 생각을 하고 있느냐고 묻자, 그는 "이 반지는 돌아가신 아빠가 엄마에게 선물로 준 거예요. 그런데 이 반지를 지금 전당포에 잡혀야 할 상황이에요.”라고 대답하였다. 이 학생의 경우처럼 올바르게 가정되어진 제시된 상황은 생각의 논리적인 흐름을 만들어주고 이로부터 사물에 대한 진실한 관계가 만들어진다.

다음은 사물에 대한 관계 치환의 몇 가지 예이다.

① 책을 잡는다. 이 책은
• 푸시킨의 첫 번째 출판시집이다.
• 가족 앨범이다.
• 캐리커처 모음집이다.
② 의자를 놓는다. 이 의자는
• 비밀 인쇄소의 인쇄기이다.
• 형식주의 조각품이다.
• 불합격품의 샘플이다.
③ 몇 개의 물건(모자, 두건, 띠, 시계 등)을 가져온다. 지금
• 자기 마음에 드는 물건을 고른다.
• 다른 사람에게 선물할 것을 고른다.
• 싫어하는 사람의 부탁으로 물건을 고른다.
④ 읽고 있다. 이것은
• 재미없는 수업 자료이다.
• 웃긴 이야기이다.
• 무서운 이야기이다.
⑤ 성냥갑을 ‘새’라고 생각한다면, 이 새는
• 방금 막 잡았다.
• 병들었다.
⑥ 여행 가방을 ‘TV’라고 생각한다면, 지금 TV에서
• 스포츠 경기를 본다.

- 유쾌한 코미디를 본다.
- 관심 있는 사건에 대한 최근 뉴스를 본다.

⑦ 옷걸이에 걸려있는 외투, 이 옷은
- 여자 친구의 새 외투이다.
- 모르는 사람의 외투, 우리 집에 누가 와 있는지 궁금하다.
- 내가 싫어하는 외투이다.

⑧ 공지, 이 공지는
- 여러 대학의 입학조건에 관한 것이다.
- 프랑스 코미디 극장 또는 유명한 모스크바 극장의 순회공연에 관한 것이다.
- 공연 취소에 관한 것이다.

⑨ 서류, 이 서류는
- 막 발급받은 여권이다.
- 판결 명령서이다.
- 당첨된 복권이다.

⑩ 물 한 잔, 이 물은
- 맛있는 와인이다.
- 쓴 약이다.

⑪ 모피 모자, 이 모자는
- 새끼 고양이이다.
- 좋아하는 사람이 준 꽃다발이다.
- 아기 곰 인형이다.

⑫ 정장 모자, 이 모자는
- 방금 막 산 것이다.
- 좀 먹은 것이다.

⑬ 종이 한 장을 사진으로 생각한다면, 이 사진은
- 여자 친구이다.
- 좋아하는 배우이다.

- 엄마이다.
- 애인이다.
- 경쟁자이다.

⑭ 작은 상자, 이 상자는

- 향수병이다.
- 암모니아수이다.

⑮ 벽, 이 벽은

- 거울이다.
- 게시판이다.

학생들이 위의 연습과제를 시연하고 나면 우리는 학생들에게 자신이 사용한 사물과 관련하여 떠오른 생각을 말해 보도록 한다. 통상적으로 제시된 상황이 올바르다면 사물에 대한 관계도 올바를 가능성이 높다.

간혹 사물에 대한 관계가 순간적, 반사적으로 발생하여 즉시 행동과 감정으로 충만해지는 경우가 있는데, 이에 대해 스타니슬랍스키는 다음과 같이 언급하였다.

간혹 '만약에'가 어떤 보완이나 도움이 필요하지 않고 즉각적으로 자신의 역할을 다 하는 경우도 있다. 다음은 그 예이다 …

아르카디 니콜라예비치는 한 손으로는 말로레트코바야에게 철제 재떨이를 주고 다른 손으로는 벨랴미노바에게 스웨이드 장갑을 건네주며 말했다.

"당신께는 차가운 개구리를, 그리고 당신에게는 부드러운 쥐를"

두 여자가 혐오스러워하며 저만치 물러서는 바람에 그는 말을 채 마치지 못했다.

"딤코바, 물 마셔요."

아르카디 니콜라예비치가 명령했다. 그녀는 물잔을 입으로 가져갔다.

"거기에, 독!"

아르카디 니콜라예비치가 그녀를 제지하자 딤코바는 본능적으로 굳어버린다.

"봤지!"

아르카디 니콜라예비치가 의기양양하게 말했다.

"이 모든 것이 이미 그리 간단치가 않아. 이처럼 '마법의 만약에' 는 순간적이며 본능적으로 행동 그 자체를 불러일으키니까."[78]

연습과제는 단순한 것부터 시작하여 복잡한 것 순으로 수행된다. 초기 연습과제에서 학생들이 무대에서도 실제 삶에서와 마찬가지로 보고, 듣고, 만지고, 냄새 맡고, 생각하고, 행동할 수 있게 되었다면, 우리는 학생들이 상상에 기반을 둔 허구 구축 작업으로 들어가서 내적인 재구성(유기적인 자연의 법칙에 따라 상상의 삶 속에서 행동할 수 있도록 만들어주는 장치)을 할 수 있도록 돕는다. 이러한 재구성의 단계는 학생 각자의 능력, 기질, 성격, 인간적 특성에 따라 각기 다르게 나타난다.

예를 들어, 어느 날 어떤 연습과제에서 의자가 사나운 개가 버티고 있는 개구멍으로 가정된 적이 있었는데, 그러자 문득 나에게 사나운 개에게 물렸던 옛 기억이 떠올랐다. 그 날 이후로도 나는 매일 그 개구멍 옆을 지나가야만 했는데, 그 개는 내가 지나가는 시간을 알고 나를 또 물어뜯을 속셈으로 기다리고 있었다. 나는 개구멍 근처에서 벽돌을 하나 찾아내어 개 옆을 지날 때마다 손에 움켜쥐고 있었다. 개가 달려들 때마다 나는 벽돌을 휘둘렀고 그러면 개는 맥없이 도망을 쳐댔다. 나는 개구멍을 지나고 나면 벽돌을 잘 숨겨두었다가 다시 그곳을 지나게 될 때면

---

[78] 위의 책, 57~58쪽.

꺼내들었다. 어떤 학생은 이런 연습과제를 전혀 다른 형태로 수행할 수도 있을 것이다. 오히려 개에게 먹이를 주며 친해졌을 수도 있고 아니면 동사무소에 가서 개를 묶어달라는 민원을 제기할 수도 있을 것이다.

(2) 행동 공간에 대한 관계 치환

학생들에게 무대가 아니라 화랑에 들어갔다면 무엇을 했을 것이며, 어떻게 처신했을 것이냐는 질문을 한다면, 행동 공간에 대한 학생들의 관계는 변화될 것이다. 학생들은 행동 공간에 대한 자신의 관계와 행동을 통해 우리에게 자신이 지금 있는 곳이 바로 화랑이라는 사실을 믿도록 해주어야 한다. 이때 우리는 한 번 더 학생들에게 자기 눈앞에 존재하지 않는 그림을 보려 할 필요는 없다는 점을 강조한다. 학생들이 보아야 할 것은 지금 무대에 있는 것, 예를 들면, 툭 늘어뜨려진 휘장이다. 이 천을 자세히 살펴보고 거기에 묻어있는 진짜 얼룩과 음영, 손길이 많이 간 디테일, 주름 등을 본 다음, 마치 이러한 것들이 풍경화나 초상화의 한 부분인 것처럼 관계해야 한다. 즉 커튼에 드리운 음영은 숲을, 빛을 받아 도드라져 보이는 부분은 호수를, 얼룩은 라일락 덤불을 떠오르게 할 수 있다. 늘어뜨려진 천의 윤곽이 어떤 얼굴을 상기시킬 수도 있다. 어떤 것은 마음에 들고 또 어떤 것은 마음에 들지 않을 것이다. 얼룩은 관심을 끌지만, 음영은 무관심하게 지나칠 수도 있다.

여기서 필요한 것이 바로 관계 치환 연습과제를 수행할 때 도움이 되는 연상 연습과제이다. 연상은 회상을 불러일으키고 회상은 상상을 불러낸다. 사물에 대한 관계 치환 연습과제처럼 여기에서도 상상의 활동이 시작되어 실제 사물과 실제 행동 공간에서 비롯된 인상을 무대 위의 예술적인 허구로 변모시켜 준다. 학생들은 이러한 연습과제를 통해 조건적인 행동 공간에 대한 진실하고 생생한 관계를 찾게 된다.

학생들은 무대로 나가기 전에 어떻게 화랑에 오게 되었는가, 우연히 아니면 일부러 오게 되었는가, 둘러볼 시간은 얼마나 있는가, 여기에 처음 온 것인가, 유명한 그림이 전시되어 있는가, 어떤 성격의 화랑인가 등과 같은 질문에 답변할 수 있도록 화랑에 들르게 된 제시된 상황을 미리 가정해 두어야 한다. 이러한 모든 제시된 상황에 의해 행동이 결정되기 때문이다.

이러한 유형의 연습과제를 수행해보면 학생들은 으레 그림에 대한 관계를 찾을 때와 마찬가지로 일단 천이나 벽부터 자세히 쳐다보기 시작한다. 화랑 전체를 눈으로 훑어보고 어느 작품부터 볼지 잠시 생각하는 순간도 없이 말이다. 우리는 바로 이런 점을 지적해 준다. 왜냐하면, 이것은 행동의 논리와 연속성에 위배되기 때문이다. 연습과제를 마치면 학생들에게 어떤 그림을 보았는지 말해보도록 한다.

예를 들어, 우리는 다음과 같은 연습과제를 수행했는데, 제시된 상황을 정당화한 다음 아래의 장소에 들어갔을 때 필요한 관계를 찾아보도록 하자.

① 기념박물관(저명한 작가의 방): 학생들은 오스트롭스키, 푸시킨, 마야콥스키 등과 같은 저명한 작가의 방에 들어갈 경우, 작가 개인에 대한 자신의 관계를 방이나 물건에 채 이입시키기도 전에 무턱대고 방이나 물건들만 열심히 들여다보는 경향이 있다.
② 수리가 필요한 방

다음은 행동 공간(의자로 만든 울타리)에 대한 두 가지 관계를 나타내는 예이다.

① 첫 번째: 나는 고층 건물의 옥상에 있다. 모스크바 대학에서 제일 높은 건물의 최고 꼭대기 층으로 견학을 나온 것이다. 옥상으로 나오자 모스크바 전체가 다 내려다보인다. 여기는 햇볕이 잘 들고 기분 좋은 곳이다. 크레믈린, 고층 건물, 굽이굽이 흐르는 모스크바 강, 경기장 등이 보인다. 난간에 팔꿈치를 괴고 도시의 멋진 광경을 즐긴다. (실제는 리프트가 달린 벽과 관객석을 보고 있지만, 마치 도시의 풍경을 보고 있는 듯 관계한다)

② 두 번째(첫 번째와 같은 의자로 만든 울타리에서): 강 유람선의 갑판. 가을날, 집을 떠나 유학길에 오른다. 차가운 바람. 지금 막 배가 출발했다. 선착장에 서서 손수건을 흔들고 있는 누나의 모습을 바라보며 가능한 오랫동안 그 모습을 시야에서 놓치지 않으려고 애쓴다.

한 가지 예를 더 살펴보자. 이제는 울타리가 아니라 가구가 있는 방이다. 연습과제 수행자는 자신의 취향에 따라 가구 배치를 한 다음, 이 방에 대한 두 가지 관계를 보여준다.

① 사랑하는 여자가 사는 방: 책을 건네받기 위해 처음으로 그녀 집에 들렀다. 그녀는 집에 없고 그에게 줄 책만 책상 위에 놓여 있다. 들어가서 책을 집어 든다. 좀 더 머무르기 위해 그녀에게 쪽지를 남기기로 한다. 쪽지를 쓰는 동안 방안을 둘러보고, 예쁜 물건들도 보고, 사진도 눈여겨보며 그녀의 취향을 가늠해 보려고 한다. 쪽지를 다 썼다. 아쉽지만 나가야 한다.

② 얼마 전에 누나와 헤어진 남자의 방: 남자에게 편지를 전해주기 위해 방으로 들어온다. 방 안을 둘러보다가 남자가 누워있는 것을 발견한다. 술을 마신 것 같다.

다음은 행동 공간에 대한 다양한 관계를 보여주는 에튜드이다.

① 사랑하는 여자와 헤어진 공원: 여자와 헤어진 셋째 날, 추억에
이끌려 그녀와 헤어진 공원 벤치로 왔다. 따뜻하고 우울한 어
느 가을날. 그녀는 곧 돌아오겠다고 약속했다. 떨어진 낙엽을
주워 기념으로 책에 끼워 넣는다.
② 경기하는 것이 다 보이는 경기장 옆 공원 벤치
③ 문 앞
• 자기 집 현관의 초인종을 누른다.
• 밤중에 약국 초인종을 누른다.
• 현관 초인종을 누른다. 그 집 창문에서 물벼락이 쏟아진다.
④ 방으로 들어가기
• 내가 살고 있다.
• 천장에 금이 가서 무너져 내릴지도 모른다.
⑤ 창고로 들어가기
• 맛있는 것들이 보관되어 있다.
• 쥐가 있다.
⑥ 교실로 들어가기
• 곧 시험이 시작된다.
• 학교 졸업 후 몇 년이 지났다.
⑦ 해변에서
• 여름
• 가을
⑧ 숲에서
• 사냥
• 휴식

아래의 예는 학생들이 직접 만든 제시된 상황과 간략한 에튜드의 줄

거리이다. 예를 들어, 에튜드 '층계참 또는 현관'은 다음과 같이 수행되었다.

① 여자 친구 집 초인종을 누르고 장난치기 위해 숨는다 … 여자 친구가 집에 없다는 것을 알고는 쪽지를 써서 문 밑에 집어넣는다.
② 자신이 왔다는 것을 알리기 위해, 아니면 약속한 대로 친구 집에 같이 방문하기 위해, 기타를 든 청년이 여자 집 문 앞에서 장난스럽게 세레나데를 부른다. 현관문에 당직 때문에 불려 간다는 내용이 적힌 메모를 발견한다.
③ 자기 집 문 앞에 와서 현관 열쇠를 잃어버렸다는 사실을 발견한다. 혹시나 해서 초인종을 눌러본다. 아무도 없다. 남자는 열쇠를 찾으러 나간다.
④ 여자가 길을 가고 있는데 술 취한 남자가 치근거린다. 그녀는 친구 집 현관에 숨는다. 잠시 뒤 술 취한 남자가 갔음을 확인하고 진정한 다음 다시 거리로 나선다.
⑤ 아내와 싸운 뒷문을 쾅 닫고 계단으로 뛰어 나간다. 잠시 뒤 어느 정도 마음을 가라앉힌 다음 초인종을 누르지만, 아내가 문을 열어주지 않는다.
⑥ 여자가 좋은 소식이 담긴 편지를 들고 가족들과 기쁨을 같이 나누고자 현관 초인종을 누르지만, 한참이 지나도록 문을 열어주지 않는다. 숙모는 귀가 먹었고, 오빠는 자고 있다.
⑦ 아파트의 초인종이 고장 났다. 고친 다음 제대로 작동되는지 확인해 본다.

행동 공간은 사람의 행동을 통해 자신의 흔적을 남기는데 이를 창조 작업에 활용해야 한다. 학생들은 자신이 숲에서 행동하는 것과 똑같이 무대에서 행동할 수 있어야 하며 이를 관객들이 믿도록 만들어야 한다. 공연 시 무대는 무대장치를 통해 행위가 숲에서 일어나고 있음을 관객에게 보여줄 수 있다. 그러나 무대장치는 공연의 시작에서만 영향력을 발휘할 수 있을 뿐이며 이후 배우가 숲에서 벌어지고 있는 행동으로 관객의 관심을 이끌어 가지 못한다면, 관객은 무대장치를 하이라이트가 아니라 죽은 것으로 느낄 것이며 숲의 진정성에 대한 믿음도 깨어질 것이다. 오로지 배우만이 자신의 관계와 행동을 통해 이러한 조건적인 숲을 '살릴' 수 있다. 숲에서는 도시와는 다르게 숨 쉬고, 목소리도 다르게 들리며, 다르게 앉고, 다르게 걷기 때문이다. 다른 집에 손님으로 갔을 때나 직장에서와는 다르게 행동하는 것과 마찬가지이다.

이처럼 학생들이 행동 공간에 대한 올바른 관계를 찾는 법을 배운다면 공연에서 관객의 감정을 일깨우기 위해 필요한 분위기와 기분을 구축하는 데 큰 도움이 된다.

(3) 사실에 대한 관계 (사건의 평가)

F. I. 샬랴핀은 자신의 회고록에서 보리스 고두노프 역할로 파리 순회 공연을 할 당시, 공연 초반부에 무대장치와 소도구, 의상 등이 전부 도착하지 않아 프랑스 극장 관계자들 앞에서 분장도, 의상도 없이 총리허설을 했던 경험에 대해 다음과 같이 기록한다.

나는 마땅히 있어야 할 소도구도, 당연히 입어야 할 의상도, 분장도 없다는 사실이 개탄스러웠다. 하지만 나는 예술가가 만들어낼 수 있는 그리고 만들어 내야만 하는 인상은 본질적으로 그런 것들로 좌우되는 것이 아님을 깨달았고, 덕분에 관객들에게 기대하던 인상을 불러일으킬 수 있었다.

내가 '저게 뭐지, 구석에서 흔들리며 점점 커지고 있는 것이? …'
라고 대사를 말하자 관객 중 몇몇 사람들은 내 시선이 향하고 있는
그곳으로 겁먹은 듯 고개를 돌렸으며, 아예 의자에서 벌떡 일어서는
사람들도 있었다 … 이 장면에서 우레와 같은 박수갈채가 쏟아
졌다.[79]

샬랴핀은 의상도, 분장도 없이 더구나 러시아어를 이해하지도 못하는
관객들로 하여금 분별력을 잃은 보리스 고두노프가 황태자 드미트리의
유령을 보았다는 사실을 믿도록 만들었다.

무대 장치와 의상 그리고 분장은 배우뿐만 아니라 관객의 상상과 내
적 체험을 일깨우는 강력한 자극제이지만, 위의 예에서 알 수 있듯이
관객에 대한 배우의 가장 강력한 영향력은 바로 무대에서 일어나고 있는
사건의 진실에 대한 배우의 믿음과 사건에 대한 평가이다.

사건의 평가에는 감정 발생이 수반되고 감정은 사건의 평가에 영향을
미친다. 예를 들어, 만약 내가 복권을 맞춰보다가 1등에 당첨되었다면
매우 기쁠 것이고, 그 기쁨은 상금의 사용처에 대한 나의 결정에 영향을
미칠 것이다. 반대로 중요한 일을 하기 위해 모아두었던 돈을 잃어버렸
다면 매우 화가 날 것이고, 그 화는 어려운 상황을 돌파하기 위한 나의
평가에 영향을 미칠 것이다.

현실에서는 우리에게 발생한 사건의 중요성에 따라 감정 자체가 우리
를 사로잡지만, 무대에서는 그 자체로 우리의 감정을 불러일으키는 실제
동기는 존재하지 않는다. 예를 들어, 손안에 진짜 복권을 쥐고 있다고

---

[79] F. I. 샬랴핀, 1권, 191쪽.

할지라도 진짜 상금을 받는 것도 아니므로 기뻐할 이유가 전혀 없으며, 상상의 돈을 날렸다 할지라도 슬퍼할 이유가 없기 때문이다.

어쨌든 내적 체험의 연극배우에게는 무대에서 행동하는 동안 가차 없이 추방해야 할 상투적이고 기교적인 감정 표현과는 상반되는 감정, 즉 살아있는 인간적 감정이 발생한다.

그렇다면 살아있는 감정이란 어떤 것이며, 삶의 감정과 무대적 감정 사이에는 어떤 차이가 있는가?

삶에서 돈의 상실과 관련된 불쾌한 일은 이후로도 오랫동안 분노의 원인이 될 것이며, 돈을 찾지 않는 한 삶의 감정은 금방 사라지지 않는다. 그러나 무대에서는 상상의 돈의 상실로 인한 진짜 분노는 막이 닫힘과 함께 흔적도 없이 순식간에 사라진다. 만약 삶에서 내적 체험을 하듯이 무대에서도 그런 감정을 체험한다면 아마 공연이 끝난 뒤 안정제를 먹든지 병원 치료를 받아야 할 것이다.

역할을 수행하는 배우에게 무대적 감정은 배우가 진실 되게 그 감정을 내적 체험 하였다면 창조적 기쁨을 선사할 것이고, 거짓되게 그리고 가짜로 내적 체험 하였다면 부끄러운 감정을 안겨줄 것이다. 실제로 내가 무대에서 사랑하는 사람의 죽음으로 깊은 고뇌를 진실로 내적 체험하고 있다면, 그 고뇌가 깊어질수록 배우로서의 나는 더 큰 창조적 기쁨을 맛보게 될 것이다. 이것이 바로 창조의 순간이다. E. V. 박탄고프는 이러한 차이점을 다음과 같이 언급하였다.

만약 무대에서 우리가 진짜 감정을 가지고 작업한다면 무대는 더는 예술이 아닐 것이다. 실제로 어떤 배우가 맡은 역할에 따라 상대 배우를 진짜로 때렸다고 가정해보자. 그러면 상대배우에게는 아픔의 감정과 모욕감이 생겨날 것이다. 그렇다면 그 순간 관객은 어떤 감정을 느껴야 하는가? 의심의 여지 없이 관객은 얻어맞은 배우를 불쌍히 여길 것이다. 관객은 배우가 연기한 인물이 아니라 배우 그 자신을 불쌍히 여기는 것이다. 얻어맞은 것은 인물이 아니라 배우 그 자신이며 예술의 흔적은 그 어디에도 없다. 반대로 만일 상대배우가 정서적 기억[80]의 도움으로 아픔과 모욕의 감정을 불러일으켰다면 그의 감정은 더 정서적이었을 것이며, 그를 진짜로 때리지 않은 배우 또한 부끄러움의 감정을 통해 정서적으로 치유 받았을 것이다. 바로 이런 경우에서만 우리는 예술과 연관되는 것이다.[81]

(대상 없는 행동 부분에서 설명한 무대 격투나 몸싸움을 떠올려보자). 무대에서의 감정은 삶의 감정과 어떻게 다른가? 삶에서는 대부분 반복되지 않는 감정이 발생하지만, 무대에서는 반복적인 감정이 요구된다. 그렇다면 반복적인 감정이란 무엇인가?

만약 우리가 삶에서 어떤 사건을 깊이 내적 체험 하였다면, 우리는 그 사건과 함께 그 당시 우리를 사로잡았던 감정들도 같이 떠올린다. 예를 들어, 고등학교 졸업장이나 교육자격 검정시험 증서를 받을 때 거의 모든 이들은 흥분을 느낀다. 여기서는 졸업했다는 기쁨과 함께 학교와 선생님 그리고 친구들과 헤어진다는 슬픔이 미래에 대한 꿈과 희망 등과 한데 뒤섞인다. 그 순간을 회상하면 우리는 저절로 그 당시 내적

---

[80] 러시아어로는 Эмоциональная Память, 영어로는 Emotion Memory이다. "과거 한 때 느꼈던 감정을 되살려내는 그런 류의 기억 … 시각적 기억이 잊어버린 물건, 장소 또는 인간의 내면적 이미지를 되살아나게 하는 작용이라면 정서 기억은 이미 경험한 감정을 되살리는 작용을 말한다." 김동규 역,『액터스북』, 예니, 2001, 75쪽 재인용.
　"정서적 기억은 역할의 내적인 삶에서 역할의 정신을 창조하는 중요한 재료를 마련해준다 … 그것(정서적 기억)이 강하고 섬세하고 정확할수록, 창조적 체험 또한 선명하고 완벽해진다." 김태훈 지음,『스따니슬랍스끼의 연기학 전문 용어』, 87~88쪽 재인용.
[81] E. V. 박탄고프,『메모, 편지, 논고』, 284쪽.

체험하였던 흥분도 떠올리게 된다. 연상을 통해 되살아난 내적 체험에 대한 감정적 회상, 이것이 바로 무대에서 내적 체험의 근원이다.

> 시각적 기억을 통해 여러분의 내적 시각 앞에 이미 오래전에 잊혔던 물건과 풍경, 사람의 형상 등이 되살아나는 것처럼 정서적 기억을 통해 과거에 내적 체험하였던 감정들이 다시 생기를 얻기 시작한다. 이러한 내적 체험은 완전히 잊힌듯하지만, 불현듯 어떤 암시, 생각, 낯익은 형상들에 의해 또다시 여러분을 사로잡는다. 어떤 때는 첫 경험인 듯 강렬하게, 어떤 때는 약간 약하게, 또 어떤 때는 같거나 약간 변형된 형태로 더 강하게 나타나기도 한다.[82]

그러나 만약 내가 그러한 감정, 예를 들어, 교육자 자격 검정시험 증서 같은 것을 받아 본 적이 없으므로 증서 수여식 때의 감정을 느껴본 적이 없다면, 어떻게 할 것인가?

만약 교육자 자격 검정시험 증서 같은 것을 받은 적이 없다면 그와 비슷한 감정, 이를테면, 성대한 행사에서 명예로운 상을 받았을 때의 감정으로 대체해 볼 수 있다. 혹은 내가 사랑하는 사람이 검정시험 증서를 받게 되어 내가 기쁨을 느낄 수도 있다. 이러한 공감은 유사한 감정의 원천이 될 수 있다. 그러나 이것이 자신에게 필요한 반복적인 감정을 자아내기 위해 창고를 뒤지듯 자신의 감정의 기억 속을 고통스럽게 헤집고 다녀야 된다는 의미는 아니다. 무대적(반복적) 감정은 제시된 상황과 유사한 상황이 반복될 때 행동의 과정에서 무의식중에 저절로 발생할 수 있기 때문이다. 따라서 중요한 것은 감정이 아니라 행동을 생각해야 한다는 것이다. 만약 감정을 연기하기 시작한다면 과잉 연기 이외에는

---

[82] K. S. 스타니슬랍스키 전집 8권 중 2권, 216쪽.

아무것도 얻을 수 없다.

아울러 여기에 덧붙여야 할 중요한 사실은 연습과제나 에튜드를 실행할 때 제시된 상황에서 자기 자신으로서 행동해야 한다는 점이다. 스타니슬랍스키는 "그 어떤 경우에라도 무대에서 자기 자신을 잃어서는 안 된다. 언제나 사람-배우인 자기 자신으로서 행동하라. 무대에서 자신을 잃어버리는 바로 그 순간, 내적 체험은 자취를 감추고 과잉 연기가 시작된다."[83]라고 언급한 바 있다.

사건의 평가를 위한 연습과제에서 특히 중요한 것은 자기 자신으로서의 점검이다. 만약 그 사건이 실제로 나에게 일어났다면 내가 그것을 그렇게 평가했을까? 사실 학생들은 이전의 연습과제에서 사건의 평가를 이미 오래전에 경험했다. 왜냐하면, 삶에서처럼 창조 작업에서도 무대적 자감의 요소들은 서로 밀접하게 관련되고 하나로 통합되어 존재하기 때문이다. 그러나 우리는 각각의 요소들을 습득하기 위해 무대적 연습과제를 부여하였고, 이전의 것을 다 습득하기 전에는 이후 요소의 특성을 공개하지 않았으며, 연습과제 수행 계획표상의 순서를 앞질러 나가지도 않았다.

한편, 사실에 대한 관계 에튜드에서 우리는 보통 현실에서 일어날 법한 사건을 다룬다. 이것은 에튜드의 첫 번째 단계이며, 그 속에는 줄거리, 즉 발단, 절정, 해결이 있어야 한다. 에튜드는 그 속에서 어떤 사건이나 의외성이 발생하도록 만들어지는데, 이러한 의외성은 에튜드 속 삶의 흐름을 변화시키고, 사물의 새로운 상태를 평가하며, 새로운 자감과 리듬 속에서 행동을 시작하도록 만들어준다. 제시된 상황은 에튜드 전에 미리 정당화되어야 하지만, 우리는 학생들에게 사건을 어떻게 평가할

---

[83] 위의 책, 227쪽.

것인지 미리 생각하지 말고 무대에 선 그 순간에 제시된 상황으로부터의 탈출구를 찾도록 한다.

그리하여 상상과 재치, 진실한 관계 탐색 등이 한층 더 발전하게 된다. 앞에서 배운 모든 것, 즉 집중, 근육의 자유로움, 제시된 상황, 상상, 사물과 행동 공간에 대한 관계 치환 등의 요소가 이러한 에튜드에서 분명 하나로 결합하여 창조적 즉흥을 발휘할 수 있는 기반이 되는 것이다.

다음은 학생들이 만든 에튜드이다.

어떤 학생이 자기 집에서 공부하고 있다. 갑자기 천정에서 물이 떨어지기 시작한다. 그는 이 사건을 어떻게 평가하고 어떻게 행동할 것인가? 만약 그 학생이 책상을 옆으로 옮겨놓고 물이 떨어지는 자리에 양동이나 대야를 놓은 다음 다시 공부하기 시작했다면, 이 에튜드는 다른 학생에게 넘겨졌을 것이다. 만약 그다음 학생도 믿을 만한 행동을 찾지 못하였다면, 누군가가 물이 새는 이유를 알아낼 때까지 계속해서 다른 학생에게 넘겨졌을 것이다. 이와 같은 예에서 우리는 의외의 사건은 새로운 자감과 리듬을 통해 여러 가지 행동을 초래한다는 것을 알 수 있다.

다음은 학생들이 만든 또 다른 에튜드이다.

퇴근 후에 클럽 파티에 가기 위해 옷을 갈아입으려고 집으로 왔다. 새 구두가 담긴 상자를 가져와 보니 거기에는 구두 대신 동생이 남겨놓은 쪽지가 보인다. 동생은 허락도 없이 구두를 신고 가서 미안하지만, 도저히 거절할 수 없는 친구의 결혼식에 갑자기 초대받게 되었다고 한다. 새 옷에 낡은 구두가 얼마나 끔찍한지 잘 알기 때문에 할 수 없이 그냥 집에 있기로 한다. (이런 에튜드는 연극무대에서 자주 행해지기는 하지만 쪽지를 소리 내어 읽을 필요는 없다. 연극무대에서는 연극적 관례에 의한 것이지만 에튜드에서는 일상에서 행동하는 대로 하면 된다. 사실 삶에서 우리가 방에 혼자 있다면 편지를 소리 내어 읽지는 않는다)

에튜드를 끝내고 토론시간에 시연했던 학생 중 몇 명이 에튜드가 올바르게 연기되지 못했으며, 자신들도 이 사건을 다르게 평가했을 수도 있다는 의견을 내놓았다. 이런 경우 무대에서의 특정 순간 사건의 평가는 무의식적으로 이루어지는 것이므로 각자가 자신의 방식대로 사건을 받아들일 수 있다는 점을 우리는 학생들에게 다시 한 번 상기시켜준다.

예를 들어, 학생은 지금 수업에 가야 한다. 밖에는 비가 심하게 내리고 있다. 비옷은 장롱 속에 있는데 장롱 열쇠는 엄마가 가져가 버렸다. 한 학생은 그냥 비를 맞고 수업에 갈 것이고, 다른 학생은 누군가에게 우산을 빌릴 방법을 찾을 것이고, 또 다른 학생은 비가 그치기를 기다리다가 지각할 수도 있을 것이다.

다른 예를 들어보자. 야간 교대로 인해 지친 몸으로 늦게 들어온다. 빨리 자리를 펴고 눕고 싶다는 생각 하나로 자기 방에 들어온다. 불을 켜니 식탁보로 덮여있는 식탁이 보인다. 식탁보를 벗기자 선물들이 있다. 향수, 목걸이, 만두, 초콜릿, 책 등이 있고 책에는 '생일 축하'라는 쪽지가 꽂혀 있다. 그때야 비로소 오늘 아침 있었던 중요 브리핑과 힘든 야간 근무로 오늘이 자기 생일임을 잊었다는 사실을 떠올린다. 피곤함은 사라지고 누가 어떤 선물을 주었는지 알고 싶어진다.

또 다른 예로, 방학이 되어 집으로 돌아왔다. 아버지는 집에 안 계신다. 모르는 여자의 초상화를 보고 아버지가 재혼했다는 사실을 깨닫는다.

간혹 학생들은 과잉 연기나 거짓 연기에 대한 두려움으로 끝까지 연기하지 못하거나 사건에 대한 자신의 관계를 끝까지 드러내지 못하는 경우가 있다. 그로 인해 에튜드도 표현력이 없고 창백하게 연기된다. 이와 관련하여 E. V. 박탄고프는 "거짓을 두려워하여 진실에 다가가지 못한다."라고 말한 바 있다. 이런 경우 진실은 용감하게 행동할 때 찾아질 수 있으며, 가끔은 진실과 과잉 연기 사이의 경계선을 깨닫기 위해 과잉 연기를 할 수도 있다는 점을 우리는 학생들에게 설명해 준다. 이때 진실의 감정은 이 경계선을 귀띔해 줄 것이고 그리하여 올바른 평가도 찾아질 것이다. 간혹 학생들이 끊임없이 자기 자신을 감독하고 억압하며 무대에서 발생한 관계에 전적으로 몰두하는 것을 두려워하는 경우가 있다. 만약 에튜드에서 사건에 대해 평가를 할 때, 학생이 에튜드라는 사실을 잊고 발생한 상황으로부터 진짜로 탈출구를 찾기 위해 몰두하는 순간이 있다. 이것이 바로 진실의 순간이자 사건에 대한 올바른 평가의 순간이다.

다른 에튜드의 예를 들어보자.

① 학교의 벽 신문 쪽으로 다가간다. 재미있는 만화가 포함된 기사가 내 눈길을 끈다. 넋을 잃고 그 기사를 훑어본다. 갑자기 편파적으로 나를 비난하는 구절을 만난다.
② 자기 방으로 들어온다. 모든 게 엉망이다. 도둑이 들었다.
③ 키예프에서 걸려올 누이의 수술 경과에 대한 전화를 기다리고 있다. 무거운 생각에서 벗어나기 위해 집안일을 하고 옷을 다리기 시작한다. 다림질하는데 전화가 걸려온다. 다리미는 내버려둔 채 전화기로 몸을 날린다. 얼마나 다행인가! 수술은 잘 진행되었고 누이도 건강하다고 한다. 그때 다리미를 그대로 두었다는 사실을 떠올린다. 옷이 다 타버렸다.
④ 늦게 집에 돌아왔다. 담배를 피우고 싶은데 담배가 없다. 한참을 찾다가 깨끗한 꽁초를 발견했다.
⑤ 전보를 받았다. 엄마가 위독하셔서 급히 집으로 가야 한다.
⑥ 신문을 보니 러시아 우주비행사가 달에 착륙했다는 소식을 알게 되었다.
⑦ 집에 와서 통지서를 발견했다: 대학에 합격했다. 불합격했다.
⑧ 공원에서 신문을 읽기 위해 빈 벤치를 찾는다. 벤치 아래에서 돈과 서류가 든 지갑을 발견한다.

⑨ 낡은 소파를 사서 집으로 가져왔다. 소파 한구석에 가죽이 미어져 있는 것을 발견하고 가죽을 끌어당기다가 그 속에 숨겨져 있던 금을 발견한다.

⑩ 책을 읽으려 숲으로 들어갔다. 외투를 벗어 깔고 그 위에 누워 읽기 시작했다. 조금 뒤 자신이 개미집 위에 누워있다는 사실을 알게 되었다.

⑪ 밀회하기 위해 왔다. 그녀는 없다. 기다리다가 그녀가 왜 아직 오지 않는지 의아해한다. 마침내 내 시계가 한참 느린 바람에 약속시간이 많이 지났다는 사실을 깨닫는다.

⑫ 숲에서 버섯을 따다가 길을 잃었다. 도무지 길을 찾을 수 없다. 어쩔 줄 모르고 무작정 들판으로 나가 나무그루터기에 주저앉는다. 멀리서 노랫소리가 들려온다. 드디어 집으로 가는 길을 찾게 된 것이다.

⑬ 나는 군 복무 중이다. 이번 훈련에 우리 부대가 약혼녀가 사는 마을을 지나게 된다. 나에게 그녀를 만날 수 있도록 짧은 시간이 주어졌다. 나는 집으로 갔지만, 문은 잠겨 있고 그녀는 집에 없다. 시간이 없어 그냥 쪽지만 남겨놓는다. 차에서 경적소리가 들린다. 아쉽지만 가야 할 시간이다.

⑭ 집에서 편지가 왔다. 사랑하는 여자가 나를 기다리지 못하고 다른 남자에게 시집을 갔다는 내용이다.

⑮ 설계도면 작성을 마쳤다. 실수로 완성된 설계도에 잉크를 엎지른다. (또는 다른 사람의 설계도를 보다가 버터 바른 빵을 떨어뜨린다.)

⑯ 세수를 하고 비누칠을 한다. 갑자기 물이 나오지 않는다. 씻을 방법을 찾는다.

⑰ 4인용 열차 칸에 혼자 앉아 간다. 다음 역에 내려야 한다. 널려진 물건들을 챙기다가 트렁크 가방을 잠근 뒤 열쇠를 잃어버렸다는 사실을 알게 된다. 겨우 물건들을 챙겨 역에서 내린다.

⑱ 자고 있는 갓난아기를 잘 돌봐달라는 부탁을 남기고 누나는 매형과 극장에 갔다. 누나가 전화를 걸어 깜박 잊고 집에 영화 티켓을 두고 왔으니 찾아보라고 부탁한다. 아무리 찾아봐도 좀처럼 찾을 수가 없다. 나는 누나에게 현장에서 다시 사는 게 낫겠다고 말한다. 전화를 끊고 우연히 티켓을 발견한다. 그런데 애기가 울어서 나갈 수 없다. 친구한테 전화를 걸어 그 티켓을 누나에게 가져다주라고 부탁한다.

⑲ 형이 호텔에 머물고 있다. 그를 만나러 왔다. 방 번호를 모른다. 물건들로 미루어 볼 때 분명 형의 방인 줄 알고 갔으나 남의 방이었다.

   학생들이 에튜드의 주제를 생각하고 있다면, 우리는 학생들에게 일어날 수 있으며 강렬한 극적 갈등이 많지 않은 행동들을 찾아보라고 조언해준다. 에튜드는 아직 1인 에튜드가 되도록 해야 한다. 에튜드가 성공적이지 못하거나 학생이 사건의 진실을 믿지 못하고 직접적으로 사건을 평가하지 못한다면, 대부분 원인은 제시된 상황을 성급하게, 정당성 없이, 부주의하게 가정했기 때문이다. 에튜드의 주제가 준비되면 우리는 학생들을 무대로 바로 내보내지 않고 한 번 더 꼼꼼하게 준비하도록 한다. 만약 학생들이 제시된 상황을 정당화하지 못했거나 에튜드를 깊이 있게 생각하지 못했다면, 시연은 그다음 시간으로 미룬다. 그러나 제시된 상황이 정당화되었다면 무대로 나가기 전 제시된 상황을 잊어야 한다. 즉 우리가 일상생활에서 자기 집이나 직장, 친구 집에 가듯 무대로 나가야 한다. "배우는 무대로 나갈 때 자기에게 무슨 일이 생길지 모르는 상태여야 한다."[84] 이러한 경우에만 배우는 삶에서 그렇듯 어떤 사실을

<hr>

[84] E. V. 박탄고프, 『메모, 편지, 논고』, 310쪽.

직접적으로 받아들일 수 있기 때문이다.

학생들이 보여준 에튜드가 성공적이지 못했다 하더라도 우리는 그것을 반복하지 않는다. 왜냐하면, 사실의 수용과 평가가 반복될 경우 즉흥적인 직접성이 파괴되기 때문이다. 어떤 교육자들은 학생들이 어떤 사건의 평가를 완전하게 습득할 때까지 이 연습과제를 철저하게 반복해야 한다고 생각한다. 그러나 우리는 다양한 사건의 평가에 대한 다양한 연습과제가 학생들의 즉흥적 자감을 발전시켜준다고 판단한다. 그것은 배우교육의 첫 번째 단계에서 같은 연습과제를 여러 번 반복할 경우 이러한 자질을 유지하기 어렵기 때문이다.

(4) 상대배우에 대한 관계의 치환

지금까지는 1인 연습과제나 에튜드만 실행하였다. 상대배우에 대한 관계 치환은 2인 또는 다수 실행자가 참여하는 첫 번째 연습과제이다.

이 부분에서의 연습과제는 에튜드나 역할에서 주어진 관계에 따라 같은 반 친구를 낯선 사람, 형제, 자매, 약혼녀, 적 등으로 대하는 능력을 길러주기 위함이다. 삶에서는 어떤 사람에 대한 관계가 저절로 만들어지지만, 무대에서는 자신의 상상력을 통해 일부러 구축되어야 한다. 학생들은 또다시 다음과 같은 질문에 대답해야 한다. 만약 내가 반 친구와 모르는 사이인데 시비가 붙었다면, 나는 무엇을 할 것이고 어떻게 처신할 것인가? 우리는 이전의 연습과제와 마찬가지로 학생들에게 상상의 그 누가 아니라, 같은 반 친구로서 받아들이되 그에 대한 관계는 에튜드 속에서 주어진 그대로 찾아야 한다는 점을 미리 강조한다.

연습과제를 시작하기 전 왜 내가 여기에 있는지, 무엇을 하고 있는지,

만약 내가 어떤 사람과 아는 사이라면 그와는 어떤 상호관계가 있는지 등과 같은 상황을 정당화해야 한다. 이와 같은 간단한 초기 연습과제에서 사건은 한 개만 있는 것이 좋으며, 우리는 무대적 삶의 흐름을 바꿀 수 있는 그 어떤 새로운 상황을 도입하지 않는다. 또한, 수업 시간에는 직업적인 상황 속의 관계를 구축하기 어려우므로 개인적인 관계로 한정하는 것이 좋다.

연습과제의 예를 살펴보자.

> 여름날. 공원 벤치에 남자와 여자가 앉아있다.
> ① 모르는 사이지만 서로 관심이 있다.
> ② 다툰 남매이다.
> ③ 부부이다.

연습과제는 말없이 진행된다. 침묵은 에튀드의 상황에 의해 정당화되어야 한다. (예를 들어, 모르는 사이거나 냉전 중) 그러나 침묵이 거짓으로 변하기 시작한다면 굳이 입 다물고 있을 필요는 없다. 만약 말하고 싶다면 말하라! 그러나 일상에서는 위의 '모르는 사람' 연습과제처럼 누군가에게 관심이 있다면 그 사람을 똑바로 쳐다보기보다는 그의 뒤에서 표시 나지 않게 그를 관찰하는 경우가 많다는 점을 명심해야 한다.

관계가 올바르게 설정되었다는 확신이 든다면 우리는 첫 번째 에튀드를 중단하고 같은 학생들에게 두 번째, 경우에 따라서는 세 번째 관계도 시도해보도록 한다.

연습과제가 성공적으로 수행되지 못했다면 학생들이 무대에서 사건의 본질을 생각하고 있었는지 아닌지를 점검해본다. 예를 들어, '모르는 사이지만 서로 관심이 있다.'라는 연습과제에서 남자는 여자를 어떻게 생각했는지, 마찬가지로 여자는 남자에 대해 어떤 생각을 했는지를 점검해 본다. 사건의 본질을 생각해 보도록 한 다음 에튜드를 반복한다.
또 다른 에튜드의 예를 살펴보자.

공원 벤치이다. 한 아가씨가 앉아있다. 그녀의 가방에는 외투를
사려고 모아둔 백 루블이 들어있다. 아가씨는 쇼핑을 같이 가기로
한 여자 친구를 기다리고 있다. 다른 벤치에 한 청년이 앉아있다.
그에게는 아가씨의 얼굴이 낯익다. 어디서 그녀를 보았는지 떠올려
본다. 자신을 꼼꼼히 쳐다보는 그의 눈길에 그녀는 불안감을 느낀다.
그녀는 그가 자기 가방을 강탈해 갈지도 모른다는 두려움을 느끼며
자리를 떠난다.

그러나 이 에튜드는 성공적이지 못했다. 여학생이 주어진 관계에 대하
여 과잉 연기를 시작했기 때문인데, 그것은 상대배우가 그녀로 하여금
무서워하기 시작하도록 불안감을 느낄만한 동기를 채 제공하기도 전에
그녀는 그를 무서워하기 시작한 것이다. 관계는 여기, 즉 공원이라는 무
대 공간에서 남자의 행동에 의해 시작되어야 함에도 그녀는 상대배우에
대한 관계를 미리 생각해 두었다는 점이 그녀의 잘못이다. 만약 남자의
행동에 의심스러운 점이 전혀 없었다면, 그녀의 남자에 대한 관계는 전
혀 달랐을 것이고 여기 공원이라는 무대 공간에서 진실 되고 자연스럽게
발생했을 것이다.
다음 연습과제에서는 서로 아는 사이에 발생하는 관계, 즉 배우들 간
의 관계가 사전에 알려진 경우이다.

① 두 학생이 지나가며 인사한다. 이들은
• 친한 친구
• 교육자와 학생

- 한 명이 다른 한 명에게 빌린 돈을 아직 갚지 못한 상황
- 아는 사람인지 아닌지 의아해하며 일단 인사를 하는 상황

② 남녀가 서로 인사한다. 그녀는
- 아직 어린 초등학생이다
- 성장하여 아름다운 성인 여자가 되었다.

③ 이번에는 위와 다른 커플이 인사한다.
- 남자가 청혼했으나 그녀가 거절했다.
- 남자가 자신을 치료해 준 여의사와 인사한다.
- 흑발에서 금발로 염색한 여자와 인사한다.

또 다른 연습과제를 살펴보도록 하자.

① 재봉실에서
- 세 명의 재봉사가 서로 먼저 일을 끝내기 위해 경쟁적으로 셔츠에 단추를 달고 있다. (또는 단추 구멍을 감치고 있다.)
- 두 명의 고참 재봉사가 신참 재봉사의 솜씨가 어떤지 살펴보고 있다.

② 남녀가 피아노 콘서트에서 연주를 듣고 있다.
- 연인이다.
- 음악학교 학생들이다.

③ 교장 접견실에 있는 두 여학생
- 같은 자리를 놓고 경쟁하는 서로 모르는 사이다.
- 한 명이 다른 한 명을 모욕한 사건의 경위 파악을 위해 교장 방에 불려 온 사이다.

④ 한 여자가 체육관에서 리듬체조를 연습하고 있다. 그걸 지켜보는 다른 여자는
- 경쟁자다.
- 친구다.

⑤ 병원 대기실의 두 여자 (필요할 경우 대사가 있어도 무방하다.)

- 첫 번째 여자가 기다리고 있는데 치통을 앓고 있는 두 번째 여자가 들어온다. 첫 번째 여자가 그 마음 다 안다는 듯이 두 번째 여자를 쳐다보며 자리를 양보해 준다.
- 첫 번째 여자가 기다리고 있는데 두 번째 여자가 들어온다. 그녀는 열이 있고 몹시 아파 보인다. 첫 번째 여자는 옮을까 봐 자리를 뜬다.

⑥ 사장 접견실. 여비서가 신문을 보고 있다. 한 남자가 들어와 접견실에 앉는다.

- 여비서는 신문에서 노동 영웅 사진을 훑어보다가 앉아있는 그 남자가 바로 영웅 중 한 명이라는 사실을 알아챈다.
- 여비서는 신문에 실린 사진을 보고 그가 신문 문예란*feuilleton*의 주인공이라는 사실을 알아챈다.

다음은 그룹 에튜드의 예이다.

수업 시간에 일체의 잡담을 금지하는 엄격한 교육자가 필기시험을 본다. (필요한 경우 대사가 있어도 무방하다.)
① 새로 전학 온 여학생 한 명이 같이 시험을 보게 되었다.
② 아파서 오랫동안 결석한 여학생이 오늘 수업 시간에 왔다.

수업 초기의 짧은 연습과제는 에튜드나 희곡의 등장인물로서 상대배우에 대한 관계의 치환이 어떤 것인지 이해할 수 있도록 해준다. 이러한 과정은 무대에서의 관계가 일상에서의 관계와 똑같은 경우를 제외하고 에튜드나 희곡에서 언제나 발생한다. 가령 삶에서도 친구이고 에튜드에서도 친구인 경우가 있다. 그러나 만약 내가 친구에 대한 일상적인 관계를 극복하지 못한다면 어떻게 될까? 예를 들어, 에튜드의 내용상 그가 내 마음에 들어야하는데 나는 그에게 아무런 관심이 없다면 어떻게 관계의 치환을 일으킬 수 있는가? 이러한 질문에 대한 답변은 학생들 각자가 자기 방식으로 찾아야 한다. 여기에는 그 어떤 일반적인 법칙도 있을 수 없으며, 관계의 치환 발생에는 배우 개개인의 창조적 특성이 큰 역할을 하기 때문이다. 어떠한 경우든 관계의 치환에 대한 외적인 묘사는 그 누구도 만족하게 할 수 없다. 분명히 말할 수 있는 한 가지는, 만약 내가 상대배우에 진실 되고 생생한 관계를 찾아내지 못한다면 나의 상상력도 이러한 관계를 정당화하는데 전력투구하지 못한다는 점이다. 따라서 자신의 상상력이 나래를 펼 수 있도록 도와주어야 한다. 예를 들어, 파트너를 쳐다볼 때 그의 아름다운 눈이나 부드러운 머릿결을 쳐다본다거나, 과거 그의 멋있었던 행동을 떠올려봄으로써 그와의 관계를 발전시키고 차츰 그가 내 마음에 들도록 해야 한다.

다른 방법도 있다. 자기가 좋아하는 사람에 대한 관계를 떠올려 이를 상대 배우에게 투영시켜 보는 것이다. 어떻게 투영할 것인지는 학생들 스스로 찾아야 한다. 아무도 도와줄 수 없지만 그리 힘들지는 않을 것이다. 모두 다 그렇게 하고 있으니 말이다. 어떤 감정을 '연기하는' 것을 가르칠 수 있다는 선입견을 버려야 한다. 스타니슬랍스키는 누군가에게 연기를 가르치는 것은 결코 불가능하다고 말하며 다음과 같이 언급하였다.

> 사람은 누구나 창조를 위해 자신 속에 자신의 씨앗, 자신의 사랑을 매우 특별하고 고유한 방식으로, 자신의 개인적인 독특성과 자신만의 비밀스러운 형태로 펼쳐 발산한다. 그러므로 한 개인의 창조의 비밀은 다른 사람에게는 소용 없으며 모방의 일례로써 다른 사람에게 전해질 수도 없다.[85]

"연기는 가르칠 수 없다. 오로지 배울 수 있을 뿐이다."라는 말은 자신의 창조적인 개성에 적용하기 위해 배우술의 요소를 연구하고 이해하고 습득하는데 엄청난 자기 노력이 필요함을 시사한다.

파트너에 대한 관계 치환을 위한 초기 연습과제는 배우들 간에 하나의 관계로 가정하는 것이 좋다. 그것은 차후 수행하게 될 에튜드에서 이러한 관계가 행동의 과정에서 변화하기 때문이다. 이는 삶에서도 마찬가지다. 친구들끼리 싸우고, 적과 화해하고, 연인들이 헤어지기도 하고 한평생 같이 하기도 하고, 아이들이 부모들의 화를 돋우기도 하지만, 반대로 부모들은 아이들이 어른이 되어가고 있다는 사실을 깨닫고 성인으로 대해주기도 한다. 삶에서와 마찬가지로 무대에서도 이해관계의 충돌 속에서 사람들 간의 관계는 변화하며, 이러한 변화는 무대적 행동을 위한 토대 중 하나가 된다.

[85] 1918~1922년 '볼쇼이 극장 스튜디오'에서 스타니슬랍스키와의 담화, K. E. 아트로보이의 메모, BTO, 1939, 81쪽.

6 제시된 목표 달성을 위한 행동

 사람들은 자는 시간을 제외하고 매 순간 개인적 또는 사회적 목표를 추구하며 이를 달성하기 위해 수많은 행동을 한다. 즉 자신 앞에 제시된 목표를 이행한다.

 목표가 역할이나 희곡의 '인간 영혼의 삶'을 무대에서 가장 완벽하고 현실적으로 구현하기 위한 방법을 찾고자 평생을 바친 스타니슬랍스키의 목표처럼, 위대한 것이든 아니면 엄마에게 선물하기 위해 꽃을 따는 어린아이의 목표처럼 작은 것이든 간에, 목표의 달성은 수많은 내적, 외적 행동 없이는 불가능하다.

 삶에서 목표를 달성하고자 하는 염원은 목표 실현의 필요성, 역사적 사건, 사람의 성격, 경향, 사랑, 증오 등 이루 다 열거할 수 없을 정도로 많은 원인에 의해 저절로 발생한다. 그러나 스타니슬랍스키는 무대적 목표를 다음과 같이 언급한 바 있다.

> 무대적 창조는 커다란 목표의 가정이며, 이를 실현하기 위한 진실 되고 생산적이며 합목적적인 행동으로 나타난다.[86]

---

[86] K. S. 스타니슬랍스키 전집 8권 중 2권, 157쪽.

무대에서 가정된 목표를 달성하고자 하는 욕구는 창조적 상상력의 도움으로 발생한다. '만약에'와 제시된 상황은 이번에도 학생들로 하여금 자신 앞에 제시된 가상의 목표를 매력적이고 흥미로운 것으로 받아들이도록 만들어 준다. 그러자 학생에게 그 목표를 달성하고자 하는 염원, 즉 목표가 생겨난다. 무대적 목표는 진정시켜주고 싶다, 경고하고 싶다, 비웃고 싶다, 화해하고 싶다, 관계를 명확히 하고 싶다 등과 같이 '하고 싶다'라는 동사로 정의할 수 있다. 올바른 무대적 목표는 이를 수행하기 위한 행동을 불러온다.

목표 수행은 다음 3가지 요소로 이루어진다.

① 목표를 향한 염원- 내가 무엇을 원하는가?
② 행동- 내가 목표 달성을 위해 무엇을 하는가?
③ 목표 달성을 위한 적응(방법)- 내가 이것을 어떻게 실행할 수 있는가?

스타니슬랍스키는 '적응'의 본질을 다음과 같이 정의한다.

우리는 앞으로 '적응'이라는 이 단어를 내적인 비결은 물론 외적인 비결이라고 부를 것이며, 이를 통해 사람들이 교류할 때 서로에게 적응할 수 있고 대상에 영향을 미칠 수 있다.[87]

적응의 다양성, 활력, 유기성, 의외성, 타당성 등은 배우의 재능을 보여준다.

목표와 행동은 보통 무대로 나가기 전에 배우에 의해 결정된다. 이는

---

[87] 위의 책, 281쪽.

목표를 수행하기 위한 의식적인 부분이다. 가령 나의 목표가 새 양복을 사는 것이라면, 나의 행동은 옷을 사기 위해 부족한 돈을 빌리는 것이다.

적응은 배우가 목표 달성(과제 수행) 과정에서 직면하게 되는 방해물을 극복하는 방법으로 반(半)의식적 또는 무의식적으로 발생한다. 달리 말하면, 적응은 무대에서 직면하게 되는 우연성이나 의외성에 좌우되므로 목표 수행 과정에서 발휘되는 재치에서 나타난다. 가령 내가 돈을 빌리기 위해 삼촌에게 갔다고 하자. 그런데 하필 삼촌이 몸이 좋지 않은 상태여서 돈 얘기를 꺼내려면 고도의 작전이 필요하다. 그렇지 않으면 삼촌은 새 옷은 그저 멋이나 부리기 위한 돈 낭비라고 생각할 것이므로, 나는 취직을 하기 위해서는 새 옷이 꼭 필요하다는 사실을 설득력 있고 진지하게 증명해야 한다.

과제를 수행할 때 목표는 행동의 성격에 자신의 흔적을 남기고 배우로 하여금 행동하게 하여주는 자감을 결정한다. 우리는 학생들에게 목표의 변화에 의해 자감이 어떻게 변하는지, 이러한 새 목표가 행동의 성격을 어떻게 변화시키는지 설명하기 위해 다음과 같이 신체적 목표를 위한 간단한 연습과제를 실시한다.

이에 대해 스타니슬랍스키는 다음과 같이 기록한다.

> 아직은 신체적 목표만 다루기로 한다. 이것이 더 쉽고, 보다 접근 가능하고, 보다 실행 가능하기 때문이다 … 신체적 목표의 올바른 실행은 진실한 심리 상황을 만들 수 있도록 도와준다. 진실한 심리 상황은 신체적 목표를 심리적 목표로 재탄생시켜준다. 사실 … 그 어떤 신체적 목표에도 심리적 근거를 부여할 수 있다 … 신체적 목표와 심리적 목표 사이 경계선의 불확실성을 이용해야 한다.[88]

행동은 그대로이고 목표(염원)가 변한다.

행동의 목표 변화를 위한 연습과제는 이전의 연습과제와 마찬가지로 제시된 상황을 꼼꼼하고 상세하게 가정한 다음 실행되어야 한다.

예를 들어 살펴보자.

①옷을 입는다.
- 파티에 가기 위해
- 병원에 입원한 엄마에게 문병을 가기 위해

첫 번째 경우, 어떤 파티인지, 누가 오는지, 파티에 가는 것이 나한테 중요한 일인지 등을 알아야 한다. 한마디로, 우리가 일상에서 아는 것만큼 파티에 대한 모든 것을 자세히 알고 있어야 한다. 만약 나에게 중요한 사람이 파티에 온다면, 나는 잘 차려입고 특별히 외모에 신경을 쓸 것이다. 어떤 옷을 입을지 고심하며 옷을 고를 것이다. 만약 옷에 작은 흠이라도 있다면 그것을 안 보이게 하기 위해 떨어진 부분을 수선하고, 구두를 닦고, 머리를 매만질 것이다. 내가 나갈 채비가 다 되면 목표는 실행되는 것이다.

두 번째 경우, 엄마가 병원에 얼마나 오랫동안 입원하고 있는지, 중환인지 아니면 회복 중인지, 지난번 문병 간 이후 시간이 얼마나 흘렀는지 등을 아는 것이 중요하다. 만약 엄마가 심하게 아프다면 첫 번째 경우와 똑같은 옷 입는 과정(맨 먼저 무슨 옷을 입을지 고른다.)을 거친다 하더라도 행동의 성격은 완전히 다를 것이다. 엄마가 내 모습을 보고 안심할 수 있게 하는 것이 최우선이다. 생각이 곧 이루어질 만남에 집중되어 있다는 점은 같지만, 엄마의 병세에 대한 염려로 가득 찬 나머지 많은

---

88 위의 책, 161쪽.

행동들이 기계적으로 이루어진다는 차이점이 있다.

다른 예를 들어보도록 하자.

① 숨는다.
- 추격을 피하기 위해
- 장난으로 여자 친구를 놀라게 해주기 위해

② 전화번호를 누른다.
- 여자를 파티에 초대하기 위해
- 입학시험 결과를 알기 위해 (만약 전화가 통화 중이라면 행동의 적극성은 훨씬 증대된다. 그러므로 이러한 연습과제에서 자신에 대한 방해물이나 의외성을 가정하는 것이 더 좋다.)

③ 방을 치운다.
- 중요한 손님을 맞기 위해
- 페인트 칠할 사람이 오기로 해서

④ 소포를 포장하고 있다.
- 남동생의 생일 선물을 보내기 위해
- 이혼한 남편의 물건을 보내기 위해

⑤ 물을 따른다.
- 약을 먹기 위해
- 상태가 좋지 않은 사람에게 가져다주기 위해

⑥ 담배를 핀다.
- 모기를 쫓기 위해
- 담배를 피울지 말지 시험해 보기 위해

⑧ 문가에서 듣는다.
- 수업에 들어갈 목적으로 쉬는 시간이 언제인지 알아보기 위해
- 유쾌한 대화에 끼어들기 위한 효과적인 순간을 찾기 위해

⑨ 편지를 찢는다.
- 쓸데없는 종이를 정리하기 위해

- 편지를 보낸 사람과 관계하지 않기 위해
⑩ 탁자에 앉는다.
  - 심각하고도 솔직한 편지를 쓰기 위해
  - 친구를 놀리기 위한 장난스러운 편지를 쓰기 위해
⑪ 방안을 걸어 다닌다.
  - 방의 크기를 재기 위해
  - 꽉 끼는 신발을 벗기 위해
⑫ 흥얼거린다.
  - 곡조를 기억하기 위해
  - 옆 사람에게 방해되지 않도록 조용히 무대에 나갈 준비를 하기
    위해

이처럼 배우는 무대로 나가기 전에 무엇을 위해 나가는지(자신의 목표) 그리고 목표의 달성(목표의 수행)을 위해 자신이 무엇을 할 것인지를 알고 있어야 한다. 적응은 상황과 방해물 극복 여부에 따라 다르게 만들어진다. 따라서 적응에 대해 미리 생각해 둘 필요는 없다.

7 무대적 행동의 적극성

    모든 희곡은 한 개 또는 여러 개의 장場 또는 막으로 이루어져 있으며 거기에 나오는 인물을 등장인물이라 부른다. 장[89]이라는 명칭 자체에서 행동이 무대에서 일어나는 모든 것의 기반이라는 것을 알 수 있다. 무대 위에서 표현되는 인물을 판단할 때도 주로 그 사람의 행동이나 행위에 의거한다. 또한, 희곡의 주요 사상, 즉 희곡의 초목표도 일관된 행동의 발전과 종료를 통해 이해할 수 있다. 만약 행동이 급격하게 진행되고 예기치 못한 사건으로 가득 차 있다면 사람들은 커다란 관심으로 무대적 갈등의 전개를 지켜보겠지만, 반대로 행동이 갈등 없이 시들시들하거나 비논리적으로 흐른다면 사건에 대한 사람들의 관심은 급격히 떨어진다. 따라서 방해물을 극복하는 데 적극적이고 에너지 넘치는 일관성은 내적 및 외적인 무대적 행동을 형성하는 주요 요소 중 하나이다.

    무대적 행동을 통해 희곡의 사상(초목표)을 드러내는 데 비본질적인 것은 모두 버려야 한다. 무대에서는 1시간 30분 만에 하루 24시간이 흘러가고, 등장인물들은 식사도, 옷을 갈아입지도, 방 청소를 하지도 않는

---

[89] [역주] 영어의 'act'라는 단어가 행동, 장 둘 다를 뜻하듯 러시아어로 'действие'라는 단어도 행동, 장, 둘 다를 뜻하는데다 등장인물이라는 단어에도 действие라는 단어가 들어가 있으므로 위와 같은 설명이 가능하다.

경우가 허다하다. 다시 말하면, 삶에서는 일어나는 일이라 하더라도 무대 위의 특정 순간에 행동이나 사건의 발전에서 비본질적인 것은 다루어지지 않는다. 그러나 행동의 발전을 위해 필수적인 경우, 가령 고골[90]은 『검찰관』에서 배고픈 흘레스타코프가 여관집 하인에게 어렵사리 얻은 형편없는 점심을 맛있게 먹는 장면을 재미있게 만들어놓았는데, 이 경우 행동은 선명한 적극성을 획득한다. 이때 흘레스타코프의 배고픔은 무대에서의 행동의 발전을 위해 본질적이라고 할 수 있다.

한편 행동의 적극성이 빠른 템포와 성급함을 의미하는 것은 아니다. 오히려 높은 긴밀성과 긴장감 속에서 느린 템포로 흐르는 경우가 많다. 앞서 말한 바와 같이 행동의 적극성은 배우가 무대에서 만나는 방해물을 극복함으로써 증대된다. 이와 관련하여 스타니슬랍스키는 "삶, 사람, 환경, 우리 자신은 끊임없이 자신 앞에, 그리고 서로의 앞에 수많은 방해물을 설정하고 그 사이를 지나간다. 아니 좀 더 정확히 말해, 방해물 숲을 헤치고 나간다."[91]라고 말한 바 있다.

이처럼 적극적인 무대적 행동은 충돌 없이, 방해물 극복 없이, 목표 달성을 위한 투쟁 없이는 발전할 수 없다. 그것은 배우의 창조와 무대적 삶이 존재할 수 있도록 만들어주는 기반이다.

> 아직 우리는 무대에서 배우로서가 아니라 '그야말로' 사람으로서 꾸밈없이 자연스럽게 그리고 유기적으로 올바르고 자유롭게, 아울러 연극적 관례가 아니라, 살아있고 유기적인 자연의 법칙이 요구하는 대로 행동하는 방법을 깨닫기 위해 노력해야 한다.[92]

---

[90] [역주] 러시아의 소설가, 극작가. 그의 대표 소설로는 『죽은 혼』, 『외투』, 『코』 등이 있으며 대표 희곡으로는 『검찰관』이 있다.
[91] 각주 86의 책, 156쪽.

초기 연습과제에서 학생들은 자신으로서(배우로서가 아니라) 듣고, 보고, 만지고, 근육을 이완시키고, 신체적 행동의 기억을 위해 연습과제를 수행하고, 관계를 변화시키고, 그리 어렵지 않은 여러 과제들을 실행하며 단순한 신체적 행동을 수행해왔다. 이제는 행동의 지속 시간이 더 길어지는(시작되고 발전된 다음 해결로 향하는) 연습과제를 시작해보고자 한다. 처음 얼마 동안은 학생들이 지금까지 배운 기술들을 적용하지 못하기 때문에 우리는 학생들이 신체적 행동의 유기성에 대해 잊지 않도록 끊임없이 상기시켜 준다.

예를 들어, 한 여학생이 다음과 같은 에튜드를 보여주었다.

그녀는 식탁에 올려놓을 꽃다발을 만들기 위해 도시를 떠나 교외로 나간다. 꽃을 따다가 우연히 어느 군인의 무덤을 발견한다. (이곳에서도 전투가 있었다.) 묘비명을 보고 이 무덤이 조국을 지키기 위해 자기 목숨을 바친 그녀 학교 선생님의 묘지라는 것을 알게 된다. 묘비명을 읽는 동안 손에 들려있던 꽃다발이 바닥으로 떨어지고 두 눈에서 굵은 눈물줄기가 흘러내린다. 그녀는 무덤 위에 쓰려져 팔을 내뻗으며 울부짖는다. 에튜드는 그녀가 무릎을 꿇고 앉아 큰 소리로 통곡하며 하늘을 향해 두 팔을 뻗어 올리는 장면으로 끝맺는다. 에튜드가 끝나자 우리는 그녀에게 실제로 그런 일이 생긴다면 그렇게 행동했겠느냐고 물었다. 그녀는 그 점은 생각해 보지 않았으며, 자신이 가진 풍부한 극적 기질을 보여주는 데에만 집중했었다고 솔직히 고백하였다. 그녀는 자신에게 실제로 그런 일이 생긴다면 그렇게 행동했을지 곰곰이 생각해본 다음 분명히 그녀의 행동은 전혀 달라졌을 거라는 점을 깨닫게 되었다.

이처럼 배우의 '감정 연기'와 과잉 연기는 논리와 진실한 행동이 결여

---

[92] 위의 책, 67쪽.

된, 전적으로 정당화되지 못한 장면을 낳는다. 이에 대해 스타니슬랍스키는 다음과 같이 언급하였다.

> 자신으로부터 감정을 짜내서는 안 되며 질투, 사랑, 고뇌 그 자체를 위해 질투하고 사랑하고 고뇌해서는 안 된다. 이것은 지독히도 혐오스러운 과잉 연기로 귀결되기 때문이다. 따라서 행동을 선택할 때 감정은 그대로 내버려 두어야 한다. 감정은 질투, 사랑, 고뇌를 일으키는 그 이전의 것으로부터 저절로 발생한다. 그 이전 것을 오로지 생각하고 자신의 주위에 그것을 구축하도록 노력하라. 결과는 걱정할 필요 없다.[93]

내적 체험의 연극배우는 감정의 묘사를 자제하고 생생한 인간적 감정이 올바르게 가정되고 제시된 상황 속에서 공연마다 무의식중에 저절로 새롭게 발생하도록 해야 하며, 이러한 감정들이 방해물을 극복하는 행동의 과정으로부터 저절로 만들어지도록 해야 한다.

예를 들면, 나는 돈을 빌려달라고 부탁했으나 거절당해서 화가 나 있다, 추격을 피해 숨어있기 때문에 계속 추격당할까 봐 두렵다, 사랑하는 여자에게 고백했는데 그녀도 나와 같은 마음이라고 대답해줘서 매우 기쁘다 등이다.

오늘의 공연에서 발생한 감정은 어제 발생한 감정과는 약간의 차이가 있을 수 있다. 왜냐하면, 배우는 자신의 오늘의 기분뿐만 아니라 어제와는 다른 파트너의 자감과 맞부딪쳐야 하기 때문이다. 이러한 작은 변화는 감정을 생생하게 만들어 주고, 어제 공연에서 발생한 감정을 반복하지 않게 만들어줌으로써 상투적인 감정이 되지 않도록 해 준다.

---

[93] 위의 책, 51쪽.

목표 달성을 위한 행동이 어떤 것인지 이해하기 위해 우리는 고리키[94]의 소설『어머니』중 한 장면을 살펴보았다. 여기서 닐로브나는 감옥에서 탈출하여 경찰을 피해 도망 다니는 혁명가를 도와준다.

"잘 봐요, 스파이가 있는지!"
여자가 작게 말했다.
"나도 알아요!"
어머니가 그녀에게 자랑스럽게 말했다.
문에서 나온 그녀는 스카프를 고쳐 매며 잠시 멈춰 서서 사람들 눈에 띄지 않게 그러나 예리하게 주위를 살펴보았다. 이제는 그녀도 거의 백발백중 거리의 군중 속에서 스파이를 가려낼 수 있었다 …
이번에는 낯익은 얼굴이 하나도 없었으므로 그녀는 서두르지 않고 길을 걷다가 잠시 뒤 마차를 잡아타고 시장까지 가자고 말했다. 니콜라이에게 줄 옷을 살 때는 장사치와 옷값을 심하게 흥정하며 거의 매달 새 옷을 사게 하는 술주정뱅이 남편을 욕했다. 이런 핑계가 장사치에게는 썩 먹히지는 않았지만 그녀 자신에게는 매우 만족스러웠다. 그녀 자신은 경찰이 니콜라이가 옷을 갈아입을 거로 생각하고 형사를 시장에 보낼 거라는 생각을 했다는 사실이 자랑스러웠다. 그녀는 이런 순진한 경계심을 잃지 않으며 예고르의 아파트로 돌아왔고, 잠시 뒤 니콜라이를 교외로 바래다주게 되었다. 그녀와 니콜라이는 길 양옆으로 따로 걸어갔다. 어머니는 베솝시코프가 고개를 푹 숙인 채 긴 붉은색 코트 자락에 발이 엉켜 힘들게 걸음을 내딛으며 코 쪽으로 미끄러져 내려오는 모자를 바로 쓰려고 애쓰는 모습이 우습고도 보기 좋았다. 텅 빈 거리에서 사센카가 그들을 맞아

---

[94] [역주] 러시아의 소설가, 극작가. 그의 대표 소설로는『소년의 노래』,『첼카슈』,『어머니』등이 있으며 대표 희곡으로는『밑바닥에서』가 있다.

주었으므로 어머니는 고개를 살짝 끄덕여 베솝시코프와 작별한 다음 집으로 향했다.

여기에서 목표는 경찰을 피해 도망 다니는 볼셰비키 혁명가를 돕는 것이다.

행동: 그에게 옷을 사주고 그를 바래다준다. 행동의 과정에서 방해물을 극복하기 위한 적응이 생긴다. 여기서는 다음과 같다.
① 그녀가 거리를 자세히 살펴본다는 사실을 감추기 위해 스카프를 고쳐 쓴다.
② 미행을 막기 위해 마차를 잡는다.
③ 술주정뱅이 남편의 옷을 사는 거라고 장사치에게 둘러댄다.
④ 돌아오는 길에도 조심한다.
⑤ 니콜라이를 바래다줄 때 길 양옆으로 따로 걸어간다.
⑥ 고개를 살짝 끄덕여 그와 작별한다.

어머니가 자신의 목표를 거의 다 완수했을 때 어머니에게는 ' … 어머니는 베솝시코프가 고개를 푹 숙인 채 긴 붉은색 코트 자락에 발이 엉켜 힘들게 걸음을 내딛는 모습이 우습고도 보기 좋았다.'와 같은 감정이 발생한다. 한 번 더 언급하자면, 닐로브나의 행동과 행위는 묘사된 행동을 불러일으키는 제시된 상황에 의해 야기된 것이다.

무대적 행동은 무대적 상황 속에서 빈번히 발생하는 상대배우와의 교류(상호행동)를 통해 이루어질 때 최대한의 관심을 끌어낼 수 있다.

8 상대배우와의 교류(상호행동)

지금까지는 1인 연습과제와 1인 에튜드를 실시해왔다. 오로지 '상대배우에 대한 관계 치환' 연습과제에서만 2인 연습과제가 실시되었지만, 본질상 그때 이미 파트너와의 교류가 이루어진 것이다.

무대적 교류(상호행동)란 무엇인가? 스타니슬랍스키는 무대적 교류의 본질을 '두 명 혹은 다수 간에 감정이나 생각을 주고받는 과정'이라고 정의했다.

두 명 혹은 다수의 배우들이 무대에 있을 때 그들 간에는 상호행동이 발생하고, 각자는 목표 달성을 위해 투쟁하며 자신의 목표를 수행한다. 이에 대해 박탄고프는 다음과 같이 말한다.

> 우리는 자신인 '나'의 힘으로, 즉 나의 말이나 나의 외모뿐만 아니라 자신의 존재 전체로 상대 배우에게 행동한다. 이는 상대배우의 '나'에 대한 자신인 '나'의 영향이며, 우리는 이것을 '교류'라고 부른다.[95]

---

[95] E. V. 박탄고프, 『메모, 편지, 논고』, 286쪽.

스타니슬랍스키는 교류의 과정에는 파트너에 대한 나의 영향뿐만 아니라, 나에 대한 파트너의 영향(상호행동)을 인지하는 과정도 존재하는데, "이러한 인지나 영향의 순간 없이 무대에서 교류란 있을 수 없다."[96]라고 지적하였다.

교류 과정에서 나는 새로운 무대적 관계(이를테면, 같은 반 친구가 내 형이 될 수도, 직장 상사가 될 수도 있으며, 아예 생판 모르는 남이 될 수도 있다.) 속에서 같은 반 친구에게 영향을 미치기도 하고 그의 저항을 받아들이기도 해야 한다. 그러나 나는 그를 가상의 형이 아니라 같은 반 친구인 그의 살아있는 '나'와 관계 맺는 것이며, 마치 그가 내 형인 것처럼 대해야 한다.

> 만약 같은 반 친구인 상대배우가 왕의 역할을 한다면 나는 그를, 즉 친구를 왕처럼 대하지만 그를 가상의 왕이 아니라 친구로서 그에게 영향을 미친다 … 나는 살아있는, 지금의 상대배우에게 끊임없이 적응해야 한다.[97]

교류의 과정은 교류의 순간에 무대에서 발생하는 여러 상황이나 저항을 받아들여 '지금', '여기'에서 매번 새롭게 발생할 때에만 비로소 살아 숨 쉬게 된다.

이때 무대에서 발생하는 상대배우와의 살아있는 교류는 내적 체험의 연극 배우와 다른 노선의 극예술 배우를 구분 짓는 명확한 잣대가 된다. 수공업 연극의 배우에게는 교류의 주 대상이 관객이므로 상대배우를 대할 때에는 단지 교류의 외적인 형태만 전달할 뿐이다.

---

[96] K. S. 스타니슬랍스키 전집 8권 중 2권, 251쪽.
[97] E. V. 박탄고프, 『메모, 편지, 논고』, 286쪽.

가정이나 연습실에서 만들어진 역할의 최종판을 관객에게 보여주는 재현 연극의 배우에게는 살아있는 교류의 과정은 불필요하다. 왜냐하면 재현 연극배우에게 공연마다 발생하는 우연성은 형상의 감정과 행동이 만들어내는 외적인 형식을 보여주는데 방해가 되기 때문이다. 그런 배우들은 가정에서 연습할 때 상상의 파트너에게 의지하며 공허한 장소와 교류하려 애쓴다. 이러한 옳지 못한 교류에 익숙해져서 자신과 상대배우 사이에 상상 속의 죽은 대상, 즉 공허한 장소를 가정하는 것이다.

스타니슬랍스키는 "당신을 응시하지만, 당신 아닌 그 누구를 쳐다보며, 당신 아닌 다른 누군가에게 맞추고 있는 배우와 연기하는 괴로움!"이라는 말로 옳지 못한 교류를 경고하며 다음과 같이 거듭 강조한다.

나는 학생들이 공허한 것과 교류하는 대신 경험 많은 배우가 지켜
보는 앞에서 살아있는 대상과 연습할 것을 강력히 주장한다.[98]

만약 무대에서도 일상에서처럼 보고, 듣고, 생각하고, 행동할 수 있게 된다면, 겉으로는 거의 드러나지 않는 상대배우의 미세한 기분 변화도 종종 감지할 수 있게 된다. 일례로, 어느 날 친구를 만났는데 그가 웬일인지 심한 좌절감에 빠진 것 같다. "무슨 일 있어?"라고 물어보지만, 그 친구는 그저 "아니."라고만 대답하고 아무 일도 없다는 듯 미소 짓는다. 그러나 그 미소 뒤로 그가 울고 싶은 심정이라는 걸 느낄 수 있다. 이처럼 무대적 집중 및 상대배우에 대한 주의와 밀접한 관련이 있는 교류는 상대배우의 저항을 극복할 수 있도록 해주는 여러 자료들을 모을 좋은 기회가 된다.

---

[98] K. S. 스타니슬랍스키 전집 8권 중 2권, 258쪽.

교류의 초기에는 상대배우의 주의를 끄는 것이 필수적이다. 학생들은 가끔 교류가 시작되는 첫 순간을 놓치는 경우가 있다. 학생들 생각에는 상대배우가 항상 자신의 말을 주의 깊게 듣고 있어야 할 것 같겠지만, 항상 그렇지는 않다. 그러므로 상대배우의 주의를 끌어올 수 있는 이러한 첫 순간을 놓친다면, 교류는 이루어지지 않는다.

또한, 학생이 에튜드의 줄거리만 따라 가려 하고 상대배우의 상태나 살아있는 관계를 제대로 평가하지 못할 때에도 교류는 이루어지지 않는다. 예를 들어, 에튜드의 내용상 상대배우는 나와 말다툼을 해야 하는데, 나와 본격적으로 다툴만한 충분한 동기가 없으므로 그냥 뾰로통한 상태다. 이것이 바로 내가 극복해야 할 살아있는 관계다. 비록 에튜드의 방향이 바뀌어 원래 계획했던 것과는 딴판으로 진행되어도 무방하다. 왜냐하면 이것이야말로 바로 여기, 무대에서 모든 것이 살아있고 논리적이며 일관성 있게 발생하는 진정한 즉흥이기 때문이다. 만약 무대에서 발생한 상대배우의 자감에 대해 주의 깊게 평가하지 않은 채 나 자신을 미리 생각해둔 도식 속으로 밀어 넣기만 한다면, 거짓 외에는 그 무엇도 얻을 수 없다.

에튜드의 내용에 대해 미리 알고 있는 경우 학생들이 무대로 나가자마자 거기에서 벌어지는 모든 상호행동과 사건들을 단박에 '이해하는' 경우도 있다. 그러나 삶에서는 그런 일이 거의 없다. 맨 처음 사건의 평가가 이루어지고 추측이나 가정이 나타난 다음, 사건의 본질, 이유, 세부사항 등이 해명된 이후에야 비로소 결론이 난다. 이 과정은 삶에서 항상 이루어지는 지극히 단순한 인간의 행동이지만 무대 위에만 서면 이러한 행동의 세부사항과 일관성을 까마득하게 잊어버리게 된다. 그러므로 학생들은 에튜드의 계획된 줄거리는 '잊고', 무대에서 누구와 만나는지도 알지 못한 채, 그저 자신이 무대에 서게 된 이유인 제시된 상황에만 의지하여 무대로 나가는 것이 좋다. 이와 관련하여 박탄고프는 다음과 같이 언급한다.

> 배우는 상대배우에게 자신이 무대에서 무엇을 할 지에 대해 절대 말하지 말아야 한다. 무대의 모든 것은 예기치 못한 것이어야 하고, 마땅히 반응해야 하는 대로 반응해야 한다.[99]

간혹 학생들은 교류를 서로의 눈을 뚫어지게 바라보는 것이라고 이해하는 경우도 있다. 그러므로 학생들에게 서로 바라보지 않고도 교류할 수 있으며, 그런 교류는 이미 자주 일어나고 있다는 점을 알려주어야 한다. 스타니슬랍스키는 "사람들은 교류하는 대상의 코나 눈, 그의 옷에 달린 단추가 아니라 그 대상의 살아있는 영혼과 교류하려 애쓴다. 배우도 무대에서 이처럼 해야 한다."[100]라고 언급하였다.

그뿐만 아니라 삶에서의 교류는 큰 위험이나 중대한 순간을 제외하고 특별한 긴장이나 불필요한 노력 없이 보통 쉽게 이루어진다. 학생들이 무대에서 이처럼 적은 에너지를 사용하며 교류할 수 있으려면 이 점을 항상 염두에 두어야 한다.

또한, 무대에서의 교류는 중단되지 않아야 한다. 이에 대해 쉐프킨은 "명심하라, 무대에서 완벽한 침묵이란 없다 … 너에게 말할 때 너는 듣고 있는 것이지 침묵하고 있는 것이 아니다."라고 언급하였다. 그러나 실제로 무대에서 자신의 대사를 마친 배우가 상대배우의 말을 듣지 않고 있다가 대사의 끝 부분만을 들은 다음, 다시 자신의 대사를 말하기 시작

---

[99] E. V. 박탄고프, 『메모, 편지, 논고』, 310쪽.
[100] K. S. 스타니슬랍스키 전집 8권 중 2권, 255쪽.

하는 경우가 허다하다. 무대에서 그러한 행동은 절대 바람직하지 않다. 따라서 상대배우가 무엇을 말하고 있는지, 무엇을 하는지 인지하고 이해한 다음, 그가 옳은지 아닌지 점검해보아야 한다. 그다음 그의 생각을 찬성하든지 부정하든지 답변을 주어야 한다. 그리하여 상대배우가 말하거나 신체적인 행동을 하는 순간에 나는 내적인 생동력으로 살아있어야 하고, 곧이어 어떤 행동을 할지 결정을 내려야 한다. 이처럼 상대배우에 대한 인지가 깊어질수록 그에 대한 나의 영향도 더 강해지는 법이다.

스타니슬랍스키는 배우예술에서 교류의 중요성을 다시 한 번 강조하며 "관객을 위해서도, 나 자신을 위해서도 아닌, 상대배우를 위해 연기해야 한다."라고 언급하였다. 연극의 근본적인 영향력은 희곡 속의 사건한가운데로 관객들을 끌어오는 등장인물들 간의 교류에 있다. 그러므로 상대배우와의 긴밀한 관계는 관객이 더욱 더 큰 관심으로 행동의 전개를 지켜보게 하는 필수 조건이다.

상대배우와의 교류 에튜드는 학생 자신으로서 이루어져야 한다. 에튜드에는 아직 변신의 단계가 없으며, 만약 내가 그러한 제시된 상황(제시된 상황 속의 '나')에 부닥쳤다면 무엇을 할 것이며, 어떻게 행동할 것이냐라는 질문에 답변할 수 있어야 한다. 그러므로 주제를 선택할 때 학생들 삶의 경험에 부합되는 것을 선택해야 한다. 이것은 학생들이 전혀 알지 못하거나 자신의 상상력으로 이해할 수 없는 상황을 가정해서는 안 되는 것을 의미한다.

에튜드는 본질상 작은 희곡이므로 학생이나 교육자가 줄거리를 직접 만들어야 한다. 대사는 미리 정하지 않으며 행동의 과정에서 저절로 나오도록 해야 하는데, 왜냐하면 이것이 바로 즉흥이기 때문이다. 그리하여 에튜드에서는 참여자의 행동이 미리 결정되지 않고 무대에서 발생하는 상황에 따라 변한다. 이러한 에튜드에서는 이전에 배웠던 모든 요소들이 한데 결합하여 창조적 즉흥을 위한 기반이 된다.

에튜드의 목표는 학생들이 실전에서 배웠던 모든 것을 무대적 행동과 교류의 과정에 적용할 수 있도록 도와주는 것이다. 이를 스타니슬랍스키는 다음과 같이 기록하였다.

> 올바른 내적인 무대적 자감은 마치 공중에서 균형을 잡으며 지속적으로 날아가는 비행기의 상황과 같이 항상 변한다 … 우리 일도 마찬가지다 …
>
> 어떤 배우가 창조의 시간 동안 무대 위에서 참으로 좋은 기분이었다고 하자. 그는 충분히 자신을 제어하고 있어서 역할에서 빠져나오지 않고도 자신의 자감을 점검할 수 있고, 그 자감을 구성 요소로 세분할 수도 있다. 그 모든 요소들은 서로 도와가며 정확히 작동하고 있다. 그런데 갑자기 작은 혼란이 발생한다. 그 즉시 배우는 자감의 요소 중 어느 것이 올바르게 작동하지 않는지 알아내기 위해 '내부로 눈을 돌린다.' 이윽고 실수를 깨닫고 그것을 수정한다. 이때 양분은 배우에게 아무런 의미도 없다. 즉 한편으로는 옳지 않은 것을 바로잡고 다른 한편으로는 자신의 역할로 계속 살아야 한다.[101]

만약 에튜드를 실행할 때 '억압'을 느낀다면, 그리고 어디가 억압되어 있는지 알 수 있다면, 그것은 해당 근육을 이완시킬 수 있다는 의미이다. 만약 자신의 집중이 느슨해지고 상대배우가 자신에게 하는 말을 이해할 수 없다면, 행동의 흐름을 잠시 멈추거나 편한 순간을 포착하여 '대상—한 점'에 집중하기 연습과제를 실행해보는 것이 좋다. 그러면 각각의 요소를 차례대로 회복하여 또다시 올바른 무대적 자감으로 '원상 복귀'할

---

[101] 위의 책, 328쪽.

수 있다. 이러한 배우의 인식의 이중성은 결국 무대적 행동으로 귀결된다. 배우는 무대적 사건에 최대한 집중해야 하지만, 그의 인식의 한 부분은 집중으로부터 자유로워져 결국 수행되는 역할의 행동의 질을 감독할 수 있어야 한다. 이와 관련하여 샬랴핀은 다음과 같이 말한 바 있다.

> 나는 무대 위에서 혼자였던 적이 한 번도 없다 … 무대에는 연기하는 나와 감독하는 나, 이렇게 늘 두 명의 샬랴핀이 있었다. 감독관인 샬랴핀은 배우인 샬랴핀에게 '눈물이 과하네, 친구. 자네가 우는게 아니라 인물이 우는 것임을 명심하게. 눈물을 줄이게.'라고 하거나 '부족해, 건조해, 좀 더 해야지.'라고 말하곤 했다.[102]

두 번째 샬랴핀의 이와 같은 건조한 명령이 있었기에 첫 번째 샬랴핀이 진정한 눈물을 흘릴 수 있었다는 점을 잊지 말아야 한다.

그러나 배우의 의식(배우의 두 번째 '나')이 연기의 흐름을 과하게 통제해서는 안 된다. 왜냐하면, 의식의 지나친 간섭은 역할의 연기를 '건조'하게 만들고, 역할을 냉랭하고, 이성적인 것으로 만들기 때문이다. 그리하여 배우의 이중성이 역할의 연기에 도움이 되게 하려면 무대적 행동에 집중해야 하고 올바른 자감을 획득해야 한다. 배우의 두 번째 '나'에게 가장 큰 기쁨은 무대에서 자신이 훌륭하고, 올바르게 집중하여, 진실하게 살고 있다는 느낌이다.

한편, 연기하는 동안 발생하는 실수는 그것이 나타날 때마다 수정되어야 하며, 균일한 무대적 자감을 만드는 데 도움이 되어야 한다. 그럴 경우에만 모든 것이 가능해지며 무대에서의 연기도 만족스러워진다. 처음

---

[102] F. I. 샬랴핀, 1권, 303쪽.

에는 실수의 수정이 의식적으로 이루어지지만 무대적 자감이 자동으로 만들어질 수 있도록 학생들은 실전을 통해 꾸준히 연습해야 한다. 이와 관련하여 스타니슬랍스키는 "자감의 요소는 끊임없는 조정이 필요하다. 그러나 나중에는 자동으로 조정하는데 익숙해질 것이다."[103]라고 언급한 바 있다. 이러한 자동화를 달성하기 위해서는 실전 연습과 습관은 물론, 의식적인 조정으로부터 무의식적인 조정으로 끊임없이 전환하는 노력이 필요하다.

에튜드의 주제를 찾거나 줄거리를 이야기할 때 에튜드 참여자들은 자신에게 다음과 같은 질문을 제기해야 한다. 무엇을 위해 에튜드를 연기하는가? 이 에튜드를 통해 우리는 관객에게 무엇을 이야기하고자 하는가? 즉 초목표에 대한 질문이 제기되어야 한다.

물론 학생들의 에튜드는 아직 초목표에 대한 완벽한 질문을 제기하기가 어렵겠지만, 초기 연습과제의 주제와 줄거리가 허용하는 최대한도 내에서 초목표를 설정해야 한다. 그것은 학생들의 예술적 감각을 키우는 일 또한 주제와 줄거리의 선정에 영향을 받기 때문이다. 그리하여 이러한 에튜드에서 행동은 '나로부터' 시작되는 것이지만 우리는 학생들에게 부도덕한 행위가 포함된 에튜드를 허용하지 않는다. 왜냐하면, 학생들은 심판받고 조롱받아 마땅한 부정적인 인물의 형상을 아직 습득하는데 미숙하기 때문이다.

---

[103] K. S. 스타니슬랍스키, 전집 8권 중 2권, 328쪽.

(1) 침묵 교류 에튜드

우리는 정당화된 침묵 속에서 상대배우와 상호행동을 하기 위한 초기 에튜드를 진행하며 에튜드 참여자들에게 무언(無言) 또는 행동의 전환을 위해 필수적인 최소한의 말로 교류하는 제시된 상황을 제안한다. 에튜드의 참여자들에게 곧바로 많은 말을 할 수 있도록 해준다면 대부분의 경우 수다스러워진다. 우리는 학생들을 말이 태어난 순간, 즉 말이 목표를 달성하기 위한 필수적인 행동이었던 그 순간으로 데려가고자 한다. 초기 에튜드는 에튜드의 끝 부분에서 몇 마디 말이 필요하도록 만들어본다. 에튜드를 어디에서 끝낼지는 교육자가 정해준다. 초기 에튜드에서 무언의 교류는 자연스러워야 하므로 일부러 침묵할 필요는 없다. 원한다면 말을 해도 무방하다.

정당화된 침묵 속에서의 교류는 제스처, 자세, 표정의 관습적인 언어가 있는 판토마임 자체와는 본질적으로 차이가 있다. 판토마임은 이러한 에튜드와는 아무런 관계도 없다. 만약 에튜드 속에 판토마임이 나타난다면 즉시 제거해야 한다. 무언의 교류에서는 그 어떤 행동 관습도 필요 없으며, 행동은 실제 삶처럼 말이 필요 없거나 말을 해서는 안 되는 상황 속에서 이루어지도록 해야 한다.

무언의 교류가 어떻게 수행되는지 보여주기 위해 우리는 A. 파데예프[104]의 소설 『젊은 근위대』에서 소년 사시코가 예카테리나 파블로브나가 나치군의 전선을 넘어갈 수 있도록 돕는 장면을 살펴보았다.

---

[104] [역주] A. A. 파데예프(1901~1956). 소련의 소설가. 주요작품으로 『괴멸』, 『젊은 근위대』 등이 있다.

부드러운 눈이 소리 없이 발아래 밝히자 장화 아래 추수한 후의 그루터기를 따라 사각거리는 소리만 들렸다. 얼마 후 그루터기도 끝이 났다. 사시코는 주위를 둘러본 다음 손으로 다가오라는 신호를 보냈다. 카차(예카테리나 파블로브나)가 그에게 다가오자 그는 웅크리고 앉아 그녀도 그렇게 해야 한다고 보여주었다. 그녀는 털 반코트 채로 그냥 눈 위에 앉았다. 사시코는 재빨리 손가락으로 그녀와 자기를 가리키더니 눈 위에 동쪽으로 향하는 선을 그었다. 그는 눈 속에서 재빨리 뾰족한 막대기를 찾아내어 자기가 좀 전에 그렸던 선에 가로질러 놓았다. 카차는 그가 자신들의 여정과 자신들이 극복해야 할 장애물을 그린 것이라는 것을 깨달았다. 그다음 그는 한 곳의 막대기에서 눈 한 줌을 치우고 또 다른 곳의 눈 한 줌을 치우더니 마치 막대기 속에 두 개의 길이 있는 것처럼 만들어 손가락으로 두 방향의 길이 만나는 지점을 가리켰다. 처음에는 한 길을 통과하고 그다음 다른 길을 통과하는 선을 그렸다. 카차는 그가 그들이 갈 수 있는 두 길을 보여준다는 것을 알았다. 그녀가 고개를 끄덕였고 그들은 걸어갔다. 그렇게 그들이 가시철사가 있는 메꽃 덤불까지 다다르자 사시코는 카차에게 엎드리라는 신호를 보낸 다음 자신은 철길을 따라 걸어갔다.

곧이어 그의 모습이 보이지 않게 되었다.

그녀는 미동도 없이 그렇게 오랫동안 누워있었다. 한기가 스며들기 시작했다. 시간은 가는데 사시코는 여전히 오지 않고 …

그녀에게 눈을 밟는 작은 장화 소리가 들리더니 사시코가 다가왔다. 그녀는 뚫어져라 그의 얼굴을 주시하였다. 그는 그녀에게 어떤 소식을 가져왔을까? 그는 소매 끝에서 손가락만 꺼내 안 된다는 제스처를 했다. '여기로는 갈 수 없어.' 그러한 제스처는 그녀에게 큰 충격이었다. 소년은 예카테리나 파블로브나를 보았다. 그들의 눈이 마주치자 그는 갑자기 미소를 지었다. 그는 예카테리나 파블로브나가 무슨 생각을 하고 있는지 전부 다 이해했으며 그의 미소는 마치

이렇게 말하는 것 같았다. '여기로 못 가도 괜찮아요. 다른 데로 가면 돼요 …'

여기서 침묵은 적이 가까이 다가오고 있다는 사실에 의해 정당화되고 내용과 적극적인 행동 그리고 선명한 내적 체험으로 가득 차 있다.

위에서 본 것처럼 무언의 교류는 매우 표현적일 수 있지만 우리는 일부러 청각장애인처럼 제스처로 말하려는 노력은 하지 않아도 된다는 점을 한 번 더 강조한다. 따라서 과제와 더불어 에튜드를 시작하기 전에 구축되어진 제시된 상황이 요구하는 대로 행동하면 된다.

우리는 수업을 위해 문학 작품에서 무언의 교류의 예를 들었지만 에튜드의 주제는 일상 속에서 찾아야 한다. 그래야지만 주제를 책에서 가져올 경우 발생할 수 있는 '문학성'의 습격에서 벗어날 수 있다.

한편 박탄고프는 "한 명 이상이 참여하는 에튜드에서는 '기억에 의한 신체적 행동'을 도입하지 마라."고 조언한다. 달리 말하자면 에튜드에서는 실제 물건이나 소품을 이용하라는 의미이다.

다음은 그러한 에튜드의 예이다.

<추수>

추수를 하기 위해 동원된 학생 대원. 기숙사로 사용하고 있는 오두막. 바닥에는 침대 또는 매트리스가 깔려있다. 한 여학생이 병이 나서 잠들어 있다. 다른 여학생 한 명이 그녀 옆에서 머리맡의 수건을 갈아주며 그녀가 편히 자도록 간호하고 있다. 세 번째 여학생이 일을 마치고 돌아온다. 아픈 친구가 자는 것을 보며 소리를 내지 않으려 조심하여 자신의 매무새를 고친 다음 네 번째 여학생 앞으로 온 편지를 두 번째 여학생에게 보여주며 그녀의 침대 위에 편지를 놓는다. 네 번째가 돌아오자 친구들이 편지를 가리킨다. 그녀는 읽은 다음 친구들에게 보여준다. 친구들이 읽는다. (편지에는 약혼자가 내일 기차로 이 도시를 지나갈 것이라고 적혀 있다.) 여자 반장이 들어와 의자에 앉은 다음 접수 용지에 기록한다. 친구들이 네 번째에게 휴가를 요청하라고 부추긴다. 그녀는 거절하지만, 친구들이 편지를 빼앗아 반장에게 보여준다. 반장은 그녀를 도시로 보내준다. 그제야 그녀는 친구들의 도움을 받아 짐을 꾸리기 시작한다. 이때 아픈 친구가 깨어난다. (침묵은 아픈 사람을 깨울지도 모른다는 염려로 정당화된다.)

이러한 에튜드에서 우리는 사건의 본질상 행동을 촉발시켜 주는 생각(평가)이 발생했다는 점에 큰 의미를 부여한다. 이러한 평가는 제시된 상황을 꼼꼼하고 세밀하게 가정할 때 발생한다. 아픈 친구를 간호하는 친구는 의사가 왔다 갔는지 그리고 그가 무슨 말을 했는지, 병원은 멀리 있는지, 차편은 있는지 등을 알아야 한다. 만약 병원이 멀고 차편이 없는데 열이 높아지면 그녀의 책임감이 더 커진다. 그녀에게는 이런 상황에서 벗어나게 해주는 여러 가지 핑곗거리가 생길 것이며 이로부터 수많은 내적 행동과 생각이 발생한다. 이와 관련하여 스타니슬랍스키는 다음과 같이 언급하고 있다.

> 결정을 내리기 전에 사람은 자신의 내부에서, 자신의 상상 속에서 최대한 적극적으로 행동한다. 그는 무엇이, 어떻게 일어날 수 있을지 내적인 시각으로 보며 계획된 행동을 마음속으로 수행한다. 그뿐만 아니라 배우는 자신이 생각하는 것을 신체적으로 느끼고 자신 속에 내적인 삶을 외적으로 구현하고자 하는 내적인 충동을 간신히 자제한다.[105]

약혼자로부터 편지를 받은 여학생은 작업은 많이 남은 데다 한 명은 아파서 누워있는 상태이기에 자기가 휴가를 가고 나면 나머지 세 명이 다섯 명분의 일을 해야 한다는 사실을 알고 있다. 그러나 만약 그녀가 휴가를 얻지 못한다면 약혼자를 오랫동안 못 보게 될 수도 있다. 만약 그녀가 이 모든 것을 고려했다면 그녀에게 문제의 해결은 어려웠을 것이다. 그녀의 몫을 떠맡으며 애써 휴가를 보내주는 자기 조원들을 어떻게 대해야 할까?

정당화된 침묵 에튜드를 통해 참여자들은 적극적인 내적 행동을 배울 수 있어야 한다. 내적 적극성에 힘입어 말이 필요한 순간이 되면 우리는 에튜드를 중단시키고 참여자들에게 말을 할 수 있도록 해준다. 그러나 수다가 시작될 것 같다고 느껴지면 말은 하지 못하게 할 수도 있다.

이때 이전 수업 시간에 습득한 행동을 위한 요소 훈련들은 에튜드를 이행할 때 활용되어야 한다. 만약 에튜드가 성공하지 못했다면, "대부분의 경우 배우가 대상을 느끼지 못했거나, 과제를 유기적으로 이해하지 못했거나, 긴장했거나 등의 이유에서이다."[106]라고 박탄고프는 언급하였다. 실제로 에튜드의 참여자들은 신체적 긴장의 순간에 이완되어야 하며, 대상에 집중해야 하고, 사물을 가지고 하는 신체적 행동을 꼼꼼히 실행해야 한다. 행동의 시간과 공간에 대한 관계는 분위기와 자감을 형성하고, 집중하여 과제를 수행할 수 있도록 하고 이때 교류는 이러한 행동에 유기성을 부여한다. 이로써 한 요소가 다른 요소의 뒤를 이어 발생하고, 에튜드를 실행한 학생은 자신이 올바르게 했다는 느낌을 받게 될 것이며, 무대적 삶에 만족하기 시작할 것이다.

이러한 에튜드의 예를 좀 더 살펴보기로 하자.

---

[105] 103)의 책, 197쪽.
[106] E. V. 박탄고프, 『메모. 편지. 논고』, 131쪽.

<10학년 시험에서>

수학 시험. 교육자가 탁자에 앉아있다. 시험을 치는 학생들은 한 명씩 앉아 있고 책상도 서로 멀리 떨어져 있다. 여학생 세 명만 남아 있다. 두 명은 문제를 다 풀었으나 일부러 남아있다. 친구인 세 번째 가 문제를 풀지 못하고 있는 게 확실하기 때문이다. 두 명은 세 번째 에게 커닝종이를 건네주려 하지만 그녀는 속임수에 의존하지 않고 자기 혼자 힘으로 풀고자 한다. 마침내 혼자 문제를 풀었다. (정당화 된 침묵-시험 시간)

<공중전화부스>

한 아가씨가 공중전화부스에서 수다를 떨고 있다. 한 청년이 뛰어 온다. 그는 급히 전화할 데가 있어서 앞사람의 3분이 끝나기를 초조 하게 기다리고 있다. 그리고 난 후, 전화부스 문을 두드린다. 아가씨 는 이야기에 몰두하고 있기 때문에 그의 방해가 짜증 난다. 청년은 참을성을 잃고 드디어 그만 끊으라고 요청한다. 할 수 없이 아가씨는 그에게 자리를 비켜준다.

<새집으로 이사>

아기가 자고 있다. 아기의 부모가 새집으로 이사하고 있다. 차가 도착하자 조심스럽게 물건들을 옮기기 시작한다. 아기를 깨우지 않 기 위해 매우 조용히, 아무 말 없이 짐을 옮긴다. 거의 모든 짐을 옮겨 싣자 부모는 옛집과 이별한다. 조심스럽게 잠든 아기를 데려간다.

<산부인과에서>

남편은 길거리에 서서 병원 창가에 앉아있는 아내와 손짓으로 대 화한다. 그녀는 자신의 몸 상태는 좋지만 엄격한 간호사가 무섭다고 그에게 손짓한다. 갑자기 그녀가 창가에서 사라진다. 남편은 거리를 산책하고 있는 척한다. 창가에 다시 아내가 나타나 신생아를 보여준다. 남편은 환희에 넘친다. 창가에 엄격한 간호사가 나타나 아내를 데리고 들어가면서 남편에게 가라고 말한다.

<열람실>

도서관의 열람실. 책상에 앉아 두 여학생이 공부하고 있다. 두 명 중 한 명과 아는 사이인 어떤 청년이 들어와 바로 그 책상에 앉는다. 여학생은 그 청년에게 화가 나 있기 때문에 일부러 그를 '쳐다보지 않는다.' 청년은 실망하여 그녀의 관심을 끌어보려 애쓰지만 잘 안 된다. 다른 여학생이 티 나지 않게 이를 지켜본다. 청년이 쪽지를 적어 화난 여학생 앞에 놓고 나간다. 그녀는 쪽지를 읽고 싶지 않았지만, 친구가 억지로 읽게 하고 그의 설명을 들어보라고 설득한다. (말없이) 그녀는 담판을 지으려고 그에게 간다.

<새잡이꾼>

무대는 숲의 가장자리다. 새들이 노래한다. 청년이 새잡이용 그물이나 덫을 들고 조용히 들어온다. 그는 장소를 골라 그물을 치고, 미끼를 뿌리고, 피리를 불어 새를 유인한다. 무대 깊숙한 곳에서 딸기를 따던 한 아가씨가 들어온다. 그가 아는 여자다. 그녀는 새 잡는 것에 관심이 많지만, 괜히 새들을 놀라게 할까 봐 손짓으로 새잡이에 끼워달라고 부탁한다. 새잡이꾼은 승낙한 다음 그녀에게 줄을 건네주고 자신은 새를 유인한다. 긴장하며 기다리고 있는데, 아가씨가 너무 일찍 덫의 줄을 당기는 바람에 새들이 날아가 버렸다. 새잡이꾼이 화를 내자 미안해진 아가씨가 떠난다. (대사는 에튜드의 끝에 나온다. 침묵의 정당화 – 덫을 친 상황)

<특별석에서>

피아노 콘서트가 진행 중이다. 특별석에 아내가 앉아서 오지 않는 남편을 기다리고 있다. 남편의 자리에는 음악원 학생이 임시로 앉아 악보를 보며 피아노 연주를 점검하고 있다. 뒤에는 음악 애호가인 연인이 앉아 피아니스트의 연주를 감탄하고 있다. 드디어 남편이 나타났다. 학생이 자리를 비켜주었다. 남편은 직장에서 급히 오느라 숨을 헐떡이며 좀처럼 진정하지 못한다. 아내는 화가 나고 옆 사람들 보기가 민망했으나, 남편은 아내의 말 없는 비난에 대한 답으로 어쩔 수 없다는 듯 두 팔을 뻗으며 어깨를 으쓱할 뿐이다. 마침내 아내의 화가 수그러들자 둘은 음악을 듣기 시작한다. 서정적인 부분에서 남편이 피곤하여 졸기 시작한다. 아내는 남편을 깨운 다음 또다시 잠들지 않도록 사탕을 준다. 사탕이 목구멍에 걸려 남편이 기침하기 시작하자 모두에게 방해된다. 옆 사람들이 조용히 내뱉는 불만 소리에 결국 그는 자리를 떠난다.

<휴가에서>

이른 아침 신혼부부가 휴가에서 돌아왔다. 그들은 부모님이 아직 주무실 거로 생각하고 시끄러운 소리를 내지 않으려고 조심하며 남쪽에서 가져온 과일과 와인을 부모님 선물로 준비한다. 마침내 새색시는 매무새를 다듬고 있고 신랑은 부모님을 깨우러 간다. 그런데 부모님은 그들을 마중하러 역에 나가셨고 서로 길이 엇갈렸다.

<꾀꼬리>

공원 벤치. 꾀꼬리가 노래한다. 젊은 한 쌍이 조용히 들어온다. 여자는 주의 깊게 꾀꼬리의 노래를 듣는다. 청년이 고백하려 하지만 아가씨는 새를 놀라게 할까 봐 그를 제지한다. 청년은 한 번 더 고백해 보려 하지만 아가씨는 또다시 그가 말을 꺼낼 기회를 주지 않고

결정의 순간을 미루기만 한다. 집에서 엄마가 그녀를 부른다. 그녀는 잠시 아무 대답도 않고 있다가 청년이 무슨 말을 꺼내려고 하자 집으로 도망가 버린다. (침묵의 정당화-꾀꼬리의 노래)

　설명: 이 에튜드는 적극적인 내적 행동이 찾아지지 않을 경우 매우 감상적이 될 수 있다. 맨 처음 자기의 감정을 고백하기란 쉽지 않다. 이를 위해서는 외적, 내적 방해물을 극복해야 한다. 우리는 에튜드를 설명할 때 배우들이 목표로 삼고 연기해야 할 초목표는 언급하지 않았다. 만약 누군가가 이 에튜드의 주제를 반복하길 원한다면 분명히 자신의 초목표를 찾아야 할 것이다. 우리는 청년과 아가씨 사이의 관계에서 순수성 유지를 초목표로 삼았다. 여기에서 목표가 발생한다. 청년은 눈치 없는 사람이 되고 싶지 않고 아가씨는 이 멋진 순간을 망치고 싶지 않다.

<구두>

　두 친구가 싸웠다. 한 여자는 침대에 누워 책을 읽으며 시험 준비를 하고 있다. 두 번째 여자가 급히 뛰어들어와서 서두른다. 그녀에게는 극장 표가 있는데 시간이 얼마 남지 않았기 때문이다. 급히 챙기다 구두 굽이 부러졌다. 슬리퍼를 신고는 극장에 갈 수 없다. 친구는 그녀를 안 됐다는 듯이 바라보다가 자신의 구두를 조용히 내준다. 화해가 이루어졌다. 만족한 여학생이 극장으로 달려간다.

<아기>

　남편과 아내는 잠시 외출해야 한다. 요람에 아기가 누워있다. 아내는 자신이 돌아올 때까지 아기가 자고 있기를 바라며 요람을 흔들어준다. 마침내 아기가 잠들었다. 부모는 조용히 옷을 입고 문 쪽으로 간다. 아기가 소리치기 시작한다. 남편과 아내가 차례로 아기를 흔들어주자 아기가 마침내 잠잠해지더니 잠이 든다. 부모는 나간다.

그러나 아기가 다시 울음을 터트려 부모는 계단에서 다시 돌아온다.
이미 한참 늦었다. 남편이 아기를 돌봐주기로 한 이웃여자를 데려온다.

<캐리커처>

세 명의 젊은 화가가 교실에서 아폴론의 얼굴을 그리고 있다. 교
육자가 그들의 그림을 관찰하며 어쩌다 한 번씩 그림을 고쳐준다.
그다음 작은 의자에 앉아 책을 읽는다. 학생 중 한 명이 교육자의
캐리커처를 그리기 시작한다. 다른 학생이 그걸 눈치채고 보여 달라
고 한다. 그가 그림을 가져가 손보기 시작한다. 교육자가 그것을 낚
아채서 주의 깊게 살펴보더니 무언가를 쓴 다음 의자에 올려놓고
나간다. 학생들이 캐리커처 쪽으로 몸을 날린다. 굵은 글씨로 '만점'.

<신참 사냥꾼>

무대는 평야다. 뒤로 덤불이 보인다. 두 명의 지친 사냥꾼이 들어
온다. 빈손으로 돌아오는 길이다. 한 명은 바로 쓰러져 눕고, 다른
한 명은 가방을 열어 먹을 것을 꺼낸다. 무대 뒤에서 두 명과 안면이
있는 또 다른 두 명이 등장하여 신참 동료들을 놀려주기로 한다. 한
명은 나가고 나머지 한 명은 덤불 속에 숨는다. 무대 뒤에서 꽥꽥거
리는 오리 소리가 들린다. 두 번째 신참이 먹던 걸 내던지고 첫 번째
신참을 깨운 다음, 총을 들고 조심스럽게 덤불 속으로 들어간다. 첫
번째 신참도 그 뒤를 따라간다. 숨어있던 사냥꾼이 덤불에서 나와
먹을 것을 챙겨 다시 숨는다. 오리 소리가 멈추자 신참 사냥꾼들은
빈손으로 돌아와서 먹을 것이 없어졌다는 것을 깨닫는다. 또다시 덤
불 속에서 오리 소리가 들리고 동료 사냥꾼들이 나타나 함께 음식을
먹자고 제안한다.

<체스 경기자>

1:5의 체스경기가 벌어졌다. 체스 경기자들은 긴 탁자 앞에 나란히 앉아있고 기사는 한 사람의 체스판에서 그다음 사람의 체스판으로 옮겨가며 체스를 한다. 첫 번째 상대는 굼벵이다. 그는 겨우겨우 기사의 공격에 응수하였다. 두 번째는 약은 사람이라 함정을 판다. 세 번째는 비관주의자이다. 어떻게 해도 결국 지게 된다는 것을 안다. 네 번째는 대국을 통해 실력을 키워가는 타입이다. 대국 내용을 기록하고 다른 사람들의 대국 내용에도 관심이 있다. 다섯 번째는 기사의 대국에 전적으로 감탄하며 기사가 두는 수마다 대단한 체스의 신기원이 열린 것처럼 받아들인다. 경기 중 기사에게 메모가 전해진다. 기사는 그것을 읽은 다음 첫 번째 상대자에게 다가가서 킹을 놓고는 말한다. '졌습니다'. 기사는 마지막 사람까지 똑같이 행한다. 상대 경기자들은 어찌 된 영문인지 의아해한다. 기사가 그들에게 아기가 아파 집에 빨리 가봐야 한다고 말해준다.

<역에서>

남편은 짐을 들고 아내는 아기를 안고 대합실로 들어온다. 남편은 아내를 앉히고 짐을 내려놓은 다음 표를 사러 간다. 피곤함에 지친 아내는 잠이 든다. 반대편 의자에는 두 아가씨가 앉아있다. 남편은 푯값이 부족해 다시 돌아온다. 아내를 깨우지 않기 위해 조심스럽게 그녀의 가방을 빼내어 열고 돈을 꺼낸다. 두 아가씨는 백주대낮의 뻔뻔한 절도 행각을 겁에 질려 지켜본다. 남편은 아가씨들의 이상한 표정을 보고 왜 그러는지 의아해한다. 이때 아내가 깨어나 오해가 풀린다.

<쇼윈도에서>

기성복 가게 쇼윈도. 쇼윈도에 남녀 마네킹 두 개가 서 있다. (남녀학생이 마네킹 역할을 한다.) 마네킹에는 상표와 가격이 걸려있다. 마네킹 뒤의 판매원은 길에 서 있는 점장의 지시에 따라 마네킹의 자세 및 쇼윈도에 전시된 물건의 위치를 바꾸고 있다. 점장이 가자 판매원은 마네킹의 먼지를 닦아낸다. 쇼윈도에 판매원과 아는 사이인 젊은 남자가 다가온다. 그는 연극 표 두 장을 가져와 창문 너머에서 공연 시작 전에 만나기로 약속한다.

<헤어짐>

방과 현관. 방에는 슬픔에 잠긴 젊은 여자가 남자 셔츠를 깁고 있다. 현관으로 젊은 남자가 큰 가방을 들고 들어온다. 전남편이 자기 짐을 가지러 온 것이다. 젊은 여자는 현관에 전남편이 들어온 것을 알고 긴장하며 그가 왜 왔는지 설명해주기를 기다린다. 젊은 남자는 잠시 주저하더니 방안으로 들어와 인사한 다음 자기 짐을 챙기기 시작한다. 아내는 모든 게 끝이라는 것을 깨닫고 다 깁은 셔츠를 조용히 탁자에 올려놓는다. 전남편은 무언가를 설명하려 했지만 자기와 아무 말도 하고 싶지 않은 듯한 아내를 보고 화가 나서 짐만 챙긴다. 마침내 짐을 다 챙기자 고통스러운 이별의 시간이 다가왔다. 부부는 깍듯이 서로에게 인사를 한 뒤 남편은 떠난다.

<강의시간에>

교사가 칠판에 긴 공식을 쓰는 동안 여학생들이 새 구두를 신어본다. 구두를 산 학생의 발에 구두가 조여 다른 학생에게 팔려고 한다. 구두는 예쁘고 발에도 잘 맞다. 공식을 다 쓴 교사가 둘 중 한 명을 앞으로 나오라고 한다. 깜짝 놀란 그녀는 한쪽에는 검은색, 다른 쪽에는 갈색 구두를 신고 나가는 바람에 교사가 깜짝 놀란다.

<이혼>

　남편과 아내가 크게 싸웠다. 아내는 집에 없다. 남편은 병원에 입원해 있는 어머니에게 가져다줄 물건을 챙긴다. 아내가 들어와 어머니한테 가기 위해 자기 짐을 챙기기 시작한다. 이때 병원에서 전화가 걸려온다. 병원에서 오늘 어머니가 매우 악화되었다고 알려준다. 남편은 어머니에게 가기 위해 옷을 입는다. 이 모든 것을 들은 아내도 남편과 같이 병원에 가기로 결정한다. 둘 다 나간다.

<가게에서>

　행동은 대형마트 입구 길거리에서 일어난다. 남자가 자는 아기를 태운 유모차를 끌고 들어와서 가게 입구에 세워놓은 뒤 물건을 사러 간다. 아기가 울기 시작한다. 마트로 어떤 여자가 들어온다. 아기 울음소리를 듣고 부모를 찾아 여기저기 둘러보며 아기를 달래기 시작한다. 그녀는 가게 쇼윈도 너머로 한때 자신과 사귀었던 젊은 남자를 본다. 그도 그녀를 보았고 길에서 조금 기다려 달라고 손짓으로 말한다. 그녀는 기다린다. 남자가 나오자 아기가 또다시 울기 시작한다. 남자는 재빨리 아기 곁으로 다가온다. 유모차 손잡이에 쇼핑 봉지를 걸고 아기를 달래기 시작한다. 여자는 그가 결혼했으며 그의 아기라는 것을 깨닫고 재빨리 떠난다.

<공항에서>

　공항 대합실. 의자에 젊은 남자가 앉아 신문을 읽고 있다. 아가씨가 다가와 그 옆에 앉는다. 그녀는 매우 지쳤다. 잠과 싸움을 벌여보지만 참지 못하고 자신도 모르게 잠이 들어 젊은 남자의 어깨에 머리를 기대고 잔다. 그는 그녀의 상태를 이해하고 조용히 신문을 접다가 그녀의 핸드백이 무릎에서 떨어지려는 것을 본다. 그녀를 깨우지 않기 위해 조심스럽게 그것을 잡아 쥐고 있다. 이때 아가씨가 깨어나

자신의 핸드백이 낯선 남자의 손에 들려있는 것을 본다. 그녀는 그가 자기 돈을 훔치려 했다고 생각하고 재빨리 핸드백을 낚아챈다. 젊은 남자가 그녀의 생각을 알아채고 기분 나빠하며 나간다. 아가씨는 핸드백을 열고 모든 것이 있다는 것을 알고는 그 남자에게 사과하기 위해 쫓아간다.

<조명실에서>

피아니스트의 연주회가 진행되는 동안 조명기사는 자신의 자리에서 연주자에게 스포트라이트를 비춰준다. 조명을 맞춘 다음 그는 자기 일, 즉 우표첩을 뒤적인다. 조명실로 한 청년이 조용히 들어와 그에게 우표를 건넨다. 기사는 우표를 받아들고 청년에게 조명실에서 콘서트를 봐도 된다고 허락해준다. 청년은 아가씨를 데려온다. 그들은 자리에 앉아 열심히 음악을 듣는다. 기회를 포착하여 남자가 여자에게 입을 맞춘다. 여자는 깜짝 놀라 그를 떠민다. 넘어질 뻔한 그가 조명기의 코드를 잡아당기는 바람에 조명이 꺼진다. 조명기사가 조명이 꺼진 이유를 살펴보러 달려온다. 플러그가 빠진 것을 발견한다. 조명기는 다시 밝혀졌다. 조명기사는 청년을 그 자리에서 쫓아내고 아가씨도 쫓아내려 했으나 그녀가 있게 해 달라고 간곡히 부탁한다. 기사는 다시 조명기 쪽으로 간다. 미안한 듯 청년이 조용히 들어와 다시 아가씨 옆에 앉는다. 기사가 그를 흘깃 쳐다보았으나 더는 화내지 않으며 청년도 주의 깊게 음악을 듣는다.

<볼쇼이 극장 발레 초연 표>

두 자매가 볼쇼이 극장 초연 표를 한 장밖에 얻지 못하자 아무 말도 하지 않고 조용히 있기로 한다. 먼저 말하는 쪽이 지는 것이다. 무대는 자매의 방이다. 언니가 방 안에 혼자 있게 되자 친구에게 전화를 걸어 내기에 대해 말해준다. 언니는 친구에게 동생한테 전화를 걸어 말을 시켜달라고 부탁한다. 동생이 들어온다. 둘 다 입 다물고 자기 일을 한다. 전화가 울린다. 그들은 서로 본다. 아무도 전화통에 다가가지 않는다. 마침내 언니가 전화로 다가가 수화기를 들었으나 아무 말 하지 않는다. 그다음 기쁘게 수화기를 동생에게 건네준다. 동생도 아무 말 없이 수화기를 든 다음 고소해하며 수화기를 내려놓는다. 동생은 꽃에 물을 주기로 하고 물뿌리개를 가져와 언니의 목덜미에 물을 붓는다. 언니는 비명을 질렀으나 자제하고 조용히 동생에게 주먹을 쥐어 보인다. 또다시 전화가 온다. 오랫동안 울려댄다. 마침내 언니가 전화기로 다가가 수화기를 들더니 갑자기 말한다. '좋아요, 당연하죠!' 동생은 환호성을 지른다. 하지만 알고 보니 젊은 남자가 언니에게 전화를 걸어 그 초연에 초대한 것이다.

\<증계에서>

한 남자가 사랑하는 여자와 싸운 뒤 그녀가 사는 집 문 앞으로 다가간다. 문 앞에 선물을 내려놓고(오늘이 그녀의 생일이다.) 벨을 누른 다음 숨는다. 그녀가 나와 선물을 보고는 기뻐하며 집어 들다가 그 남자를 본다. 그녀는 그 남자가 준 선물이라는 것을 알아채고 화해할 마음이 없으므로 결연하게 선물을 돌려준다. 돌아서서 집 안으로 들어간다. 화가 난 남자도 떠난다. 그러나 몇 초 후 둘 다 돌아와 서로 화해한다.

\<체스>(휴양소에서)

휴양소의 홀에서 통행금지 시간이 지났는데도 체스 경기가 계속되고 있다. 간호사가 들어오더니 경기 중지를 요청한다. 간호사가 나가자 경기가 계속된다. 다시 간호사가 들어와 체스판을 압수한 다음 불을 끄고 나간다. 체스를 하던 애호가들이 휴대용 체스를 찾아와 랜턴 불빛 아래 경기를 계속한다. 의사가 들어온다. 처음에는 경기를 중지시키려 했지만, 그 상황이 재미있어서 흥분한 경기자들이 알아채지 못하게 지켜본다. 이윽고 체스를 하던 사람들이 의사가 들어온 것을 깨닫고 경기를 중지한 다음 심한 잔소리가 뒤따를 거라고 예상한다. 의사가 말한다. "내일 아침 내 방으로 오세요 … 체스 가지고".

<산부인과에서>

산부인과의 대기실. 몇 명의 남자들이 자기 아내의 퇴원을 기다리고 있다. 두 여자가 젖먹이를 안고 나온다. 두 남자가 반갑게 맞이하며 아기를 받아들고 그들은 출구로 나간다. 아기가 죽었다는 사실을 알고 있는 세 번째 남자가 자기 아내를 기다리고 있다. 간호사가 아내를 데리고 나온다. 그는 아내에게 다가가 안아준다. 그녀는 울며 자제하지 못한다. 간호사가 짐을 건네주자 그들은 아무 말 없이 나간다.

<위기>

엄마가 아픈 아기의 침대맡에 앉아있다. 그녀는 꼭 필요한 약을 구하러 나간 남편과 친구를 기다리고 있다. 친구가 들어온다. 약을 구하지 못했다. 그다음 남편이 약을 구해 들어온다. 친구가 주사를 놓는다. 모두 긴장 속에 결과를 기다린다. 얼마 뒤 아기는 편안하게 숨을 쉬더니 잠이 든다. 아내는 매우 기뻐 그만 울음을 터뜨린다. 남편과 친구가 그녀를 달래준다.

<다툼>

기숙사. 침대 두 개와 책상 한 개. 두 친구는 싸워서 서로 말하지 않는 상태다. 각자 자기 일을 한다. 그중 한 명에게 전보가 왔다. 그가 전보를 읽더니 낙심하여 방에서 나간다. 다른 한 명이 재빨리 책상으로 다가와 전보를 읽고 제자리에 놓는다. 첫 번째 학생이 돌아와 아는 사람에게 전화를 걸어 어머니가 위독해서 집에 가야 하니 비행기 값을 빌려달라고 부탁한다. 그가 돈이 없다고 한다. 수첩에서 다른 사람을 찾고 있는데 친구가 자기 가방에서 장학금을 꺼내어 건네준다. 서로 화해한다.

<무덤에서>

무덤가에서 아무 말 없이 두 친구가 앉아있다. 그 무덤에는 사고로 죽은 두 사람의 친구가 묻혀있다. 꽃을 든 남자가 나타난다. 두 친구는 그 남자가 바로 사고를 내어(두 친구의 생각으로는) 친구를 죽인 장본인이라는 사실을 깨닫는다. 한 친구가 참지 못하고 그에게 덤벼들려고 하자 다른 친구가 그를 말린다. 두 친구는 조용히 떠난다. 남자 혼자 무덤가에 남아있다.

<여동생>

무대는 두 자매의 방이다. 부모는 북쪽 지방으로 장기 출장을 떠났다. 언니는 데이트에 가려고 정성 들여 옷을 입는다. 이때 동생은 언니가 나가기를 기다리며 기타 줄을 맞추고 있다. 마침내 언니가 나가자 동생은 소파에서 담배 한 갑을 꺼내 좀 더 편하게 자리를 잡은 뒤 서툴게 담배를 피우기 시작하는데 갑자기 초인종이 울린다. 열쇠를 깜박하고 가져가지 않은 언니가 되돌아온 것이다. 그 소리에 동생은 소파에 담뱃갑을 재빨리 숨기고 손으로 연기를 휙휙 내젓는다. 그리고 난 후, 문을 연다. 언니는 열쇠를 들고 나가다가 누군가가 방에서 담배를 피웠음을 알아챈다. 동생은 열심히 기타를 만지는 척한다. 언니는 수상한 듯 동생을 살펴보다가 담배를 찾기 시작한다. 소파 뒤에서 담배를 찾아낸다. 동생은 다시는 담배를 피우지 않겠다고 약속한다.

<전통적인 모임>

한 때 같은 반 친구였던 남녀. 그들은 무척 친한 사이였으며 아마도 서로 사랑했을지도 모른다. 그러나 그는 다른 여자와 결혼했고 그녀도 더는 그를 알고 싶지 않다. 에튜드는 그녀가 옛 교실에 들어오는 것부터 시작한다. 여기에는 정말 많은 추억이 있다. 그녀는 피아노로 다가가 좋아하는 곡을 연주하기 시작한다. 갑자기 그가 들어온다. 그녀는 연주를 멈추고 나가려 한다. 그러자 그가 피아노에 앉아 그녀를 붙잡으려는 듯 연주를 시작한다. 그녀는 1초 정도 머뭇거리다가 가방을 들고 나간다. 남자 혼자 남는다.

<사격장에서>

무대에는 총이 놓여 있는 사격대가 있다. 옆에는 주인이 앉아 탄환을 세고 있다. 그가 무척 관심 있어 하는 기사가 실린 잡지를 들고 그의 친구가 들어온다. 이때 사격장에 젊은 남녀가 들어온다. 청년은 여자에게 자신의 사격 솜씨를 과시하고 싶다. 그는 탄환을 사서 확신에 찬 동작으로 탄환을 장전하고 사격하기 시작한다. 그러나 전부 옆으로 스쳐 간다. 그는 모든 게 총이 이상하기 때문이라고 확신하며 총을 바꿔달라고 요구한다. 주인의 친구가 그 이상한 총을 가지고 와서 모든 표적을 다 맞힌다. 그것도 모자라 그는 여자에게 거울을 빌려 뒤로 돌아선 채 거울만 보고도 표적을 맞힌다. 여자가 환호성을 지르며 자기에게도 그렇게 사격하는 법을 가르쳐 달라고 조른다. 일이 이상하게 돌아가는 것을 본 청년은 거울을 들고 자신도 그렇게 명중시켜 보려 한다. 그러나 하나도 맞추지 못하고 표적을 비추고 있는 애꿎은 전등만 깨뜨렸다. 벌금도 물어야 한다. 그는 돈을 지불한 다음 풀이 죽어 여자와 함께 나간다.

◆

　학생들에게 창조적 용감성을 가르칠 필요가 있다. 에튜드를 할 때 과
잉 연기에 대한 두려움으로 자신을 지나치게 통제한 결과 창백하고 표현
력 없는 에튜드가 되는 경우가 많다. 그런 에튜드는 예술적 진실 대신에
삶을 모방한 하찮은 자연주의적 '사실'이나 '간결'만이 보인다. 박탄고
프는 그러한 연기를 "거짓을 두려워하여 진실에 다가가지 못한다."라고
언급한 바 있다. 무대적 진실은 용감한 시도로 찾아진다. 과잉 연기를
하고 있다는 것을 의식하고 진실과의 경계선을 찾고 있다면 과잉 연기를
두려워할 필요가 없다. 만약 학생들이 자기 자신에게 "그래, 내가 과잉
연기했어."라는 말을 했다면 이는 무엇을 해서는 안 되는지 이해하고
있다는 의미이다.

　또한 "그래, 여기서는 연기를 끝까지 해내지 못했어."라고 인정할 줄
도 알아야 한다. 무대적 진실의 경계선과 유기적 행동은 '과잉 연기'와
'결핍 연기' 사이에 있다. 학생들은 자신이 진실하고 유기적으로 행동한
다고 생각하지만, 사실은 과잉 연기를 하는 경우가 있다. 그럴 때 우리는
어떤 것이 유기적 행동인지 학생들로 하여금 이해할 수 있도록 도와준다.

　그리하여 반년 동안의 수업이 끝나고 나면 학생들은 예술적 감각에
기반을 두어 행동의 과잉 또는 감정이나 상태의 과잉을 허용하지 않아야
한다. 무대에서 학생들의 행동은 창조적 흥분이 무대적 자감에 영향을
주는 것 외에는 실제 삶에서 행동이 이루어지는 법칙대로 수행되어야
한다. 그리하여 학생들은 창조적 흥분을 무대적 흥분으로 변화시키고,
이것을 무대적 목표로 수행하고자 하는 적극적인 흥분으로 전환하는 기
술을 습득해야 한다.

　반년 뒤 시험-발표에서 학생들은 행동과 무대적 자감을 형성해주는

연기의 요소들을 얼마나 성취하였는지 보여준다. 우리는 이 시점이 되면 학생들이 관객석의 영향에 얽매이지 않고 '군중 속의 고독'을 느낄 수 있기를, 즉 배우가 무대에서 자신이 '지금 집에 혼자 있다.'라고 믿을 때 생기는 자감을 성취할 수 있기를 기대한다. 이러한 요소들의 성취는 학생들의 적극적인 무대적 행동, 사건에 대한 직접적인 평가, 무대에서의 의외성에 대한 흥미로운 정당화, 행동의 자유로운 유연성, 즉흥적인 신선함 속에서 표현되며, 아울러 학생들이 얼마나 내적으로 훈련되었는지 그리고 자신이 수행해야 하는 과제에 얼마나 집중하였는지도 드러난다.

나머지 반년은 즉흥 텍스트를 통한 에튜드 작업을 위한 시간이다.

(2) 즉흥 텍스트 에튜드

학생들을 위한 즉흥 텍스트 에튜드에는 그 어떤 제한도 없으므로 학생들은 방해물의 극복이나 행동의 발전과 종결을 위해 필요하다면 말을 해도 된다. 단, 미리 외우는 대사가 아니라 제시된 상황에 따라 필요한 경우 저절로 발생하는 대사여야 한다.

이러한 에튜드로 옮겨갈 때 학생들은 계속해서 무언가를 말해야만 될 것 같은 느낌을 받는 경우가 많다. 그러나 미사여구가 능사는 아니므로 대화를 위한 주제가 고갈되면 에튜드 참여자들은 무슨 말을 더 해야 할지 힘들게 쥐어짜 내야 하며, 그러다 보면 행동은 수다의 물결 속에 익사하는 경우가 많다.

우리는 학생들이 말에서 행동으로 돌아올 수 있도록 도와주며, 언어적 행동은 목표 달성을 위한 행동 일부일 뿐으로 신체적 행동과 무언의 교류 그리고 사건의 평가 등의 순간을 거부해서는 안 된다는 점을 상기시켜 준다. 학생들이 에튜드의 제시된 상황과 자신의 목표를 잘 알고 있다면, 대사는 필요에 따라 저절로 만들어진다는 사실을 명심해야 한다.

만약 에튜드의 행동이 끊어져 참여자들이 그때마다 행동을 생각해내야 한다면, 교류의 연속적인 선은 단절되고 교류는 더는 유기적이지 않게 된다. 이를 스타니슬랍스키는 다음과 같이 기록하고 있다.

> 끊기는 교류는 옳지 않다. 그러므로 자신의 생각을 다른 사람에게 말하는 법을 배우고 그 생각이 상대배우의 의식과 감정에까지 닿을 수 있도록 표현하는 법을 배워라. 이를 위해 잠시 멈추는 것이 필요하다. 확신이 들었을 때, 말이 아니라 눈으로 합의되었을 때 비로소 다음 대사를 시작하라. 아울러 상대배우의 말과 생각을 그날그날, 매번, 새롭게 받아들일 줄 알아야 한다.[107]

스타니슬랍스키의 이러한 언급은 무대적 교류 과정에서 집중의 중요성을 강조하고, 에튜드에서 무대적 행동의 모든 요소를 전체적으로 사용할 필요가 있다는 점을 선명하게 보여준다. 만약 이러한 요소 중 하나라도 빠지면 과잉 연기나 보여주기식 연기가 된다.

행동의 연속선은 에튜드 참여자들이 창조적 목표에 얼마나 집중할 수 있는가에 따라 달라진다. 집중 능력은 배우의 가장 중요한 자질 중 하나이므로 학생들은 이 자질을 발전시켜야 한다. 만약 에튜드의 참여자들이 과제에 흥미를 느끼지 못한다면, 우리는 이들이 집중할만한 제시된 상황과 흥미로운 정당화를 설정할 수 있도록 도와주어야 한다. 에튜드가 시작되면 우리는 참여자들에게 실행 중간에 멈추거나 에튜드를 끝까지 다

---

[107] K. S. 스타니슬랍스키 전집 8권 중 2권, 256~257쪽.

보여주지 않는 태도를 허용하지 않는다. 이때 학생들에게 규율을 교육하고 성공적인 에튜드를 위해 자신의 무력함과 타협하지 않고 끝까지 노력하는 법을 가르쳐야 한다.

그리하여 배우가 쓸데없이 웃는다거나 무대적 진지함이 결여된 경우 우리는 가차 없는 조치를 취한다. 창조 작업에 대한 이러한 경박한 태도는 그룹의 분위기를 망칠 뿐만 아니라 싹수부터 과감히 잘라야 하는, 형편없는 아마추어 연극에 날개를 달아 주는 행위이기 때문이다. 여기서 한 가지 명심할 것은, 무대적 진지함이 결코 점잖은 얼굴이나 '경건한' 태도를 의미하는 것은 아니라는 점이다. 에튜드나 연습과제는 즐겁고 기쁘게 수행해야 한다. 그러나 이것이 참여자들의 진지하지 않은 태도를 의미하는 것은 아니다. 이에 대해 박탄고프는 다음과 같이 언급했다.

> 무대에서 진지하다는 것은 내가 중요한 일을 하고 있다는 것을 안다는 의미이다. 무대에서 의미 없이 웃는 것은 제시된 상황을 진지하게 대하는 능력의 결핍에서 비롯된다.[108]

무대적 진지성은 에튜드의 초목표, 즉 우리가 이 에튜드를 통해 말하고자 하는 생각과 긴밀히 연관된다.

아울러 즉흥 텍스트 에튜드를 시작할 때 중요한 것은 학생들과 '속텍스트'[109]의 만남이다. 배우들은 무대에서 대사를 말할 때, 자신의 목표나 자신이 말하고 있는 내용에 대한 자신의 관계도 생각하지 않고 그저 말

---

[108] V. K. 리보바의 메모에서 인용.

[109] [역주] sub-text. 속텍스트, 속대사, 이면대사, 기저대사 등을 의미한다. 문장과 문장 사이, 구와 구 사이, 단어와 단어 사이의 드러나지 않는 감정이나 행동 등을 뜻한다.

만 내뱉는 경우가 종종 있다. 이때 그들은 자신이 내뱉은 말의 내적 의미를 찾지 않고 그저 말의 외적이고 직접적이며 표면적인 의미만을 전달하려고 한다. 스타니슬랍스키는 어떤 수공업 연극의 배우가 "나는 길고 길었던 낮과 짧았던 밤을 기억한다."라는 구절을 어떻게 발음했는지 예로 든 적이 있다. 그는 '길고 길었던 낮'이라는 단어를 발음할 때 'ㅣ'음을 쭉 빼며 낮의 길이를 억양을 통해 전달하려고 애썼으며, '짧았던 밤'이라는 단어는 그 짧음을 전달하기 위해 거의 '빨리 말하기' 수준으로 서둘러 발음하였다. 그러한 '기계적 연기'는 자기가 그 구절을 왜 말하고 있는지 이해하지 못하기 때문이며, 이는 구절의 전체적 의미를 파괴하는 행위이다.

삶에서 단어의 일차적 의미가 강조되는 경우는 극히 드물다. 사람들은 대부분 어떤 목적을 위해, 즉 어떤 목적을 가지고 말한다. 이러한 목적에 따라 같은 구절이라 하더라도 구절의 속뜻, 즉 '속텍스트'를 표현하기 위해 여러 가지 의미로 쓰이게 된다. 예를 들어, "몇 시에요?"라는 구절이 일차적 의미, 즉 시간을 알기 위해 사용되는 경우는 매우 드물다. 늘 그렇다고 할 만큼 이 구절은 제시된 상황에 따라 의미가 달라진다. 가령 잠을 자고 있었던 경우 눈을 뜬 다음 늦잠을 잤다는 사실을 깨닫고 "몇 시에요?"라고 말했다면, 이는 '설마 내가 늦은 거야?'라는 의미이다. 만약 자고 싶은데 누군가 나를 깨웠을 때, "몇 시에요?"라는 구절은 '좀 더 자게 해주세요!'라는 의미이다. 그리고 만약 우리가 학생들에게 수업 전에 "몇 시에요?"라고 물었다면, 이는 '자, 시작하자!'라는 의미이다. 또 만약 교육자가 지각한 학생에게 "몇 시에요?"라고 물었다면 '왜 늦었니?'라는 의미이다. 그리고 청년이 만날 때마다 늦게 나오는 아가씨에게 "몇 시에요?"라고 물었다면, '왜 날 이렇게 짜증 나게 하니?'라는 의미이다.

발화된 말의 이러한 내적 의미를 '속텍스트'라고 하며 이것은 표정, 억양, 구절의 리듬, 강세를 통해 표현된다. 삶에서는 사건에 대한 자신의 관계를 나타내주는 올바른 속텍스트를 말하지만, 무대에서는 자신의 태도를 정확하고 섬세하게 전달하지 못할 뿐만 아니라 투박하고 기계적인 억양으로 의미를 충분히 전달하지 못하는 경우가 종종 있다. 무대에서 한 말이 속텍스트를 가지기 위해서는 자신이 무엇을 말하고자 하는지 분명히 인지한 다음 그 속텍스트를 말해야 한다. 그럴 경우에만 말은 내적 의미를 획득하고 무대 위의 '텅 빈' 대사가 아니라, 살아있는 사람의 말이 되는 것이다.

즉흥 대사를 사용하는 초기 에튜드에서 학생들이 특별한 이유 없이 고민하고, 떠들고, 유쾌해하고, 날카로워지는 청년을 묘사하는 경우가 간혹 있는데, 이는 일종의 내적 억압이다. 이때 학생들은 불필요한 행동이나 말 뒤에 숨으려고 한다. 여기서 우리는 학생의 말을 귀 기울여 들으며 그들 스스로 알아채지 못한 적당치 못한 말이나 표현을 사용하지 않도록 해주어야 한다. 에튜드를 실행하다 보면 학생들이 제시된 상황 속에서 자기 자신이 했을법한 그대로 행동하는 순간이 있는데, 우리는 학생들이 '자기 자신을 인식'할 수 있도록 그 순간을 놓치지 않고 알려준다.

한편, '등장인물로서의 에튜드'에서는 등장인물의 자감을 반영해주는 사건이 발생한다. 그리하여 에튜드를 시작할 때는 어느 하나의 자감에서 시작했다 하더라도 그 인물이 감당해야 하는 투쟁의 정도에 따라 에튜드를 마칠 때는 다른 자감으로 끝을 맺는 경우가 많다. 이에 대해 박탄고프는 다음과 같이 언급하였다.

누구나 자신의 염원을 실현하는 과정에서 방해물을 만나고 그것을 극복하고자 애쓴다. 어떤 이는 승리하고 다른 이는 패배한다. 승리자는 기뻐하게 하라. 그가 기쁨을 연기해야 하기 때문이 아니라 그가 승리했기 때문이다.

패배자는 슬퍼하도록 하라. 그가 슬픔을 연기해야 하기 때문이 아니라 그의 염원이 이루어지지 않았기 때문이다. 기쁨과 슬픔이 저절로 오도록 하라. 배우가 오늘 할 수 있는 만큼의 힘과 수준에서 말이다.

내가 바라는 것은 배우들이 염원하는 사람으로 변하는 것이 아니라 이러한 염원 속에서 진지해지는 것이다. 내가 바라는 것은 등장인물들에게 필요한 것이 그들에게도 유기적으로 필요해지는 것이다. 그들에게도, 유기적으로, 필요하다, 이 세 단어 모두 여기에서 똑같이 중요하고 똑같이 가치 있는 말이다.[110]

그러한 에튀드의 예를 살펴보자.

<자매>

두 자매. 동생은 아마추어 연극배우이기 때문에 동호회 모임에 나갈 준비를 한다. 그녀는 몸이 좋지 않았으나 언니에게 이 사실을 숨긴다. 언니는 동생의 얼굴이 붉은 것을 보고 체온계를 꽂는다. 38도다. 언니는 동생을 모임에 보내고 싶지 않지만, 동생은 동료들과 관객을 난처하게 할 수는 없다고 말하며 언니의 만류를 귀담아듣지 않고 나간다.

<전화국에서>

전화국에서 차례를 기다린다. 한 아가씨가 들어와서 호출을 신청한다. 그녀는 아버지에게 전화를 걸어야 하는데 감기로 목이 쉬는

---

[110] E. V. 박탄고프, 『메모. 편지. 논고』, 101~102쪽.

바람에 속삭이는 소리만 겨우 낼 수 있다. 마침내 그녀가 전화를 걸 차례다. 그녀는 아버지에게 말을 하지만 아버지는 알아듣지 못한다. 대기자 중 한 명이 그녀를 도와준다. 그는 한참 동안 그녀의 아버지에게 왜 자기가 그녀를 대신하여 통화하고 있는지 설명한다. 그러고 난 후, 그녀에게는 아버지의 말을, 아버지에게는 그녀의 말을 전달해준다.

<수다쟁이 이모>

남편과 아내는 영화관에 가려고 한다. 채비하다가 아내는 문득 잘 삐치는 이모의 생일을 깜박했다는 사실을 떠올린다. 남편이 전화를 걸자 이모는 기뻐하며 남편이 어떻게 말을 끝맺어야 할지 모를 정도로 말을 계속한다. 상영 전까지 시간이 얼마 남지 않아 아내는 자기 옷을 입으며 좀처럼 전화를 끊지 못하는 남편의 옷도 입혀주기 시작한다. 마침내 아내가 수화기를 내려놓음으로써 대화가 끝났다. 그들이 막 나가려고 하는데 전화벨이 또 울린다. 남편이 전화로 다가가 목소리를 바꿔 말한다. '전화 잘못 거셨어요.' 그러나 이모가 그의 목소리를 알아채는 바람에 대화는 또 계속된다. 아내가 또다시 수화기를 내려놓고 그들은 달려나간다. 전화는 끝도 없이 울린다.

<건강검진>

의사의 진료실. 체육대학에 입학하고자 하는 소녀가 의사에게 건강 진단서를 요청한다. 의사는 소녀의 건강한 모습에 관심을 보이며 그녀의 스포츠 수상 경력에 대해 이것저것 묻기 시작한다. 의사는 서류를 검토하며 간호사에게 X-RAY 필름을 가져오라고 한다. 필름을 본 의사는 갑자기 진지해진 얼굴로 소녀의 폐에 어두운 부분이 보이므로 건강 진단서를 줄 수 없다고 한다. 소녀는 실망하여 자신의 건강 상태는 완벽하다고 주장해 보지만 의사는 객관적인 X-RAY 자료에 근거한다. 최종 소견을 적기 위해 의사는 소녀의 이니셜을 묻는다. 사진의 이니셜과 일치하지 않는다. 간호사를 부른다. 잠시 뒤 다른 사진을 가지고 들어온다. 소녀는 건강하다. 간호사가 같은 성을 가진 다른 사람의 사진을 가져온 것이다. 의사가 간호사를 질책한다.

<여종업원>

출장 온 어떤 남자가 카페에 들어와 메뉴를 자세히 들여다보기 시작한다. 그에게 여종업원이 다가온다. 그는 그녀가 연극대학에 입학하기 위해 고향을 떠난 동향인임을 알아본다. 그녀는 자존심 때문에 집에는 합격했다고 편지를 보냈지만, 사실은 입학시험에 떨어졌다. 이제 그녀는 고향에 돌아가기가 부끄러워 여종업원 일을 시작한 것이다. 동향인은 그녀에게 잘못된 부끄러움은 버리고 집으로 돌아가라고 설득한다.

<전화통화>

한 아가씨가 매우 중요한 일로 시외전화를 신청한 다음 자기 차례를 기다리고 있다. 전화국 기사가 요금 체납을 이유로 시외전화를 끊으려 한다. 그녀는 끊지 말라고 기사에게 사정한다. 마침내 전화가 연결되었으나 아가씨는 나쁜 소식을 듣는다. 기사는 그녀가 너무 실망하는 바람에 전화를 끊지 못하고 조용히 나간다.

<원피스>

한 여학생이 콘서트에 출연하는 친구를 위해 자기 언니의 외출용 정장 원피스를 빌려준다. 친구는 실수로 그 옷이 찢어졌다며 미안해서 어쩔 줄 몰라 한다. 여학생은 친구의 설명을 듣고 나서 찢어진 부분을 살펴본 다음 표시 나지 않게 기술적으로 수선해보기로 한다.

<친구>

기숙사의 두 친구. 한 명이 데이트에 나가기 위해 다른 한 명에게 새 재킷과 넥타이, 구두를 빌려달라고 부탁한다. 친구는 흔쾌히 빌려준다. 마침내 첫 번째 친구가 외출 준비를 마쳤다. 이때 두 번째 친구에게 전화가 걸려왔다는 호출 소리가 들린다. 두 번째 친구는 돌아와서 친척 집에 초대받았다고 알린다. 첫 번째 친구가 우울하게 옷을 벗기 시작하자 두 번째 친구는 친척 집에 낡은 재킷을 입고 가도 된다며 안심시켜 준다.

<군대 동료>

한 여학생이 시험 준비를 하고 있다. 초인종이 울리고 어떤 군인이 들어와 여자의 오빠를 찾는다. 오빠는 집에 없다. 군인은 오빠와 같은 부대에서 근무했다고 말한다. 군인은 출장을 나왔는데, 주소록에서 오빠의 주소를 발견하고 자신의 군대 동료를 만나보고 싶은 마음에 집으로 찾아왔다고 말한다. 오빠가 돌아오자 그들은 서로 모르는 사이라는 사실이 밝혀진다. 오빠가 그의 군대 동료와 성이 같았던 것이다. 오빠는 성이 같은 친척 중 한 명이 그 부대에서 군인으로 근무했다는 사실을 떠올리고 친척에게 전화를 걸어 그와 군인이 만나도록 해준다.

<야간 당직>

야간 당직 간호사가 환자에게 약을 주사한 다음 환자의 상태가 더 나빠졌다. 호출받아 나온 의사는 피로에 지친 간호사가 약을 잘못 주사한 사실을 밝혀낸다. 해독제를 주사하였고 이로써 환자는 물론 자신의 실수 때문에 두려움에 떨고 있는 간호사가 진정되었다.

<아내>

병원의 면회일. 간호사가 환자를 면회하기 위한 허가증을 발급하고 있다. 한 여자가 찾아와 환자 중 한 명의 아내라고 말한다. 면회허가증이 발급되자 그녀는 병실로 들어간다. 어느 정도 시간이 흐른 뒤 그 환자에게 또 다른 여자가 찾아와서 그의 아내라고 말한다. 간호사가 그의 아내는 이미 와 있다고 말하며 면회허가증을 주지 않는다. 두 번째 여자는 경악하며 남편에게 어떻게 다른 아내가 있을 수 있는지 이해할 수 없다고 말한다. 그녀는 가상의 아내가 병실에서 나오기를 초조하게 기다린다. 마침내 첫 번째 여자가 나오고 오해가 풀린다. 그녀는 남편의 동료 여직원으로 남편의 서명을 받아야 하는데, 아내가 아니라고 하면 병실에 들여보내 주지 않을까 봐 그렇게 한 것이었다.

<둥지에서 떨어진 아기새>

청년과 아가씨가 숲에서 딸기를 따고 있다. 우연히 둥지에서 떨어진 아기새를 발견한다. 아가씨가 아기새가 어디에서 떨어졌는지 장소를 알려주자 청년은 나무로 기어 올라가 둥지에 새를 넣어준다. 잠깐 어미새가 아기새에게 먹이를 주는지 안주는지 지켜보다가 주는 걸 확인한 다음 가던 길을 계속 간다.

<입학 전에>

한 소녀가 연극대학에 입학하기 위해 모스크바에 왔다. 어머니는 옛 친구에게 자신의 딸이 입학시험을 보는 동안 좀 맡아달라는 부탁이 적힌 편지를 소녀에게 들려 보냈다. 그러나 소녀가 그 집에 가보니 엄마 친구는 이미 오래전에 이사를 갔고, 현재 사는 젊은 여자는 엄마 친구의 주소도 모르는 상황이었다. 소녀는 어찌할 바를 모른다. 모스크바에 아는 사람이라곤 없기 때문이다. 젊은 여자가 소녀를 도와주기로 하고 연극대학 학생인 자신의 친구를 부른다. 그 학생은 소녀에게 간단한 테스트를 해보고 중요한 조언도 해 준 다음, 기숙사로 데리고 가서 입학시험기간 동안 기숙사에 머물 수 있도록 해준다.

<전보>

성이 구시예바야인 여학생에게 어머니가 위독하니 급히 집으로 오라는 전보가 왔다. 기숙사 친구에게서 돈을 빌려 급히 차표를 구할 방도를 생각한다. 친구 중 한 명이 전보를 다시 읽어보더니 성이 구시예바야가 아니라 구세바야라는 사실을 발견한다. 실수로 잘못 온 것이다.

<의붓아버지>

모스크바에서 공부하는 한 여학생이 엄마에게 미리 알리지 않고 집에 왔다. 엄마는 집에 없고 대신 모르는 남자가 있다. 알고 보니 엄마가 재혼하면서 이 사실을 딸에게 알리지 않은 것이다. 딸은 돌아가신 아버지에 대한 추억 때문에 화가 나서 처음에는 이 남자를 엄마의 남편으로 인정하지 않는다. 하지만 나중에는 새로운 상황을 받아들이게 된다.

<언니>

무대는 두 부분으로 나뉜다. 왼쪽에는 젊은 여자가 자고 있고 오른쪽은 부엌이다. 아가씨와 청년이 조용히 부엌에 들어온다. 아가씨는 책 한 권을 찾아 남자에게 건네준다. 자던 여자가 일어나서 아가씨를 부른다. 그녀는 다른 방에 있기 때문에 지금 부엌에 남자가 와 있는지 모른다. 그녀는 아가씨에게 그 남자와의 관계를 꼬치꼬치 묻는다. 아가씨는 어떻게 대답해야 할지 모른다. 그녀가 남자에 대해 약간 안 좋게 말하자 아가씨는 당황하며 그 남자가 지금 여기에 와 있다고 말한다. 그러자 언니는 당황한다.

<약>

한 여학생이 약품 공급 담당 기관에 와서 병든 아버지를 살리는 데 필요한 희귀약을 달라고 부탁한다. 그 약의 발급 담당자는 회의 때문에 내일이나 출근한다. 여학생은 여직원에게 허가서를 발급해 달라고 부탁한다. 여직원은 자기가 책임을 떠맡을 것인지 한참동안 고민하다가 마침내 상황의 심각성을 인식하고, 그 약을 발급하기 위한 허가증을 내준다.

<출납원>

출납원이 점심 휴식시간을 시작하려고 한다. 그녀의 친구가 달려와 통행증을 사야 하니 30분만 돈을 빌려달라고 부탁한다. 출납원이 금고에서 돈을 꺼내 빌려준다. 친구가 가고 출납원이 점심 휴식시간을 시작하려고 하는데 갑자기 감사가 들이닥쳐 금고를 봉인해버린다. 서류 감사가 시작되자 계산원은 금고에 돈이 모자랄 것이라고 해명한다. 잠시 뒤 친구가 돈을 가지고 돌아왔으나 감사는 완강하다. 출납원이 절망하자 친구가 감사에게 지금은 점심 휴식시간이라고 주장한다. 감사는 봉인을 풀고 휴식 시간 이후 다시 돌아오겠다고 말한다. 돈을 다시 금고에 넣는다.

<스포츠 로또>

기숙사에 사는 두 학생. 장학금이 나오려면 아직 3일이나 남았는데 수중에는 한 푼도 없다. 어떻게 살지 궁리한다. 한 친구의 눈에 정기 스포츠 로또 당첨 결과가 실린 신문이 눈에 띈다. 그는 로또 번호표가 들어있는 수첩을 꺼낸다. 큰 상금에 당첨되었다. 처음에 두 친구는 이 사실을 믿지 못했으나 나중에는 기뻐하며 은행에 당첨

금을 찾으러 가기 위해 옷을 입는다. 여권이 필요하다는 생각에 여권을 꺼내 열어보자 동그라미가 칠해진 표 두 장이 떨어진다. 그가 깜박 잊고 스포츠 로또 기계에 찍지 않은 것이다.

<지붕에서>

무대는 고층건물의 지붕이다. 지붕은 울타리가 둘러쳐져 있다. 남녀가 불꽃놀이를 보기 위해 지붕에 올라온다. 그녀는 무서워 그를 잡는다. 그러나 두려움보다 호기심이 더 크다. 그들은 불꽃놀이를 기다리며 도시를 둘러본다. 낯익은 건물과 거리가 보인다. 청년은 아가씨에게 사랑 고백을 하려고 한다. 그러나 여자는 다른 사람을 사랑한다고 솔직히 말한다. 불꽃 소리가 요란하다.

<새 연극>

연극대학 졸업 동기생들이 전부 다 교외로 가서 거기서 새로운 연극을 만들어보기로 결심했다. 행동은 어느 젊은 부부의 집에서 일어난다. 내일 출발해야 하므로 남편이 자기 짐과 아내의 짐을 챙기고 있다. 아내가 들어온다. 그녀는 자신들과 같이 갈 수 없는 동기생 한 명의 연기를 도와주기 위해 아카데미 극장의 공연에 있다가 오는 길이다. 아내는 남편에게 공연이 끝난 뒤 그 극장의 상임연출이 극장에서 일해보라는 제의를 했다고 말한다. 상황이 복잡해진다. 문제의 해결은 이 에튜드를 수행하는 학생들에게 맡긴다.

<소개>

청년이 여자를 자신의 부모에게 소개하려고 데려온다. 무대는 부모님 집의 문 앞이다. 청년에게는 약혼녀가 부모님의 마음에 드는 것이 중요하다. 그는 여자를 꼼꼼히 훑어본다. 립스틱을 지우고 머리 모양을 단정하게 하라고 한다. 여자는 내키지 않았지만, 남자의 요청을 따라준다. 하지만 부모님에게 이미 결혼한 적이 있는 여자라는 사실을 숨겨달라는 말에 더 이상 참지 못하고 그냥 가려고 한다. 청년은 그녀를 만류하며 자기가 했던 말을 취소하고 집의 초인종을 누른다.

<시험 준비>

남학생 두 명과 여학생 한 명, 세 명이 함께 시험을 준비하기로 한다. 여학생이 왔을 때는 남학생 한 명만 와있고 그가 나머지 한 명은 조금 늦을 것이라고 말한다. 공부를 시작하려는데 남학생이 여학생에게 사랑 고백을 하려 한다. 여학생은 다른 남학생이 일부러 둘만 있도록 만들었다는 사실을 깨닫고 화를 내며 나가 버린다.

<광고 회사>

행동은 광고 회사 문 앞에서 이루어진다. 무대에는 긴 의자가 놓여있다. 점심시간이다. 한 아가씨가 들어오더니 벤치에 앉아 점심시간이 끝나기를 기다린다. 두 번째 아가씨가 들어와 점심시간 안내문을 보고는 역시 긴 의자에 앉아 기다린다. 자연스럽게 두 여자 사이에 대화가 시작된다. 한 여자가 개를 잃어버렸다고 슬프게 말한다. 두 번째 여자는 방을 빌려 살고 있고 지금은 개를 키우고 있다고 말한다. 그런데 집주인이 개를 못 키우게 하는 바람에 개를 키우며 살 수 있는 방을 구한다는 광고를 내기 위해 여기 왔다고 말한다. 대화 중에 두 번째 여자가 며칠 전 우연히 개를 발견했다는 사실이 드러난다. 첫 번째 여자는 흥분하여 개 종류가 무엇인지, 어디에서 발견했는지, 개가 어떻게 생겼는지 등을 물어보기 시작한다. 알고 보니 그 개는 그녀가 잃어버린 개였다.

<결혼 신고서 제출 전에>

한 아가씨가 결혼등록소에 가기 위한 치장을 하고 있다. 약혼자가 꽃을 가지고 들어온다. 그는 그녀에게 주민등록증을 달라고 한 다음 그녀가 준비를 다 했는지 확인하고 택시를 잡으러 나간다. 전화가 울린다. 여자가 수화기를 든다. 그녀가 결혼하기로 했던 전 남자다. 그러나 그는 멀리 떠난 뒤 여태껏 아무런 소식도 없었다. 그는 이제야 돌아와 소식을 전할 수 없었던 사정을 설명하려고 한다. 그는 비밀출장을 갔던 것이다. 전화를 끊고 나서 그녀는 한참 동안 아무 말도 하지 않는다. 약혼자가 돌아오자 그녀는 솔직하게 모든 것을 털어놓는다. 배우의 관점에 따라 다르게 연기할 수 있다.

<외출증>

무대는 해양 대학교 학생들의 수병실(침실)이다. 학생들이 저마다의 일로 바쁘다. 한 사람은 편지를 쓰고 다른 사람은 속옷을 깁고 또 다른 사람은 책을 읽고 있다. 분대장이 들어온다. 학생들이 그에게 애인 사진을 보여 달라고 조른다. 분대장은 사진을 보여주며 그녀는 오늘 떠나지만 그 전에 해군성 공원에서 만나기로 약속했다고 말한다. 중위가 들어온다. 학생들이 정렬한다. 중위가 수병실을 둘러본 다음 침대 앞에 떨어져 있는 종잇조각을 발견하고 주워 대열 앞에 내던지며 수병실을 청소하라고 명령한다. 중위가 나간다. 학생들은 수병실을 치우기 시작하며 당번이 깨끗하게 청소해 놓지 않았기 때문이라고 비난한다. 마침내 수병실 청소가 끝나자 분대장이 중위를 부르러 간다. 학생들은 또다시 정렬하고 중위는 꼼꼼히 훑어본 다음 그들에게 외출증을 준다. 그러나 분대장에게는 "자네는 외출 금지야!"라고 말하고 나간다. 학생들은 당번에게 너 때문에 분대장이 벌을 받게 되었다고 나무란다. 당번이 급히 달려나간다. 모여 있던 학생들이 차츰 외출한다. 당번이 뛰어들어와 자기가 공원까지 달려가서 그 여자를 만났으며, 그녀가 가는 도시의 주소를 알아왔고, 그녀가 곧 돌아오겠다는 약속도 했다고 알려준다.

<두 자매>

엄마와 두 딸이 살고 있다. 엄마는 집에 없다. 딸 한 명이 자기 일을 하고 있다. 다른 딸이 들어와 가족을 버리고 도시를 떠난 뒤 아무 소식도 없는 아빠로부터 편지가 왔다고 말해준다. 편지에는 그가 살아있으며 이 도시로 와서 호텔에 머물고 있으니 그들을 보고 싶다고 적혀있다. 동생은 주저하였지만, 아버지와의 만남을 반대하지 않는다. 언니는 단호하게 반대한다. 그녀는 동생에게 엄마가 돈 한 푼 없이 자기 둘을 데리고 얼마나 힘든 시간을 보냈는지 상기시킨다. 갈등이 고조된다. 해결책은 배우가 찾도록 한다.

<낚시터에서>

무대에는 남편과 아내가 있다. 그녀는 집안일을 하고 있다. 남편은 쉬는 날인 내일 친구들과 낚시를 가기 위해 장비를 준비 중이다. 아내는 남편에게 휴일에는 어린 아들과 같이 있어 달라고 설득하고 있다. 사실 아들은 실제로 할머니 집에 살고 있으며 토요일과 일요일에만 그 애를 집으로 데려온다. 이에 대해 남편은 사전에 이미 친구들과 한 약속이므로 그들을 실망시킬 수 없다고 대답한다. 갈등이 일어난다. 남편은 계속 자기 의견을 주장한다. 전화벨이 울린다. 할머니가 전화해서 아들과 얘기 좀 해보라고 말한다. 아들이 아버지에게 "내일 우리 어디로 가요? 동물원 아니면 썰매 타러?"라고 묻는다. 그는 아버지가 이미 오래전에 한 약속을 잊지 않고 있었던 것이다. 아버지는 망설이더니 마침내 온종일 아들과 시간을 보내기로 동의한다. 아내가 기뻐한다.

<보관소에서>

무대에 자동 수화물 보관함 몇 개가 놓여있다. 승객 한 명이 짐을 가지고 들어온다. 그러나 캐비닛을 열기 위한 비밀번호를 잊어버렸음을 깨닫는다. 그는 번호가 적힌 종이를 찾기 위해 주머니를 다 뒤진다. 그러나 헛수고다. 그는 공중전화로 가서 자기가 머물렀던 친구에게 전화를 걸어 번호가 적힌 담뱃갑을 찾아보라고 부탁한다. 그러나 담뱃갑은 버린 지 오래다. 기차가 곧 떠날 것이다. 옆 캐비닛을 이용하던 사람이 그의 대화 내용을 다 듣고 이 시간이면 당직이 지나가니까 그에게 도움을 요청해 보라고 조언한다. 그는 당직에게 달려가 캐비닛을 열어달라고 부탁한다. 당직은 신고서를 작성하라고 하며 그에게 질문하기 시작한다. 어떤 가방, 내용물은 무엇이며 어떤 기차를 타는지 등이다. 그는 모든 질문에 답하고 기차가 11시 50분에 떠난다고 말한다. 그때 기차 출발시각인 1150으로 비밀번호를 맞춰 놓은 것이 떠오른다. 급하게 캐비닛을 열고 가방을 꺼내 달려간다.

<휴가>

남편과 아내가 남쪽 지방으로 휴가를 가려고 한다. 그들은 신참 연구원이기 때문에 돈이 그리 넉넉지 않다. 그들은 짐을 챙기고 돈을 세어보기 시작한다. 이 돈 중 일부는 아랫집 수리비로 주어야 한다. 얼마 전 부부가 깜박 잊고 목욕탕 물을 잠그지 않은 바람에 아랫집에 물이 샜기 때문이다. 분명 남은 돈으로 휴가를 끝까지 보내기에는 부족하다. 부부는 휴가를 마치고 돌아와서 수리비를 갚기로 결정한다. 아내는 마지막 짐을 챙기고 새로 산 수영복이 걸려있는 베란다로 나간다. 그녀가 겁에 질린 얼굴로 다시 들어온다. 수영복이 바람에 날아가 하필이면 물이 새게 만들었던 바로 그 아랫집 발코니로 들어간 것이다. 둘 중 누구도 그 집에 가고 싶어 하지 않는다. 마침내 남편이 나간다. 그는 금방 돌아오더니 돈을 가지고 다시 나간다. 수영복을 가지고 돌아온다. 그러나 돈은 휴가를 보내기에 부족하다. 대책을 찾는다. 여자가 엄마에게 가서 돈을 빌리자고 제안한다.

<소포>

기숙사에 같은 도시 출신인 두 학생이 살고 있다. 한 명에게 소포가 왔다. 그들은 기뻐하며 풀어본다. 소포 맨 위에 들어있는 편지는 한쪽으로 치워놓고 그 밑에 들어있는 음식과 제일 밑에 구두 한 켤레를 본다. 소포 주인이 신발을 신어보지만 어머나 세상에, 너무 작다. 이때 같은 반 친구가 들어온다. 그가 구두를 보더니 한번 신어보자고 조른다. (그는 오래전부터 그런 신발을 사고 싶어 했다.) 신발이 잘 어울린다. 그는 그것을 팔라고 한다. 주인은 동의한다. 기분이 좋아진 친구는 신을 신은 채 돈을 가지러 나간다. 두 친구는 음식을 식탁에 놓고 편지를 읽기 시작한다. 거기에는 둘 다 공통으로 알고 있는 지인에 대한 여러 가지 소식들이 적혀있다. 편지 마지막에 구두는 두 번째 친구의 것이라고 적혀있다. (그의 엄마가 이 기회를 이용해 구두도 같이 보낸다는 내용이 적혀있다.) 신발을 신고 간 친구가 들어온다. 그에게 상황을 설명하고 신을 주인에게 돌려달라고 부탁한다. 그는 실망하였으나 두 친구가 그에게 다과를 함께 하자고 초대한다.

<거리에서>

이른 아침. 벤치에 청년이 자고 있다. 그 곁을 한 아가씨가 지나가다 자기 동생인 것을 알아챘다. 그녀는 그를 깨운 다음 그가 아버지와 다투고 집을 나간 뒤 며칠 동안 그를 얼마나 찾았는지 모른다며 그를 나무란다. 청년은 잘못을 인정하지 않는다. 그러자 누이는 엄마가 걱정하다 심장병으로 현재 병원에 입원했다고 알려준다. 그는 자신의 잘못을 깨닫고 누이와 함께 집으로 돌아간다.

<버섯을 따다가>

남녀가 숲을 산책하며 버섯을 따고 있다. 어느 방향으로 계속 갈 것인지 얘기하다가 의견이 갈라진다. 이견이 말싸움으로 번지자 그들은 각기 다른 방향으로 간다. 비명이 들린다. 여자가 발을 헛디뎌 구멍에 빠지는 바람에 발이 삐었다. 그는 여자에게 달려가 데려와서 그루터기에 앉힌다. 손수건을 찢어 그녀의 발을 묶어준다. 그들은 화해하였으나 그녀는 더 이상 걸을 수 없다. 그는 도움을 청하기 위해 가려고 했으나 그녀는 혼자 있는 것이 두려워 그를 가지 못하게 한다. 갑자기 숲에서 친구가 나타나 여자를 집에 데려다 주는 것을 도와준다.

<꽃>

피곤한 아내가 퇴근하고 돌아와 집을 청소한다. 벨이 울리고 택배 기사가 아름다운 꽃바구니를 가져온다. 택배 기사가 영수증에 서명을 부탁한다. 거기에는 그녀의 집 주소와 자신과 남편의 성이 적혀있다. 그녀는 기뻐하며 요금을 지불하고 택배 기사는 나간다. 아내는 생각한다. '어디서 꽃이 났지', '누가 이것을 보냈을까?' 마침내 남편의 선물이라는 결론을 내린다. 그녀는 바구니를 가져와 다른 방에 가져다 놓는다. 멋지게 차려입고 피곤한 기색이라고는 전혀 없는 여자가 되어 나온다. 식탁을 차리고 남편을 기다린다. 남편이 들어와서 무슨 일인지 의아해한다. 그녀 또한 야릇하게 아무 말도 하지 않으며 그에게 식탁에 앉으라고 권한다. 그는 흔쾌히 앉으면서도 무슨 일로 이렇게 차렸는지 궁금해한다. 그때 아내가 꽃바구니를 들고 들어온다. 남편이 기쁘게 말한다. "좋아, 딱 맞게 꽃을 가져왔군. 바로 내일이 사랑하는 마리야 이바노브나의 은퇴식이잖아!"

\<기말시험>

남녀 학생. 아침 일찍부터 낮에 있을 기말시험 준비를 하고 있다. 남학생은 이미 작품 준비를 마쳤고 여학생도 자기 작품을 거의 다 마쳤다. 그가 그녀에게 연필 자국을 지우기 위해 흰 빵으로 설계도를 닦아내라고 제안한다. 흰 빵 한 조각을 들고 설계도를 닦기 시작한다. 그런데 이럴 수가! 빵에 버터가 묻어있었던 것이다. 설계도가 엉망이 되었다. 그녀는 좌절한다. 그러자 그가 자신의 설계도를 내어주며 자기가 낙제점을 받고 나중에 이 과목을 재수강하는 것이 낫겠다고 말한다. 그녀는 동의하지 않고 선생님께 사실대로 말하기 위해 설계도를 집어 든다. 둘이 같이 나간다.

\<상황>

텅 빈 집. 젊은 남자가 들어와 휙 둘러본 다음 옆방으로 간다. 거기서 뭔가를 한다. 잠시 뒤에 열쇠꾸러미와 물건들을 들고 한 아가씨가 들어온다. 그녀는 원래 여기 살고 있으며 지금 남쪽에서 돌아오는 길이다. 갑자기 이 집에 그녀 말고 다른 사람 소리가 들려 옆방을 살짝 보니 거기서 무슨 일이 벌어지고 있는 게 보인다. 이 집에서 나가려 하지만 그렇게 못한다. 옆방에서 손에 털외투를 든 청년이 나왔기 때문이다. 외투는 언니의 것이다. 그녀는 숨는다. 청년이 외투를 봉투에 넣거나 뭔가로 포장하기 위해 내려놓는다. 분명 그는 서두르고 있다. 그녀는 이 모든 걸 지켜보며 그 옷을 '도둑' 청년에게 내줄 수는 없다고 결정한다. 그녀는 달려들어 외투를 움켜쥔 뒤 비명을 지르며 문으로 달려나간다. 청년이 그 옷을 다시 낚아채더니 그녀의 언니가 옷을 가져오라고 자기에게 열쇠를 주었다고 설명한다. 언니는 연극대학 학생이고 졸업 작품을 공연 중인데 외투가 필요해서 자기 대신 그 옷을 좀 가져와 달라고 1학년 학생을 보낸 것이다. 그래서 여자가 그 남자를 몰랐던 것이다. 점차 모든 것이 밝혀지고 여자는 학교에 전화하여 남자의 신원을 확인한 뒤 외투를 건네준다.

<기차 객실에서>

객실에 젊은 남자가 들어온다. 그는 무슨 일인지 풀이 죽어있다. 자기 자리를 찾아 선반 위에 가방과 다른 짐을 올려놓은 뒤 객실 밖으로 나간다. 객실에 두 아가씨가 들어온다. 그들은 방학을 맞아 집으로 가고 있다. 자리를 정리한 다음 뭔가를 먹기로 한다. 한 명이 음식을 꺼내고 두 번째가 시트를 꺼내 선반을 덮으려 한다. 모포, 매트리스, 베개는 두 번째 선반에 있다. 그녀는 침구 세트를 꺼내려고 하다가 우연히 남의 가방에 손이 닿는다. 그녀가 가방을 들어 올리자 그 속에서 뭔가 큰 소리가 난다. 여자는 자기가 가방을 들어 올릴 때 안에서 뭔가가 깨졌다고 생각한다. 어떡하지? 그들은 가방을 제자리에 가져다 놓고 처음에는 그 사실을 숨기려고 하다가 나중에는 솔직히 말하기로 한다. 기차가 출발하자 젊은 남자가 돌아온다. 그는 그 여자들과 인사를 나눌 기분이 아니다. 그들은 같이 먹자고 권유하지만, 그는 거절한다. 여자들은 우연히 그의 가방을 드는 바람에 그 속에 무언가가 깨졌다는 말을 도저히 꺼내지 못한다. 차를 가져다주자 모두 탁자에 둘러앉는다. 그때 청년이 자신은 부모님의 은혼식에 가고 있으며 값비싼 크리스탈 꽃병을 샀으나 대합실에서 돌바닥에 떨어뜨리는 바람에 깨져버렸다고 말한다. 그가 가방을 열자 아가씨들은 그 안에 꽃병이 부서져 있는 걸 본다. 여자들은 자기들 잘못이 아니라는 사실에 마음이 놓였다.

<결혼 등록소에서>

약혼자의 집. 약혼자와 두 친구가 결혼 등록소에 갈 채비를 하고 있다. 차를 기다린다. 약혼자는 옷을 입고 있고, 친구 중 한 명이 주문 데스크에 전화를 걸어 차가 늦게 오면 자기들도 늦을지도 모른다고 항의한다. 탁자 위에는 반지 상자가 놓여있다. 두 번째 친구는 출발을 기다리다가 상자를 열어 반지를 보고는 한번 껴 보려고 손가락에 끼운다. 그런데 … 차가 와서 떠나야 하는데 반지가 손가락에서 빠지지 않는다. 손가락이 부어올랐다. 물로도 비누로도 그 무엇으로도 빼낼 수 없다. 그들은 아연실색한다. 어떡하지? 해결책을 찾기 위해 저마다 방법을 내놓지만 아무리 여러 방법을 써보아도 반지는 빠지지 않는다. 기사가 나왔다. 손에 반지를 끼고 있다. 친구들은 그에게 잠시만 반지를 빌려달라고 부탁한다. 설득한다. 다행히 해결책을 찾았으니 꽃을 들고 결혼등록소로 향한다. 그때 갑자기 반지를 빼내려고 애쓰던 그 친구의 손에서 반지가 빠진다. 모든 것이 좋게 끝난다.

<집들이>

젊은 여자가 방 한 개짜리 아파트를 받게 되어 집들이를 한다. 무대에는 손님을 맞을 준비가 된 큰 식탁이 놓여 있으며 젊은 여주인이 상차림을 마쳐가고 있다. 초인종이 울린다. 모르는 남자 두 명이 들어와 이 집을 세놓는다는 광고를 읽었다고 한다. 주인은 황당해하며 뭔가 잘못된 것으로 자기는 그 어떤 광고도 낸 적이 없다고 말한다. 그들이 화를 내며 나간다. 그녀가 다시 자기 할 일을 하려는데 또다시 초인종이 울린다. 젊은 남자가 들어오고 똑같은 대화가 반복된다. 주인이 화를 내자 젊은 남자는 그녀에게 자신의 지급 능력에 대해 역설한다. 그러나 그 또한 쫓겨난다. 마침내 손님인 그녀의 여자 친구들과 두 명의 젊은 남자가 온다. 여자들은 부엌으로 간다. 또다시 초인종이 울린다. 또다시 집을 얻고자 하는 사람이 온다. 이 모든 일을 꾸민 친구들이 방문객에게 집을 둘러보라고 권하며 이 집을 세놓는다는 사실을 거듭 확인시켜 준다. 그는 만족하여 집을 둘러보기 시작하는데, 그때 집주인이 여자 친구들과 같이 부엌에서 나온다. 상황을 설명한다. 집주인인 그녀는 눈물까지 글썽이며 단호하게 방문객에게 나가 달라고 요청한다. 그는 매우 화를 낸다. 그러자 친구들이 장난이었음을 밝히고 모두 화해하고 함께 식사한다.

에튜드 작업 결과 학생들은 실전에서 '나로부터'(제시된 상황에서의 '나') 행동하는 것이 무엇인지, 행동의 유기성이 무엇인지, 내적인 무대적 자감이 무엇인지 알아야 한다. 학생들은 과잉 연기나 보여주기식 연기를 배격하고 무대적 진지함 상실이나 행동에 대한 집중의 방해 등에서 벗어나기 위해 자신 속에 진실의 감정을 함양해야 한다. 학생들은 이미 실전에서 에튜드에 대한 진지한 준비 없이, 제시된 상황과 행동선에 대한 설정 없이 에튜드를 해서는 안 된다는 것을 알게 되었다. 즉 학생들은 배우술의 요소 습득을 통해서만 무대에서 살아있는(행동하고, 생각하고, 느끼는) 사람이 될 수 있다는 것을 명확히 깨닫게 된 것이다.

초기 연습과제와 에튜드는 학생들이 올바른 내적인 무대적 자감을 강화하고, 행동할 때 이러한 자감 속에서 발생하는 실수를 제거할 수 있는 능력을 발전시키는 데 도움이 되어야 한다. 또한, 연습과제는 학생들에게 창조적 규율과 동료의 작업에 대한 집중을 가르쳐주고, 자신을 신뢰성 있는 연극 집단의 일원으로 느낄 수 있도록 해준다.

에튜드는 학생들의 창조적 상상력을 발전시켜줄 뿐만 아니라 예술적 감각, 과잉 연기나 상투성에 대한 불관용 또한 함양시켜준다. 또한, 에튜드는 학생들의 개성을 드러내고 그들의 기질을 발전시키며 불필요한 신경과민을 제거할 수 있도록 도와준다. 그리고 에튜드는 학생들의 관찰력 발전은 물론 창조에 대한 갈증도 불러일으켜야 한다. 그러나 내적인 무대적 자감 자체만으로는 아직 예술적 형상을 구축하지 못한다. 자감은 배우로 하여금 역할에 대한 작업을 준비할 수 있도록 해 줄 뿐이다. 배우는 타인의 삶에 자신의 감정과 생각을 적응시키고 자신의 배우적 자료에 기반을 두어 무대적 형상을 만들기 때문이다. 이에 대해 스타니슬랍스키는 다음과 같이 말한다.

> 그러한 내적인 무대적 자감은 무대 위의 우리에게 그 무엇보다도 절실히 필요하다. 그것이 있어야만 진정한 창조가 이루어질 수 있기 때문이다. 바로 이런 이유로 우리는 내적인 무대적 자감을 높이 그리고 특별히 평가한다. 이것은 요소 훈련의 목적인 창조의 과정 중 가장 중요한 순간 중 하나이다.
>
> 과거에는 '아폴로의 선물'처럼 우리에게 그저 우연히 나타나기만 하던 내적인 무대적 자감을 지금 우리는 우리의 명령과 의지에 따라 만들어낼 수 있는 강력한 심리기제를 가지고 있다는 사실이 얼마나 행복한가.[111]

---

[111] K. S. 스타니슬랍스키 전집 8권 중 2권, 320쪽.

2부

들어가는 말

　1학년 과정에서 초보 배우들은 무대적 행동 요소의 본질을 자기 것으로 만들고 그것을 조절하여 배우의 창조에서 가장 중요한 조건인 하나의 행동과 무대적 자감에 집중할 수 있는 기술을 습득한다.

　2학년 과정에서는 연기 수업 시간에 초보 배우들을 변신시켜 무대적 형상화 작업으로 이끌어 줄 연습과제가 실시된다. 이러한 연습과제도 무대 에튜드의 일종이지만 한층 더 복잡하다. 그것은 미래의 배우들이 일상의 관찰을 자신의 창조 작업에 도입하는 법을 배운 다음 첫 역할 작업이 시작됨을 의미한다.

　필자는 '박탄고프 국립극장 부속 슈킨 연극대학' 연기교육자로서 학생들을 가르칠 때 박탄고프로부터 배우고 터득한 역할 작업 방법들을 활용하였다. 박탄고프는 연극 학교에서의 수업을 배우-예술가를 길러내는 과정이라고 생각했다. 이러한 교육 과정 속에서 학생들은 제각각 연기의 요소들을 이해하며 역할 작업을 위해 자신의 창조적 개성에 맞는 자신만의 작업 방법을 연마한다.

　첫 번째 학생은 내적인 것에서 외적인 것으로 가는 방식을 채택했지만 두 번째 학생은 외적인 것에서 내적인 것으로 가는 방식을, 세 번째 학생은 역할의 유연성에 보다 중점을 두었지만 네 번째 학생은 단어와 말의 음악성에, 다섯 번째 학생은 일상으로부터의 직접적인 관찰에서 시작하는 등 창조를 위한 방법에는 제한이 없다. 중요한 것은, 구축된 형상 속에서 외적인 것과 내적인 것이 조화롭게 결합되어야 한다는 점이다. 이와 관련하여 박탄고프는 다음과 같이 언급한다.

　　배우는 자기 자신의 기질에 맞게 살아야 한다. 우리에게 여러분 자신의 목소리, 여러분의 피, 여러분의 신경이 느껴질 수 있도록 해야 한다.[1]

우리는 지금까지 무수히 많은 유명 배우들이 햄릿을 연기했지만, 그들 모두 자신만의 햄릿을 보여주었다는 사실을 잘 알고 있다. 그들은 셰익스피어에 의해 창조된 형상을 구현하면서도 자신이 보기에 역할의 초목표를 가장 완벽하게 표현해 준다고 생각되는 성격의 자질을 1순위로 내세웠다. 즉, 그들은 자신의 배우적 개성에 따라 형상을 이해한 것이다.

러시아 무대에서 햄릿 역할로 유명한 배우 파벨 모찰로프[2]는 햄릿을 강렬한 열정과 감정을 가진 사람으로 연기했는데, 이는 셰익스피어뿐만 아니라 자신의 개성에도 전적으로 부합되었다. 저명한 독일 배우인 산드로 모이시는 자신의 연기에서 햄릿의 인간적인 친절성과 휴머니즘을 제1순위로 강조하였는데, 이 또한 셰익스피어 비극의 형상에 잘 부합되었다. 그리고 영국 배우 폴 스코필드[3]는 햄릿의 철학자, 사색가적 측면을

[1] E. V. 박탄고프,『메모. 편지. 논고』, 306쪽.
[2] [역주] P. S. 모찰로프(Павел Степанович Мочалов, 1800~1848) 러시아의 배우로 러시아 연극의 혁명적 낭만주의 대표자이다. 말리극장에서 셰익스피어의 비극, 쉴러의 희곡, A. S. 그리보예도프의『지혜의 슬픔』등의 주연을 맡아 절찬을 받았으며, 특히 <햄릿>에서의 연기는 V. 벨린스키가 상세한 기록을 남겼다.
[3] [역주] 폴 스코필드(Paul Scofield, 1922~2008) 영국의 연극/영화배우. 여러 연기학교에서 공부했으며 셰익스피어 연기의 대가로 헨리 5세부터 햄릿까지 거의 모든 셰익스피어 인물들을 두루 섭렵했다. 영화에도 출연하여 <A Man for All

강조한 형상을 창조하였고, 소련 배우 인노켄티 스목투놉스키[4]는 햄릿의 자유에 대한 열망을 1순위로 강조하였다.

배우는 주인공의 감정이나 내적 체험에 기반을 둔 자신의 감정으로 무대적 형상을 만들기에, 이러한 형상은 배우 본연의 기질로 채워지며 이 때문에 만약 배우가 조금이라도 진실하지 못하다면 그는 그 어떤 다른 사람도 표현하지 못한다. 이와 관련하여 스타니슬랍스키는 다음과 같이 언급하였다.

> 무대에서는 결코 자기 자신을 잃어버려서는 안 된다. 항상 사람-배우인 자기 자신으로부터 행동해야 한다.[5]

스타니슬랍스키의 이러한 요구는 배우가 역할 구축을 위해 필수적인 요소를 자신 속에서 찾아내고, 성격을 온전히 드러내는 데 부족한 요소를 발전시키며 형상 속에서 행동할 때 비로소 실현 가능함을 의미한다.

그렇다면 형상의 성격을 드러내는 데 부족한 자질을 자신 속에 발전시키기 위해서는 어떻게 해야 하는가? 네미로비치-단첸코는 이에 대해 다음과 같이 기록한다.

> 일반적으로, 사람에게는 인간으로서의 모든 자질들이 있다. (이는

Seasons>로 아카데미 남우주연상을 받았으며 그 외 수상 경력이 화려하다.

[4] [역주] I. M. 스목투놉스키(Иннокентий Михайлович Смоктуно́вский, 1925~1994) 소련 영화계의 첫 번째 지적인 배우라 불릴 정도로 유명한 러시아의 연극배우이자 영화배우, 소련 인민배우. <햄릿> 연기로 레닌 상을 받고 전 유럽에 잘 알려지게 되었다. 주연을 맡은 영화 <차이코프스키>는 우리나라에서도 상영된 바 있다. 그 외 영화 <군인>, <한 해의 9일>, <여성복 디자이너>, <자동차를 부탁해> 등에서 열연하였다.

[5] K. S. 스타니슬랍스키 전집 8권 중 2권, 227쪽.

이미 오래 전에 알려진 바이다) 우리는 모두 자기 자신 속에서 영웅도, 겁쟁이도, 사기꾼도, 정직한 사람도, 교활한 사람도, 믿을만한 사람도, 영리한 사람도, 어리석은 사람도, 애정이 넘치는 사람도, 냉정한 사람도 찾을 수 있다.[6]

사람의 개성은 가장 발달된 자질에 의해 결정된다. 우리는 친절한 행동을 수행하는 사람을 친절한 사람이라고 부르지만, 이는 그 사람이 항상 친절하며 결코 악인이 될 수 없다는 뜻은 아니다. 만일 친절한 성격의 배우가 악인을 연기해야 한다면, 자신이 악해지는 몇 안 되는 순간들을 떠올리고 이러한 자질들이 역할에 필요한 만큼 발전될 수 있도록 노력해야 한다. 많은 경우 이러한 과정은 무의식중에 저절로 일어난다.

그러나 내적인 자료의 결핍으로 역할이 제대로 수행되지 못하는 경우도 있다. 이에 대해 스타니슬랍스키는 "자신 속에서 찾아내고 자기로부터 역할과 유사한 감정을 추출해내는 것과 자신을 있는 그대로 놓아두고 역할을 자신에게 맞게 고치는 것 사이에는 큰 차이가 있다."[7]라고 언급하였다.

예술적 형상은 어떠한 삶의 현상을 가장 선명하게 표현해주는 전형적인 자질의 응집으로, 작가의 생각을 드러내는 데 비본질적인 모든 것은 버려진다. 무대적 형상은 극작가와 배우의 공동 창조 작업으로 만들어지고, 연습시간과 공연 시간 동안에만 존재하며, 특징과 행동 그리고 행위와 말을 통해 구현되는 살아있는 사람이다. 무대적 형상은 배우가 희곡의 등장인물로 변신하는 순간에 만들어진다. 그 결과 배우는 형상 속에서 자기 자신으로서 행동하고, 자기의 삶이 아닌 타인의 삶을 진실하게

---

[6] V. I. 네미로비치-단첸코, 『논고, 편지, 예술』, 1958, 200쪽.
[7] K. S. 스타니슬랍스키, 『자신에 대한 배우 작업』, 예술, 36쪽.

살며, 타인의 무대적 삶을 진실하게 살 수 있다는 가능성에서 만족감을 얻는다.

앞서 말한 바와 같이, 박탄고프는 배우-예술가를 길러내고 그들의 창조적 세계관을 형성하는 것을 가장 중요한 가치로 생각하였다. 아울러 세계관의 발전뿐만 아니라 전문성을 습득하고자 하는 젊은 배우들에게 필수적인 제반 자질들도 중요하게 간주하였다. 그리하여 배우의 전문성을 이해한 사람은 역할 작업을 위한 자신만의 접근 방법을 찾아내고 연마해야 한다. 교육자의 도움은 무대적 형상을 이루는 여러 요소들을 스스로 습득하도록 이끌어 주는 일련의 연습과제들을 준비해 주는 것이다.

초기 연습 단계에서 몇몇 학생들은 자신들이 준비하는 역할을 유명한 배우가 연기한 경우 그의 연기를 보고 싶어 하는 경우가 있다. 그럴 경우 우리는 학생들에게 그러한 마음을 잠시 누르고 먼저 스스로 역할을 연기해 본 다음, 유명한 배우들이 그 역할을 어떻게 연기하였는지 참고하도록 권유한다.

젊은 배우들을 위한 모든 교육은 이들이 자립적인 창조 작업을 위한 감각, 삶에 대한 자신의 시각, 삶 속에서 창조를 위한 자료를 찾을 수 있는 능력을 발전시킬 수 있는 방향으로 나가야 한다. 셰익스피어의 말처럼, 배우는 '자기 시대의 거울이자 아름다운 연대기'이기 때문이다.

자기 시대의 삶을 거울처럼 반영하고 자기 시대의 삶을 기술하기 위해 배우-예술가는 쉼 없이 예술 속의 새로운 길을 탐색해 나가야 하며, 우리 삶에서 끝없이 잉태되는 새로운 것들을 볼 수 있는 능력이 있어야 한다. 만약 역할에 대한 사전 작업이 삶에 대한 예술적 연구, 삶의 과정에 대한 이해, 사람의 성격과 운명에 대한 이해로 나타난다면, 배우는 다듬어진 연극적 기법에 의해서가 아니라 자신의 삶의 경험과 자신의 개성에 기반을 두어 역할에 접근할 수 있게 된다. 창조에 대한 이러한 접근의 결과 현대인의 새로운 자질들을 보여주거나, 과거의 형상 속에 현대의 관객들이 더욱 더 가깝게 느끼고 보다 잘 이해할 수 있는 자질들을 강조해주는 성격이 자립적으로 창조된다.

1 관찰력의 발전

자연은 자신의 끝없는
풍성함으로
모든 사람들에게 특별한 자질을
나눠주네.
그러나 시선으로, 움직임으로
그것을 알아보는 이,
오로지 예리한 눈을 가진 자는
시인뿐이로구나.
– 부알로

앞서 언급한 바와 같이 우리 학교의 1학년 수업 과정에서 학생들은 무대적 행동 요소의 본질을 자기 것으로 만들고, 그것을 제어하여 배우의 창조에서 가장 중요한 조건인 하나의 행동과 무대적 자감에 집중할 수 있는 기술을 습득한다.

학생들은 무대적 행동의 유기성과 논리성, 일관성을 습득해 나가면서 나로부터 행동하는 것이 어떤 것인지, 즉 과거 자신이 직면했던 상황 속에서 자기 자신이 행동했던 것처럼 무대에서 행동하는 것이 어떤 것인지를 이해하게 된다. 그러나 자기 자신으로서 무대적 자감과 유기적 행동을 습득하는 것만으로는 아직 예술적 형상을 창조하기에 부족하다.

이는 단지 작업을 위한 자감, 형상의 창조로 나아가는 여정의 시작 단계, 수업이나 연습시간은 물론 공연에서 각자의 역할을 연기할 때 창조적 분위기 조성을 위한 전제조건일 뿐이다. 2학년 과정에서는 연기 수업 시간에 변신[8]을 시작하기 위한 일련의 연습과제들이 실시된다.

'변신'을 통해 우리는 희곡의 등장인물의 내면세계를 깊이 이해하고, 그와 합일되며, 그의 생각, 행동, 관심, 열정으로 삶을 살고, 표현하고자 하는 사람의 외모, 동작, 제스처, 화법, 나이, 국적, 사회적 지위, 직업, 개인적 특성 등을 올바르게 구현해내는 배우의 능력을 깨닫게 된다. 짧게 말하자면, 희곡의 인물의 삶을 사는 능력을 터득하게 되는 것이다.

무대에서 주어진 삶의 현상을 분명하게 드러내 주는 전형적인 자질을 보여주기 위해 배우는 높은 수준의 관찰력이 있어야 한다. 이와 관련하여 스타니슬랍스키는 다음과 같이 기록한다.

> 선천적으로 관찰력을 타고나는 사람도 있다. 그들은 자기도 모르는 사이 주변에서 일어나는 모든 것을 포착하여 기억 속에 깊이 새겨둔다. 특히 관찰된 내용 중 가장 중요하고 흥미롭고 전형적이고 아름다운 것들을 선별해낼 수도 있다 … 하지만 아쉽게도 모든 배우가 배우에게 필수적인 능력, 즉 삶 속에서 본질적이고 특징적인 것을 발견해내는 집중을 가지고 있는 것은 아니다.[9]

그러나 다행스럽게도 배우는 수많은 연습과제와 삶에 대한 집중적인 연구를 통해 관찰력을 발전시킬 수 있으며, 창조를 위해 필요한 자료를

---

[8] [역주] 2학년 과정의 변신작업은 '역할에 대한 배우의 작업'의 처음 단계인 관찰작업을 의미하는데, 그것은 배우 자신이 다른 사람으로 몸을 바꾸는 작업을 의미한다.

[9] K. S. 스타니슬랍스키 전집 8권 중 2권, 125쪽.

삶 속에서 발견해내는 방법도 배울 수 있다. 만약 학생이 자신의 상상력과 직감으로 관찰 대상에 대한 집중을 강화한다면 관찰력은 연습과제를 통해 예리해질 수 있다.

　… 자신에게 질문하고 정직하고 진실하게 대답하라. 누가, 무엇을, 언제, 어디에서, 왜, 무엇을 위해 여러분이 관찰하고 있는 일이 일어났는가? 여러분의 집에서, 방에서, 여러분의 관심을 끄는 물건 중에서 여러분이 미적이거나 전형적이라고 생각하는 것 또는 주인의 성격을 그 무엇보다 잘 드러내 준다고 생각하는 것을 말로 정의해 보라. 방이나 물건의 목적을 정의해 보라. 가구나 그 외 다른 물건들이 하필이면 왜 그렇게 놓여있는지, 그런 물건들은 주인의 어떤 습성을 암시해 주는지 자신에게 묻고 대답해 보라.[10]

무대적 형상을 초상화로 생각해서도 안 되고, 움직임 없이 분장이나 의상을 통해서만 성격을 보여주려 해서도 안 된다. 형상은 행동 속에서, 변증법적 발전 속에서 최종적으로 표현되므로 학생들은 다양한 사회적 지위의 사람들의 전형적인 행위를 관찰하는데 주의를 기울여야 한다.

쉐프킨은 슘스키[11]에게 보낸 편지에서 이전 세기 배우들의 관찰력을 다음과 같이 특징지었다.

---

[10] 위의 책, 128쪽.

[11] [역주] S. V. 슘스키(Сергей Васильевич Шумский, 1820~1878) 소련의 인민배우. 세프킨의 제자로 고골의 『검찰관』의 돕친스키 역으로 데뷔한 이래 V. 벨린스키를 비롯한 많은 평론가로부터 극찬을 받았으며, 그리보예도프, 투르게네프, 오스트롭스키 등 여러 작가의 작품에서 많은 역을 맡았다. 배우 외에도 연출가, 낭독자로 활약했으며 모스크바 음악원에서 연기교육자로 학생들을 가르치며 글린카의 오페라를 무대에 올리기도 했다.

일체의 선입견 없이 사회의 모든 계층을 살펴본다면 어느 곳이나 좋은 것도 있고 나쁜 것도 있다는 것을 알게 될 것이다. 이는 연기를 할 때 각각의 사회 계층에 고유의 특성을 부여하도록 해 준다. 즉 농민이라면 너무나 기쁜 순간에는 상류층의 예절을 유지하지 못할 것이고, 귀족이라면 분노가 폭발할 때라 할지라도 농민처럼 소리를 지르거나 팔을 마구 휘둘러대지는 못할 것이다.

성격과 마찬가지로 특정 사회 그룹에 속하는 사람들의 전형적인 자질은 희곡의 등장인물들의 외모뿐만 아니라 행동에서 표현되는 경우가 많다. 몰리에르의 희곡『서민 귀족』에서 주르댕은 귀족 의상을 입고 있고 훌륭한 매너와 춤, 펜싱과 철학까지 공부하지만, 귀족 계급을 의미하는 이러한 외적인 표시로는 부자가 된 서민의 심리와 행동 논리까지는 변화시키지 못한다. 마크 트웨인의 소설을 각색한『왕자와 거지』에서 왕자는 거지의 누더기를 걸치고 거지 같은 상황에 처하게 되지만 자신의 귀족적인 시각과 매너를 잃지 않는 것과 마찬가지이다.

그러나 관찰이나 문학적 기법 하나만으로 삶의 심오한 의미를 나타내기에는 부족하다. 학생들은 가정에서와 마찬가지로 사회 속에서 사람들과의 적극적인 교류를 통해 훨씬 더 큰 인상을 받는다. 배우는 자신 속에 사회성, 사람에 대한 애정, 사람들을 더욱 더 가깝게 알고, 그들의 관심 영역에 들어가고, 그들의 솔직함을 얻어내고자 하는 욕구를 만들어야 한다.

새로운 책, 공연, 그림, 음악, 서구 예술가들의 초청공연 또한 관찰력의 발전을 촉진한다. 천성적으로 관찰력을 타고난 동료들과의 생생한 교류도 예리함을 발전시켜 익숙한 사물을 새롭게 볼 수 있도록 해주며, 이전에는 알아채지 못했던 사물의 특징적인 자질을 포착할 수 있도록 해준다.

그러므로 학생들은 특별한 연습과제를 통해 삶에 대한 항시적이고 창조적인 관찰 능력을 연마해야 하고, 그 결과 관찰 능력은 무의식적인 습관으로 바뀌어 모든 배우들을 위한 역할 작업 방법의 일부가 된다.

단순한 연습과제부터 시작하여 끈기 있고 일관성 있게 자신의 관찰 방법을 발전시키고 만들어내는 것이 필수적이지만, 관찰은 관찰대상이 되는 사람이 누군가 자기를 관찰하고 있다는 의심을 하지 않도록 이루어져야 한다. 그렇지 않을 경우 그 사람이 화를 내고 폐쇄적이 되어 겁먹을 것이기 때문이다. 그리하여 배우는 관찰대상이 되는 사람이 관찰하는 자신의 얼굴에서 공감과 관심만 느낄 수 있도록 자신의 목적을 깊숙이 감추어야 한다.

배우 렌스키[12]에 대한 회고록에는 그가 자신의 역할을 준비하기 위해 자신의 관찰대상이었던 사람 곁을 휴가 기간 내내 떠나지 않았던 일화가 소개되어 있다. 렌스키는 그 사람과 친하게 지내며 같이 산책하고 대화를 나누면서도 집중하여 관찰하고 자신의 역할을 위한 자료를 수집하였다. 물론 그의 새로운 친구는 자신이 형상 구축을 위한 풍부한 자료를 제공하고 있으리라고는 상상도 하지 못했다. 당시 렌스키는 거짓이 아니라 진실로 그 사람과 친하게 지냈던 것이다.

그러나 한 사람에 대한 관찰은 형상의 전형적인 자질 구축을 위한 완벽한 자료가 될 수는 없다. 희곡의 인물이 속한 그룹의 많은 사람을 통해 필수적이고 전형적인 자질을 찾아야 하고, 이러한 전형적인 자질들이 하나의 무대적 형상 속에 결합하여야 하며, 이로써 그 형상은 한 사람의

---

[12] [역주] A. P. 렌스키(Александр Павлович Ленский, 1847~1908) 러시아의 배우이자 연출가, 연기교육자. 말리극장의 중심 배우로 수많은 역을 맡았으며, 그 중에서도 햄릿과 리처드 3세 연기로 유명하다. 러시아 연극의 근대화에 많은 공헌을 했다.

모방에 그치는 것이 아니라 생생하고 표현력 있으며 다면적인 형상이 되기 때문이다. 카찰로프[13]는 고리키의 희곡『밑바닥에서』중에서 자신이 맡았던 바론(남작)의 역할 작업을 다음과 같이 기록하였다.

나에게 도움을 준 것은 '술집', 교회, 무덤 근처의 모스크바 거리에서 내가 만났던 생생한 모델들, 진짜 부랑자들이다. 그러나 나의 작업에 가장 큰 도움을 준 것은 진짜 귀족들의 생생한 모델이었다. 나는 바론을 위해 그들과 특별히 가깝게 지냈고 일부러 그들을 부랑자의 누더기로 갈아 입혔다. 예를 들어, 타티세프 백작(저명한 모스크바 변호사)과 넬리도프 시종보(전 말리극장 극단 운영자)로부터 프랑스식 'r' 발음[14]을 빌려왔다. 백작에게서는 넥타이를 자주 고쳐 매고 장갑을 끼고 벗는 매너도 빌려왔다. 시종보에게서는 프랑스식 발음 외에도 쉰 목소리와 목구멍소리, 높은 음색, 공개적으로 자신의 손톱에 매니큐어를 칠하고, 생각에 잠긴 듯 진지한 표정으로 재킷의 커프스로 손톱에 광택을 내는 모습을 빌려왔다. 여배우 야보르스카야의 남편인 바랴틴스키 공작에게서는 '근위대'의 걸음걸이와 새끼손가락으로 귀를 파는 매너를 빌려왔다. 이렇듯 나는 십시일반으로 자료를 모아 외적 형상을 만들었다. 물론 남작의 내적인 형상과 모든 내적인 본질, 그의 모든 행위는 이미 작가가 쓴 희곡에 제시되어 있었다. 한편 내가 맡았던 다른 역할들에서는 나의 주위 사람들, 살아 있는 모델에 대한 외적인 관찰에서부터 필수적인 내적인 특성으로

---

[13] V. I. 카찰로프(Василий Иванович Качалов, 1875~1948) 소련의 인민 배우. 모스크바 예술극장의 중심 배우이다. 그의 탁월한 매력인 크고 깊고 부드러운 목소리와 우아한 외모, 무대적 매력 덕분에 그는 예술극장 데뷔 후 곧 대중의 사랑을 받는 배우가 되었다. 수많은 다양한 역을 연기했으며 고상하고 섬세하며 풍부한 목소리 덕택에 블록, 브류소프를 비롯한 여러 현대 시인들의 시 낭독자로도 유명하다.

[14] [역주] 'r'의 발음을 프랑스식의 목젖으로 발음하는 것.

들어갈 수 있었다.

역할 작업으로 들어가기에 앞서 우리는 미래의 배우들과 함께 관찰력을 훈련하기 위한 여러 연습과제를 수행하는데, 이로써 학생들은 관찰 대상의 본질과 내용을 무엇보다도 선명하게 표현해주는 흥미 있고 전형적인 특성을 포착하고 구현하는 방법을 익힐 수 있다. 학생들은 여름방학 동안 자신들의 관점에서 흥미로운 사람들을 관찰하는 과제를 받는다. 그 사람들이 어떻게 걷고, 앉고, 보고, 생각하고, 먹고, 거울 앞에서 자신을 가꾸고, 돈을 내고, 대화나 음악을 듣는지, 한마디로 말해 작은 신체적 행동을 어떻게 수행하는지 관찰하는 것이다. 학생들은 억양, 강세, 어구의 구성 특징 등도 기억하고 재생해야 한다.

그리고 난 후, 수업 시작 전까지 학생들은 자신의 관찰을 바탕으로 에튜드를 준비한다. 에튜드는 관찰한 것의 단순한 모방이어서는 안 되며 자신의 관심을 끈 사람의 성격, 주위 세계와 삶에 대한 그 사람의 관계를 이해하고 재생하려는 시도가 되어야 한다. 그리하여 표현하고자 하는 형상에 근접하기 위해 배우는 표현하고자 하는 인물의 말의 율동성과 내면의 삶에 부합되는 변화들을 자신의 신체, 목소리, 매너 속에서 찾아야 한다.

초기 단계에서 우리는 여러 가지 연습과제를 실시한다. 예를 들어, 다양한 사람들의 걸음걸이를 재생해본다. 과제를 수행하기 위해 학생들은 걸을 때 사람들의 발바닥의 상태, 즉 발끝을 쫙 펴는지, 평행하게 하는지, 안쪽으로 향하는지 등에 관심을 집중해야 한다. (안쪽으로 향할 경우 '바보 같은' 걸음걸이가 된다) 사람들은 걸을 때 몸의 위치와 무게 중심을 바꾸고, 몸통을 앞이나 뒤로 기울이며, 어깨를 내리거나 올리고, 발을 내디딜 때 뒷굽을 먼저 닿거나, 발끝을 먼저 닿거나 한다. 걷고 있는 사람의 팔 위치에도 주의를 기울여야 하고, 그 사람이 다리를 굽히는지 아니면 곧게 펴는지도 주의 깊게 살펴봐야 한다. 만약 어떤 학생이 노인의 걸음걸이를 찾고 있다면 그는 노인 고유의 제한적인 움직임과 자세, 느린 리듬의 걸음걸이에 관심을 기울여야 한다. 반대로 젊은이의 걸음걸이를 찾는다면 경쾌한 걸음걸이와 큰 보폭을 포착해야 한다. 그뿐만 아니라 아픈 사람인가 건강한 사람인가에 따라, 어떤 기질의 사람인가에 따라 사람들의 걸음걸이는 다르다. 그러나 여기서 명심해야 할 점은 사람들은 자기가 어떻게 걷는지를 생각하고 있지 않다는 것이다. 사람들은 자신의 걸음걸이에 익숙해져 있으며 제삼자의 입장에서 자기 걸음걸이를 살펴보지도 않고 걸음걸이를 교정하려고도 하지 않는다. 이러한 연습 과제를 통해 학생들은 기계적인 기법을 터득하게 되는데 이는 차후 형상 작업에서 많은 도움이 된다.

그다음 우리는 학생들에게 생활 속에서 서로 다른 세 사람들의 걸음걸이를 관찰한 다음 수업 시간에 보여주는 과제를 부여한다. 처음에 학생들의 관심은 초고령의 노인, 뚱뚱한 사람, 다리를 저는 사람, 눈이 침침한 사람, 근시인 사람의 걸음걸이 등과 같이 특이한 걸음걸이에 끌린다.

학생들이 특이한 걸음걸이를 보여주고 나면 우리는 학생들에게 정상적인 걸음걸이를 가진 사람들에게서 그들만의 걸음걸이 특징을 포착해 오도록 한다. 여기에서 첫 번째 어려움이 발생한다. 그것은 학생들에게서 "관찰하고 또 관찰했는데도 별다른 특징이 없는데요."라는 말을 자주 듣게 되는 것이다. 그럴 경우 우리는 그 사람의 팔 위치와 다리의 위치 그리고 걸음걸이의 리듬 등 세세한 것부터 다시 시작해 보라고 조언한다. 학생들은 주의 깊게 사람들을 관찰하여 그들의 특징적인 자질 하나를 찾아낸 다음에 금방 다른 특징도 찾아내게 되고 얼마 지나지 않아 관찰의 결과를 공유할 수 있을 정도가 된다.

처음에는 교육자가 관찰을 위한 장소를 선정하는데, 이때 사람들이 자기 자신을 최대한으로 드러낼 수 있고, 또 자기 자신이 될 수 있는 그런 장소를 선정해야 한다. 그러나 교육자는 학생들이 무엇을 관찰 대상으로 삼을지, 자신이 관찰한 결과를 어떻게 보여줄지는 사전에 물어보아서는 안 된다.

이와 같은 초기의 연습과제와 에튜드가 끝나면 학생들은 관찰대상이 될 사람뿐만 아니라 관찰 장소도 스스로 찾아야 한다. 차후 관찰 에튜드 발표 시간에 미래의 배우들이 사람들의 신체적 행동의 논리와 일관성을 따라가는 법과 관찰 대상이 사건을 어떻게 평가하는지 파악하는 법을 얼마나 잘 숙지하고 있는지, 그 사람의 내면적 삶과 성격을 얼마나 잘 재생해냈는지 등이 판명된다.

초기 연습과제를 발표할 때 우리는 학생들에게 무대 의상이나 분장을 허용하지 않으며, 특징적인 것을 전달하기 위해 율동적이거나 언어적인 방법만 사용하도록 한다. 이는 흔히 말하듯, '그 어느 것 뒤에도 숨지 않고' 학생들이 특징을 전달할 수 있는지 아닌지를 판명하기 위해서이다. 우리는 미래의 배우들에게 예를 들어 다음과 같이 설명해준다. 튀어나온 배만으로 뚱뚱한 사람의 형상을 창조하기에는 역부족이며 이를 위해서는 뚱뚱한 사람의 동작과 걸음걸이의 무거움, 호흡의 특징 등을 느낄 수 있어야 한다. 그래서 올바른 신체적 행동이 찾아졌을 때에만 튀어나온 배는 뚱뚱한 인물의 외모를 설득력 있는 것으로 만들어준다는 것을 말이다.

이 시기의 연기 수업을 결산해 보자면 관찰에 기반을 둔 초기의 에튜드는 첫째, 학생들에게 주위 세계에 대한 적극적이고 주의 깊은 태도, 학생들이 만나게 될 행동의 성격과 원인 그리고 논리에 대한 연구 자세를 길러준다. 둘째, 학생들에게 에튜드를 실행할 때 외적인 특성만 보고 재생하는 것이 아니라 사람의 성격의 본질 속으로 꿰뚫고 들어가려는 노력을 하게 만든다. 셋째, 학생들이 자신의 창조적 상상으로 본 것을 보완할 수 있도록 학생들의 상상력과 직관을 발전시켜준다.

관찰은 처음에는 교육자가 과제로 내준 연습과제를 의식적으로 수행하는 것에서 시작되지만, 점차 일상적, 무의식적인 습관으로 변모되어가며 형상 창조 작업 속에서 배우의 창조 방법 중 하나로 자리 잡는다.

미래의 배우는 자신 속에 특정 행동 공간에 대한 전반적인 분위기, 무대장치의 세부사항, 의상, 머리 모양, 식기, 장식품 등을 포착하고 기억하는 능력을 발전시켜야 한다. 이 모든 것이 관찰의 주요 대상, 즉 사람들과 자신의 관계를 특징지어 주기 때문이다. 자연 현상 또한 관찰의 대상이 될 수 있는데, 그것은 사람의 신체적 자감과 행동선을 결정하는 경우가 많기 때문이다.

그러나 배우의 관찰이 협소한 전문성에 국한되거나 몰두할 정도의 관심 없이 그저 역할 작업에 이용하기 위해 어떤 특징적인 제스처나 말하는 방식만을 포착하겠다는 생각에서 비롯되어서는 안 된다. 즉 자신이 관찰한 내용 속에서 세세한 일상적 사실에 불과하거나 우연한 것에 대한 사소한 내용은 버릴 줄도 알아야 한다는 것이다. 그제야 비로소 관찰은 그저 중립적인 삶의 표현에 그치지 않고 배우로 하여금 무엇이 우리 삶의 발전에 주도적이고 중요한 선을 표현해주는지, 또 무엇이 이러한 움직임에 방해가 되는지 등을 알 수 있게 해준다.

(1) 직업 관찰

작업의 다음 단계는 직업 관찰 에튜드이다.

알려진 것처럼, 직업은 사람에게 자신의 흔적을 남기므로 사람의 성격은 어느 정도 일 속에서 드러난다. 그러므로 일하는 사람의 행위에 대한 관찰은 미래의 배우들에게 매우 유익하다고 생각한다. 우리는 학생들에게 각자 보여주고 싶은 직업을 자신이 직접 선택하도록 한다.

직업 관찰 에튜드의 발표는 미래의 배우들이 현장에서 보게 될 작업 과정에 대한 자연주의적 재현이 아니라, 특징적이고 전형적인 것을 선별하여 해당 작업의 신체적 행동을 사람의 성격에 일치하는 색조로 채색하는 것을 목표로 한다.

에튜드를 준비할 때 학생들은 보통 특정 직업에 대한 자신의 숙련도를 보여주는 것이 아니라 작업의 원칙과 작업의 특징적인 면을 파악하고 전달해야 한다고 생각한다. 그러나 작업 장소의 조직 및 작업자의 일에 대한 관계에 자신의 관심을 집중해야 한다. 그리하여 몇 명의 학생들이 에튜드를 수행한다면 우선 집단의 분위기를 형성하는 것이 매우 중요하다. 우리는 학생들에게 작업자들의 관계와 그들의 인간적 성격이 어떻게 드러나는지를 관찰하도록 한다. 에튜드를 위한 주제가 선택되면 우리는 무대 공간의 조직에 대한 계획을 세우고, 작업 과정의 논리적인 일관성과 필요한 소품을 논의한다. 학생들은 해당 직업에 대한 필수적인 리듬의 경쾌함이 나타날 때까지 직업의 동작을 연습해야 한다. 다음은 직업 관찰 에튜드에 대한 몇 가지 기록이다.

<매표소의 경리>

무대에는 경리계의 방을 나타내주는 작은 칸막이가 처져 있고 그

안에 책상 두 개가 놓여있다. 현대적이고 커다란 책상은 경리계장의 것이다. 책상 위에 타자기와 문구류, 연극표 한 다발이 놓여있다. 그 옆에는 좀 더 단순한 경리계 평직원의 책상이 놓여 있다. 이 책상에는 회계 보고서가 들어있는 파일과 볼펜, 종이 집게가 놓여있다. 라디오에서 조용한 음악이 나온다. 경리계장이 들어온다. 그녀는 자신에 찬 모습으로 들어와 자기 자리에 앉아 일하기 시작한다. 타자기를 치고 매표대장을 살펴보며 표와 팸플릿의 일일 매출표를 만든다. 그녀의 모든 행동에는 자신감이 넘쳐흐르고 불필요한 행동은 하나도 없다. 동작으로 미루어 볼 때 그녀는 여기에서 일한 지 오래되었으며 자기 일을 매우 잘 알고 있다. 그녀는 잠시 일한 뒤 책상 서랍에서 찻주전자와 찻잔, 초콜릿을 꺼내 차를 마신다. 이때 그녀의 부하직원이 들어와 책상에 급히 앉아 일을 시작한다. 그녀의 동작으로 볼 때 그녀는 상사를 두려워하고 있으며 상사가 시킨 일이라면 군말 없이 모두 다 수행할 준비가 되어있다.

<시장의 수산물 코너>

아침. 잡역부실에서 짐꾼이 나와 신선한 생선이 담긴 상자를 가져온다. 그는 수족관으로 다가가 생선을 붓는다. 상자에는 아직 살아있는 생선이 펄떡거린다. 짐꾼은 그것을 잡아 망치로 기절시킨다. 그다음 맥주를 꺼내와 앉아서 쉬며 천천히 마신다. 이때 판매하는 여자가 쟁반에 수산물을 담아와 쇼윈도에 전시한다. 그녀는 애교를 부리며 고객의 마음을 끌려고 애쓴다. 맥주를 다 마신 짐꾼은 생선을 자르기 위해 뜰채로 수족관에서 생선을 꺼낸다. 판매원은 그의 실수를 보고 웃는다. 아직 펄떡거리는 생선이 뜰채에서 뛰쳐나가는 바람에 짐꾼이 그것을 잡으려고 애를 먹고 있기 때문이다. 그는 그녀에게 장난을 걸기 시작한다. 그녀는 그가 치근거리는 것이 싫어서 그를 멀리 내쫓는다. 여기서 언급해야 할 점은, 이 직업관찰을 준비할 경우 수족관의 생선과 진열대의 상품, 작업복 등과 같은 모든 소품을 학생들이 직접 준비해야 한다. 또한, 이 에튜드를 준비하는 동안 학생들은 이와 같은 수산물 코너에서 일하는 사람들을 관찰하기 위해 여러 번 시장에 다녀와야 한다.

본 장의 목적은 관찰력과 상상력을 발전시키고 역할 작업을 어디에서부터 시작해야 하는지 이해할 수 있도록 돕는 데 있다. 배우는 차후 자신의 주인공의 성격 창조 작업 시, 자신이 무대에서 구현해야 할 인물의 사회적 지위와 직업을 반드시 고려해야 한다. 이러한 요소들은 연극적 자료들을 보완하고 심화시켜 주며 무대에서 생생하고 진실한 사람의 성격을 창조하는 데 도움이 된다.

2 인물 형상화 작업

문학작품 인물 교류 에튜드

우리는 창조 작업을 준비하는 학생 배우들이 실기 수업 시간에 에튜드의 즉흥 텍스트를 만들어 내고, 배우에게는 부차적이라 할 수 있는 문학적 창조 작업을 하는 것을 중요하게 생각한다. 이때 배우는 소설가나 극작가의 텍스트를 어떻게 자기 것으로 만들어야 하느냐는 점도 깊이 생각해야 한다. 전문성 측면에서 볼 때 배우는 문학 전공자가 아니지만, 작가에 대한 탐색의 여정이 필수적이라 할 수 있다. 인식의 여정, 단어와 만남의 여정, 단어 습득의 여정, 작가의 사상과 생각 그리고 감정을 둘러싸고 있는 상상 등을 통해 우리는 문제의 해결책과 만나게 된다. 다시 말해, 우리는 문학 작품의 지식을 통해 그리고 배우에 의해 창조되는 형상의 종합, 즉 변신의 여정으로 나아가게 된다.

여기서는 어려운 매 단계를 상세하게 설명하지 않고 몇몇 주요 부분만 간략하게 언급하기로 하겠다. 우리가 제일 먼저 할 일은 우리로 하여금 동시대 삶의 문제를 고민할 수 있도록 해주면서 학생들과 교육자 모두에게 잘 알려진 장편소설이나 단편소설, 필요하다면 단편집을 선정하는 것이다. 이때 사람의 성격적 자질, 사건, 환경, 주인공의 삶의 상황

등이 선명하게 묘사된 작품이라면 더 좋다.

학생들 각자는 몇 개의 작품 속에서 두 개의 형상을 창조하는 작업을 해야 하며, 이때 두 형상은 서로 완전히 다를 뿐만 아니라 질적으로도 확연히 차이가 나야 한다. 통상 각 학년에서 학생 수에 따라 두 개 혹은 세 개의 문학 작품을 선정한다. 주인공의 거주 환경은 주거 장소(도시인가? 아니면 시골인가?)와 삶의 방식(노동자인가? 아니면 학자인가?, 대도시 거주자인가? 아니면 소도시 거주자인가?) 면에서 서로 달라야 한다. 한 학년은 몇 개의 그룹으로 나누어지고 각기 다른 교육자가 배치된다.

물론, 무엇보다 먼저 교육자가 학생들에게 무대적 형상이 무엇인지 설명해주어야 한다. 이때 형상에 대한 문학 비평적 개념이 아니라 배우가 생생하게 체감할 수 있는 느낌이 중요하며, 작업과 형상을 둘러싼 상상이 시작될 수 있도록 하는 것이 필수적이다. 그다음 분석 작업이 시작된다. 이를 통해 작품 속 사건에 참여하는 사람들의 행위 속에서 드러나는 작가의 생각을 이해할 수 있다. 우리는 학생들에게 형상 작업용 공책 한 권을 따로 준비하여 다음과 같이 단계를 나누어 기록하도록 한다.

\<시작 단계\>

이 단계에서는 소설 속에서 주인공과 관련된 내용을 찾아내어 공책에 기록한다. 이것은 주인공에 대한 작가의 특징묘사 또는 주인공에 대한 다른 인물들의 의견일 것이다. 우리는 소설 속 다른 인물들이 알고 있는 내용에서부터 출발하여 주인공을 언급한 내용이 사실인지 거짓인지를 논의하고 점검해본다. 점차 인물들 간의 상호관계가 그려지기 시작한다.

<둘째 단계>

작품 속에서 사건의 진행에 영향을 미치는 사건들이 어떤 것인지 찾아본다. 학생들의 논의 과정에서 주요 사건과 부차적인 사건이 점차 구별된다. 이런 식으로 하나씩 등장인물들 간의 대립 구도도 그려진다. 주인공들의 삶의 분위기와 그들이 존재하는 제시된 상황이 만들어지고, 그들의 과거와 현재가 드러나며, 그들의 성격이 왜 그렇게 형성되었는지 생각해볼 수 있는 근거가 찾아진다. 그리고 다음 단계에서 필수적인 내용들이 만들어진다.

<셋째 단계>

형상의 자서전을 만들어본다. 그냥 전기가 아니라 자서전이다. 제삼자의 입장에서 사변적으로 주인공의 전기를 쓰는 것이 아니라 자신 속에 주인공을 만들어내야 한다. '나는 이런저런 일을 하였다.', '나는 보았다.', '나는 느꼈다.'라고 쓰다 보면 '역할의 자기화' 혹은 '자신에게 역할 붙이기'라 불리는 놀라운 과정이 배우의 삶 속에 시작된다.

<넷째 단계>

나의 애착과 습관을 적어본다. '나는 무엇을 좋아하고 무엇을 싫어하는가?'. 나의 존재와 나의 삶, 사람에 대한 나의 관계를 드러내주는 동사 또는 명사가 쌓인다.

<다섯째 단계>

나의 말 사전을 만든다. 나에게 익숙한 어휘, 내가 좋아하는 말, 내가 잘 사용하는 문학적 표현을 적어본다.

<여섯째 단계>

형상 속에서 자신이 연기하고 싶은 에튜드가 만들어진다. 나중에 이 단계에서 에튜드가 성공적이었는지 아니면 부족했는지, 자신 속에서 일어나는 생각들을 생생하게 구현하고 형상이 성장할 수 있도록 하기 위해 자신 속에 발전시킨 자질은 무엇이었는지, 반대로 억압한 자질은 무엇이었는지 등에 대한 자기평가가 이루어진다.

<마지막 단계>

내 형상의 일기를 만든다. 이 일기는 내가 '이해하려고' 노력하는 사람의 일기인지, 아니면 연습과제나 에튜드에서 알게 된 것들을 기록하는 배우인 나의 일기인지, 두 가지 측면에서 흥미롭다.

이로써 앞으로 학생들의 전문가로서의 삶에서 많은 의미로 쓰이게 될 이 공책을 통해 변신 단계의 요소, 즉 자신 속에 '나'와 '형상'의 결합을 이루어, 마침내 배우의 연기가 높은 수준에 도달하도록 필수적인 요소들이 차곡차곡 축적된다. 아울러 배우의 창조 작업의 토대인 가정에서의 역할 작업도 병행해서 수행되어야 한다.

이러한 분석 작업이 고찰, 논의, 추론의 방법으로만 수행된다고 생각할 필요는 없다. 교육자와의 네다섯 번의 수업 후 곧 무대에서, 교실에서, 동급생들의 눈앞에서 실기 수업과 함께 이루어질 것이기 때문이다. 달리 말하면, 즉흥과 발표로 '정찰偵察'이 이루어진다는 의미이다. 우리는 이 장을 바로 앞에서 배웠던 '관찰' 단계와 결합하여 진행하고자 한다. 학생들은 "나는 식당이나 약국, 거리 등에서 이런 사람을 보았다!"라고 말한 다음 자신이 관찰한 사람의 걸음걸이, 제스처, 몸 신체기관의 위치, 내면적 삶의 리듬 등과 같은 특징들을 포착하여 수업시간에 보여주는 것이다. 이러한 연습과제의 예는 무수히 많다. 앞으로 필수적이라고 생각되는 부분에서 더 자세히 설명하도록 하겠다.

일례로, 다음과 같은 행동 공간에서 형상이 어떻게 행동하는지 에튜드를 통해 점검해본다.

① 무대에 방이나 방의 일부(가구, 생활용품, 좋아하는 책, 물건들로 가득 채워진 자기가 좋아하는 구석 공간 등)를 만든다.
② 자신의 직업에 따라 작업 공간을 기관이나 헛간, 거리에 만든다.

매우 중요한 연습과제 중 하나는 주인공의 의상에 대한 탐색이다. 그가 어떤 옷을, 어떻게, 언제 입는지, 자신의 옷(예를 들어, 계절별 평상복, 작업복, 외출복)에 대한 태도는 어떤지 등을 주의 깊게 살펴보아야 한다. 아울러 걸음걸이, 신체적 행동, 쳐다보는 태도, 몸이나 팔의 위치 등도 잘 살펴보아야 한다.

내면적 자감이 점차 쌓여감에 따라 다른 상대배우들과 상호행동 에튜드를 시도해 볼 수 있다. 작품 속에 존재하는 인물이 아니라 상대배우가 그냥 '자신으로부터' 연기한 인물이 나올 때도 있다. 어느 정도 자유로워지게 되면 자신의 인물과 이 작품의 다른 형상들과의 교류를 시도해 볼수도 있다. 자신의 주인공의 과거 혹은 미래의 삶에서 에튜드를 만들수도 있는데, 이 경우 위와 같은 시도는 특히 흥미롭다.

우리의 작업에서 한 가지 중요한 상황을 말해 둘 필요가 있겠다. 에튜드는 작가가 묘사한 사건이나 장면이 아니라 작품의 인물들이 처할 수도 있는 상황을 학생들 스스로 직접 만들어내는 것이다.

학생들이 에튜드를 보여주고 나면 다가오는 기말시험-발표를 위해 가장 잘 된 에튜드를 선별한다. 때로는 시간 순서대로, 때로는 자유롭게 한데 모은 에튜드의 고리가 만들어진다. 작가의 텍스트를 부분적으로 사용한 에튜드가 나올 수도 있고, 작은 장면으로 끝나는 작가의 텍스트를 에튜드로 만들 수도 있다.

(1) 현대 문학작품 장면 작업

연출가마다
역할 작업과 역할 작업 진행 프로그램에 대한
저마다의 접근법이 있다.
이에 대해 불변의 규칙을 확정할 수는 없지만
역할 작업의 주요 단계와
우리의 본성 자체에서 채택된
정신물리학적인 기법은
정확히 준수되어야 한다.
— 스타니슬랍스키

본 장은 필자가 슈킨 연극대학 2학년 학생들과 역할 작업을 할 때 적용했던 연습과제와 에튜드에 대한 기록이며, 필자는 여기에다 일반적인 고려사항을 몇 가지 덧붙였다. 물론 이는 수업시간에 다루었던 내용에 대한 단편적인 정보에 불과하며, 첫 역할을 준비하고 살아있는 과정에서 발생한 여러 가지 '미묘함'과 뉘앙스 그리고 수정사항 등이 충분히 반영되지 못했다.

필자의 생각에 첫 번째 장면 작업은 학생들의 개성과 역할의 제시된 상황, 역할의 행동, 행위, 대사 등과의 유기적인 결합에 있다. 교육자는 학생들 모두에게 개인적으로 다가가 역할 창조라는 어려운 여정으로 조심스럽게 이끌어 주고, 학생들의 창조적 능력을 드러내기 위해 필수적인 모든 작업 단계를 학생들과 함께 거쳐 갈 수 있어야 한다. 여기서 교육자는 배우의 창조 작업이 상당 부분 직관적이라는 점을 명심해야 한다.

2학년에서 우리는 아직 희곡 전체를 연습하지 않고 희곡의 몇 장면이나 소설의 장면 각색 또는 짧은 단막 희곡 등만 다루기로 한다. 우선 학생들은 자신이 하고 싶은 역할을 신청서에 기재하여 우리에게 제출한다. 역할의 선택은 학생들의 창조적 열망을 나타내주지만 여기서 희망과 가능성 사이의 첫 번째 대립이 발생하는 경우가 많다.

앞에서 말했듯이, 역할 작업을 할 때 배우는 자기 자신의 내적, 외적 자료로부터 역할을 만들어내고, 형상 창조를 위해 필수적인 요소를 자신 속에서 찾아내며 자신에게 부족한 것을 발전시켜 나간다. 학생의 외적 자질이 어느 정도 분명해진다 하더라도 그의 내적 자질에 대한 평가는 아직 분명하지 않을 수 있다. 미래의 배우 스스로 자신의 가능성을 알지 못하므로 교육자는 에튜드 작업을 통해 학생의 개성을 가늠해야 한다. 1학년 때 자신의 가능성을 온전히 드러낼 수 있는 행운아는 그리 많지 않다. 이 시기 대부분의 학생들이 자신의 가능성에 대한 암시만 보일 뿐이므로 교육자는 그러한 가능성의 향후 발전 방향을 가늠해야 한다.

관찰과 직업 관찰에 기반을 둔 에튜드의 발표 시, 우리는 어느 정도 학생들의 창조적 개성을 알아볼 수 있고, 그들의 배우적 가능성과 능력을 평가할 수 있다. 물론 우리는 학생에게 재능이 있는지, 반대로 전문적인 자질이 결여되어 있는지 판단하는 데 최대한 신중하려고 애쓴다. 처음에는 그다지 능력 있어 보이지 않고 작업성과도 어중간한 것 같았는데, 이후에 갑자기 눈부신 빛을 발하며 역할을 연기하고 이를 통해 자신의 재능을 드러내는 젊은 배우들도 있기 때문이다.

이미 언급했듯이, 첫 번째 장면 작업을 시작하기 전까지 일반적으로 학생들의 상당 부분이 자신의 무대적 자질을 미처 깨닫지 못하거나 정확히 평가하지 못한다. 특히 선명하게 표현되는 성격적 자질을 가진 미래의 여배우들이 그런 경우가 많다. 일반적으로 주인공 역할에 대한 꿈은 학생들 곁에 오랫동안 머물러 있다가 매번 역할을 분배할 때면 나타나곤 한다. (남학생들은 자신의 무대적 자질에 더 객관적으로 평가하고 보다 교육자를 신뢰하는 편이긴 하지만, 남학생 중에도 첫 번째 장면 작업에서 자신의 역할에 만족하지 못하는 경우도 있다.)

우리는 그러한 학생들이 주인공 역할을 시도해 볼 수 있도록 가능성을 열어둔다. 이를 위해 우리 학교에는 학생들의 자율 장면 작업을 발표하는 시간이 따로 있다. 본 발표를 위해 학생들은 자체적으로 어떤 역할이든 도전할 수 있다. 이때 잘되지 않았거나 실패한 것은 그대로 내버려두지만, 목표를 달성하고 성공적인 발표는 따로 언급하고 성적을 매길 때도 고려한다. 아울러 이러한 학생들의 창조적인 개성이 일상적인 역할이나 특징적인 역할에서 충분히 드러난다면, 이들은 상급 학년에서 실험적으로 교육자의 도움을 받아 주인공의 역할을 할 수도 있다.

우리가 이 시기에 접하게 되는 현상 중 하나가 배우의 애교이다. 대놓고 애교를 부리는 경우(가령 노인 역할인데도 노인처럼 분장하지 않는 것)는 그리 많지 않지만, 공연을 할 때 숨겨진 배우의 애교가 살짝 드러나는 경우는 종종 있다. 그러므로 역할에 대한 진정한 집중인지 아니면 자신의 매력을 발휘하여 집중을 받고 효과적인 의상으로 예쁘게 보이고자 하는 욕구인지 구별하기 위해 학생들의 성격을 정확히 파악해야 한다.

학생들의 희망 역할 신청을 받아들이지 않은 경우, 우리는 가능한 한 부드럽고 재치 있게 그리고 논리적으로 우리의 젊은 배우들에게 그런 결론에 도달하게 된 이유를 설명해주어야 한다. 이를테면 어느 배우에게 충분히 발전되지 못한 특성을 이번 기회에 발전시키고자 하는 교육자의 의지는 그러한 이유 중 하나가 될 수 있다. 괴테 역시 젊은 점액질의 배우에게는 매우 '개방적인' 기질이 필요한 역할을, 반대로 지나치게 예민한 젊은 배우에게는 평온함이 필요한 역할을 줄 것을 권유했다. 이는 젊은 배우의 기질을 다분히 발전시키거나 불필요한 신경과민을 제거해 줄 수 있기 때문이다. 또한, 아직 충분히 드러나지 못한 다른 자질, 이를테면 직접성과 서정성, 희극성 등을 드러내 줄 수 있다.

연기교육자들은 형상에 대한 첫 번째 접근에서 완전히 실패하는 경우가 생기지 않게 하려고 학생들의 개성이 어떤 역할에서 최대한 발휘될 수 있을지 미리 가늠해야 한다. 그것은 첫 실패로 젊은 배우가 자신의 능력에 대한 믿음을 상실할 수 있기 때문이다.

역할 작업 과정은 언제나 작가의 자료와 문체, 희곡의 장르에 의해 좌우된다. 그러나 모든 작품, 심지어 천재 작가의 작품이라 할지라도 모든 장면이 수업을 위한 자료가 되는 것은 아니다. 그러므로 역할 작업을 위한 장면을 선택할 때는 다음과 같은 요구사항을 고려해야 한다.

첫째, 부분적으로 채택된 장면의 내용, 줄거리, 사건, 행동이 희곡 전체의 통독이나 낭독 없이도 이해 가능한 것이어야 한다. 즉 장면 속에 발단, 사건의 발전의 최정점(절정), 해결이 있어야 한다.

둘째, 장면의 사건이 등장인물들의 성격을 드러내기 위한 충분한 동기를 제공해 주어야 하고 작업할 때 재미있어야 한다. 일례로 푸시킨의 『보리스 고두노프』 중 참칭자와 마리나가 만나는 분수 장면은 그러한 예이다. (사실 우리는 이 작품을 3, 4학년 학생들에게만 제안하고 있다.)

또한 첫 장면 작업은 학생들의 능력에 부합되어야 한다. 처음부터 어려운 '손님' 같은 역할로 학생들이 과부하 되도록 해서는 안 된다. 2학년 1학기에는 학생들의 개성에 근접하는 역할의 자료를 찾아야 하므로 현대 작가의 소설이나 단편소설에서 장면을 선택하는 경우가 많다. 현대 작품의 장면을 각색할 경우 학생들이 자기가 맡은 역할의 과거를 힘들지 않게 만들어낼 수 있고, 행동이 이루어질 환경도 쉽게 설정할 수 있기 때문이다. (소설이나 단편 전체를 읽으면 모든 세부사항을 찾아낼 수 있다.)

그리하여 초보 학생 배우들은 현대 삶의 자료에 기반을 둔 역할에서 부터 시작하는 것이 좋다. 이러한 자료는 그에게 가깝고 이해 가능하므로 부가적인 역사 자료를 따로 찾아볼 필요가 없기 때문이다. 한 가지 덧붙일 내용은, 현대 삶에 대한 장면 작업은 학생들이 동시대의 사람들에게서 볼 수 있는 자질을 통해 창조된 형상을 풍부하게 만들 수 있다는 것이다.

실제 작업에서 알 수 있듯이, 첫 역할이 어떤 학생에게서 성공적으로 이루어질지 아닐지를 짐작하는 것은 언제나 어려운 일이다. 간혹 짐작조차 불가능한 때도 있다. 이는 역할의 자료와 학생의 개인적 자질에 달려 있을 뿐만 아니라, 교육자가 학생에게 생생한 자료를 기반으로 진정한 창조적 모색을 하고자 하는 열망을 심어주었는지 아닌지에 따라서도 좌우된다.

이미 언급했듯이, 연극대학에서 교육받는 동안 모든 학생들은 역할 작업을 위한 자신의 방법과 자기 고유의 개성을 개발해야 하고, 교육자의 과제는 이를 돕는 것이다.

익히 알다시피, 배우의 창조란 연습을 통해 극작가가 써놓은 예술적 형상을 공연에서 구현하는 것이다. 이는 스타니슬랍스키가 언급한 것처럼 최고난도 작업의 결과이다.

… 우리는 극작가의 작품을 재창조하고, 우리는 단어 아래 감추어져 있던 것을 드러내고, 우리는 타인의 텍스트에 자신의 속텍스트를 입히고, 사람들과 그들의 삶의 조건들에 대한 우리 자신의 태도를 설정한다. 우리는 작가나 연출가로부터 받은 모든 자료를 자신을 거쳐 통과시키고, 우리는 또다시 그것을 자신 속에서 재가공하여 자신의 상상력으로 생기를 불어넣고 보완한다. 우리는 심리적, 신체적으

로 그것에 익숙해져서 그것과 유사한 것이 된다. 우리는 자신 속에 '진실한 열정'을 잉태시키고, 우리는 창조의 궁극적인 결과로 희곡의 숨겨진 구상과 밀접히 연관된 진실하고 생산적인 행동을 만들어내고, 우리는 표현하는 인물의 열정과 감정 속에서 생생하고 전형적인 형상을 창조한다.[15]

어떤 역할은 어떻게 연기해야 하는 것이라고 정해주는 처방전은 없을 뿐만 아니라 있을 수도 없다. 그러므로 스타니슬랍스키는 극작가가 써놓은 형상을 구현하기 위해 배우가 해야 할 작업에 대한 원대한 전망을 이처럼 제시하였다.

만약 형상이 극작가가 제시한 상황에서뿐만 아니라 배우가 창조한 모든 상황에서도 존재할 수 있다면, 그 형상은 살아있다고 말할 수 있을 것이다. 배우는 희곡이 시작되기 이전 시기의 등장인물의 행동과 행위뿐만 아니라 막과 막 사이 휴식 시간의 행동도 표현해낼 수 있지만, 이는 배우가 희곡의 등장인물로 완전히 변신했을 때에만 가능한 일이다.

슈킨이 박탄고프 극장의 한 공연에서 작은 역할을 맡아 공연할 때의 일이다. 슈킨은 무대로 나가기 전 배우 대기실에서 눈부신 재치와 유머로 자신의 주인공의 삶을 즉흥 에튜드로 만들 수 있을 만큼 완벽하게 형상을 창조하였는데, 그러자 대기실에는 무대 위 공연과 동시에 두 번째 공연이 시작되었고 대기실의 배우와 스태프들이 관객이 되었다. 이처럼 형상을 위한 그의 창조적 준비는 끝을 몰랐으므로 즉흥극을 보여주며 동료들과 함께 나누었던 것이다. 즉흥 에튜드를 통해 슈킨은 두메산골에서 온 자신의 주인공이 처할 수 있는 모든 가능한 상황 속에 그를 대입시

---

[15] K. S. 스타니슬랍스키 전집 8권 중 2권, 63~64쪽.

켜 본 다음, 그가 찾게 될 탈출구까지도 예상할 수 있었던 것이다. 삶에서도 우리가 누군가를 아주 잘 알고 있다면 그가 어떤 경우에 어떻게 행동할지 짐작할 수 있는 경우가 많지 않은가! 배우에게도 마찬가지다. 형상이 무르익게 되면 그 어떤 상황에도 어렵지 않게 대입시킬 수 있다.

형상을 창조할 때 배우는 그 사람을 전체적으로 창조해야 하는데, 즉 그 사람의 심리, 신체적 특성, 일대기, 성격, 기질, 전반적인 발달 정도, 지혜, 교육, 열정, 감정, 나이, 국적, 직업, 말투, 유동성 등 그 사람의 개성을 특징짓는 모든 자질을 창조해야 한다. 무대에서 등장인물에게 일어나는 일은 그의 삶 일부분일 뿐이지만 형상 작업을 시작할 때 배우는 자신의 주인공의 삶 전체를 제시할 수 있어야 한다. 이에 대해 박탄고프는 다음과 같이 언급한다.

매일, 연습에서 연습으로 이어질 때마다 희곡 속 역할의 형상이 만들어진다. 한 조각 한 조각, 배우 자신도 모르는 사이 형상을 위해 찾아놓은 모든 것들이 그의 마음속에 쌓여간다. 그리고 공연이 올려진다. 여기에서도 형상의 '싹'을 틔우는 작업은 계속된다. 마침내 이 '싹'이 무르익어 배우가 형상의 내적, 외적 특성의 자질이 드러나는 논리를 더 이상 염려하지 않아도 되는 순간이 온다. 예술적 본성 자체가 이를 지켜봐 주기 때문이다.[16]

그렇다면 형상의 '싹'이란 무엇인가? 이것은 학술적 용어가 아니라, 구현된 형상 속에서 배우의 삶과 동행하는 내재적 재구성을 정의하기 위해 배우가 사용하는 용어이며, 배우와 역할의 완전한 결합을 지칭하는 실제 용어이다.

---

[16] E. V. 박탄고프, 『메모, 편지, 논고』, 81~82쪽.

모든 배우가 자신의 방법으로 역할의 싹을 찾아낸다. 역할의 싹은 배우가 창조하는 형상의 삶, '형상 속의 삶'을 논리적으로 재현할 수 있도록 도와준다. 배우는 자신 속에서 역할의 싹을 찾으며, 자신 속에서 형상을 느끼고 모든 것에서 형상이 행동할 법한 방식 그대로 행동하기 시작한다. 싹은 배우가 형상에 도움이 되지 않는 제스처를 하거나 억양을 가지는 것을 방해하고, 배우로 하여금 형상에게 논리적으로 필요한 상황이나 말을 찾도록 만든다.[17]

그러나 이러한 역할의 '싹'이 만들어지기 위해서는 엄청난 노력을 기울여야 한다. 역할의 '싹'을 느낀다는 것은 배우의 창조의 최정점이기 때문이다.

젊은 배우의 창조 작업은 극작품에서 받은 예술적 첫인상으로부터 시작된다. 이는 역할의 준비 작업에서 매우 중요한 순간이다. 첫인상에 따라 역할에 대한 집중 여부가 좌우되는 경우가 많기 때문이다. 배우가 극작품 속에서 자신의 영감을 불러일으키는 요소를 하나도 발견하지 못한다면 참으로 안타까운 일이다.

만약 희곡과의 첫 만남에서 학생을 매료시키는 무언가가 있었다면, 이것은 학생이 역할 속의 특별한 순간을 즉시 느끼고 그것을 드러내고자 하는 욕구가 생겼다는 분명한 증거다. 이를 위해 학생들은 작업을 위해 제시된 자료를 진지하고 주의 깊게 접할 수 있는 여건을 만들어야 한다. 결코, 쉬는 시간에 후다닥 해치워서는 안 된다.

학생들에게 희곡의 장면을 리딩[18]할 때 낭독자는 연기하거나 자신이

---

[17] 위의 책, 269쪽.
[18] [역주] reading(리딩)은 우리말로는 '대본읽기'로 번역할 수 있으나 배우의 '대본읽기'는 통상 '(상황에 의거한) 인물로서의 대본읽기'를 의미한다. 역자는 리딩을 연극 용어에 있어서 보편적인 외래어로 간주하여 이후에는 리딩으로 표기하고자 한다.

이해한 내용을 듣는 사람에게 강요해서는 안 되며, 작품의 내용을 소개하고 학생들 스스로 장단점을 판단할 수 있도록 해야 한다. 분명치 않은 발음으로 리딩할 경우 희곡에 대한 상상이 깨어질 수도 있다.

유명한 일화를 예로 들어보자. 실러가 극단의 배우들에게 『피에스코의 반란』을 읽어 주었을 때, 그의 슈바벤식 억양과 비극적인 울부짖음으로 작품의 첫인상은 구겨졌으며 이 때문에 희곡은 배우들의 마음에 들지 않았다. 이를 안타깝게 여긴 실러의 친구가 그에게 희곡을 있는 그대로 읽어달라고 요청했는데, 그제야 배우들은 자신들 앞에 얼마나 훌륭한 작품이 놓여있는지 깨닫게 되었다.

우리 시대의 예를 들자면, 고리키가 자신의 희곡 『예고르 불리초프』를 박탄고프 극장 단원들에게 읽어주었을 때, 그의 둔탁한 목소리와 느린 리딩으로 마땅히 자아내야 할 인상을 주지 못했다. 이후 극단에서 희곡에 대한 작업을 다시 시작하게 되었는데, 그제야 비로소 단원들은 희곡의 놀라운 예술적 장점을 깨닫게 되었다.

유명한 다른 일화도 있다. A. N. 톨스토이가 박탄고프 극장에서 자신의 희곡 『포템킨의 에메랄드』를 읽었을 때, 그의 훌륭한 낭독 덕택에 단원들 모두 작품을 잘 이해하게 되었다. '눈으로만' 읽었을 때에는 사상적, 예술적 측면에서 그리 흥미롭지 않았던 희곡이 극작가가 아닌 낭독자로서 A. N. 톨스토이의 재능을 통해 처음으로 리딩되었을 때, 비로소 외적인 성공을 거둔 것이다.

학생들이 자료를 처음 접했을 때 받았던 첫인상을 기억한다면 여러모로 도움이 된다. 차후 역할이 준비되었을 때 발생하는 인상과 서로 비교할 수 있기 때문이다. 간혹 이러한 비교를 통해 부차적인 흐름에 몰두하다가 핵심적인 것에서 벗어나게 되었을 때 역할 속에 발생할 수 있는 오류를 수정하게 되는 경우도 있다. 이러한 비교는 역할의 초목표, 역할의 일관된 행동, 장면의 전체적인 의미를 점검할 수 있도록 해준다. 희곡 리딩이 끝난 후에는 논의의 시간을 가지고 이러한 논의의 결과가 교육자와 학생들의 기억에 확고히 뿌리 내릴 수 있도록 해야 한다.

그러나 '좋은 희곡이다', '내 맘에 들었다' 등과 같은 말만 할 필요는 없다. 이럴 경우 무엇이 학생들의 관심을 이끌어냈는지, 즉 희곡의 매력에 대한 진정한 예술적 집중인지 아니면 역할을 차지하고자 하는 이기적인 바람인지 파악하기 힘들기 때문이다. 작품의 사상은 어떤 것인가, 형상은 어떻게 그려져 있는가, 희곡의 줄거리는 어떻게 전개되는가, 희곡의 장르는 무엇이며 작가의 문체는 어떤 것인가 등과 같은 질문을 통해 논의를 원활하게 진행할 수 있다. 의견의 대립은 자료와의 만남에서 생긴 인상을 한층 더 선명하게 드러내 주므로 이를 통해 논쟁 분위기를 뜨겁게 만드는 것도 좋은 방법이다. 따라서 인위적인 방법이 아니라, 논의를 통해 자료와 역할에 대한 진정한 집중이 이루어질 수 있도록 해야 한다.

역할에 대한 집중은 역할 창조를 위한 첫 자극이자 창조를 지탱해주는 능력이며 내적인 배우술의 중요한 과제 중 하나이다. 역할에 대한 진정한 집중은 배우의 모든 예술적 본성을 사로잡고, 현실 속에서 배우의 곁을 떠나지도 않으며, 전혀 예기치 못한 순간에 그 모습을 드러낸다. 이에 대해 박탄고프는 다음과 같이 언급했다.

수업 시간에 책상 앞에서 책을 읽어본 적이 있는가? 책은 부차적이다. 우리의 역할 작업은 여러분이 길에 있을 때, 업무 중일 때, 집에 있을 때, 삶, 그 속에 있다.[19]

---

19 각주 11의 책, 309쪽.

역할에 대한 창조적 집중은 배우의 잠재된 삶이 되어 배우의 의지와 상관없이 그의 상상력에 점점 더 새로워지는 형상의 측면을 제시하고, 지극히 섬세한 내적 체험을 불러일으킨다. 이러한 형상의 내적, 외적 특성에 대한 끊임없는 탐색은 배우의 의식적인 활동뿐만 아니라 그의 깊은 예술적 본성, 즉 무의식을 작업 속으로 끌어들인다. 이와 관련하여 카찰로프는 "길을 가다가, 친구들과 앉아 있다가 갑자기 어떤 새로운 제스처, 새로운 억양을 발견하게 된다. 창조적 상상은 점점 더 강렬하게 작동하기 시작한다. 간혹 도시를 걷다가 자신도 모르는 사이에 문득 혼잣말하고 있다."라고 기록하였다.

첫 역할을 준비할 때부터 젊은 배우들은 최대한의 집중력과 창조적 힘을 발휘해야 한다. 이를 위해 그들의 모든 정신적, 신체적 노력이 필요하다. 형상의 사고 논리, 열망과 행위의 원인, 관심과 행동의 범위를 이해하고 이에 대한 올바른 외적 표현을 찾아야 한다. 간혹 배우가 금방 해결책을 찾아내어 형상의 내적, 외적 특성이 분명해지는 예외적인 경우도 있지만 대부분의 경우 예상했던 결과를 항상 거둘 수 있는 것은 아니며, 오랜 탐색의 고통스러운 과정을 거쳐야 한다. 많은 것을 점검하고 시도해보고 포기하고 또다시 찾아야 한다. 탐색의 순간이 오기도 전에 실망할 수도 있다. 하지만 진실에 가까이 다가갔을 때 우연한 자극이 필요한 해결책을 암시해주기도 한다. 배우는 자신의 역할 작업에서 다음을 명심해야 한다.

> 자기 자신으로부터 또다시 살아있는 사람을 창조해야 한다. 그의 영혼을 위한 자료는 밖에서가 아니라 자기 자신 속에서, 자신의 정서적 기억과 그 밖의 다른 기억 속에서 찾아야한다 ……[20]

이제 학생들의 첫 역할을 위해 선정한 E. 카자케비치[21]의 단편 『낮의 빛 속에서』의 각색 작업이 어떻게 진행되었는지를 말하고자 한다. 이 단편은 아름다운 언어와 표현력 넘치는 형상, 주인공들의 예리하고 진실된 관계로 우리를 매료시킨 작품이다. 차후 학생들 스스로 이러한 작업을 할 수 있도록 준비시키기 위해 우리는 각색 작업의 모든 단계를 학생들과 공동으로 진행하였다.

<E. 카자케비치의 단편『낮의 빛 속에서』의 각색에 대한 간략한 내용>

전쟁이 끝나고 일 년 뒤, 외팔이 군인 슬렙초프는 자신의 지휘관의 미망인인 올가 페트로브나에게 그녀 남편의 전선에서의 삶과 죽음에 대한 이야기를 전해주기 위해 크라스노야르스크 근교에서 모스크바까지 찾아온다. 미망인은 집에 없고 대신 지휘관의 어린 아들을 만난다. 소년은 그를 반갑게 맞아주고 엄마가 올 때까지 집에서 기다리도록 해준다. 올가 페트로브나가 집으로 돌아오자 그녀의 집에 낯선 남자가 기다리고 있었으며, 그가 남편의 삶과 죽음에 대해 말해준다. 군인 슬렙초프가 남편을 결단력 있고 용기 있는 사람이라고 말하자 올가 페트로브나는 슬렙초프가 말하고 있는 전사한 군인이 자신의 보잘것없는 남편이라고 생각하지 못한다. 슬렙초프가 이야기하는 동안 방 안에 모르는 남자가 들어오는데, 슬렙초프는 처음에 그를 가족의 친구라고 생각한다. 그런데 갑자기 어린 아기의 울음

---

[20] K. S. 스타니슬랍스키 전집 8권 중 4권, 332쪽.

[21] [역주] E. G. 카자케비치(Эммнуил Генрихович Казакевич, 1913~1962) 유태인 출신의 소련 소설가이자 시인, 극작가로 러시아어와 유대어로 작품 활동을 하였다. 작품의 특징으로는 독창적인 플롯과 다양한 관용적 표현, 주제를 뒷받침하는 선명한 이미지, 영웅과 그의 동료들간의 정신적인 연대감을 들 수 있다. 특히 본서에서 다루는『낮의 빛 속에서』(1961)에는 인간 삶의 가치 문제를 심도 있게 조명한다. 그 외 주요 저서로는『별』,『오데르의 봄』,『광장의 봄』,『푸른 노트』등이 있다.

소리가 들리자 그제야 슬렙초프는 미망인이 이미 첫 남편을 잊고 재혼한 지 오래라는 것을 깨닫는다. 슬렙초프는 영웅의 기억에 대한 그토록 빠른 배신에 모욕감을 느끼고 전사한 지휘관의 유품을 전해 준 뒤 정나미가 떨어진 그 집을 서둘러 떠난다. 당황한 부부는 그를 붙잡으려 했지만 허사다. 각색은 부부 사이의 싸움으로 끝난다. 새 남편은 군인에 대한 아내의 무심함과 그녀의 전사한 전남편, 네차예프 대위의 기억에 대한 무례함을 나무란다.

학생들은 본 단편에 대한 자신의 인상을 서로 얘기하며 논의했다. 여러 학생들이 군인 슬렙초프의 이야기에서 훌륭하고, 정직하며, 용감하고, 겸손하며, 용기 있고 동료와 부하에 대한 훌륭하면서도 때로는 순박하기까지 한 태도를 지닌 조국의 수호자로서의 네차예프 대위의 형상이 떠오른다고 말했다. 한편, 젊은 올가 페트로브나 앞에는 전쟁 전 그녀의 남편이었던 때와는 너무도 다른 성격의 한 남자가 드러난다. 그는 그녀에게 보낸 몇 줄 안 되는 편지에 자신의 공적이나 부상에 대해서는 쓰지 않았다. 그녀는 '약간 긁힌 정도다'라는 말을 글자 그대로만 받아들였다. 지금에서야 비로소 그녀는 자신의 남편이 얼마나 훌륭한 도덕적인 사람인지, 자신의 부상에 대한 소식으로 그녀를 슬프게 만들까 봐 두려워하며 그녀를 얼마나 아꼈는지 등을 느끼게 된다. 그러나 이제 올가 페트로브나에게는 어린 딸이 있다. 모성애는 그녀로 하여금 죽은 남편을 생각하지 말고 현재 그녀의 새로운 가족에게 돌아가라고 강요한다. 너무나 빨리 일구어진 가족의 무사안녕은 군인에게 심한 모욕이다. 삶은 제 갈 길을 가고 옛 상처는 아물기 마련이지만, 슬렙초프에게 네차예프 대위는 너무나 훌륭한 사람이었으므로 그는 남편의 기억을 배신한 올가 페트로브나를 용서할 수 없다. 이러한 기억을 소중하게 간직하라고 촉구하는 것, 이것이 바로 작품의 주된 사고이다.

단편을 읽고 난 후, 아내가 자신의 죽은 남편이 얼마나 훌륭한 사람이자 영웅이었는지 제대로 평가하지 못했다는 씁쓸하고 아릿한 감정이 남는다. 하지만 네차예프 대위는 군인 슬렙초프의 기억 속에 영원히 살아남아있다. 이 점이 작품을 처음 읽었을 때 가장 강한 인상으로 남는다.

토론 과정에서 학생들은 각색의 구현 형식에 대해 각자의 생각을 말하였으며, 본 단편은 삶의 진실을 전달하고자 하는 사실주의 작품이라는 결론에 도달했다. 여기서 등장인물들은 우리와 같이 실제로 존재하고 마치 우리가 알고 있는 사람 같이 느껴질 만큼 생생하다. 이런 점에서 구현의 형식은 삶에 최대한 근접해야 한다.

『낮의 빛 속에서』의 각색을 리딩한 다음, 학생들 모두는 마음에 들어 했으며, 이 작품의 예술적 장점과 숭고한 애국 사상에 매료되었다. 리딩 후의 이와 같은 매료와 열띤 논의는 작업하는 동안에도 유지되고 발전되어야 한다. 앞에서 말했듯이 이것 없이는 그 어떤 역할도 흥미롭게 연기될 수 없기 때문이다.

첫 번째 리딩 후, 작품에 대한 보다 심화된 분석이 시작되었다. 우리는 무엇을 위해 오늘 이 단편의 각색을 무대에 올리고자 하는지를 명확히 했다. 우리는 무엇을 말하고자 하는가? 우리 작품을 보는 사람들에게 어떤 생각과 감정을 일으키고자 하는가? 이 질문에 답변하기 위해 우리는 작품 주제의 무대적 표현을 결정해주는 작품의 초목표를 찾기 시작했다.

초목표는 무엇인가?

스타니슬랍스키는 작품의 초목표를 '일체의 예외 없이 자신 속에 모든 목표를 아우르는 근본적이고, 핵심적이고 포괄적인 목표'라고 명명하고 다음과 같은 예를 들어 설명했다.

… 레프 니콜라예비치 톨스토이는 평생 자기완성을 열망했으므로 그의 작품 중 대다수가 이러한 싹(생각), 즉 초목표에서 자라 나온 것이다 … 안톤 파블로비치 체홉은 저속함이나 소시민 근성과 투쟁했으며 더 나은 삶을 꿈꾸었다. 이러한 꿈을 위한 투쟁과 염원은 그의 작품 중 많은 것의 초목표가 되었다.[22]

작품의 초목표를 정의하기 위해 우리는 희곡이나 장면의 사상적 내용을 드러내는 것을 주된 목표로 설정한다. 그리고 작업 과정에서 학생들은 스스로 역할의 초목표를 찾는 법을 배워야 한다. 초목표의 올바른 설정에 행동, 행위, 구현된 인물형상의 행동, 희곡의 사상적 내용의 발전이 달려있기 때문이다.

희곡과 역할의 사상-초목표는 어떻게, 어떤 형식 속에서 정의되는가? 이에 대해 스타니슬랍스키는 다음과 같이 기록하였다.

우리가 『지혜의 슬픔』[23]을 연기하기로 하고 이 작품의 초목표를 '소피야에 대한 열망'이라는 표현으로 정의했다고 가정하자. 희곡에는 이 표현을 정당화해 주는 많은 행동이 있다. 이러한 해석 하에서는 희곡의 핵심인 사회 고발적인 측면이 우연한 에피소드 같은 의미를 지니기 때문에 이는 바람직하지 않다. 그러나 『지혜의 슬픔』의 초목표를 '열망한다'라는 표현으로 정의하되 소피야에 대한 것이 아니라 자신의 조국에 대한 열망으로 정의할 수 있다. 이 경우 러시아, 자신의 민족, 자신의 민중에 대한 차츠키의 뜨거운 사랑이 가장 중요한 것이 된다. 그러나 초목표를 '자유에 대하여 열망한다'라는 표현으로 정의한다면 희곡의 깊이는 한층 더 심화된다. 희곡의 주인공이

---

[22] K. S. 스타니슬랍스키 전집 8권 중 2권, 333쪽.
[23] [역주] 러시아 근대희곡의 창시자인 A. S. 그리보예도프의 희곡.

이러한 열망을 소유하고 있으면 압제자에 대한 그의 고발은 한층 더 신랄해지고, 작품 전체는 첫 번째 경우인 소피야에 대한 사랑에서 처럼 개인적이고 사적인 의미에 그치지 않게 되고 두 번째 경우처럼 협소한 민족주의로 국한되지도 않으며 보다 광범위하고 전인류적인 의미를 획득한다.[24]

스타니슬랍스키는 계속하여 초목표의 올바른 정의 설정의 중요성을 다음과 같이 언급했다.

나의 개인적인 연기 경험 중 몇몇 경우는 앞서 인용한 예보다 훨씬 더 구체적으로 초목표의 정의의 필요성에 대해 설명해줄 수 있을 것이다. 나는 몰리에르의 『상상병 환자』에서 아르강 역할을 맡았다. 처음 우리는 희곡에 매우 초보적으로 접근하여 초목표를 '아프고 싶다'라고 정의했다. 내가 아픈 사람이 되고자 애쓸수록 나는 점점 더 아픈 사람이 되어갔고 유쾌한 풍자 희극은 질병의 비극이자 병리학으로 변질되었다. 그러나 우리는 곧 실수를 깨달았다. '나를 아픈 사람으로 봐주기를 원한다'라는 표현을 통해 도리에 어둡고 고루한 사람을 초목표로 설정했다. 이렇게 하자 희곡의 희극적인 측면이 즉시 살아났고, 몰리에르가 자신의 희곡에서 비웃고자 했던 의학계의 허풍선이 멍청이를 사용할 수 있는 근거가 마련되었으며, 비극은 즉시 소시민의 유쾌한 희극으로 변모하였다.[25]

스타니슬랍스키의 언급에서 알 수 있듯이, 초목표는 목표와 마찬가지로 '원한다'라는 단어로 정의된다. 이는 핵심적인 '원함'이며, 희곡 전체

---

[24] 각주 15의 책, 336쪽.
[25] 위의 책, 336~337쪽.

와 모든 역할이 지향하는 목표이다.

초목표는 오랫동안 찾아지지 않다가 공연으로 올릴 작품이 거의 다 만들어졌을 즈음에 결정될 수도 있다. 그러므로 우리는 희곡을 분석하며 아직은 명확하지 않지만, 최종 초목표에 가까운 '작업을 위한' 임시 초목표를 정한다. 작업하는 동안 이와 같은 일시적인 초목표는 강화되거나 스타니슬랍스키의 『상상병 환자』에서와 같이 다르게 정의될 수도 있다.

단편소설 『낮의 빛 속에서』의 각색에는 어떤 사상-초목표가 내재되어 있는가? 그것에 의해 어떤 사상적, 예술적 목표가 달성되는가? 우리는 작가의 구도를 어떻게 이해하고 있는가?

단편소설의 제목 자체는 낮의 빛, 즉 슬렙초프의 등장으로 사람들의 장단점이 더욱 분명하게 드러나고 이 때문에 사람들은 자신의 진정한 모습을 감추기가 더 어려워진다는 점을 말하고 있다. '낮의 빛'이라는 표현의 이차적인 의미는 다음과 같다. 힘든 시기에는 사람의 진정한 본질이 드러나기 마련이므로 예절이나 점잖음 뒤에 숨을 수 없다는 것이다.

각색본의 초목표를 그렇게 정의해도 될까? 우리가 원하는 것이 사람들의 장단점을 드러내는 것인가? 비록 이런 생각이 단편의 내용 속에 들어 있기는 하지만 이것이 본 단편소설의 주요 목표는 아닌 것 같다. 그렇다면 전선에서의 우정을 보여주는 것, 이것을 주요 목표로 생각할 수 있는가? 이러한 상황 역시 사건의 중요한 부분이긴 하지만 주요 목표는 아니다. 토론을 통해 우리는 '작업을 위한' 임시 초목표를 '진정한 사람, 알려지지 않은 전쟁 영웅에 대한 기억을 소중히 간직하길 원한다'로 다시 설정했다.

다른 학생 그룹에서는 초목표를 다르게 정할 수도 있겠지만, 우리가 언급하고 있는 지금 이 그룹에서는 초목표를 이렇게 정의하였고, 학생들의 적극적인 동의도 얻을 수 있었다. 우리 모두 진심으로 본 단편소설의 내용과 주요 목표에 의해 흥분되었다. 이러한 흥분은 초목표가 이번 각색에서 역할을 연기할 학생들에게 근접한 내적 본질과 생각들을 정의해줄 것이라는 기대를 하게 했다.

그다음은 학생들이 역할의 초목표를 자기 자신의 것으로 만들 수 있도록, 그래서 초목표가 그것을 구현하고자 하는 학생들의 욕구와 열망을 일깨울 수 있도록 작업을 구성해야 한다. 왜냐하면, 초목표가 배우를 매료시키고 흥분시키지 못한 채 형식적으로만 정의된다면, 작품의 분석은 이성적인 것이 될 것이고 진부한 결과를 가져올 것이기 때문이다. 이것이 바로 학생들의 열정이 식지 않도록 해야 하고 이를 위해 그들 앞에 새롭고 또 새로운 창조적 과제를 설정해야 하는 이유이다.

학생들의 분석과 창조적인 예감에 의해 정의된 초목표는 이제 명확하고 실제적인 표현을 획득해야 한다. 알려진 바와 같이, 배우의 창조는 주요 초목표에 대한 항시적이고 끊임없는 열정과 실제적인 초목표의 구현에 달려있다. 이는 끊임없는 창조적 열망이며, 그 속에 희곡과 역할의 일관된 행동으로 불리는 창조 자체의 본질이 표현된다. 작가에게 일관된 행동이란 자신의 초목표가 작품을 통해 표현되는 것이라면, 배우에게 일관된 행동은 초목표 자체의 실제적인 수행에 있다.

'일관된 행동'이라는 명칭을 어떻게 보여줄 것인가? 이것은 희곡 전체를 관통하는 행동이며, 희곡의 사상-초목표를 드러내고 구현해주는 가장 핵심적인 수단 중 하나이다. 초목표는 일관된 행동이 효력을 발휘하고 희곡과 희곡의 등장인물이 갈망하는 목표의 달성을 위해 투쟁하기 시작할 때 비로소 실제로 구현되는 것이다.

그러나 주요 목표를 실행하고자 갈망하는 모든 일관된 행동은 방해물을 만난다. 즉 "모든 희곡에는 일관된 행동과 함께 반대방향으로 향하는 반대의, 적대적인 반일관된 행동이 발생한다."[26]라는 의미이다. 일관된 행동과 반일관된 행동의 대립과 투쟁은 무대적 사건에 적극성을 부여하고, 희곡의 초목표를 드러내는 것을 한층 더 촉진한다.

일관된 행동은 어떻게 정의되는가? 희곡의 사건을 다시 이야기하기를 통해 우리는 희곡 전체에 걸쳐있으며 모든 사건들을 하나의 전체로 연결해 주는 단일한 행동선을 드러낼 수 있다. 반일관된 행동도 이렇게 정의할 수 있다.

다시 『낮의 빛속에서』의 각색으로 돌아오면, 슬렙초프의 일관된 행동은 네차예프 대위에 대한 기억 보존을 위한 투쟁이고, 이에 대한 올가 페트로브나의 반일관된 행동은 새 가정을 보존하려는 투쟁이다. 바로 여기에 본 각색의 주요 대립 구도가 있다.

슬렙초프에게 네차예프 대위가 얼마나 훌륭한 사람이었는지 보여주는 것이 중요하다면, 올가 페트로브나에게는 새 남편의 면전에서 군인의 이야기에서 받은 인상을 숨기는 것이 중요하다. 이것은 슬렙초프의 열망이자 행동인 동시에 올가 페트로브나의 열망이자 행동이고, 단편의 각색 전체에 영향을 미치며 작품의 내용에서 유기적으로 흘러나온 일관된 행동과 반일관된 행동을 표현해준다.

문학적 장점과 연극적 표현력이 드러나게 될 각색에 대한 전체 분석을 마치고 사건에 대해 전반적으로 훑어본 다음 초목표와 일관된 행동을 정의한 뒤, 우리는 작품의 부분들에 대한 보다 더 상세한 분석을 시작한다. 이를 위해 각색을 몇 부분으로 나눈다. 부분은 희곡을 구성하고 있는 에피소드 중 하나이고, 장면과 역할은 결말(목표의 달성)로 가기 위한 일관된 행동의 단계이다.

부분-에피소드로 나누는 것은 희곡이나 장면에 대한 전체적인 파악을

---

26 위의 책, 157쪽.

잃지 않으면서 각각의 에피소드의 내용을 보다 깊게 드러내준다. 이를 위해 희곡이나 장면을 큼직하게 몇 부분으로 나눌 필요가 있다. 이후 이러한 큰 부분에 대한 해석과 분석이 필요할 때 이는 더 작은 부분으로 나누어지고 여기서 희곡이나 장면의 상세한 내용, 역할의 세부사항, 작은 행동들이 드러난다.

희곡이나 역할을 분석할 때 부분으로 나누는 것은 무척 편리한 작업으로의 길이다. 배우는 자신이 연기해야 할 역할 중 가장 근접한 부분에 대해 생각하고 이를 통해 가장 근접한 부분 속에 내재되어 있는 사건의 내용을 가장 완벽하게 표현할 수 있게 된다. 배우는 이 부분을 연기한 다음 그다음 부분으로 넘어가고, 이런 식으로 희곡의 가장 작은 세부사항까지 역할의 부분들에 대한 작업이 이루어진다.

그렇다면 부분으로 나누는 과정은 어떻게 이루어지는가? 이에 대해 스타니슬랍스키는 다음과 같이 언급하였다.

> 부분으로 나누는 과정은 매우 간단하다. '분석된 희곡은 무엇 없이는 존재할 수 없는가?'라는 질문을 자신에게 던져라. 그다음 세부사항으로 들어가지 말고 희곡의 주요 단계를 떠올려보기 시작하라.[27]

우리는 학생들에게 공책에 자신의 역할에 대해 다시 써보도록 했다. 역할의 대사는 오른쪽에 쓰고, 왼쪽에는 분석 내용을 적기 위해 공란으로 남겨둔다. 그다음 『낮의 빛 속에서』의 각색은 무엇 없이는 존재할 수 없는가를 살펴보기 시작했다. 그것은 다음과 같다.

---

[27] 위의 책, 154쪽.

① 크라스노야르스크 근교에서 온 외팔이 군인 슬렙초프의 모스 크바 방문과 그와 지휘관의 아들과의 만남이 없었다면
② 군인과 지휘관 미망인의 만남, 전선에서 네차예프의 훌륭한 삶 과 그의 마지막 순간에 대해 이야기하고자 하는 바람이 없었 다면
③ 슬렙초프가 죽어가는 지휘관에게 한 약속을 이행하지 않았다면
④ 올가 페트로브나의 새 남편, 로스티슬라브 이바노비치가 들어 오지 않았다면
⑤ 올가 페트로브나가 슬렙초프의 이야기에서 받은 인상을 지우 려 하지 않았다면
⑥ 슬렙초프로 하여금 자기 지휘관의 미망인이 재혼했다는 사실 을 알려준 어린 아기의 울음소리가 없었다면
⑦ 이런 사실에 대한 슬렙초프의 불쾌함이 없었다면
⑧ 네차예프의 유품을 전해주고 가능한 한 빨리 이 집을 벗어나고 자 하는 슬렙초프의 결심이 없었다면
⑨ 남편과 아내의 당황함과 그를 돌아오게 하려는 그들의 소심한 시도가 없었다면

위와 같이 아홉 개 부분으로 나누었다. 그러나 더 집중해서 볼 경우 부분을 좀 더 크게 다음과 같이 개수를 줄일 수도 있다.

① 슬렙초프와 네차예프 대위 아들의 만남.
② 미망인과의 만남 및 그녀의 전사한 남편의 영웅적인 행적에 대 한 이야기.
③ 로스티슬라브 이바노비치의 등장.
④ 슬렙초프가 올가 페트로브나의 재혼을 알게 됨.
⑤ 부부의 당황.

각색의 내용은 논리적이고 일관성 있게 발전해 나가는 행동을 반영해 주는 이 다섯 개의 큰 부분 속에 담겨 있다.

이제 해야 할 일은 각 부분-에피소드의 내용을 올바르게 특징짓는 일이다. 제목은 각각의 부분-에피소드의 본질과 목표달성을 위한 행동(목표와 목표의 수행)을 정의할 수 있어야 한다. 또한, 부분-에피소드의 특징에는 학생들이 받은 인상과 관객으로부터 불러일으키고자 하는 인상이 포함되어야 한다.

모든 목표는 '원한다'라는 동사로 정의되고(알기를 원한다. 묻기를 원한다. 확신하기를 원한다 등), 행동에 의해 수행된다. 이를 위해 우리는 학생들에게 공책의 왼쪽에 부분의 특징과 목표 달성을 위한 행동을 쓰도록 한다.(오른쪽에는 역할이 재작성되어야 한다.) 이러한 기록은 우리가 학생들 각자의 역할 작업을 점검하는 데 도움이 된다.

단편소설 『낮의 빛 속에서』의 각색에는 부분-에피소드에 대한 다음과 같은 특징이 기록되어 있고, 목표달성을 위한 행동이 정의되어 있다.

① 군인 슬렙초프와 네차예프 대위의 아들과의 만남
- 이 부분의 특징: 슬렙초프는 소년이 아버지의 인간적인 장점을 물려받았기를 바란다.
- 슬렙초프의 목표: 아들이 아버지를 닮았는지 알기를 원한다.
- 행동: 여러 가지 측면에서 아들을 점검해 본다.
- 소년의 목표: 가능한 친절하게 참전 군인을 맞아들이길 원한다.
- 행동: 그가 어머니를 기다리는 시간을 줄여준다.
② 슬렙초프와 미망인과의 만남과 그녀의 전사한 남편의 영웅적인 행동에 대한 이야기
- 이 부분의 특징: 전사한 지휘관이 그렇게 많이, 그렇게 좋게 말하던 여자와 개인적으로 만난다.

- 슬렙초프의 목표: 미망인 앞에서 그녀의 보잘것없는 남편이 전쟁에서 얼마나 훌륭한 사람이었는지 알려주길 원한다.
- 행동: 그녀에게 그녀 남편의 전선에서 영웅적인 삶과 명예로운 전사에 대해 알려준다.
- 올가 페트로브나의 목표: 내 남편이 정말 그렇게 훌륭한 사람이었는지 알기를 원한다.
- 행동: 점검해 본다.

③ 로스티슬라브 이바노비치의 등장
- 특징: 슬렙초프는 이 남자를 가족의 친구라고 생각하고 미망인에게 친구가 있다는 사실에 기뻐한다.
- 슬렙초프의 목표: 가족의 친구를 영웅 네차예프에 대한 이야기 속으로 끌어들이길 원한다.
- 행동: 네차예프의 임종 순간의 세세한 부분을 빼먹지 않으려고 애쓴다.
- 올가 페트로브나의 목표: 새 남편에게 자신의 내적 체험을 보여주지 않기를 원한다.
- 행동: 자제하려고 애쓴다.
- 로스티슬라브 이바노비치의 목표: 그가 누구인지 알기를 원한다.
- 행동: 그를 계속 쳐다본다.

④ 슬렙초프가 올가 페트로브나의 재혼을 알게 된다.
- 특징: 슬렙초프는 올가 페트로브나의 빠른 재혼에 화가 난다.
- 슬렙초프의 목표: 네차예프의 기억에 대한 올가 페트로브나의 배신 사실을 확인하길 원한다.
- 행동: 올가 페트로브나가 재혼했다는 사실을 알고 떠나기로 한다.
- 올가 페트로브나의 목표: 자신의 곤욕스러움을 감추길 원한다.
- 행동: 대화를 바꾸기 위해 슬렙초프에게 여행경비를 보상해주겠다고 제안한다.

⑤ 부부의 당황
- 특징: 로스티슬라브 이바노비치와 올가 페트로브나가 슬렙초 프를 심히 모욕했다는 사실을 깨닫는다.
- 로스티슬라브 이바노비치의 목표: 아내의 눈치 없음을 무마할 수 있기를 원한다.
- 행동: 슬렙초프를 다시 데려와야 한다고 아내에게 일깨워준다.
- 올가 페트로브나의 목표: 남편과 싸우지 않기를 원한다.
- 행동: 그의 말을 따라 슬렙초프의 뒤를 쫓아간다.

우리는 분석과정에서 각각의 부분을 개별적으로 연구한 다음 목표달 성을 위한 모든 행동을 하나의 조화로운 전체, 즉 각색본의 초목표를 향한 일관된 행동으로 모은다.

각색 작업에서 그리고 사전(事前) 분석에서 부분의 목표와 목표달성 을 위한 부분의 행동은 정해진 일관된 행동의 단일한 선에 맞춰지고, 연습시간과 공연 시 등장인물의 논리적이고 중단 없는 삶을 형성할 수 있다. 모인 자료는 등장인물의 내적 삶을 이해하고 그들의 행동과 그들 의 행위의 원인을 드러내는 데 도움이 된다. 이는 차후 등장인물들의 '원함'과 비슷한 '원함'을 자신 속에 불러일으키기 위한 사전 준비이다. 이 작업은 역할의 제시된 상황의 창조를 요구한다. 이제 학생들의 배우 적인 상상력이 작업에 전적으로 포함되어야 한다.

앞에서 언급했듯이, 우리는 각색에서부터 역할 작업을 시작하기 위하 여 초보 배우들에게 제시된 상황을 만드는 과정을 약간 단순하게 만들어 주었다. 학생들은 각색해야 할 예술작품을 읽게 되면 거기에서 자신의 주인공들의 삶에 대한 많은 세부사항들을 얻을 수 있다. 그러나 이러한 작가의 도움으로 학생들이 자신의 주인공의 삶에 대한 나름의 세부사항 을 만들지 않아도 된다는 의미는 아니다. 작가의 자료는 학생들의 창조적 상상력 작업을 촉발시키고 풍부하게 해줄 뿐이기 때문이다.

제시된 상황의 창조는 희곡(각색)의 모든 사실과 사건의 열거에서부터 시작된다. 그러므로 누가, 언제, 어디에서, 왜, 무엇을 위해, 어떻게 등과 같은 질문에 대답하기 위해 희곡 줄거리의 모든 상황과 등장인물의 행동에 대한 요약문을 만들어야 한다. 이때 희곡이나 예술작품의 발췌 작업에서 세부사항을 놓쳐서는 안 되기 때문에 희곡이나 예술작품의 모든 것을 꼼꼼하게 점검한다.

예를 들어, 『지혜의 슬픔』에서 차츠키를 연기한 어느 배우와 같은 곤경에 처하지 않기 위해서는 세부사항을 찾는 작업은 의미를 찾는 작업과 함께 이루어져야 한다. 그 배우는 『지혜의 슬픔』 3막에서 연기하는 내내 손에 찻잔을 쥐고 있었다. 그 장면에서 왜 차를 마시느냐고 물었더니, 그는 흘레스타코프의 대사를 인용하여 차츠키의 특징이 표현된 것이라고 대답하였다. '차, 여름이 아닐 때마다 마셨지'. 배우는 이 오래된 표현이 '아마도, 여름이 아닐 때마다 술에 취했다.'라는 의미임을 몰랐던 것이다. 그래서 이전에는 아무도 알아채지 못한 흥미로운 세부사항을 발견해낸 거라고 생각했던 것이다. 그는 3막 내내 차를 홀짝거렸는데, 이는 말할 것도 없이 희곡의 내용에 부합되지 않는 것이었다.

공책에 적어놓은 단편 『낮의 빛 속에서』의 사실과 사건은 아주 상세하게 사건의 분위기를 재현할 수 있도록 해준다. 이제 막 전쟁이 끝났다. 머나먼 원정의 자취를 간직한 채 전선에서 군인들이 돌아왔다. 승리의 기쁨은 이 사람들에게서 아직 전쟁의 고통의 흔적을 씻어주지 못했다. 그곳 전선에서 군인들은 자신의 가족에 대한 기억을 간직하고 있었으므로 이제 가족과의 만남은 그들의 가족에 대한 기억이 실제와 부응하는 것인지 아닌지를 보여줄 것이다. 따라서 학생들은 자신의 주인공의 삶에 대한 사실을 다음과 같이 기록하였다.

① 군인 안드레이 슬렙초프는 죽어가는 지휘관에게 한 약속을 지키기 위해 크라스노야르스크 근교에서 모스크바로 온다. 미망인에게 그녀 남편의 삶과 죽음에 관해 이야기하고 그가 남긴 유품을 전해준다.

② 슬렙초프는 전쟁터에서 왼팔을 잃었다.

③ 현재 그는 집단 농장에서 트랙터 운전사로 일한다.

④ 네차예프는 1944년 전사했으나 슬렙초프가 부상 치료를 받은 후 모스크바로 온 것은 1946년이 되어서이다. 즉 종전 후 1년이 지난 시점이다.

⑤ 슬렙초프는 아침 일찍 길을 나서는 바람에 잠을 제대로 자지 못했다.

⑥ 그는 올가 페트로브나를 만나지 못하고 네차예프의 아들인 12~14세가량의 유라를 만난다.

⑦ 슬렙초프는 소년과의 대화에서 만족감을 느낀다.

⑧ 그는 소년에게 시베리아 지방의 음식을 대접해 준다.

⑨ 소년은 수업준비를 시작하였고, 슬렙초프는 소파에 앉아 있다가 자신도 모르게 스르르 잠이 든다.

⑩ 소년은 슬렙초프를 깨우지 않고 학교에 간다.

⑪ 일터에서 돌아온 올가 페트로브나는 자기 방에 낯선 남자가 왜 자고 있는지 이해하지 못한다.

⑫ 슬렙초프가 깨어나 올가 페트로브나에게 자신이 온 목적을 말한다.

⑬ 슬렙초프는 흥분하여 네차예프 대위의 용기와 그의 고상한 인간성에 관해 이야기한다.

⑭ 올가 페트로브나는 슬렙초프의 이야기 속에서 과연 자기 남편인가 의심한다. 참전 전까지 그는 겸손하고 소심하며 상관을 두려워했던 사람이었기 때문이다.

⑮ 방 안으로 한 남자가 들어오는데, 군인은 그를 네차예프 가족

의 친구라고 생각한다.

⑯ 이 남자의 등장과 함께 올가 페트로브나의 행동은 바뀌고 그녀는 슬렙 초프의 말을 건성건성 듣는다.

⑰ 올가 페트로브나는 슬렙초프에게 네차예프의 부탁은 이미 이행되었다고 말하며 같이 점심 먹자고 권한다.

⑱ 슬렙초프는 갓난아기의 울음소리를 듣고 올가 페트로브나가 네차예프의 전사 통지를 받자마자 바로 재혼했다고 짐작한다.

⑲ 슬렙초프는 간직해오던 네차예프의 유품을 탁자 위에 내려놓고 떠나려 한다.

⑳ 당황한 올가 페트로브나가 먼 길 오느라 써버린 여비를 보상해 주겠다고 제안한다.

㉑ 슬렙초프는 올가 페트로브나의 빠른 재혼에 대한 자신의 분노를 감추려 애쓰며 돈을 거절하고 떠난다.

㉒ 로스티슬라브 이바노비치는 올가 페트로브나의 행동을 부끄러워하며 그녀에게 슬렙초프를 다시 데려와 여기서 묵도록 하라고 말한다.

㉓ 그들은 군인의 뒤를 쫓아 나갔으나 그를 찾지 못한다.

㉔ 부부는 낙담하여 돌아오고 자신의 무사안녕에 부끄러움을 느낀다.

각색본의 사실과 사건은 이와 같다. 이를 무대에 구현하고 관객이 각각의 등장인물과 그들의 행동의 현실성을 생생하게 느낄 수 있도록, 학생들은 역할 작업을 할 때 단편소설에서 행동이 시작하기 전에 일어났던 일을 이처럼 재생해야 한다. 이러한 과거 사건들은 학생들의 창조적 상상력의 작업 결과로 만들어진다. 이러한 사건의 재현은 무대에서 구현되어질 형상의 성격과 일대기를 파악하는 데 도움이 된다.

예를 들면, 슬렙초프의 역할을 맡은 젊은 배우는 그에게 어떤 가족이 있으며 전선에서 잃은 팔 대신 스스로 만든 의수로 트랙터 일을 어떻게 하고 있는지 등을 상상해야 한다. 또한, 배우는 최대한 세세하게 슬렙초프와 네차예프의 우정, 전선에서 그들의 용감한 행동, 네차예프 대위가 임종 직전 아내에게 자신의 유품을 전해달라고 한순간 등을 상상해야 한다. 그리고 그는 네차예프의 외모가 어떤지, 부하를 어떻게 대하는지, 왜 슬렙초프의 눈에는 그가 이상적인 사람이자 지휘관이었는지 등을 잘 알고 있어야 한다.

올가 페트로브나의 역할을 맡은 여학생 또한 네차예프의 외모와 성격을 잘 알고 있어야 한다. 당연한 말이지만, 그녀의 네차예프는 슬렙초프의 네차예프와는 다르게 설정되어야 한다. 그녀는 네차예프에 대한 자신의 사랑, 그녀가 어떻게 그와 결혼했으며, 전쟁 전까지의 그들이 함께 산 삶, 아들 유라의 태어남, 네차예프가 전선으로 떠남, 그의 떠남과 피난상태 속에서의 그녀의 힘겨운 삶 등을 상상해야 한다. 그녀는 남편의 전사 통보가 언제 왔는지, 힘겨웠던 시절 로스티슬라브 이바노비치의 심적 지지를 어떻게 받아들였는지, 그와 결혼하기로 어떻게 결심했는지, 그들의 새로운 삶, 딸의 태어남, 직장에서 그녀의 확고한 위치, 새 가족을 지키려는 노력 등을 분명히 알고 있어야 한다.

로스티슬라브 이바노비치 역할의 학생 역시 올가 페트로브나에 대한 자신의 과거 관계를 상상해야 한다. 그는 그녀보다 열다섯 살이나 많은 데다 그녀를 처음 만났을 때 유부남이었고, 그녀 또한 네차예프와 결혼한 상태였다. 이후 네차예프가 전사한 뒤 로스티슬라브 이바노비치는 가족을 버리고 올가 페트로브나와 결혼했지만 많은 나이 차이로 인해 항상 젊은 아내 때문에 질투심을 느끼고 있다 등이다.

소년 유라의 역할을 맡은 학생은 학교에서의 생활과 계부와 어머니 사이에 발생한 복잡한 관계를 상상해야 한다. 그러한 상황에서 자신의 아버지와 함께 전선에서 싸운 사람에 대한 신뢰와 호의는 쉽게 정당화된다. 슬렙초프와의 만남 부분에서 유라는 수업준비를 하고 있는데 숙제는 어떤 것이었는지, 이미 다 외운 것은 어떤 것이고 또 아직 외우지 못한 것은 어떤 것인지 알아두는 것도 유용하다.

이렇듯 학생들에게 제시된 상황의 선이 암시되었을 때 창조적 상상력을 통해 그것을 실제로 상상해 보아야 한다. 이에 대해 스타니슬랍스키는 다음과 같이 기록하였다.

> 창조적 상상력의 작업은 무엇이며, 배우의 상상 과정은 어떻게 흘러가는가? 여러 가지 배우의 상상과 상상의 삶이 존재한다. 무엇보다도, 내적 시각의 도움을 받아 상상력 속에서 모든 가능한 시각적 형상, 살아있는 존재, 사람의 얼굴, 사람의 외모, 풍경, 사물의 물질적인 측면, 사물, 상황 등을 볼 수 있다. 그다음, 내적 청각으로 모든 가능한 소리, 멜로디, 목소리, 억양 등을 들을 수 있다. 마지막으로, 우리의 감각이 속삭여 준 모든 가능한 감정을 느낄 수 있다.[28]

여러 가지 배우의 상상력은 학생들이 역할을 창조하는 데 필요한 하나의 방향으로 향해져야 한다. 이러한 기법 중 하나가 바로 질문이다. 가령 슬렙초프 역할의 학생은 자신에게 다음과 같이 질문할 수 있다. '만약 내가 전쟁터의 군인이었고 나에게 훌륭한 지휘관이 있었다면 어떤 일이 생겼을까?' 바로 '만약에'라는 것이 배우를 현실의 삶에서 공상, 상상의 차원으로 옮겨주는 지렛대 역할을 한다.

상상력은 '만약에'의 부름에 신속히 응답하여 학생의 내적 시각 앞에 전선에서 군인의 삶을 그려주는 다양한 사건들의 고리를 펼쳐 보이기

---

[28] K. S. 스타니슬랍스키 전집 8권 중 4권, 86~87쪽.

시작한다. 사실, 학생의 이러한 시각은 전쟁 영화나 전선의 기록을 통한 인상에 의거한다. 당연한 말이지만 학생에게는 전쟁이나 군 생활에 대한 자신의 기억이나 인상이 전무하다. 그러므로 그에게는 상상력의 작업을 풍부하게 만들어 줄 보충적인 자료가 필요하다. 우리는 그 학생에게 대령으로 참전했던 우리 학교 교육자와 만나 전선에서의 삶에 대해 물어보라고 조언해 주었다. 대령은 친절하게 훈련 준비의 시작, 군인의 행동수칙과 전우들에 대해 많은 것을 이야기해 주었다. 그 후 학생은 전쟁 박물관에 들러 사격장에서 총도 쏘아보고 몇몇 참전 군인들과도 대화를 나누어 봄으로써 각색본의 개별적인 사건들이 훨씬 더 분명하게 그려질 수 있을 만큼 자신의 배우적 상상력을 점점 더 풍부하게 만들었다.

그러나 그 학생에게 가장 힘들었던 점은 네차예프 대위의 외모와 그에 대한 관계 설정이었다. 아무리 노력해도 살아있는 대위의 모습이 만들어지지 않자 학생은 우리에게 도움을 요청했다.

"설마 자네가 매우 존경하는 사람이 한 사람도 없는 건 아니겠지?"
교육자가 물었다.
"있어요. 저희 어머니에요. 그러나 어머니와 네차예프 대위는 아무리 해도 연결되지 않는걸요."
학생이 대답했다.
"그럼, 자네는 마야콥스키를 어떻게 생각하나?"
"제가 좋아하는 시인이자 정말 특별한 사람이죠."
"자네의 마야콥스키에 대한 관계를 네차예프 대위에게로 옮겨보게. 자네에게는 마야콥스키가 네차예프 대위가 되는 거지."
교육자가 조언해 주었다.

학생은 교육자의 제안을 적용하여 네차예프에 대한 관계를 금방 찾아냈다. 그는 마야콥스키의 운명을 생각할 때 자신에게 떠오르는 흥분을 네차예프 대위에 대해 말할 때의 흥분으로 치환한 것이다.

그다음 그에게 힘들었던 점은 네차예프의 죽음의 상황을 만드는 것이었다. 학생이 네차예프가 죽었을 때 슬렙초프의 상태를 느낄 수 있도록 도와주기 위해 나는 내가 지켰던 박탄고프의 임종의 순간에 대해 이야기해 주었다. 박탄고프는 불치병을 앓고 있었다. 우리 선생님의 임종이 다가오고 있음을 느낀 그의 부인은 그와 이별을 고하기 위해 가장 가까운 제자 몇 명을 불렀다. 박탄고프의 제자인 우리는 그가 죽을 수 있다는 사실을 믿지 않았으며 어떤 기적이 일어나기를 기다렸다. 우리에게는 그런 훌륭한 예술가이자 놀라운 사람은 죽을 수 없을 것 같았다. 비록 머리는 "그런 기적은 없다."고 말하고 있었지만.

우리가 방 안으로 들어갔을 때 박탄고프는 두 눈을 감고 힘들게 숨을 쉬며 베개를 베고 누워 있었다. 갑자기 그가 눈을 뜨더니 그 커다란 회색 눈으로 우리를 바라보았다. 우리가 너무도 좋아했던 박탄고프식의 다정한 아이러니가 가득 찬 그 눈으로. 그는 우리를 알아보고 장난스럽고도 반갑게 말을 걸었다. 우리는 그의 매력에 이끌려 울다가 웃다가 했다. 그의 농담에 웃다가도 그가 다시 돌아올 수 없다는 생각에 눈물을 흘렸다. 그다음 그는 아들을 부르더니 오랫동안 뭔가를 조용히 말했다. "그래, 괜찮지, 세르게이, 참을 수 있겠지?" 그가 물었다. "참을 수 있어요." 소년이 울며 말했다. 갑자기 예브게니 바그라티오노비치가 열린 문을 향해 팔을 번쩍 들며 이상한 목소리로 소리쳤다. "정지!" 우리는 공포에 질렸다. 우리에게는 그가 들어오려는 죽음을 보고 막으려는 것 같았다. 그다음 베개 위로 눕더니 온몸을 쭉 뻗었다. 의사가 방에 들어와 심장에 청진기를 대더니 건조한 어조로 말했다. "돌아가셨습니다." 우리는 아무 말 없이 앉아 있었다. 우리 선생님이 이제는 더 이상 그의 빛나는 재능으로 우리를 놀라게 하는 일도 없을 것이고 우리 각자에게 놀라운 인간적 관심도 보여주지 못할 것이라는 사실을 오랫동안 믿을 수 없었다. 나에게 그는 내가 살면서 만난 가장 고상한 사람이었고 가장 훌륭한 예술가였다.

이야기하는 동안 나를 사로잡았던 흥분은 학생에게도 전염되어 그가 깊이 존경하고 사랑하고 끝없이 높이 평가하다가 어느 날 갑자기 떠나버린 사람에 대한 관계를 느끼는 데 도움이 되었다. 슬렙초프의 역할에 대한 작업 과정에서 우리는 학생이 창조한 네차예프 대위의 형상이 작가의 묘사와 정확하게 일치하도록 만들지는 않았다. 중요한 것은 배우가 실제로 살아있는 사람과의 관계처럼 그에 대한 관계를 창조할 수 있도록 돕는 것이다. 이후 슬렙초프 역의 학생은 제시된 상황을 만들면서 슬렙초프가 어떻게 모스크바로 떠날 채비를 시작하게 되었는지, 한쪽 팔로 어떻게 군복의 깨끗한 옷깃을 다릴 수 있었는지, 여행 중에 먹을 고기와 생선을 마련하기 위해 어떻게 사냥하고 낚시했는지, 당시 출장이 아닌 경우 모스크바 방문은 금지되었는데 어떻게 집단 농장에서 출장허가를 받아냈는지, 얼마나 오랫동안 기차를 탔는지, 모스크바에서 올가 페트로브나의 집은 어떻게 찾았는지 등을 이야기할 수 있게 되었다. 이런 식으로 차츰 그는 희곡이 시작되기 전에 발생한 제시된 상황의 선을(아직까지는 개별적인 순간들로 이루어져 있지만) 넓혀 나갔다.

올가 페트로브나 역할의 여학생은 제시된 상황을 설정할 때 자신을 두 번 결혼하여 두 아이의 엄마인 여자의 형상으로 생각해야 한다. 비록 그녀가 무대에서 아이들과 만나지는 않지만, 역할의 과거를 만들 때 이러한 상황을 간과해서는 안 된다. 무엇보다도 그녀는 자신의 상상 속에서 첫 번째 남편, 전쟁터에서 대위가 된 엔지니어인 남편의 형상을 만들어야 했다. 이를 위해 여학생은 너무나 좋아했으나 비극적으로 전사한 자신의 삼촌을 떠올렸고 처음에는 삼촌에 대한 관계를 그녀의 상상력으로 창조된 네차예프의 형상으로 옮겨 놓았다. 그러나 상상 속에서 첫사랑과 결혼의 상황을 설정해야 하는 단계에 이르자 여학생은 할 수 없이 다른 인물로 대체해야 했다.

제시된 상황을 설정할 때 개인적인 삶의 요소가 포함된 경우, 즉 매우 내밀한 부분일 경우, 당연한 일이지만 우리는 학생에게 누구를 염두에 두고 있는지 절대 묻지 않는다.

여학생이 처음에 아이들과 관련된 제시된 상황을 만드는 것을 어려워했으므로 우리는 그녀에게 어린애 한 명을 선택하여 그의 뒤를 따라다녀 보라고 조언하였다. 여학생은 어린애가 있는 이웃집 여자에게 순수하게 도와주고 싶다고 제안하였다. 여학생은 그녀의 팔에 작고 무력한 존재를 안고 있다는 것이 무슨 의미인지, 아기에게는 관심과 보호가 필요하다는 것을 느끼게 되었고 이러한 행동과 느낌은 그녀에게 모성애라는 것이 무엇인지 암시해 주었다. 올가 페트로브나의 큰아들인 유라에 대한 관계 설정은 그녀의 조카가 도움을 주었다.

이제 여학생은 자신과 로스티슬라브 이바노비치와의 관계의 역사, 그의 매력, 관심, 직장에서의 도움 등을 만들 차례이다. 그녀는 자신의 두 번째 남편의 성격을 아주 잘 알아야 하고, 그가 그녀를 위해 버렸던 첫 번째 가족도 상상해야 한다. 올가 페트로브나 역할의 배우는 상상 속에서 성공적인 재혼, 전 남편과의 사이에서 태어난 아들과의 복잡한 관계도 제시된 상황을 설정해야 한다.

유라 역할의 배우는 얼마 전 고등학교를 마쳤으므로 중고등학생의 삶의 제시된 상황을 설정하는 것이 그리 어렵지 않았다.

로스티슬라브 이바노비치 역의 배우는 올가 페트로브나에 대한 자신의 사랑의 역사를 통째로 상상해야 하고, 자신을 재능 있는 설계자이자 회사의 수석 엔지니어라고 생각해야 한다. 그러나 로스티슬라브 이바노비치 역의 배우는 오랫동안 자신의 역할의 제시된 상황에 대해 진실하게 이야기하지 못했다. 그래서 우리는 그가 게을러서인지 아니면 배우적 상상력이 부족한 것인지 알 수 없었다. 우리는 여러 가지 질문을 통해 그의 상상력을 불러일으키고자 하였으나 그는 늘 모든 것을 알고 느끼고 있지만 그 모든 것을 연결해서 이야기하지 못하겠다는 시들시들한 말뿐이었다. 그의 말을 믿을 수밖에 없었다. 그 역할의 제시된 상황에 대한 어떤 흥미로운 정보도 듣지 못했기 때문이다.

역할 작업의 다음 단계는 작가가 그려놓은 등장인물들의 특성과의 만남과 단편소설 속에 나타난 그들의 특징을 요약하는 것이다. 이를 위해 각색을 위한 단편소설의 텍스트로부터 다음과 같이 요약하였다.

안드레이 슬렙초프: 트랙터 운전사, 크라스노야르스크 근교 시베리아 출신, 약 30세. 군복을 입고 등에는 군용 배낭을 메고 머리에는 새 모자를 썼다. 오랜 시간 전선에서 생활한 군인 출신으로 장소의 변화에 익숙하다. 자유롭고 사람들에게 공손하고 친절하다. 전쟁에서 왼팔을 잃고 현재 의수를 끼고 있다. 사람을 볼 줄 안다. 자신의 약속을 잘 지키며 의무와 우정에 충실하다. 사냥꾼이자 낚시꾼. 명예문제에 매우 민감하다. 불공정과 거짓말에 비타협적이다.

네차예프의 아들 유라: 12~14세. 창백하고 마른 소년. 충분히 먹지 못하는 것 같다. 사람들을 다정하고 예의 바르게 대한다. 공부를 잘하고 열심히 한다. 전투기 조종사가 되는 것, 불의에 맞서는 전사가 되는 것이 꿈이다. 가정에서 혼자라고 느끼고 계부와는 서먹서먹하다. 슬렙초프와 금방 가까워지고 그를 좋아한다. 아이답게 순진하고 직접적이다.

올가 페트로브나: 네차예프의 미망인, 키가 크고, 금발이며 약간 통통하고 저돌적이다, 약 32세. 사람들에 대한 태도는 약간 비웃는 듯하고 자기 확신이 약간 과한 듯하다. 대화에서 명령하는 듯한 어투가 느껴진다. 고집스러워 보인다. 현재 연구소에서 괜찮은 자리를 차지하고 있다. 전공은 엔지니어다. 네차예프 전사 후 바로 재혼했다. 아들과 어린 딸이 있다. 첫 번째 남편을 무미건조하고 지루한 사람으로 생각한다.

로스티슬라브 이바노비치 비노쿠로프: 뛰어난 엔지니어이자 발명가. 폭넓은 교육의 소유자. 아내와 자식을 버리고 올가 페트로브나와 결혼했다. 키가 크고 안경을 쓰고 동안에다 새치가 있다. 약간 신경질적이고 짜증을 잘 내는 편이다. 15살 차이 나는 젊은 아내로 인해 질투심을 느끼는 경우가 많다. 그럴 때마다 화를 내고 자제심을 잃는다.

이런 식으로 학생들은 형상의 내적, 외적 특징과 접하게 되었다. 이와 관련하여 박탄고프는 다음과 같이 기록하고 있다.

만약 당신이 어떤 사람을 잘 안다면, 그의 삶의 몇몇 중요한 순간을 알고 있다면, 그의 성격, 습관, 취향을 안다면, 즉 그가 무엇을 좋아하고 싫어하는지 안다면, 여러분은 그가 특정 순간에 어떻게 행동할까 하는 질문에 쉽게 대답할 수 있을 것이다. 여러분은 그러한 지인들의 몇몇 상황을 생각해낼 수 있을 것이고 그 상황에서 그가 어떻게 빠져나올 수 있을지 분명히 짐작할 수 있을 것이다. 당신이 그를 더 잘 알게 될수록, 더 많은 세부사항을 떠올릴 수록, 더욱 잘 그를 느낄 수 있을 것이고 여러분의 감정은 특정 상황이 당신의 지인에게 어떤 영향을 미치게 될 지 보다 더 정확하고 빠르게 당신에게 알려줄 것이다.[29]

등장인물의 특징적 자질을 조명해주는 각색이나 단편소설의 요약문은 현재까지는 학생들이 특성 창조를 위해 가야 할 여정의 개별적인 표지에 불과하다. 학생은 희곡 인물의 일대기를 만듦으로써 여백을 채워나갈 수 있다. 학생은 등장인물에 대한 작가의 묘사를 이용하여 그의 과거의 삶, 그의 성격, 취향, 호감 등을 형성하는데 영향을 준 사건 등을 상상한다. 즉 자신의 주인공의 삶을 자신이 잘 아는 사람의 삶, 아니 자기 자신의 삶처럼 알게 된다. 적절하게도, 학생이 등장인물의 일대기에 형상의 삶 사건과 유사한 자기 자신의 삶의 에피소드를 포함한다면, 이는 희곡의 인물의 일대기를 보다 더 설득력 있게 만들어 줄 수 있다. 사람들이 자신의 삶에 관해서 이야기할 때 자신이 기억하는 순간부터 이야기하는 것과 마찬가지로 일대기도 형상의 어린 시절부터 시작하여 희곡이 시작되는 시점까지 계속되어야 한다.

등장인물의 일대기를 만들 때 다음과 같은 스타니슬랍스키의 말을 명심해야 한다. "일단 악한을 연기하게 되었다면 그의 좋은 점을 찾아라." 그러면 성격이 행동의 발전 속에서 드러날 것이며, 이는 성격을 생생하고 진실하게 만들어 줄 것이다.

역할의 과거를 풍성하게 창조하기 위해 등장인물의 성격을 이해하고 느낄 수 있도록 도와주는 많은 기법이 있다. 일례로, 희곡의 시작 이전에 발생한 사건을 되살려 인물의 과거 에튜드를 만들 수 있다. 예를 들어, 올가 페트로브나가 남편의 전사통지를 받게 되자 로스티슬라브 이바노비치는 그녀에게 관심을 쏟으며 보살핀다, 슬렙초프는 모스크바로 가기 위해 아내와 작별 인사를 한다 등이다.

학생들은 보통 희곡의 시간적 배경을 잘 알 수 있도록 해주는 자료를

---

29 E. V. 박탄고프, 『메모, 편지, 논고』, 202쪽.

찾는데 최대한의 창의성을 발휘한다. 학생들은 동시대인들의 회상, 오래된 영화 장면, 신문, 그 시대의 노래와 음악, 외모, 초상화 등을 이용한다.

중요한 요소 중 하나는 자신 속에서 역할과 그 역할에서 울려 나오는 내적 체험의 내적 본질을 특징짓는 자질을 찾는 것이다. 이를 위해 학생은 의도적으로 자신을 등장인물의 상황에 놓고 그러한 상황에 처했다면 그렇게 행동했을지 아닐지 자신에게 대답해야 한다. 학생에게 가깝게 느껴지는 행동들이 그와 역할을 연관 지어 줄 것이며, 그에게 이해되지 않은 것들은 자신의 상상력으로 정당화해야 한다.

행해진 작업 결과 학생들은 자신의 주인공의 일대기를 쓴다. 예를 들어, 안드레이 슬렙초프의 일대기는 다음과 같다.

나, 안드레이 슬렙초프는 1913년 예니세이 강 변 크라스노야르스크 근처 리시 로프카 마을에서 태어났다. 우리 마을의 기후는 혹독하지만 정말 아름다운 곳이다. 아버지 표트르 슬렙초프는 혁명 전까지 유형 온 정치범들과 가까이 지냈다. 아버지는 시민전쟁 때 게릴라 부대 편에서 싸웠으며 콜차크로부터 우리 주를 해방시키는 데 참여했다. 말년에는 집단 농장에서 목수로 일했다.

우리 가족은 아이가 두 명 있다. 나와 누이. 어린 시절 겨울 큰 통나무를 잘라 만든 우리 집은 불을 많이 땠지만, 통나무집의 구석 편에는 눈이 쌓여 있었다. 나무 바닥을 맨발로 걷는 것은 매우 추웠지만 우리는 습관이 되어 추위를 무서워하지 않았다. 어머니는 우리에게 나쁜 늑대와 힘센 곰에 대한 이야기를 즐겨 해주었다. 아버지는 나를 예니세이 강가로 데려가 낚시를 가르치기 시작했다. 예니세이 강에는 고기가 많았으므로 우리는 항상 물고기를 가득 잡아 집으로 가져왔다.

나는 아버지를 매우 좋아했고 한 번도 그에게 거짓말을 한 적이 없었으며 아버지 또한 한 번도 거짓을 말한 적이 없었다. 이웃집에는 내 또래의 남자애가 있었는데 이름은 사시카였다. 우리는 매우 친했으며 어느 정도 자란 뒤에는 같이 예니세이 강에 낚시하러 갔다. 어느 날 내 낚싯대의 고리가 바위에 걸리자 나는 옷을 벗고 고리를 빼내려고 물속으로 들어갔다. 차가운 물 때문에 다리에 쥐가 난데다 강한 파도마저 나를 강 쪽으로 밀어냈다. 내 비명을 들은 사시카는 1초도 망설이지 않고 나를 구하러 바로 물에 뛰어들었다. 그는 내게로 헤엄쳐 와서 등을 대고 누우라고 명령한 뒤 내 머리카락을 잡고 해변까지 끌고 갔다. 강한 파도가 나를 강 쪽으로 밀어낼 때에도 나는 두렵지 않았다. 다만 사시카가 헤엄쳐 올 동안 지탱하기 위해 내 힘을 어떻게 유지할까 하는 것만 생각했다. 지금 나는 핀이나 바늘 같은 것이 없다면 수영하지 않는다. 그 이후 우리의 우정은 더욱더 굳건해졌고 나는 사시카가 원하는 것이라면 무엇이든 다 들어줄 용의가 있었다. 나는 열심히 공부했고 러시아어를 가르치는 늙은 여선생님을 매우 좋아했다. 그녀는 내가 필기할 때 건성건성 적는데다 실수가 잦다는 사실을 알고, 나에게 보충수업을 해 주었고 나는 그녀의 애제자 중 한 명이 되었다. 그렇게 난 7학년을 마쳤다.

나는 아버지와 자주 사냥을 갔다. 내가 16세가 되자 아버지는 곰 사냥을 가기로 했다. 나는 곰을 자기 힘으로 죽여야 한다는 사실을 알고 있었다. 지금까지 개 안내인의 자격으로서만 곰 사냥에 참가했었는데, 드디어 곰을 죽일 수 있는 영광이 나에게 주어진 것이다. 곰을 쫓아가 둘러싸면 개가 몰아쳐야 했다. 사냥에는 아버지와 삼촌 두 명이 같이 갔다. 아버지는 내 곁에서 만일 내가 곰을 죽이지 못하고 상처만 입힐 경우를 대비했다. 우리가 곰을 겁주자 개가 달려들어 나와 아버지가 기다리고 있는 장소로 몰아왔다. 곰을 만났을 때 그리 커 보이지는 않았지만 나는 곰이 얼마나 강한 짐승이며 곧바로 죽이기가 얼마나 어려운 일인지도 잘 알고 있었다. 운 좋게도 나는 첫발에 곰의 급소를 명중 시켰다. 곰 고기로 만든 만두는 얼마나 맛있었으며 내가 겁쟁이가 아니었다는 사실에 얼마나 기뻤던가! 나는 아버지와 함께 목수로 일하다가 농기계 수리소에 철공 견습생으로 들어 갔다.

여기서 운명은 나와 그 수리소에서 일하던 마샤(마리아 알렉산드 로브나)를 엮어 주었다. 우리는 서로에게 바로 끌렸으며 친해졌고 서로 없이는 살 수 없게 되었다. 부모님들도 반대하지 않았으므로 우리는 곧 결혼식을 올렸고, 거의 마을 전체가 흥겹게 결혼식을 즐겼다. 내 아내는 지혜롭고 나를 너무나 잘 이해하고, 놀라울 만큼 정직한 사람, 단 한 번도 단 한마디도 욕설하지 않고, 내가 이 세상에서 누구보다도 높게 평가하는 성실한 내 친구였다.

우리가 아기의 출생을 기다리고 있을 바로 그때, 나는 붉은 군대에 입대해야 했다. 나는 젊은 아내와 떨어지고 싶지 않았지만, 그녀를 믿고 고향 땅으로부터 멀고 먼 국경으로 군 복무를 떠났다. 나와 함께 어릴 때 내 목숨을 구해준 사시카도 같이 복무했다. 나는 항상 그에게 고마운 마음을 어떻게 전할까? 생각했지만 기회가 잘 오지 않았다.

복무를 마치고 우리는 친지와 어린 아들이 기다리고 있는 고향으로 돌아왔다. 나는 집단 농장에서 기계 수리공으로 일했다. 우리 식구는 늘었다. 이제 내게는 아들 둘과 딸 하나가 생겼다. 삶이 나에게 미소를 보내주던 어느 날 갑자기 전쟁이 터져 나는 다시 징병되었다.

나는 파시스트 군의 공격으로 힘들어진 시기 모스크바 방위를 위해 투입된 부대의 대원으로 배치되었다. 이곳의 전투에서 나는 처음으로 그 당시에는 중위였던 네차예프를 만났다. 첫 전투에서 총을 쏘아본 경험이 없었던 나는 독일군의 지뢰가 날아들 때마다 납작 엎드려 있었다. 네차예프는 똑바로 서서 내 쪽으로 걸어와서는 상냥하게 말을 걸어주었고, 우리가 공격 시작 시점으로 진격할 때에는 나를 통신장비와 함께 뒤에 남겨두고 공격 장소로 데려가지 않았다. 내가 총을 쏘아본 경험이 없는 신참이어서 전투 장소에 데려가지 않았다는 것을 깨달았다. 내가 전투상황에 적응하지 못해 죽을 수도 있었기 때문이었다. 잘 알지도 못하는 병사에 대한 그런 태도에 나는 크게 감동을 받았고 네차예프라는 사람이 어떤 사람인지 알게 되었다. 1941년 모스크바 근교 전투에서 네차예프는 부상을 당했고 그는 내 앞에서 사라졌다. 운명은 우리를 다른 전선으로 갈라놓았고, 나는 운 좋게도 단 한 번도 부상당하지 않았으나 네차예프에 대한 기억은 나를 떠나지 않았다.

그다음 이미 대위가 된 네차예프의 부대로 배치받았고 그의 통신병이 되었다. 그는 한 전투에서 치명상을 입었고 나에게 자신의 유품을 미망인에게 전해 달라는 유언을 남겼다. 전투에서 나는 왼팔을 잃었고 오랫동안 병원에서 치료받은 뒤 집으로 돌아왔다. 그 후 얼마 지나지 않아 대위의 부탁을 이행하기 위해 모스크바로 갔다. 우리, 슬렙초프가 사람들은 항상 자신의 약속을 지킨다.

우리 작업의 다음 단계는 형상의 외적 특징의 자질을 찾는 것이다. 이에 대해 스타니슬랍스키는 다음과 같이 기록하고 있다.

외적 특징은 설명하고 예시한다. 그리하여 그것을 통해 관객의 눈에 보이지 않는 내적이고 정신적인 역할의 그림을 만들어낸다.[30]

학생들은 자신의 주인공의 일대기를 만들기 위해 특정 등장인물의 성격은 물론 그의 외모도 상상해야 한다. 이 시기 우리는 학생들에게 몇 개의 에튜드를 준비해 오라는 과제를 부여한다. 그리고 난 후, 학생들에게 집에서 자신의 주인공이 어떻게 걷고, 어떻게 일어나고, 어떻게 세수하고, 어떻게 머리를 빗는지, 한마디로 말해, 희곡의 인물이 했을 법한

---

[30] K. S. 스타니슬랍스키 전집 8권 중 3권, 201쪽.

그대로 여러 가지 신체적 행동들을 해보도록 한다.

또한, 학생들은 형상을 둘러싸고 있는 사물과 사람들에 대한 관계를 통해 형상을 찾아야 한다. 이를 박탄고프는 "역할을 준비한다는 것은 역할을 위해 필요한 관계를 찾는다는 의미이다."라고 말한 바 있다. 이것은 언제, 어디에서나 모색할 가능성이 있다. 예를 들어, 거리에서 등장인물이 관심을 가질 법한 쇼윈도를 찾아보고, 그 안에 있는 물건들을 들여다보며 주인공이라면 어떤 물건을 골랐을지 결정해보고, 형상 속에서 그가 이 물건을 살 가치가 있는지 없는지 생각해볼 수도 있다. 아울러 자신의 소유물에 대한 인물의 태도를 찾아보는 것도 중요하다. 어떤 사람은 자신의 물건을 좋아하고 소중히 하지만 다른 사람들은 그 물건에 무관심하고 끊임없이 잃어버리는 것 등이다.

그리고 난 후, 형상을 통해 아는 사람들과 인사를 나누고 그들에 대한 관계를 찾아본다. 이제는 다른 등장인물들에 대한 인물의 관계도 찾아보아야 한다. 예를 들어, 올가 페트로브나의 로스티슬라브 이바노비치에 대한 관계, 로스티슬라브 이바노비치의 유라에 대한 관계 등이다. 이 시기가 되면 몇몇 학생들은 이미 인물들 간의 관계 변화가 어떤 방향으로 나아갈지 예상해 볼 수 있다.

그다음 우리는 등장인물이 어떻게 말하는지 찾아보라는 과제를 부여한다. 각색본에서 슬렙초프는 크라스노야르스크 근교에 사는 시베리아인이다. 그리하여 슬렙초프 역의 학생은 자신의 주인공의 시베리아식 발음을 듣고 그것을 재생해야 한다. 예를 들어, 슈킨은 고치의 〈투란도트 공주〉에서 말더듬이 타르탈리야에게 어울리는 말투를 모색하다가 어떤 말이 그다음에 나올지 짐작하기 어려운 말더듬이의 말투를 흉내 내어 보기로 했다. 이것이 설득력 있는지 아닌지 시험해 보기 위해 그는 전철을 타고 말을 더듬으며 다른 사람에게 물어보았다. "어-어떻게 가-가야 되죠, 오-오-오?" 그리고 그는 한 마디도 이어가지 못했다. 그 칸에 타고 있던 사람들 모두 그를 도와주려고 저마다 한마디씩 했기 때문이다. "오르딘카?" 슈킨은 고개를 가로저었다. "오스토젠카?" 슈킨은 또다시 고개를 가로저었다. "오를리코프?" 마침내 슈킨이 말하였다. "정-정반대-에요, 페-에트로프-으카". 이처럼 집이나 길거리에서 에튜드를 위한 자료를 모으다 보면 외적 특성의 개별적 자질들을 한데 모으는 데 도움이 된다.

수행된 작업 결과 유라 역할을 맡은 학생은 다음과 같은 에튜드를 보여주었다.

유라가 운동을 마치고 방으로 뛰어들어 온다. 전투기 조종사가 되기 위해서는 강해져야 하는데 이를 위해 그는 항상 밖에서 덤벨 운동을 한다. 그는 자신을 단련시키기 위해 수건을 가지고 찬물에 샤워하러 간다. 돌아와서 수건을 의자에 던져 놓았다가 군인은 절도가 있어야 한다는 사실을 떠올리고 다시 제자리에 걸어 놓는다. 찬물 때문에 아직도 몸이 좀 떨리자 몸을 따뜻하게 하려고 몇 가지 강한 동작을 실시한다. 식탁에는 간단한 식사가 차려져 있다. 유라는 재빨리 다 해치웠지만, 아직도 약간 배가 고프다. 먹을게 어디 남아있나 찾아보지만 하나도 없다. 그다음 차 한 잔을 가지고 와서 조그만 설탕 덩어리와 같이 마신다. 모든 것이 배급제로 주어지기 때문에 하루 분량에 맞게 음식을 나누어야 한다. 그다음 접시와 컵을 부엌에 가져다 놓고 공부하기 위해 식탁을 정리한다. 식탁에는 로스티슬라브 이바노비치의 값비싼 담뱃갑이 놓여 있다. 유라는 한 가치를 입에 물고 시험 삼아 성냥불을 붙이려 하다가 이 담배는 자기가 싫어하는 로스티슬라브 이바노비치의 것이라는 사실을 떠올리며 다시 담뱃갑 안에 집어넣는다. 그다음 가방을 열어 공책과 책을 꺼내 공부하기 시작한다.

어려운 기하학 문제가 나오자 의자에 무릎을 꿇고 앉아 가슴을 책상 위에 대고 머리카락을 빙빙 꼬며 생각에 잠긴다.

유라 역을 맡은 학생은 유라가 공부하는 모습을 무엇보다 잘 보여주었다. 동작의 리듬이 바뀌고, 얼굴에는 긴장된 표정이 역력하고, 문제를 풀려고 애쓰지만 잘되지 않는다는 것이 확연히 나타나 보였다. 사춘기 소년의 활기찬 관심과 직접성으로 주위의 모든 것과 관계했다고 할 수 있을 만큼 이 학생은 형상 속에서 살아있었다.

군인 슬렙초프 역의 학생은 용감하고 독립적인 성격의 사람을 나타내기 위해 자신의 주인공의 확신에 찬 신체적 행동을 찾아야만 했다. 이 학생이 에튜드를 보여주기 전에 큰 과제를 하나 수행해야 했는데, 그것은 바로 한쪽 팔만 사용하는 법을 배우는 것이었다. 한쪽 팔로 자루를 묶고 풀고, 담배를 말고, 외투를 입는 등이 그것이었다.

이제 우리는 학생들에게 외적인 특성의 자질 탐색과 함께 주인공의 의상을 찾아오라는 부탁을 했다. 그리하여 슬렙초프 역의 학생은 군복과 군화를 착용하고 에튜드를 보여주었다. 그는 낡은 외투와 낡은 군용 배낭을 착용하고 왼손에는 검은 장갑을 꼈다. 수업시간에 이 학생은 이른 아침 슬렙초프가 먼 거리를 걷는데 익숙해진 군인의 가벼운 발걸음으로 올가 페트로브나의 집을 향해 걸어가는 모습을 보여주었다. 모스크바는 아직 잠들어 있다. 슬렙초프는 이른 시간에 사람들을 깨우지 않기 위해 동이 틀 때까지 기다리기로 한다. 그는 벤치에 앉아 건강한 팔로 가방을 열어 네차예프의 시계를 꺼내 몇 시인지 확인한다. 작은 주머니를 꺼내 한 손으로 담배를 말아 의수로 성냥갑을 쥔 채 성냥불을 켜서 담배를 핀다. 담배를 다 피운 뒤 잠시 눈을 붙이기로 한다. 머릿밑에 배낭을 받치고 그 어떤 상황에서도 잠드는데 익숙해진 사람처럼 바로 잠이 든다.

올가 페트로브나 역할의 여학생은 자신의 여주인공이 퇴근해서 집으로 돌아오는 모습을 보여주었다. 그녀는 거울로 다가가 주의 깊게 자신을 살펴본 다음 평상복으로 갈아입고 나서 다시 자신을 살펴보며 남편이 귀가하기 전에 치장한다.

로스티슬라브 이바노비치 역의 학생은 안경을 끼고 흰머리처럼 보이기 위해 머리카락에 분을 바르고 손에 값비싼 서류가방을 들고 자기 방으로 들어온다. 그러나 형상의 이 모든 외적인 표시들은 형상의 성격적인 자질을 찾는 데 도움이 되지 않았고 학생은 오랫동안 자신의 주인공을 느끼지 못했다. 이런 경우는 교육자의 작업에서도 간혹 있는 일이지만, 십중팔구 영감이 떠오르기만을 기다리는 학생들의 게으른 희망에서 비롯된다. 그래서 그럴 때마다 우리는 학생들에게 전문배우가 극장에서 자신의 역할을 준비하든, 학생이 집에서 자신의 첫 역할에 대한 에튜드 작업을 하든, 영감은 언제나 엄청난 사전 준비가 되어 있을 때에만 결과적으로 얻어지는 것이라는 사실을 설명해준다.

그리고 난 후, 우리는 학생들이 인물들 서로 간의 관계를 느낄 수 있도록 각색의 과거 사건에 대한 에튜드를 준비해오도록 하였다. 여기서 필수적인 조건은 학생들이 자신의 주인공의 '하루'를 만드는 것, 즉 아침부터 무대로 나가는 순간까지 일어난 상상의 사건을 만드는 것이다. 학생들은 우리에게 다음과 같은 에튜드를 보여주었다.

올가 페트로브나는 피난 중이다. 그녀는 지독히 작은 방에서 살고 있으며 과로로 지친 상태다. 아들은 캠프에 참가 중이다. (아들은 나오지 않는다. 과거 에튜드에서는 그가 너무 어리기 때문이다.) 에튜드가 시작되면 올가 페트로브나는 누빈 옷에 장화를 신고 양동이와 삽을 들고 감자를 캐러 나가려 한다. 문을 두드리는 소리가 들린다. 군인 슬렙초프가 들어온다. 그는 네차예프 대위가 전선에서 모아둔 식량, 소포, 편지를 가지고 왔다. 올가 페트로브나는 편지를 읽는다. 우스운 내용이 적혀 있는 것 같다. 그리고 슬렙초프가 전선에서의 일상에 대해 이야기한다. 네차예프의 명령대로 그는 전선에서의 사건들을 낙관적으로 순화시켜 묘사한다.

다음 에튜드에서 사건은 올가 페트로브나가 남편의 전사통지를 받은 직후에 일어난다. 미망인에게 로스티슬라브 이바노비치가 찾아온다. 그는 아직까지는 자신의 감정을 드러내지 않고 친구이자 조언자 역할만 한다. 로스티슬라브 이바노비치는 피난 생활을 끝내고 모스크바로 돌아온 올가 페트로브나에게 연구소의 괜찮은 일자리를 제안한다. 올가 페트로브나는 매우 고마워하며 바로 짐을 챙기기 시작한다. 짐을 챙기면서 그녀는 무거운 기분에서 벗어나 옷 몇 개를 입어보기도 한다. 그녀는 아직 젊고 예쁘다.

우리는 학생들이 과거 사건에 대한 에튜드에서 힘든 전쟁 시기의 분위기를 만들어내고 느낄 수 있도록, 또 그 당시 생활 풍습의 제시된 상황 속에서 유기적으로 행동할 수 있도록 도움을 주었다.

그리고 난 후, 우리는 학생들에게 각색의 현재 사건에 대한 에튜드도 몇 개 준비하도록 했다. 이제 학생들은 인물들의 특성을 부여하고, 그들의 관계를 올바르게 전달하고, 인물과 그의 행동의 일반적인 외형을 부여해야 한다. 각색의 현재 사건에서는 슬렙초프의 네차예프 가족 방문과 그와 유라의 만남과 같은 에튜드가 선보여졌다.

에튜드 시작 전 배우들은 이 장면의 모든 사건들을 떠올리고 그때 떠오른 각자의 대사로 즉흥적인 장면을 연기하기로 했다. 우리는 학생들에게 역할에 대해 적혀 있는 공책을 펼쳐 첫 번째 부분의 제목(제목은 그 부분의 내용을 대표하는 것이므로)을 보도록 한 다음, 에튜드 형식으로 각자의 과제를 수행해 보도록 했다.

학생들이 네차예프 가족의 방을 만든 다음 유라가 문을 열어주자 슬렙초프가 들어왔다. 그는 부자연스러운 목소리로 말하였으며 'ㅇ' 음을 매우 강하게 발음했다. 우리는 에튜드를 중지시키고 시베리아식 억양이 아직 완성되지 않았으니 현재는 억양 없이 연기해보라고 제안했다. 에튜드가 다시 시작되었으나 슬렙초프와 유라 사이에 서로에 대한 관심이 생기지 않았다. 우리는 또다시 에튜드를 멈추고 그들이 이 만남에 부합되는 진실하고 명확한 행동 없이 그저 사건의 형식적인 선만 따라가고 있다고 말해 주었다. 이에 대해 스타니슬랍스키는 다음과 같이 기록하고 있다.

> 예를 들어, 삶에서는 여러분이 어떤 곳에 왔다 하더라도 여러분이
> 제일 먼저 할 일은 여기서 무슨 일이 일어나고 있는지, 어디에 왔는
> 지, 자신이 어떻게 처신해야 하는지 알아보는 것이다.[31]

무대에서는 신체적, 기본적인 심리적 행동의 논리성과 일관성을 놓쳐서는 안 된다. 즉 슬렙초프가 유라를 보았을 때 그는 자기 앞에 서 있는 사람이 네차예프의 아들인지 옆집 아이인지, 누구인지부터 생각해야 한다. 소년의 얼굴 생김새에서 대위와 닮은 점을 알아보고 소년에게 좋은 목적으로 찾아왔음을 확신시킨 다음, 자신을 집에 들여도 괜찮다는 확신을 주어야 한다.

유라 또한 자기 앞에 서서 자기 엄마에 대해 물어보는 외팔 군인을 보아야 한다. 그를 처음 보았을 때 먼저 믿어도 될 사람인지 아닌지를 결정해야 하고 결정한 다음, 그를 믿고 집에 들여야 한다.

---

[31] K. S. 스타니슬랍스키 전집 8권 중 4권, 318쪽.

그다음, 슬렙초프는 집에 들어올 때 자신에게 소중한 사람이 살고 있는 곳에 들어온다는 생각을 해야 한다. 그리고 집에 들어와서는 자기 물건을 내려둘 만한 자리를 찾아 절도 있게 군용 배낭을 내려놓고 외투를 벗기 시작한다. 외투를 벗어 배낭 위에 올려놓고 앉을만한 자리를 찾는다. 그의 모든 행동과 신체적 자감에는 네차예프 대위의 집에 대한 관계가 스며들어 있어야 한다.

유라는 모르는 군인에게 집에 들어오게 하고, 올가 페트로브나가 퇴근해서 돌아올 때까지 기다리도록 해 준 다음 어떻게든 손님을 접대하려고 애쓴다. 자신의 단출한 아침상을 보며 잠시 고민하다가 슬렙초프에게 아침밥을 권한다.

슬렙초프는 두 사람에게는 부족한, 아니 유라 한 명에게도 반쯤만 배가 찰 듯한 아침상을 보자 소년에게 자기가 가져온 시베리아 음식을 먹어보라고 권한다. 이를 위해 슬렙초프 역할의 배우는 한쪽 팔로 자신의 군용 배낭을 풀어, 튀겨서 말린 커다란 고깃덩어리와 엄청나게 큰 생선 몇 마리를 식탁에 올려놓을 수 있어야 한다.

에튀드에서 유라는 전사한 아버지 친구에게 완전히 반한 모습을 보여주어야 한다. 슬렙초프는 유라의 공부에 대해 여러 가지 물어보며 아들이 아버지를 닮았다고 확신하고 싶어 한다.

학생들이 신체적, 기본적인 심리적 행동의 선을 이해하게 되자 우리는 슬렙초프의 방문과 그와 유라의 만남 에튀드를 다시 해보도록 했다. 이제 에튀드는 완전히 다른 것이 되었다. 에튀드에 진실이 보이기 시작한 것이다. 이제야 우리는 무대에서 일어나는 행동의 진정성을 믿을 수 있게 되었다.

그리고 난 후, 학생들은 올가 페트로브나의 등장과 슬렙초프의 첫 만남을 주제로 한 에튀드를 보여주었다. 슬렙초프가 소파에서 자고 있다.

올가 페트로브나는 부엌으로 들어가다가 소파에서 잠자고 있는 군인을 본다. 조용히 그에게 다가가 훑어본다. 모르는 사람이다. 그녀는 유모가 시골에서 온 자기 친척을 제멋대로 소파에서 재운 것으로 생각한다. 화가 난 올가 페트로브나가 큰 소리로 유모를 부르자 슬렙초프가 잠에서 깨어나 자신의 지휘관의 미망인을 보게 되며 그녀를 알아보고 인사를 한다. 슬렙초프가 남편의 부탁으로 왔다고 말하자, 첫 번째 남편이 살아 있을 수도 있다는 무서운 생각이 스쳐가고 그녀는 겁에 질려 "어떻게? …"라는 말만 겨우 내뱉는다. 그녀가 놀라는 이유를 짐작한 군인은 자신이 남편의 임종 직전에 같이 있었다고 알려준다. 올가 페트로브나는 날카로운 어조로 그와 이야기하며 그의 이야기를 제대로 듣지도 않는다.

우리는 에튜드를 멈추고 올가 페트로브나가 그렇게 행동하는 이유를 물었다. 그 여학생은 자기 생각으로는 올가 페트로브나가 부정적인 인물이며 한 번 자신의 남편을 그렇게 빨리 잊어버린 여자에게 지금에 와서 다시 첫 남편에 대해 말하는 것은 아무 쓸모 없는 일일 것이라고 대답했다. 우리는 그녀에게 각색 과정의 첫 번째 논의에 대해 상기시켜 주었다. 그때 학생들은 작품의 사실적인 울림에 관해 이야기 했는데, 그 속에서 각각의 인물들은 한 가지 색채가 아니라 다면적으로 그려졌다. 그러므로 슬렙초프의 이야기는 깊이, 진심으로 젊은 여자의 마음을 동요시켜야 하며, 그녀의 마음속에 첫사랑에 대한 소중한 추억을 일깨워주어야 한다. 이를 위해 여학생은 적절한 에튜드를 다시 만들어야 했다.

다음 수업시간에 이 에튜드를 한 번 더 반복했다. 올가 페트로브나 역의 여학생은 그녀가 혹시 첫 남편이 살아있을지도 모른다고 생각하는 순간은 이전과 마찬가지로 매우 설득력 있게 연기했으나, 그다음 형상의 특성은 잊어버리고 사랑스럽고 수줍은 아가씨를 연기하는 바람에 또 실수가 발생되었다.

다음 수업에서 우리는 그 여학생에게 올가 페트로브나가 집으로 돌아오는 순간부터 에튜드를 시작해 보도록 했다. 이제 올가 페트로브나는 자신의 처지를 잘 알고 있는 성인 여자가 되었으며, 날카로움이나 단언하는 태도뿐만 아니라 순진함의 자질도 더 이상 나타나지 않게 되었다.

슬렙초프가 그녀에게 말해 주고자 하는 사건은 그 자신에게 매우 중요하고 가치 있는 일이다. 슬렙초프가 올가 페트로브나에게 슬픔을 안겨 주고 싶어 하지 않았으므로 슬렙초프 역의 배우도 자기 감정의 표현을 억제해야 하고, 감정에 따라 말할 때보다 더 강한 영향을 미칠 수 있도록 자신의 말 속에 남자다운 침묵이 느껴지도록 해야 한다.

이후의 그의 흥분은 올가 페트로브나 역의 배우에게 전달되어 그녀는 겨우 눈물을 참으며 군인의 말을 귀 기울여 듣는다. 군인의 이야기가 길었으므로 슬렙초프의 말을 듣고 있는 올가 페트로브나 역의 배우에게 이 장면은 상당히 긴 장면이었다.

무대에서 들을 수 있는 능력, 이것은 자신의 생각, 감정, 내적, 외적 행동으로 상대방에게 대답한다는 의미이다. 이러한 청취는 분명 적극적이어야 하고 상대배우의 말에 대한 수많은 관계를 잉태시키는 것이어야 한다. 예를 들어, 올가 페트로브나는 군인의 이야기에서 자신의 첫 남편의 모습을 찾으려 애쓰며 전선에서 남편에게 일어난 변화를 놀라워한다. 전쟁 전까지 그는 소심한 사람이었는데, 이야기 속의 그는 대단한 용감성과 용기를 지닌 사람이다. 그녀는 왜 모든 사람들이 자신에게는 지루하고 속 좁은 사람일 뿐인 그를 사랑하고 존경하는지 알고 싶다. 그녀는 이제야 남편의 온화한 편지가 이해된다. 그는 그녀를 걱정시키고 싶지 않았던 것이다.

이제 내적 독백이 행동으로 옮겨져야 할 때다. 내적 독백은 자신에게 말하고 있는 상대방에 대한 말없는 관계이다. 내적 독백이 학생들에게 필요한 이유는 다른 등장인물이 대사하고 있을 때 자기 인물의 삶의 선을 중단시키지 않기 위해서이다. 이러한 독백은 배우 연기의 가장 중요한 요소 중 하나이다. 이를 쉐프킨은 "무대에서 완전한 침묵이란 없다는 점을 명심하라 … 너에게 이야기할 때 너는 듣고 있는 것이지 입 다물고 있는 것이 아니다."라고 언급하였다.

내적 독백은 처음에는 소리 내어 말해도 된다. 예를 들어, 슬렙초프가 올가 페트로브나에게 그녀의 남편에 관해 이야기하는 에튜드에서 우리는 그 여학생에게 연습과제에서처럼 그 순간 그녀가 채울 수 있는 모든 것과 함께 자신 속에 떠오르는 생각을 소리 내어 말해보도록 했다. 그리하여 네차예프의 용맹에 대한 이야기를 맞받아서 올가 페트로브나는 "정말 이상하네요. 전쟁 전까지 그는 상관을 두려워했거든요."라고 대답했다. 대위의 전투 공적을 알리는 내용에 대해서는 "나한테는 그런 말 한 번도 쓴 적 없었어요.", "아니요, 그는 내가 알고 있는 그 사람이 아니에요.", "그가 그토록 나를 소중히 여기고 죽음 앞에서 나를 그렇게 생각했다니!……" 등의 답변을 했다.

이러한 기법을 자기 것으로 만들고 나면 상대배우가 알려주는 내용에 대한 대답으로 머릿속에 떠오르는 이러저러한 생각들을 소리 내어 말하지 않고 마음속으로 말할 수 있게 되는데, 이것이 바로 말로 표현되지 않은 역할의 대사, 즉 내적 독백이 된다.

유라와의 만남 에튜드에서 슬렙초프는 한쪽 팔로 외투를 벗을 수 없었다. 유라 역의 배우는 이러한 예기치 못한 순간을 놓치지 않고 그를 도와주었다. 이러한 행동은 소년의 군인에 대한 관계를 강조해 주고 진정성과 친절함을 보여준다. 이처럼 연습과정 중에 형상의 성격적 특징을 드러내는 데 도움이 되는 우연성이 발생하는 경우도 있다.

연습과정 중의 우연성은 완전히 예상 밖의 적응과 미처 생각하지 못했던 색채를 보여준다. 목표는 상대배우의 저항에 부딪힌다. 처음으로 부딪치게 되는 이러한 저항의 극복은 상대배우로 인해 처하게 된 의외성에서 비롯된 수많은 우연성을 낳는다. 바로 이런 이유에서 자신이 하고자 하는 것을 상대배우에게 미리 알려주지 말라고 하는 것이다. 이것은 당연한 우연성으로 이것을 찾기 위해 장면을 연습하는 것이다. 상대배우에 대한 적응 속에서 발생하는 이러한 우연성은 상호 행동(교류)의 과정에 생생하고 즉흥적인 성격을 부여해 주므로 매번 연습할 때마다 일어나야 한다.

등장인물의 정신물리학적 삶의 선을 드러내 주고 부분적으로는 형상들의 관계와 특성을 그려주는 에튜드가 각색의 주제에 따라 수행되고 나면 우리는 작가의 텍스트 분석에 들어간다. 이와 관련하여 박탄고프는 다음과 같이 말했다.

> 역할은 배우가 자신의 말로 역할의 말을 실행할 때 그때야 비로소 준비된다.[32]

대사를 사용하는 작업으로의 전환이 매우 힘들 때도 있다. 학생들은 작가의 대사를 사용하는 시작 단계에서 어찌할 바를 모르는 경우가 많으며, 우리가 역할에 대한 사전 에튜드 작업을 한 번도 하지 않았던 것 같은 느낌이 들 때도 간혹 있다. 학생들은 마치 이 작품을 처음 대하는 듯 작가의 대사를 말하며, 거의 모든 단어에 강세를 두고 한 구절을 별개의 몇 부분으로 나눠서 읽기도 한다. 이런 경우 우리는 학생들과 함께 대사의 논리적 분석 원칙을 떠올려본다. 이를 위해 우리는 학생들 각자

---

[32] E. V. 박탄고프, 『메모, 편지, 논고』, 130쪽.

에게 각색에 포함되지 않은 구절을 임의로 선택하여 강세 있는 단어를 찾아 강세를 준수하며 구절을 읽는 연습과제를 내준다. 단어에 강세를 둘 경우, 이는 생각에 의해 정당화되어야 한다. 연습과제를 하는 동안 학생들은 여러 가지 속텍스트를 사용하여 강세를 둔 단어를 정당화한다.

몇 개의 연습과제를 실시한 뒤 대사를 읽는 것이 더 쉬워지고 자연스러워졌으며, 말하는 모든 단어에 강세를 두려 했던 학생들의 노력도 완전히 사라졌다. 학생들은 말해야 할 구절을 부분으로 나누는 것이 아니라, 하나의 생각으로 그 구절을 관통해야 한다는 것을 명확히 알게 되었다. 그렇지 않은 경우 의미가 상실될 수도 있다.

그러나 학생들이 강세 있는 단어를 선별할 줄 알게 되고, 구절을 자르지 않게 되고 그래서 보다 편안하고 자연스럽게 말을 하게 되었음에도 불구하고 여전히 작가의 대사를 자기 것으로 만들지 못했다. 학생들이 에튜드에서 즉흥 대사와 함께 유기적으로 수행했던 행동, 관계, 사건, 행위는 작가의 말을 하는 순간부터 남의 것이 되어버렸다. 작가의 말이 가깝고 이해 가능한 것이 될 수 있도록 제시된 상황을 그려주는 '내적 시각'의 고리를 만들어 그 말을 정당화시킬 필요가 있다.

'내적 시각'이란 사람의 말에 앞서는 내면의 눈으로 본 형상이다. 예를 들어, 만약 우리가 어딘가로 갈 때 집에서 그 장소까지의 길을 기억한다면 이는 그 길을 내적 시선으로 본 것이며, 무엇을 보았으며, 무엇을 생각했고, 누구를 만났으며, 길을 가는 동안 어떤 일이 벌어졌는지, 무엇을 느꼈는지 등을 자세하게 말할 수 있다는 의미이다. 자신의 인상, 생각, 관계, 행동, 내적 체험을 다른 사람에게 전달하기 위해 우리는 표정, 제스처, 억양, 단어 등을 통해 길을 가면서 일어났던 일들을 재생하려고 애쓰며, 듣는 사람도 그 자신의 내적 시선으로 똑같은 것을 볼 수 있기를 기대한다. 만약 이야기 속에서 우리가 본 것을 묘사한다면, 듣는 사람도 그 묘사에 따라 우리가 말한 것을 자신의 내적 시선으로 상상하게 된다.

이처럼 우리가 말하는 단어의 속텍스트에는 대상의 형태, 크기, 질, 그것에 대한 우리의 관계, 우리와 관계된 사람들의 내적 체험, 그 순간 우리 자신의 내적 체험, 우리가 가지고 있는 내적 투쟁, 사건 및 사건에 대한 평가 등 이루 다 열거할 수 없을 정도로 많은 것들이 반영된 경우가 많다. 만일 이러한 '내적 시각'이 발생한다면, 우리는 상대방에게 우리가 이야기하고자 하는 그 순간에 일어난 모든 것을 매우 정확하게 전달할 수 있다. 또한, 평생 기억에 남는 '내적 시각'도 있으므로 그것에 대한 회상은 특정 감정의 발생 원천이 되기도 한다.

작가의 대사를 말하는 것은 희곡의 등장인물 속에 형성된 '내적 시각'에 의존하는 것이므로 배우는 역할의 말 속에 반영된 사건을 그려주는 그러한 '내적 시각'을 구축해야 한다. 그럴 때야만 작가의 대사는 살아있고 필수적인 것이 되며, 그것 없이는 각색의 과제 수행은 불가능하게 된다.

> 배우는 자신이 무엇에 대해 말하고 있는지 알고 있다고 느낄 때에
> 만 비로소 진정으로 만족할 수 있다.[33]

그러나 텍스트의 제시된 상황을 활성화하고 정당화하는 것만으로는 아직 등장인물의 삶을 창조할 수 없다. 학생은 작가의 말이 무엇을 위해 발화되는지를 알아야 한다. 그리하여 우리는 역할의 목표로의 이행, 목표달성을 위한 행동으로 다가갈 수 있다.

작가의 말에는 스타니슬랍스키가 '언어적 행동'이라고 명명한 행동이

---

[33] 위의 책, 324쪽.

있다. "멈춰!" 또는 "조심해!"라고 소리침으로써 멈출 수도, 위험을 경고할 수도 있다. 또한, 싸움을 일으킬 수도, 달랠 수도, 화나게 할 수도, 모욕을 줄 수도, 보잘것없이 만들 수도, 대단하게 띄워 줄 수도 있다. 이처럼 말은 강력한 행동이 될 수 있다.

또한, 말로 상대방의 관점을 바꿀 수도, 우리 편이 되도록 설득할 수도, 그가 모르는 것을 알려줄 수도, 안심시킬 수도, 화해할 수도, 매료시킬 수도, 속일 수도, 실망시킬 수도, 진정시킬 수도 있다. 즉 다른 사람에게 여러 가지 중요한 영향을 미치고 자신의 목표(목표 달성을 위한 행동)를 수행할 수 있다. 바로 이런 이유로 무대에서는 말 속에 들어있는 의미를 드러내지 못하고, 무엇을 위해 그 말을 하는지도 모른 채 기계적으로 말을 해서는 안 되는 것이며, 적극적이고 효과적인 말의 시작점을 느낄수 있어야 한다. 대사를 '마구 지껄이거나' 상투적으로 말하는 위험성이 곳곳에서 학생들을 노리고 있다. 이런 위험성과는 언제든지 맞서야 한다. 이런 위험을 피하고자 대담하고 정확하게 속텍스트를 표현해야 하며, 그때에야 비로소 어구는 관계와 감정으로 충만해진다.

학생들이 가정에서 자신의 역할의 대사가 기반을 두고 있는 내적 시각을 만드는 작업을 수행해 보았다면, 우리는 그들에게 책상에 자리 잡고 앉아 공책에 적힌 텍스트를 소리 내어 읽어보도록 한다. 이때 우리는 학생들에게 그들이 에튜드에서 찾았던 신체적, 기본적인 심리적 행동을 놓치지 말고 그것을 암시하는 행동을 하도록 한다. 예를 들어, 의자에 앉아있는 한 학생이 마치 들어가도 되느냐고 묻기 위해 문을 노크하는 듯 책상을 두드렸다. 유라 역의 다른 학생이 "누구세요?"라고 묻자, 슬렙초프 역의 학생이 "올가 페트로브나 집에 계세요?"라고 대답했다. 유라 역의 배우는 '대상 없는 행동'을 이용하여 고리를 벗기고 자물쇠를 돌려 문을 열어주었다. 의자에 앉아있던 슬렙초프는 방으로 들어가는 것을 의미하는 동작을 한 다음 유라를 쳐다본다. 그리고 그가 아버지를 닮았는지 아닌지 살펴보고 유라의 얼굴에서 네차예프의 모습을 발견한 다음 공책에 적힌 자신의 텍스트를 계속 읽어 나갔다.

처음에 학생들은 이러한 리딩에 당황스러워했으나, 이렇게 리딩할 경우 행동의 단일선이 끊기지 않고 작가의 대사가 이러한 선속에 유기적으로 엮어질 수 있다는 것을 깨닫게 되자, 책상에서 하는 이러한 연기에 곧 심취하여 신체적 행동(말에 선행하는)에 대한 암시와 함께 작가의 대사를 읽게 되었다. 책상에서 역할을 리딩하는 동안 심리적인 행동도 빼놓지 않고 전부 연기하였다. 예를 들어, 내 앞에 서있는 사람이 어떤 사람인지 정의 내리기, 어떻게 행동할 것인가 결정하기, 다른 사람에게 자신의 방문이 우호적임을 설득하기, 낯선 사람을 집 안에 들일 것인가 말 것인가 결정하기 등이다.

작가의 대사를 리딩하는 것은 배우가 에튜드에서 자신의 즉흥 대사와 엇비슷해 보이는 것으로 말하는 것과는 비교도 안 될 정도로 정확한 예술적 형식 속에서 작품을 전달할 수 있도록 해준다. 또한, 작가의 대사는 등장인물들의 성격과 그들의 개인적인 자질을 온전히 드러내 준다.

이런 식으로 우리는 각색된 대사를 몇 차례 통독하며 어떤 부분이 내적 시각으로 채워지는지 표시를 해둠으로써 학생들이 무엇에 대해 말하고 있는지, 어떤 부분이 아직 생생하지 못하고 설득력이 없는지를 알 수 있게 하였다. 아울러 우리는 리딩하는 동안 학생들의 관심이 역할의 목표를 수행하는 것에 집중되도록 하였다.

다음 수업에서 우리는 신체적 행동 수행을 위한 암시와 함께 등장인물들 간의 상호 관계를 발전, 심화시키면서 작가의 대사를 자기 것으로 만드는 작업을 계속하였다. 점차 작가의 대사는 학생들의 대사로 자리 잡아갔으며, 학생들의 목표 수행에 필수 불가결한 것이 되었다. 이제는 각색본의 대사를 숙지할 차례이다.

기억력이 좋은 몇몇 학생들은 책상에서 리딩하는 동안 대사를 숙지하는 경우도 있지만 다른 학생들은 일부러 시간을 만들어 숙지해야 한다. 교육자는 단어와 함께 숙지된 억양이 상투적으로 되는 것을 막기 위해 대사를 소리 내어 숙지하지 말고 마음속으로 숙지하도록 한다. 텍스트를 숙지할 때는 종이로 자신의 대사를 가리고 상대배우의 대사를 먼저 읽고 난 다음 자기 대사를 열어 상대배우의 생각에 대한 자신의 답변의 의미를 생각해 보는 것이 좋다. 이렇게 할 경우 대사는 의미와 논리적 흐름에 따라 쉽게 기억되기 때문이다.

학생들이 텍스트를 정확히 숙지하여 공책을 거의 보지 않고 책상에서 대사를 말하고 행동할 수 있게 되면, 우리는 이런 식의 수업을 몇 번 더 진행한다. 이 시기가 되면 우리는 늘 학생들에게 작가의 대사를 특별한 관심으로 소중히 대하도록 강조한다.

다음의 작업 단계는 역할의 전망과 관련 있다. 배우는 행동하는 동안 자신의 힘을 어떻게 분배할 것인가, 역할의 어떤 장면과 어떤 부분이 가장 중요한가, 주인공의 어떠한 행위가 역할 발전의 최절정을 이룰 것인가, 어떤 부분에 특별한 주의를 기울여야 하는가?

행동의 중요성에 대한 결정은 희곡의 초목표와 역할의 자료와 관련 있다. 역할의 전망을 나타내는 것은 등장인물의 성격 구축에 매우 중요한 순간 중 하나이다. 주인공에게 어떤 사실과 사건이 특별히 중요한지, 어떤 것이 별로 관계가 없는 것인지, 어떤 것이 그를 기쁘게 하고 어떤 것이 화나게 하는 것인지, 어떤 것이 그의 포부를 장려하고 어떤 것이 방해되는지 등을 선명하게 알아야 한다. 이러한 사실들의 열거는 역할의 가장 중요한 부분, 즉 형상의 모든 본질이 표현되어 있는 절정을 찾는 데 도움이 된다. 이러한 절정은 논리적이고 일관성 있게 주인공의 성격을 완벽히 드러내 주는 여러 부차적인 사실들로 만들어져야 한다.

우리의 각색 『낮의 빛 속에서』에서도 학생들은 어떤 부분이 가장 중요한 부분인지 알아야 하고, 그것을 향해 역할의 행동을 수행하고 발전시켜나가야 한다. 가령 슬렙초프의 머릿속에는 미망인의 재혼 가능성에 대한 생각이 들어올 수 없다. 그러므로 슬렙초프 역의 배우는 심지어 낯선 남자의 등장조차도 올가 페트로브나가 남편에 대한 기억에 충실한 여자라는 그의 확신을 흔들지 못하는 것이라는 점을 관객에게 확신시킬 수 있도록 자신의 역할을 수행해야 한다. 이로써 그녀의 재혼 사실에 대한 슬렙초프의 발견은 더 강렬하고 보다 뜻밖의 일이 된다. 슬렙초프가 아기의 울음소리를 듣고 모든 것을 깨닫는 바로 그 순간이 그의 역할에서 가장 강렬한 부분이며 무엇보다 완벽하게 그의 성격의 순수성을 표현해 주는 절정이다. 그러나 이는 앞서 관객이 슬렙초프가 지극히 정직하고 경우 바른 사람이며, 그 어떤 타협도 절대로 할 수 없는 사람이라는 사실을 확신하는 경우에만 가능하다.

첫 번째 남편에 대한 기억과 그의 죽음에 대한 세세한 내용들로 인해 흥분된 상태인 올가 페트로브나 역의 배우에게 두 번째 남편이 등장하는 순간과, 슬렙초프의 이야기를 중단시키고 로스티슬라브 이바노비치에게 자신의 상태를 숨기고자 하는 시도는 가장 강렬한 순간이 되어야 한다. 이에 따라 그녀는 자신의 기분과 힘을 적절하게 분배해야 한다.

마침내 학생들이 작가의 대사를 모두 숙지했다는 확신이 들면 학생들에게 자신의 상상에 따라 네차예프의 방을 무대에 꾸미도록 한다. 우리는 우리 관점에서 무대가 물건들로 어수선해지지 않고 등장인물들이 충분히 행동할 수 있는 공간이 되도록 항상 주의 깊게 지켜본다. 그리고 학생들이 한 번 더 각색된 각 부분의 과제와 행동을 떠올려보고 아침부터 무대로 나가기 전까지의 '하루'를 만들고 나면, 우리는 우리의 희곡의 첫 부분(슬렙초프와 유라의 만남)을 연습한다.

처음에는 학생들이 새로운 여건에 적응할 수 있도록 한 번도 끊지 않고 첫 장면을 진행하였다. 극이 진행되는 동안 학생들이 대사를 잘 숙지한 덕택에 큰 어려움을 느끼지 않는다는 것을 알 수 있었다. 그러나 학생들 서로 간에는 그 어떤 관계도 발생하지 않았고 행동은 주인공의 내면적인 삶을 건드리지 못한 채 사건의 표면만 따라 이루어졌다. 각 부분의 제목(내용을 대표해주는)은 배우들의 행동 속에서도, 관계 속에서도 전혀 표현되지 못했다. 작가의 대사에는 상호 호감이 발생하도록 명시되어 있음에도 불구하고 학생들은 서로 무관심한 상태였다. 그래서 우리는 학생들에게 각색의 주제를 즉흥 대사로 에튜드를 보여주었을 때 그들 사이에 발생했던 관계를 떠올려보고 거기에서부터 시작하도록 제안했다. 단, 이전에 했던 에튜드를 다시 반복하는 것이 아니라 오늘 무대에서 발생한 여건 속에서 다시 관계를 찾아보도록 했다. 배우는 매번 그리고 창조 작업을 반복할 때마다 새롭게 희곡 속의 고정된 이 모든 사실들을 평가해야 하기 때문이다.

각색의 연습에 들어가며 우리는 학생들에게 다음과 같은 스타니슬랍스키의 말을 상기시켜 주었다.

신체적 목표와 심리적 목표 사이의 경계의 불명확성을 이용하라. 신체적 목표의 올바른 수행은 여러분들이 올바른 심리적 상태를 만들 수 있도록 도와주고 신체적 목표를 심리적 목표로 재탄생시켜 준다.[34]

---

[34] K. S. 스타니슬랍스키 전집 8권 중 3권, 160~161쪽.

그러나 신체적 목표를 수행하기 위해 학생들은 자신의 형상이 무엇에 대해 생각하는지 알아야 하며, 자신의 주인공의 핵심적인 생각을 지켜주고 진정으로 그의 관점에 서도록 노력해야 한다. 학생은 형상이 지향하는 목표, 즉 역할의 초목표를 자신한테도 중요하고 필수적인 것으로 만들어야 한다. 만약 학생이 이러한 목표를 진심으로 달성하고자 하지 않는다면 그의 역할 수행은 피상적이 될 것이다. 대사를 말하고 필요한 행동을 하더라도 배우의 인간적 본질이 여기에 함께 하지 않는다면, 미래의 배우에게는 진짜 감정을 감정에 대한 묘사로 바꿔치기하고자 하는 위험성이 뒤따를 것이다. 우리는 이 단계에서 특히 경계심을 가지고 그 어떤 형태로든지 과잉 연기가 나타나지 않도록 주시한다.

각색 작업 과정에서 로스티슬라브 이바노비치 역의 학생은 어려운 상황에 처했다. 그는 자신의 형상의 생각을 고함과 압박으로 전달하려고 하며 입을 조그맣게 오므린 채 단어 하나하나를 내뱉으려했다. 우리는 그에게 근육이완을 위한 연습과제를 매일 수행하고, 특히 입술근육의 이완에 특별한 관심을 기울이라고 강조했다.

로스티슬라브 이바노비치 역의 배우가 열중할 수 있게 하려고 우리는 그에게 자신이 능력 있고 존경받는 학자이며, 지긋한 나이에 젊은 아내의 눈치 없음으로 고통 받고, 그녀의 과거에 질투를 느끼는 사람이며, 이 때문에 끊임없이 아내와 다툰 다음 바로 자신의 불같은 성질을 용서해 달라고 빌며 곧바로 화해를 청하는 그런 사람으로 상상해 보라는 조언을 해주었다. 한마디로 말해, 그 학생이 자신의 주인공이 살아있는 인물이며 그의 모든 행동은 자신감과 현실적인 세세함으로 가득 차 있다는 것을 느낄 수 있도록 도와주고자 했던 것이다. 그러자 그 학생에게 역할을 이해하고자 하는 관심이 조금씩 생기기 시작했다. 알고 보니 그 학생은 나이 든 사람을 연기하고 싶지 않았기 때문에 매번 연습 때마다 마음을 다잡아야 했던 것이다.

그다음 수업시간에도 우리는 첫 부분, 즉 슬렙초프와 유라의 만남부터 시작하였다. 학생들이 초목표를 상기하며 연습을 준비해 왔으므로 연습은 등장인물들 상호 간의 관계에 의해 채워진 신체적 행동의 수행에서부터 시작되었다. 슬렙초프와 유라는 처음에는 묻고, 문을 열어주고, 서로 자세히 쳐다보고, 대화의 지속가능성을 확인하는 등과 같은 단순한 정신 물리학적인 행동부터 시작했다. 그러자 그들에게 서로에 대한 진정한 관심이 생겨났으며, 슬렙초프는 마치 아버지처럼 유라에게 공부에 대해 여러 가지를 물어보았고, 유라도 기꺼이 신뢰하는 마음으로 대답하였으므로 그들 사이에는 따뜻하고 절친한 관계가 발생하였다. 슬렙초프는 지휘관의 아들에 만족하였고 유라는 어린애다운 천진함으로 군인을 매우 좋아했다.

이제 슬렙초프 역의 학생에게는 철자 'ㅇ'을 살짝 강조하면서 말하는 '시베리아식'의 말투가 확고히 자리를 잡았다. 그의 목소리도 이전과는 다른, 약간은 거친 듯한 음색을 띠었다. 이미 언급했듯이 학생들은 역할의 유연한 특성을 이미 오래전에 자기 것으로 만들었다. 이제 슬렙초프와 유라 역의 배우들은 자신들의 형상에 대해 말할 때 더 이상 '그'라고 하지 않았으며 형상의 행동을 분석할 때에도 '나는 원한다.', '나는 갔다.' 등으로 말하였다. 이는 역할 속에서 자신을 느끼는 중요한 순간 중의 하나이며, 학생의 개성과 형상의 행동과 행위가 합일되는 시작점을 의미한다.

올가 페트로브나 역의 여학생은 슬렙초프의 방문 사실을 매우 진실되게 받아들였으므로, 나중에 그녀가 슬렙초프를 앉히고 흥분을 가라앉히려 애쓰며 대화를 하고자 하는 행위는 아주 설득력 있었다. 그러나 슬렙초프가 전선에서 네차예프의 삶에 대한 자신의 이야기를 시작하자 그녀는 속으로 자신의 내적 독백을 말하기 시작했으므로, 학생들 사이의 상호 관계는 끊어져서 각자 따로따로였다. 우리는 연습을 중단시키고 그러한 부조화의 원인에 대해 물었다. 여학생은 울려고 했으나 눈물이 나오지 않았고 과잉 연기는 하고 싶지 않아서 그랬다고 대답했다. 그래서 그녀에게 다음과 같은 사실을 상기시켜 주었다.

> 어떠한 내적 체험을 일깨우기 위한 최선의 방법은 부차적인 자신의 감정을 다른 사람들에게 숨기는 것이다. 이러한 숨김을 통해 적응과 신체적 행동 자체의 진실이 부차적인 감정을 상기시켜 줄 것이고 그러한 기억들 속에서 감정은 저절로 되살아날 것이다.[35]

여학생은 이 기법을 열정적으로 받아들여 다시 한 번 이 장면을 반복하였다. 그녀가 내적 독백을 말하며 슬렙초프에게 자신의 눈물을 감추려고 하자 도저히 참을 수 없었던 진정한 눈물을 터트렸다. 그러나 만약 그녀가 역할의 제시된 상황을 몰랐다면 그리고 그 상황이 그녀를 동요하게 하지 않았다면 그녀에게서 아무것도 얻을 수 없었을 것이다. 즉 아무런 동기 없이 눈물을 감추기 시작했다면 눈물을 터뜨리지 못했을 것이다.

그 외에도 올가 페트로브나 역의 학생은 자신의 장면에서 지나치게 높은 목소리로 말하였다. 그래서 우리는 그녀에게 무대에서는 자기 목소리로 말해야 한다는 사실을 상기시켜주고, 만약 목소리의 변화가 필요하다면 목소리 자체가 아니라 대사의 멜로디나 특징을 바꾸어야 한다는 점을 일러주었다.

슬렙초프 역의 학생은 올가 페트로브나에게 전선에서 남편의 삶에 관

---

[35] 위의 책, 377쪽.

해 이야기할 때 지나치게 흥분하였다. 그로 인해 모든 사실을 일관성 있게 조명하지 못했다. 그는 올가 페트로브나가 자신이 무엇에 대해 얘기하는지, 자신의 말을 이해하는지 아닌지도 확인하지 않은 채 너무 많은 이야기를 무질서하게 늘어놓았다. 우리는 그에게 사람들은 아무리 흥분했다 하더라도 사건에 대한 자신의 평가가 상대방에게 명확해지기를 원하므로 상대방이 이 사실을 잘 평가하고 있는지 확신하기 전에는 이야기를 계속하지 않는다는 점을 지적해 주었다.

그 이후로 슬렙초프 역의 학생은 전선에서 네차예프의 삶의 사건들을 일관성 있게 설명하게 되었고, 올가 페트로브나에게 자신의 내적 시각을 전달하려고 애썼다. 등장인물들 간의 교류가 시작되었고, 무대적 행동은 논리적이고 일관성 있게 흘러갔다. 슬렙초프는 자신의 목표를 수행하며 올가 페트로브나 앞에서 그녀의 남편이 전쟁에서 얼마나 훌륭한 남편이었는지 밝혔고, 올가 페트로브나는 자신의 목표를 수행하며 슬렙초프가 혹시 잘못 알고 있는 것이 아닌지 점검해 보려 하였다.

셋째 부분에서, 군인이 이야기하는 동안 나이 지긋한 남자가 방으로 들어온다. 그는 로스티슬라브 이바노비치로 네차예프 가족의 오래된 친구처럼 보인다. 슬렙초프는 그 또한 네차예프의 영웅적인 죽음에 대한 대화 속으로 끌어들이고자 한다.

로스티슬라브 이바노비치 역의 학생은 방으로 들어가서 방문한 어떤 남자와 아내가 뭔가를 하는 것을 쳐다보고, 그들에게 방해되지 않으려 조심하는 등과 같은 지극히 단순한 행동조차도 유기적으로 하지 못했다. 그는 방문객이 네차예프 대위의 전사에 대해 말하는 것을 들으면서 마음속으로 내적 독백을 하는 것도 제대로 해내지 못하고 있었다.

넷째 부분에서, 슬렙초프는 아기의 울음소리를 듣고 올가 페트로브나가 오래전에 재혼했으며 로스티슬라브 이바노비치는 그녀의 남편이라는 사실을 알게 된다. 그는 매우 설득력 있게 이 사실의 의미를 전달했다. 네차예프의 물건을 꺼내 놓은 다음 여비를 보상해 주겠다는 올가 페트로브나의 제안도 거절하고, 자기가 존경하던 여자가 삶의 투쟁에서 그렇게 물러서 버린 나약한 여자였다는 사실에 심한 모욕감을 느끼며 그 집을 떠났다. 슬렙초프는 올가 페트로브나의 재혼에 대한 자신의 태도를 감추려고 했지만 감추려 하면 할수록 더욱 더 선명히 드러났다. 그러나 그는 올가 페트로브나를 대놓고 모욕할 만큼 자신을 비하하고 싶지는 않았다.

다섯째 부분, '부부의 당황'은 완전히 엉망이었다. 로스티슬라브 이바노비치 역의 학생은 전 장면에서 아무런 감정적 자료도 얻지 못했을뿐더러 모욕감을 느끼고 그 집을 떠난 슬렙초프의 행동의 의미도 전달하지 못했다.

그러나 다음 수업시간에 올가 페트로브나와 슬렙초프의 장면은 많이 발전되었다. 두 사람 모두 본질적으로 흥분하였으므로 각색의 줄거리를 잘 알고 있는 나조차도 목구멍에 뭔가가 근질근질할 정도로 그들의 '충돌'은 진정한 것이었다.

마지막 부분에서, 로스티슬라브 이바노비치 역의 학생은 또다시 서두르고 신경질적이 되어 말을 '쏘아대기만 함'으로써 목표와 행동, 사건의 의미를 생각하지 못했다. 그는 상대배우를 전혀 느끼지 못했고, 공간을 향해 의미 있는 말을 내뱉지도 못했으며, 그저 자신의 흥분만 보여주려 하였다.

그다음 연습시간에는 그가 상대 여학생과의 다툼이 어떤 것인지 느낄 수 있도록 다음과 같은 에튜드를 해보도록 했다. 그는 교칙을 어긴 어떤 남학생의 퇴학 건을 놓고 상대 여학생과 다투어야 한다. 그는 그 남학생을 책임진다는 조건으로 퇴학시키지 않으려고 하지만 상대 여학생은 절대로 동의해 주지 않는다.

이 에튜드에서 로스티슬라브 이바노비치 역의 학생은 상대 여학생을 설득하고 압력을 가한 결과 그녀와 다투게 되었다. 그는 유기적으로 행동했으며 그에게 진정한 기질이 나타났다. 그러나 부부간의 다툼 부분을 시작하자 또다시 우리 앞에는 아무것도 이해하지 못하고 단어 하나하나마다 강세를 두고 입을 삐죽거리는 대책 없는 학생이 서 있었다.

우리는 그 학생이 작은 신체적 행동을 함으로써 긴장에서 벗어날 수 있도록 유도했다. 가령 그에게 안경을 닦는 습관을 지니도록 했다. 그는 이 행동을 하면서 대사로부터 벗어나 조금은 자유로워졌다. 그다음 우리는 그에게 올가 페트로브나의 눈치 없는 행동을 나무랄 때 슬렙초프가 탁자에 남겨두고 간 네차예프의 유품과 편지, 사진 등을 증거로 사용하도록 했다. 이 또한 학생이 어느 정도 긴장을 풀 수 있도록 도움을 주었지만 우리는 그가 자신의 신체적 자감, 행동, 대사 등을 감당하기 어렵다고 판단하고 그의 부분을 많이 줄여주기로 했다.

그다음 수업시간에 우리는 그가 적극적으로 행동하고 과제를 수행할 수 있게 하려고 교육자가 시연을 하기로 결정했다. 즉 그 학생을 대신하여 교육자가 무대로 가서 이 부분을 어떻게 해결하는지 보여주었다.

여기서 교육자가 시연하는 것은 극히 드문 경우로 여러 가지 방법들을 시도해 보았으나 결과가 나오지 않을 때만 한다는 점을 언급할 필요가 있다. 만약 역할의 특정 부분을 어떻게 연기해야 하는지 학생들에게 자주 보여주게 되면, 학생들은 교육자를 모방하기 시작할 것이고 그러면 학생들의 역할 수행에서 교육자의 색채와 적응이 나타날 것이기 때문이다. 이러한 강요는 학생들 자신의 창조적 개성을 드러낼 수 없게 한다. 교육자의 모든 작업은 학생들이 역할에 대한 자립적인 작업 방법을 스스로 배우고 깨닫고, 스스로 생각하고, 스스로 목표와 행동을 찾고, 스스로 형상을 만들 수 있게 하는 방향으로 나아가야 한다. 바로 이런 이유에서 교육자는 어쩔 수 없는 경우에만 시연을 선택하고, 역할을 연기할 때 교육자가 연기하는 방식이 아닌 학생들이 연기해야 하는 방식으로 시범을 보여주는 것이다.

교육자가 시연한 후, 로스티슬라브 이바노비치 역의 학생은 자신의 형상이 처한 신체적 자감을 이해하고 찾아내기는 했으나 그의 내적인 충만감이 사라져서 필요한 행동 속에서 전체 장면을 끌어갈 수 없게 되었다. 발표 때까지 시간이 얼마 남지 않았기 때문에 우리는 전체적인 의미를 훼손하지 않는 범위에서 몇 부분을 줄여주었으나 배우에게는 별다른 성과가 없었다. 사실 그렇게 축소함으로써 역할이 좀 더 어려워지고 로스티슬라브 이바노비치의 성격도 본연의 복합성을 상실하게 된다는 단점이 있지만, 반면 학생으로 하여금 유기적으로 행동할 수 있게하고, 과잉 연기로부터 그의 무대적 삶을 지켜준다는 장점도 있다. 분명한 것은, 그에게는 어느 정도 나이가 있고 발명가이자 학자이며 게다가 젊은 여자를 사랑하는 사람의 생각을 이해하는 것이 어려웠다는 점이다. 그래서 우리는 그의 상대 여학생과의 관계 탐색을 조금 쉽게 만들어주기로 한 것이다.

우리의 각색 작업에서 미장센은 으레 매우 단순하다. 이는 교육자가 제공하는 것이 아니라 학생들 스스로 역할의 내적인 삶과 신체적 행동이 알려주는 전환점과 상황을 모색하는 것이다. 우리는 극이 진행되는 도중에 각색의 내용을 전혀 모르는 관객이 들어왔을 때 등장인물들의 상호관계의 전체적인 특징을 알 수 있는 미장센이 표현력 있는 미장센이라고 생각한다.

예를 들어, 관객이 의자 끝에 걸터앉은 어떤 군인이 조종사가 되고싶다는 자신의 소원을 열정적으로 말하고 있는 소년을 다정스런 눈빛으로 바라보는 장면을 보았다면, 관객은 그 두 사람이 서로 좋아하고 있다는 것을 알 수 있다. 어쩌면 자기 지휘관의 아들 집에 손님으로 간 군인이라는 것을 알 수도 있다. 다른 예로, 관객이 슬픔에 잠긴 군인이 울고 있는 여자에게 편지와 사진을 건네주는 것을 보았다면, 군인이 전쟁터에서 전사한 남편의 편지를 미망인에게 전해주는 장면이라는 것을 알 것이다. 이 모든 것은 미장센이 정당화되고 내적인 내용과 감정으로 충만할 경우에만 가능한 일이다.

관계에 의해 정당화되지 못한 기계적인 미장센은 보는 사람에게 아무런 인상도 자아내지 못하고 감동도 주지 못한다. 이와 더불어 명심해야 할 점은 2학년 학생들에게 아직은 선명한 무대적 표현력을 요구해서는 안 되며, 이 학생들이 현재 습득한 내용과 형식의 범위 내로 제한해야 한다.

첫 번째 리허설에 앞서 우리는 무엇보다도 초목표에 대해, 오늘 우리가 무엇을 위해 희곡을 연기하는가에 대해 되새겨보았다. 그리고 난 후, 일관된 행동선을 정리한 다음 배우들에게 아침부터 무대로 나가기 전까지 오늘 하루의 흐름을 떠올려보도록 했다. 배우는 무대로 나갈 때 미세한 부분 하나라도 놓치지 않기 위해 바로 다음 행동에 대해 생각해야 하고, 그 속에 담긴 목표(목표달성을 위한 행동)를 수행하기 위해 노력해야 한다.

아울러 한 부분에서 다른 부분으로의 전환이 끊이지 않고, 일관된 행동의 선이 끊어지지 않도록 주의해야 한다. 대부분 한 부분에서 다른 부분으로의 전환은 점차적으로 이행되지만 행동이 갑작스럽게 바뀌어 이러한 전환이 사건의 의외성을 보다 강조해주는 경우도 있다. 가령 이번 각색 작업에서 로스티슬라브 이바노비치의 등장은 뜻밖의 사건이 아니며, 새 부분도 이전 부분으로부터 부드럽게 흘러나오는 것이다. 그러나 갑작스러운 아기 울음소리는 극의 전체 흐름을 급작스럽게 바꾸어

놓았으며, 슬렙초프 장면의 새 부분도 아무런 준비 없이 즉시 발생하여 즉각적으로 변화된 신체적 자감 속에서 행동이 지속되었다. 따라서 이러한 사건은 역할의 가장 중요한 절정의 부분으로 귀결된다.

리허설을 할 때 무엇보다 중요한 것은 즉흥적인 자감을 유지하는 것과 모든 사건이 등장인물들에게 처음 일어나는 것처럼 행동하는 것이다. 학생들이 진정한 교류를 시작하지 못하고 익숙한 도식에 따라 행동하며, 외운 말만 내뱉고, 설정된 미장센을 기계적으로 수행한다면, 결코 좋은 결과를 얻을 수 없다.

> 무대에서 신체적, 기본적인 심리적 목표를 수행할 때 매번 창조 작업을 반복할 때마다 매우 정확하고 논리적이어야 한다. 예를 들어, 새로운 등장인물이 대화에 끼게 될 때, 그에게 꼭 필요한 만큼의 관심을 둬 주어야 한다. 또한, 무대로 등장할 때 연출이 지시한 자신의 자리로 외운 듯이 직진하는 것이 아니라 매번 창조 작업을 반복할 때마다 자신에게 편하고 익숙한 자리를 선택하거나 찾아야 한다.[36]

장면의 첫 리허설에서 학생들은 보통 일관된 행동과 역할의 전망을 점검하고 터득한다. 먼저 단일한 행동 속에서 역할의 여러 부분들이 합쳐지고 형상의 생각, 사실, 사건, 행위, 형상의 감정, 내적 체험의 선 등이 만들어진다. 이 모든 부분들이 하나의 완결체로 그리 쉽게 합쳐지지 않으므로 보통 첫 리허설에서는 역할의 연속선이 잘 만들어지지 않는다. 일례로, 역할의 첫 부분에서는 성공적으로 이루어졌지만, 두 번째 부분에서는 겨우 암시만 된 정도이고, 세 번째 부분까지는 갈 수 있을지 없을

---

[36] K. S. 스타니슬랍스키 전집 8권 중 4권, 132쪽.

지도 잘 모르는 경우도 있다. 또한, 학생들은 처음으로 소품, 가구 등과 같은 자잘한 '의외성'과 마주치게 되는데 이러한 것들에도 익숙해져야 한다.

그러므로 대부분 우리는 첫 리허설에 대해 아무런 논평도 하지 않는다. 우리가 말하고자 하는 것의 대부분은 학생들이 더 잘 알고 있기 때문에 우리는 지금 바로 두 번째 리허설을 시작하자는 말만 한다.

이제 각색을 리딩한 후, 자신의 첫인상을 떠올려보고 이러한 서투른 리허설에서 얻은 것과 이 작품을 처음 접했을 때 자신을 매료시켰던 생각과 감정들을 비교해보아야 한다. 『낮의 빛 속에서』의 각색은 많은 부분이 완성되지 않았음에도 불구하고 기본적인 선은 올바르게 잡혔으며, 행동의 리듬이 느려지지 않고 투쟁하는 양측의 대립이 더욱 날카로워진다면, 장면 발표 후의 인상과 각색을 첫 리딩한 후 학생들이 받았던 인상은 거의 유사할 것이라는 의견이 많았다. 특히 올가 페트로브나가 재혼을 하여 이미 아기까지 낳았다는 사실을 슬렙초프가 평가하는 부분은 이런 의견이 많았다.

그러나 역할의 수행과 행동의 리듬에는 아직도 극복해야 할 많은 단점들이 있다. 예를 들어, 올가 페트로브나는 무대에서 자기 목소리로 말해야 하며 필요하다면 말의 '음악', 특성, 말씨, 리듬, 언어적 특성만을 바꿀 수 있다는 우리의 충고를 잊어버리고 아직까지 높은 목소리로 말하는 경우가 간혹 있었다. 그리고 몇몇 부분에서 자신의 의지와는 상관없이 슬렙초프에 대한 비호감의 태도를 드러냈으므로 우리는 그녀에게 그와 같은 태도가 특히 어떤 부분에서, 어떻게 나타났는지를 지적해주었다.

한편 슬렙초프 역의 학생도 웬일인지 행동이 늘어지고 긴 휴지가 있었으며 희곡의 역할이 아니라 자신으로서 연기하였다. 하지만 사실에 대한 평가와 상대배우에 대한 관계만은 유기적이고 설득력 있었다. 그리하여 그는 이미 자신의 특성에 대해 생각하지 않게 되었고 자신의 말, 걸음걸이, 제스처 등에 신경 쓰지 않고 역할 속에서 행동하게 되었다.

유라 역의 배우에게는 리허설에서 불필요한 자기 통제와 과잉 연기에 대한 두려움이 엿보였다. 이 때문에 그는 내면적으로 자유롭지 못하고 자신의 소년다운 직접성이 소년의 형상에 대한 과잉 연기가 되지 않을까 두려워하는 것 같았다. 우리는 그가 더욱 더 대담하게 행동하고 자신의 특성을 믿을 수 있도록 칭찬해주고 북돋아 줄 필요가 있었다.

로스티슬라브 이바노비치 역의 배우는 대사를 줄인 뒤 훨씬 편안해졌으나 근육의 완전한 자유로움을 찾을 필요가 있었다. 비록 전과는 비교가 안 될 정도로 유기적이 되었지만, 근육의 경직으로 다혈질적으로 행동하고 자신의 목표를 달성하는데 방해를 받는 순간이 있었다.

장면 발표는 2학년 학생들이 분장 없이 수행하였다. 우리는 극의 진행상 필요한 콧수염이나 턱수염, 학생들이 지긋한 나이를 느끼는 데 도움이 된다면 흰머리 정도만 허용해주었다. 이처럼 2학년 학생들에게 분장을 허락하지 않았는데, 그 이유는 첫째, 분장에 의해서가 아니라 학생 스스로 인물의 특성 자질을 어떻게 전달해주는지 보기 위해서이며, 둘째, 2학년 학생들이 아직 분장하는 법을 배우지 않았기 때문이다.

우리는 수정을 가한 몇 번의 리허설 후에 개별 부분을 연습하였고 시험-발표 전에 마지막으로 끊지 않고 연습하는 날을 정했다. 이즈음 학생들은 일관된 행동선에 강하게 고정된다. 희곡이 나아가야 할 리듬은 학생들이 잘 알고 있는 바이고, 역할의 전망과 절정도 잘 연습되었으며, 특성은 유기적이 되었고, 대사도 목표(목표달성을 위한 행동) 수행 과정에서 이미 그것을 생각하지 않을 정도로 확실히 숙지되었다. 마지막 연습에서 가장 값진 것은 학생들이 작업 과정에 더욱 열중하게 되었다는 것과 각색의 내용과 사건이 학생들을 심히 설레게 한다는 것이었다.

막이 열리고 벨이 울리자 유라가 수건으로 닦으면서 뛰어 나온다. 그는 티셔츠를 입고 있는데, 그의 드러난 여린 팔은 약하고 마른 소년이라는 인상을 주며 그의 모습 전체가 힘든 피난 시기의 흔적을 드러내고 있다. 군인 외투를 입고 들어온 슬렙초프는 키가 크고 어깨가 넓으며 마치 자신 속에 소비에트 군인의 용감성과 힘을 구현하고 있는 듯하다. 그는 전쟁을 치른 다른 군인들과 비슷하다. 그의 외투와 군용 배낭은 긴 여정의 흔적을 담고 있으며, 왼손에만 낀 검은 장갑은 그가 '끝까지' 싸운 군인이라는 점을 보여준다. 하지만 '민간인'이 된 지금도 군대식 습관이 남아있음을 알 수 있다. 그에게는 군인의 절도 있는 동작이 남아 있으며, 그가 전쟁에서 얼마나 정확하고 용감하게 전투를 수행했는지 짐작이 간다.

그가 부드러운 시베리아식 말투로 유라와 이야기하는 모습에서 그에게도 자식이 있으며 자기 자식들을 잘 교육할 수 있을 거라는 생각이 든다. 우리 앞에 훌륭하고 친절한 남자와 어린애다운 직접성과 감탄으로 전쟁영웅인 군인을 맞이하는 영리한 소년이 있다. 피곤한 슬렙초프가 소파에 앉아 자기도 모르는 사이 스르르 잠들어버리자 유라의 훌륭한 관찰력에 힘입어 만들어진 수업 준비하기 부분이 시작된다. 그다음 유라는 군인이 깨지 않도록 조용히 학교로 간다. 얼마 뒤 올가 페트로브나가 집으로 들어온다. 그녀는 키 크고 예쁜 금발여자로 그녀의 행위 속에서 에너지와 열의가 보인다. 그녀는 처음에는 잠자는 군인을 보고 겁먹었으나 곧 자기 집의 기강을 바로잡기 위한 방법을 모색한다. 젊은 여자를 심히 놀라게 한 군인은 전사한 남편이 보낸 사람이라는 사실이 드러나고 그녀는 전선에서 네차예프 대위의 삶에 대한 이야기를 흥분 속에서 듣는다. 그녀는 슬렙초프가 자신이 모르고 있던 대위의 부상과 무공에 관해 이야기하자 더는 눈물을 참지 못한다. 군인 역시 자기 지휘관의 전투

업적을 회상하자 심히 흥분되었으나 미망인을 심하게 놀라지 않게 하려고, 또한 네차예프 대위가 얼마나 용맹스럽게 자신의 의무를 이행하였는지 올가 페트로브나에게 알려주는 중요한 임무를 소홀히 하지 않기 위해 애써 자제한다.

방으로 나이 지긋한 남자(로스티슬라브 이바노비치)가 들어왔을 때 슬렙초프는 그를 가족의 친구라고 생각한다. 올가 페트로브나에 대한 네차예프의 말에 따라 슬렙초프는 그녀가 훌륭한 여자이자 대위의 좋은 벗이라는 인상을 받고 있었기 때문에 나이 지긋한 이 남자가 그녀가 잘 알고 있는 사람이 아닌 그녀의 다른 남편일 것이라고는 상상조차 못 한다. 그러므로 그는 방문객을 네차예프의 임종에 대한 이야기 속으로 끌어들인다. 회상은 그를 좀 더 자제하도록 했지만, 목소리가 떨리고 호흡이 가빠지고 입안이 말라오면서 엄청난 내적 흥분을 느낀다.

어린 아기의 울음소리가 들리고 부부가 당황해 하는 모습을 보았을 때, 그는 처음에는 아무것도 이해하지 못했으나 "올가 페트로브나, 딸이 울어요."라는 유모의 목소리가 들리자 그제야 그의 머릿속에는 미망인이 재혼하여 첫 남편을 잊었을지도 모른다는 무서운 생각이 번쩍 든다. 그의 모든 노력이 수포로 돌아간다. 자신의 지휘관과 한 약속을 지키기 위해 전선에서도, 병원에서도 대위의 유품을 간직하고 그것을 집으로 가져가서 크라스노야르스크에서 모스크바까지 기나긴 여정을 달려온 이 모든 노력이 아무에게도 쓸모없는 것이 되어버린 것이다. 슬렙초프에게 가장 무서운 타격은 미망인이 남편의 전사 바로 다음날 그를 잊어버렸다는 점이다. 그에게 올가 페트로브나는 딴 세상 사람 같았다. 그는 자신이 상상해 오던 사랑스러운 아내 대신 일신상의 행복을 위해 영웅에 대한 기억은 언제든지 버릴 수 있는 여자를 본다. 슬렙초프가 올가 페트로브나를 어떻게 쳐다보고, 그녀에 대한 그의 태도가 어떻게 바뀌었는지, 정직하고 올바른 그의 마음속에 아무리 내색하지 않으려 해도 이 아름다운 여자에 대한 혐오감이 어떻게 생겨나는지, 바로 여기에서 최절정의 장면이 구현되어 있고 이 작품의 근본 사상이 표현되어 있다.

보고 있던 우리도 슬렙초프와 공감하며 그와 함께 조국에 승리를 안겨 준 사람들을 잊고 자신의 개인사에만 전념하는 이 부유한 한 쌍을 경멸하게 되었다. 슬렙초프는 무대에서 경험 많은 군인답게 처신했다. 변한 자신의 태도는 일언반구도 하지 않은 채 올가 페트로브나에게 대위의 유품과 편지 그리고 사진을 돌려주고 그 집을 떠난다. 당황한 부부는 자신들의 어리석음을 바로 잡고자 뒤쫓아 나오지만 그를 찾지 못하고 돌아와서 다툰다.

비록 마지막 리허설에서 행동의 단일한 연속선이 자주 끊기기는 했지만, 학생들은 곧바로 복구하였고 장면의 내용은 그 작품의 줄거리를 알고 있는 사람까지도 감동받게 만들고 흥분하게 만들었다. 슬렙초프 같은 사람은 자신의 지휘관에 대한 좋은 기억을 영원히 가슴속에 간직할 것이라고 믿게 하였으며, 이는 그의 인간적인 자질을 존경하고 높이 평가하도록 만들었다.

막상 발표 때는 이보다 더 나빴지만, 이것은 자주 있는 일이다. 학생들이 겁먹는 바람에 그들의 연기가 약간 억제되었다. 그러나 여전히 중요 장면은 충분히 극적인 충만감을 주었으며, 각색의 초목표도 잘 드러났고 첫인상과도 들어맞았다.

(2) 러시아 고전작품 장면 작업

지난번 현대 삶에 대한 단편의 각색 작업과정에서 역할의 분석과 제시된 상황 구축 문제를 광범위하게 다루었다면, 이번 A. N. 오스트롭스키의 희곡 『때늦은 사랑』[37]의 장면 작업을 위한 수업 과정 기술을 통해서는 연습 작업의 흐름을 조명해 보고자 한다. 또한, 지난 장면 작업에서 외적 특성의 자질을 생각해 보았다면, 이번 『때늦은 사랑』의 장면 작업에서는 내적 특성의 자질 축적에 많은 관심을 기울이고자 한다.

과거의 삶을 다루는 장면 작업에는 나름의 특성이 있다. 다른 사회적 상호 관계, 다른 기술, 다른 이데올로기는 다른 행동 방식을 낳는다. 초보 배우는 일상생활에서 자신에게 익숙한 것과는 거리가 먼 의상과 기타 물건들을 접하게 된다. 이와 관련하여 오스트롭스키는 "배우적 능력을 갖춘 사람은 글, 조각, 그림과 같은 몇몇 자료에 따라 외적인 징후 속에

---

[37] [역주] 『때늦은 사랑』(Поздняя любовь, 1873)은 오스트롭스키 3대 희곡 중 하나로 말리 극장에서 초연된 이래 지금까지 수많은 극장 무대에 올려지고 있다. 오스트롭스키는 러시아에서 처음으로 '여성 문제'에 대한 사회의 관심을 촉구한 작가다. 사랑하는 사람을 위해서라면 모든 것을 할 수 있는 여자의 특성은 러시아인의 성격이라는 주제로 수많은 논문이 쓰이게 한 영원한 문학적 주제이다. 오스트롭스키는 놀라우리만큼 섬세하게 사람의 운명의 비밀스러운 전환점을 감지하고 사람의 본성을 날카로운 영감의 눈으로 꿰뚫는다. 정신에 대한 지극히 섬세한 태도를 잃지 않으면서 작가가 작품 속에 그려놓은 본질을 포착하기 위해서는 삶의 외적인 특성에 매몰되지 않아야 한다. 또한, 오스트롭스키의 풍부한 언어와 형상의 아름다움과 깊이를 느끼는 것이 중요하다.

줄거리는 다음과 같다. 한때 마르가리토프는 모스크바서 가장 유명한 변호사 중 한 사람으로 큰 사건을 많이 맡았다. 그러나 직원 중 한 명이 2만 루블에 매수되어 그의 중요 서류를 훔쳐 채무자에게 넘겨주는 바람에 거지신세가 된다. 아내는 그 일로 화병이 나서 죽고 그 자신도 자살하려고 했으나 어린 딸 류드밀라가 불쌍해 차마 목매달아 죽지 못한다. 여러 해가 지나 마르가리토프는 성인이 된 딸 류드밀라와 함께 초라한 집의 방을 빌린다. 류드밀라는 주인 여자의 아들 놀기 좋아하는 니콜라이를 사랑한다. 그를 구하기 위해서라면 모든 것을 희생할 각오가 돼 있다. 심지어 아버지가 맡아두고 있는 중요한 차용증조차도 훔칠 용의가 있다. 하지만 니콜라이는 남편의 재산을 아무렇게나 탕진하는 레베드니카를 좋아하여 그녀에게 차용증을 건네주고 그녀는 그것을 불태워버린다. … 결말은 해피엔딩이다. 불에 탄 차용증은 사본이었음이 밝혀지고 니콜라이는 착한 사람이 되어 류드밀라와 결혼한다.

서 지난 세기 낯선 사람들의 삶을 상상할 수 있다."라고 기록하였다.

한 시대를 이해하는 데 큰 역할을 하는 것은 동시대인들의 편지와 회고록 그리고 그 당시 쓰인 문학 작품이다. 그 당시 역사적 사건과 사회적인 동태, 세계관 등과 접합함으로써 작가의 생각과 작품의 문체와 장르를 이해하는 데 중요한 자료로 삼을 수 있다.

<오스트롭스키의 희곡 『때늦은 사랑』 3막 장면 작업의 간략한 내용>

모스크바 근교의 누추한 집에 돈 많고 아름다운 여지주 레베드니카가 찾아온다. 레베드니카는 이 집에 사는 류드밀라가 자신의 12,000루블짜리 어음을 가지고 있다는 사실을 알고, 그녀가 사랑하는 방탕한 변호사 니콜라이를 유혹하여 그 어음을 훔쳐오라고 설득한다. 이를 위해 레베드니카는 니콜라이를 멋진 레스토랑에 데려가 술에 취하게 만든다.

장면 작업은 그들이 레스토랑에서 돌아오는 시점에서부터 시작한다. 오는 길에 레베드니카는 여자의 온갖 애교와 매력으로 니콜라이를 유혹하며 류드밀라에게서 어음을 훔쳐 온다면 3,000루블을 주겠다고 약속한다. 빚이 많은 니콜라이는 감옥에 갈 위험에 처해 있다. 3,000루블이면 빚을 모두 청산하고 다시 한 번 변호사로서 출세가도를 달릴 수 있다. 뇌물과 상류사회의 유명하고 아름다운 여인을 가까이할 수 있다는 기대로 한껏 술에 취한 니콜라이는 레베드니카에게 그녀의 부탁을 생각해 보겠다는 불명확한 약속을 한다. 레베드니카는 결국 니콜라이를 자기 마음대로 조종할 수 있으리라 확신하며 떠난다. 방 안으로 류드밀라가 들어온다. 그녀는 니콜라이가 빚 때문에 철창신세를 질 수 있다는 것을 잘 알고 있다. 그녀는 그에게 누구에게 빚을 졌는지 꼬치꼬치 캐물으며 지급연기를 부탁하기 위해 고리대금업자를 찾아가려 한다. 니콜라이는 자신을 구할 수 있는 유일한 방법은 죄를 짓는 길밖에 없다고 말한다. 류드밀라가 레베드니카의 어음을 가지고 있는데, 만약 니콜라이가 그것을 레베드니카에게 가져다준다면 충분히 빚을 갚을 수 있는 3,000루블을 자신에게 주기로 했다고 말한다. 류드밀라는 니콜라이가 자살(자기 이마에 총구를 들이댐)할지도 모른다는 생각에 그를 위해서라면 무슨 일이든 다 하겠다고 말하며, 비록 그 일로 자기 아버지와 자신이 치욕을 당하고 거지가 될 것이라는 점을 알면서도 그에게 레베드니카의 어음을 내준다. 니콜라이는 처음에는 그런 희생을 거부하였으나 나중에는 어음을 받는다.

첫 장면 리딩을 마치고 학생들은 각자의 첫인상에 대해 의견을 나누었다. 학생들은 발췌 부분에 잘 나타나 있는 행동의 논리성과 일관성, 등장인물들의 선명한 성격, 그들 사이의 갈등의 힘 등에 큰 매력을 느꼈다. 학생들 모두 핵심 주제는 '진정한 사랑은 돈의 위력보다 강하다.'라는 결론에 도달했다. 본 장면에서는 사회적 관계의 심오한 진실이 서로 다른 사회 계층에 속하는 두 여자의 행동을 통해 나타난다. 가난한 사람들은 도덕적 자질 면에서 부자보다 훌륭하다. 류드밀라는 사랑하는 사람을 위해 자기희생의 길을 걸어갈 준비가 되었지만, 레베드니카는 돈을 위해 그 어떤 비겁한 행동도 기꺼이 수행할 준비가 되어있다.

장면은 다른 희곡들과 마찬가지로 각각의 형상에 맞는 아름답고 특징적이고 개인적인 언어로 우리를 매료시킨다. 첫 번째 분석에서 작업의 초목표와 등장인물들의 일관된 행동이 다음과 같이 정의되었다.

류드밀라의 초목표: 사랑하는 사람을 구하고 싶다.
일관된 행동: 어떤 희생이 따르더라도 이를 위한 방법을 찾는다.
레베드니카의 초목표: 자신의 기분을 만족시키고 싶다.
반(反)일관된 행동: 매수나 속임수를 통해 자신의 어음을 받아낸

다. (니콜라이에게 그것을 훔쳐오도록 한다.)

니콜라이의 초목표: 빚으로 인한 감옥행 위협에서 벗어나고 싶다.

일관된 행동: 감옥행을 벗어나기 위한 정직한 방법을 찾는다.

초목표와 일관된 행동은 추후 작업 과정에서 바뀔 수 있으나 초기 단계에서는 이것이 장면의 주된 생각을 가장 올바르게 나타내 준다.

제시된 상황에 대해 충분히 알기 위해 학생들은 비록 무대에는 희곡의 작은 장면 부분만 올려진다 하더라도 항상 희곡 전체를 읽고 사건의 모든 사실과 등장인물들의 특성을 기록해야 한다. 그러나 아직 초목표와 일관된 행동은 학생들에게 필수적인 것이 되기 전에는 사변적으로 정의되거나 별로 알려지지도 않았다.

우리는 레베드니카 역할의 여학생에게 교태부리는 여자를 관찰해오라는 과제를 내주고 관찰이 성공했다면 다음 수업시간에 자신의 관찰내용을 보여달라고 했다. 니콜라이 역할의 남학생에게는 법정에 가서 재판 과정을 경청하고 변호사가 어떤 방식으로 말하는지 관찰해오라는 과제를 내주었다.

그렇게 니콜라이와 레베드니카가 모스크바의 고급 레스토랑 '스트렐나'에서 식사를 하고 돌아오는 장면의 준비가 시작되었다. 우리는 학생들이 사건의 분위기를 상상할 수 있도록 과거 모스크바의 레스토랑에 대해 알려주고, 모스크바 상인들의 성대한 주연이 묘사된 레스코프의 단편 『푸닥거리』와 사치스러운 레스토랑에서의 저녁 식사가 묘사된 체홉의 단편 『주정뱅이』를 참고로 알려주었다. 아울러 루마니아의 오케스트라와 집시들의 합창에 관해서도 이야기해 주었다.

학생들은 각자의 상상을 통해 이러한 만찬 자리에서 주인공들의 행동을 만들어본다. 어떻게 그들이 구석 편의 자리를 잡는지(레베드니카는 아는 사람 누군가가 자기를 보는 것을 원치 않았다.), 니콜라이가 계산할 돈이 없다는 것을 아는 레베드니카가 니콜라이가 종업원들 앞에서 무안스럽지 않도록 계산할 때 어떻게 그에게 자기 돈을 건네주는지, 니콜라이가 음식을 어떻게 고르는지, 레베드니카가 어떻게 그에게 술을 먹이는지, 일에 대해서는 잘 모르는 척하면서 어떻게 류드밀라의 어음을 가져오라고 조심스럽게 설득하는지 등이다. 그리하여 돈이 없어 오랫동안 집에만 있었던 니콜라이 앞에 또다시 사치스러운 삶의 유령이 아른거리며 유혹이 상상을 불 지르고, 기꺼이 자신의 정부가 되어주겠다는 돈 많고 아름다운 여성과 가까이 있다는 사실이 술을 통해 뜨거워진 머리를 취하게 한다. 자신 앞에 채무로 인한 감옥행 면제와 변호사로서 출세대로가 활짝 열려있다. 이를 위해 할 일이라고는 가난하고 순종적이고 자신을 사랑하는 여자를 속이기만 하면 된다. 얼마나 많은 프랑스 소설 속의 영웅들이 그런 식으로 출세했던가. 유혹적이다! 그러나 학생들은 고급 레스토랑에 가본 적도, 아예 어떤 것인지도 알지 못했다. 그래서 다음에는 레스토랑에서 연습을 하기로 했다.

다음 수업에서 레베드니카 역할의 여학생은 교활하고 교태부리는 여자 바람둥이로 변신하지 못했다. 올바른 자감을 찾기 위해 우리는 그녀에게 에튜드를 해보라고 제안했다. 그녀가 한 남학생에게 학생 상호조합에서 빌린 돈의 상환기간을 연기해달라고 부탁했으나 그 남자가 거절하자 그녀는 교태를 부려 자신의 목적을 달성하고자 한다. 그러나 그녀는 영리하고, 교활하고, 교묘한 여자 바람둥이가 아니라 여전히 소심한 한 여학생이었다.

그래서 이번에는 다른 에튜드를 제안했다. 그녀는 졸업 공연을 준비하는 상급반 학생인데 학교 측의 허가 없이 영화를 찍고 있다. 그런데 촬영이 제때 마치지 않는 바람에 학교 공연의 리허설에 갈 수 없게 되었다. 타당한 핑곗거리를 만들기 위해 그녀는 한 남학생에게 몸이 아파 리허설에 갈 수 없다고 전달해달라고 부탁했는데, 그가 잊어버리고 전달하지 않은 것으로 하자고 설득한다. 대신 자신이 출연하고 있는 영화의 좋은 배역을 맡게 해주겠다는 약속을 한다. 이 에튀드에서 그녀는 마침내 교묘하게 일을 꾸미고 상대방에게 무언가를 약속하며 유혹하는 것이 어떤 것인지 느끼게 되었다. 그뿐만 아니라 자신의 지인 중 교태를 잘 부리는 두 여자의 모습도 아주 훌륭하게 보여주었다.

수업 도중 뜻밖에도 젊은 친구들이 어음이 무엇인지 정확히 알지 못하며 보증이 무엇인지는 아예 모른다는 사실을 알게 되었다. 우리는 어음이란 빌리기로 한 돈을 받았음을 확인하는 특수 종이에 쓰인 금전수령증이라고 설명해 주었다. 그 당시 레베드니카는 소유재산이 없었기 때문에 어음 뒷면에 어떤 부자가 서명한 보증이 필요했다. 당시 레베드니카의 남편이 중풍으로 누워있는 바람에 그녀는 그의 서명을 위조하였는데 이는 당시 법에 따르면 유형감이었다. 레베드니카는 남편이 죽고 나서 부자가 되었지만, 자신의 빚을 갚지 않기 위해 속임수를 써서 자신의 어음을 되돌려 받으려는 것이다. 이런 일은 모스크바 상인들의 삶에서 흔한 일이었다.

한편 레베드니카는 부유층을 대표하는 인물로 그들에게 '교묘한 처리'는 격려를 받아야 할 행위일 뿐 그 외는 아무런 의미도 없었으므로, 그녀는 그 어떤 양심의 가책도 없이 니콜라이에게 류드밀라를 속여 어음을 가져오라고 부추기는 것이다.

다음 수업에서 니콜라이와 류드밀라의 장면을 논의했다. 장면 리딩 후 류드밀라 역할의 여학생은 이 역할을 어떻게 연기해야 할지 모르겠다며 망연자실하였다. 그녀는 사랑에 빠져본 적이 없고 결혼할 생각은 아예 없으며 나이 든 여자의 사랑 표현에는 아무런 흥미가 없다고 말했다. 그녀가 나이 든 여자라는 개념을 오늘날의 관점으로 보고 있다는 사실이 드러났다. 우리는 그녀에게 오스트롭스키 시대의 여자들은 17~19세 정도에 결혼했으므로 당시 개념으로 23세 여자는 이미 나이 많은 여자로 간주할 수 있다고 알려주었다. (류드밀라 역의 학생도 23세였다.)

무엇을 위해 이 역할을 연기하느냐라는 질문에 대한 답변을 찾는 중에 우리는 그녀에게 도움이 필요하다는 것을 느끼게 되었다. 그래서 그녀에게 수영할 줄 아느냐고 물어보자 그녀는 매우 잘한다고 대답했다.

"만약 물에 빠진 아기를 보았다면, 그 애를 구하기 위해 물에 뛰어들었겠나?"

그녀는 1초의 망설임도 없이 뛰어들었을 것이라고 대답했다.

"그렇다면 한 사람을 구할 수 있는데 이 역할을 마다할 이유가 있을까?"

그녀는 얼굴을 붉히며 미처 그런 생각은 하지 못했다고 대답한 뒤 그런 과제라면 흥미로울 뿐만 아니라 자신에게 가깝게 느껴진다고 말했다.

"L. N. 톨스토이도 '우리가 선을 베푸는 사람은 우리가 사랑하는 사람이다.'라는 말을 했잖나."

우리는 말을 계속 이어갔다.

"자네는 자네 어머니를 좋아하는가?"

"그럼요, 많이요."

그녀가 대답했다.

"그렇다면 사랑이 무엇인지 알겠군. 자네가 집에 가면 오늘 자네 어머니의 기분이 어떤지 아는 게 중요할 거야. 만약 기분이 안 좋다면 어머니를 즐겁게 해드리고 나쁜 기분에서 벗어나게 하려고 애쓸 거야. 만약 아프시다면 간호를 해드리고 어머니 대신 집안일도 하며 기운 차리게 해 드렸을 거고. 이러한 행동 속에서 어머니에 대한 자네의 관계가 만들어지고 그 속에서 자네의 사랑이 드러나는 거니까.

사랑은 원래 행동에서 만들어지는 것이거든."

우리는 학생들에게 어떤 행동이 배우적인 행동이 아니라 인간적인 행동인지 설명해주었다. 이와 관련하여 류드밀라 역할의 여학생과는 다음과 같은 대화를 나누었다.

"연극대학에 입학하기 위해 무엇을 했나?"
"시험을 봤어요."
"잠깐, 입학하기 위해 자네가 한 일이 모스크바에 온 것밖에 없다는 말인가? 어머니는 동의했었나?"
"네. 흔쾌히 동의하셨어요!"
"그리고 돈도 주셨나?"
"아니요, 집에 돈이 없어서요."
"그럼 어떻게 돈을 구했지?"
"일자리를 구했어요."
"바로 구해지던가?"
"아니요, 소도시라 구하기 힘들었어요."
"그럼 어떻게 찾았지?"
"여러 기관을 돌아다니며 문의했어요. 하나같이 거절하더군요. 고등학생은 공장에서 일할 수 없어서 겨우 두 달만 일했어요. 그러다가 드디어 어느 기관에서 서류 배달 자리가 났어요."
"그것 봐, 연극대학에 입학하기 위해 얼마나 많은 행동을 했는지. 근데 여러 군데 돌아다녔나?"
"네, 피곤해 죽을 것 같았지만, 엄마에게 첫 월급을 내밀 때는 얼마나 기뻤는지 몰라요."
"왜 그걸 엄마에게 주었나?"
"맡아달라고요. 제가 다 써버릴까 봐 걱정됐거든요."
"그다음 모스크바행 표를 샀나?"

"아니요, 표는 엄마가 샀어요."

"모스크바에 와서도 수많은 행동을 했을 거야. 살 곳을 찾고, 서류를 제출하고, 입학시험도 3차까지 치르고, 시험 결과를 알아보고 말이야."

무대에서 초목표를 드러내는 데 필수적이지 않은 행동, 즉 어떻게 씻고, 머리 빗고, 옷 입고, 먹는가 등과 같은 것은 버릴 줄도 알아야 한다. 비록 이러한 것들이 장면의 진행을 위해 필요한 경우도 간혹 있지만, 대부분 형상의 성격과 그들의 운명 묘사를 위해 가장 본질적이고 필수적인 것만 남겨 두어야 한다. 이것이 바로 인간적 행동이며 역할 속에서 찾아야 한다.

연습과정에서 니콜라이 역의 학생이 자신의 주인공을 비극적인 상황에 처한 정직한 사람으로 생각한다는 사실이 드러났다. 그래서 그 학생에게 니콜라이는 방탕한 삶을 좋아하며, 카드 테이블에서 돈을 놓고 다툼을 벌이는 데서 만족감을 느끼고, 상류층 사교계에서 멋진 옷차림을 과시하기 좋아하는 사람이라는 점을 상기시켜주었다. 그는 돈이 없어서 상류사회에서 지위를 차지하지 못하고 유명한 변호사도 되지 못했다는 생각만 할 뿐 자신의 방탕한 삶과 카드놀이가 고객으로부터 신뢰를 앗아간다는 사실은 깨닫지 못한다. 부에 대한 그러한 갈망은 범죄로 이어질 수 있다.

역을 창조할 때 이 점을 반드시 보여주어야 한다. 만약 역할 속에서 그가 레베드니카의 추악한 제안을 받아들일 준비가 된 순간을 보여주지 않는다면 그에게는 투쟁 대상이 없어지는 것이며, 우리는 그의 내면적 행동 속에서 정직함이 악덕을 물리치는 과정, 즉 니콜라이의 변신 과정을 볼 수 없게 되는 것이다. 우리는 니콜라이 역의 학생에게 역의 전망에 대해 연구하고 그의 술집 단골 습성은 어느 부분에 나오는지, 어느 부분에서 아무 죄 없이 비극적 상황에 처한 낭만적 영웅인척하는지, 또 어느 부분에서 돈을 위해서라면 아무리 나쁜 일이라도 할 수 있는 비겁자가 될 뻔한 위험에서 자신을 구해준 류드밀라에 대한 감사함과 그녀에 대한 책임감에 눈 떠 평범하면서도 진실로 불행한 젊은 남자가 되는지 등을 연구해 오라는 과제를 내주었다. 그다음, 우리의 미래의 배우들이 자신의 생각과 관계를 표현하기 위한 테크닉을 터득하고 있는지 점검해보기 위해 두 학생에게 다음 수업 시간까지 어떤 구절(자신의 역할 이외의)을 선택하여 여러 가지의 속텍스트로 말해보라는 과제를 내주었다. 텍스트에 생기를 불어넣기 위해서는 내면의 시각을 통한 연속적인 상상의 고리가 만들어져야하기 때문이다.

우리는 레베드니카 역의 여학생에게 오늘 어떻게 학교에 왔는지를 말해 보도록 했다. 여학생은 이렇게 대답했다. "우리 동네에 새 건물을 짓고 있어서 거리가 매우 지저분해요. 저는 흙탕길을 따라 걷다가 트롤리 버스[38]를 타고 학교까지 왔어요". 우리의 요청에 따라 그녀는 학교까지 오는 길을 마음속에 떠올려보았고 이를 통해 내면의 시각이 무엇인지 깨닫게 되었다. 그러자 그녀의 이야기에는 어떻게 진창을 건넜으며, 듬성듬성 깔린 벽돌과 판자 사이에서 이리저리 어떻게 뛰어다녔는지, 어떻게 발을 헛디뎌 구두를 더럽혔는지, 버스 정류소에는 사람들이 얼마나 많았는지 등과 같은 세세함이 묻어났다. 우리는 학생들에게 언제나 자신의 상상 속에 자신의 대사를 정당화할 수 있는 이러한 세세함이 구축되어야 한다고 알려주었다. 이러한 세세함이 학생의 개인적 경험에서 나온 것인지, 아니면 지어낸 것인지 따지는 것은 아무 의미가 없다. 중요한

---

[38] [역주] 공중의 전선으로부터 트롤리 폴(trolley pole)을 통하여 전력을 공급받아 달리는 버스. 무궤도 전차라고도 한다.

것은, 학생들이 자신이 말하고자 하는 바를 먼저 자기 자신에게 떠올려 보고 그다음 입으로 말하는 것이다.

점차 레베드니카 역의 여학생에게서 외적 특성들이 나타나기 시작했다. 그녀는 몸을 꼿꼿하게 세우는데 많은 신경을 썼으며 이는 그녀의 동작에 침착한 무게감을 실어 주었다. 사실, 이 자세는 널리 알려진 정당성이 있다. 당시 상류사회 여자들이 코르셋을 착용하고 허리를 바짝 졸라매고 있기 때문이다.

책상에서 연습하는 동안 그녀는 니콜라이에 대한 관계를 찾았는데, 버릇없이 자란 여자인 듯한 자세로 마치 자기 같은 암사자의 관심을 받을 만한 가치가 있는 남자인지 아닌지 알아보려는 듯 실눈을 하고 니콜라이를 쳐다보았다.

류드밀라와 니콜라이 장면을 읽기 시작하자 류드밀라 역의 여학생이 긴 휴지를 두고 자신의 텍스트를 읽기 시작했다. 우리는 그녀를 멈추고 그렇게 리딩하는 이유를 물어보았다. 그녀는 자신의 대사를 어떻게 읽어야 진실되게 들릴지 몰라서 휴지를 두게 되었다고 대답했다. 우리는 그녀에게 지금은 텍스트 분석을 하는 단계이므로 연기는 아직 이르며 먼저 내용 파악이 필요하다고 조언해 주었다.

책상에 앉아 레베드니카와 니콜라이 장면을 연습할 때 레베드니카 역의 여학생이 오늘의 연습은 다음의 연습을 위한 자료라는 점을 잊어버리고 이전 연습시간에 한 것을 반복하려 하였다. 우리는 지나간 연습을 반복해서는 안 되며 오늘의 연습에서는 지난번에 찾아놓은 것을 좀 더 발전시키고 해당 장면을 좀 더 풍성하게 만들어주는 새로운 것을 찾기 위해 노력해야 하며, 만약 아무것도 찾지 못했다면 연습은 무익한 것이라는 설명을 해주었다.

다음 연습시간을 위한 과제로 우리는 학생들에게 장면의 주제에 대한 에튜드를 만들어오도록 했으며, 비록 사건의 배경은 19세기지만 에튜드에서는 레베드니카가 유행을 앞서 나가는 멋쟁이 현대 여자로 행동해도 된다고 말해주었는데, 이러한 언급은 즉시 그 여학생에게 부족한 듯했던 확신을 심어주었다.

에튜드에서 그녀는 어음에 관한 일로 조언을 구하기 위해 니콜라이를 찾아온다. 니콜라이는 그녀에게 빚을 갚으라고 조언해주지만, 그녀는 그에게 서류를 훔치라고 설득한다. 니콜라이의 집에 들어온 레베드니카는 편안하게 앉아 담배를 피우기 시작한다. 이는 그녀에게 니콜라이와의 대화의 진실성을 느낄 수 있도록 해준다. 그녀는 니콜라이의 말과 행동을 평가하고 자신의 목적 달성을 위해 행동하기 시작한다. 과감하게 교태를 부리고 야릇한 눈빛으로 그를 바라보며 일에 관해서는 아무것도 모르는 척 고개만 끄덕이다가 여자로서 자기 매력의 힘을 의식하고 갑자기 의기양양해지더니, 니콜라이에게 자신의 기분을 만족하게 해 달라는 요구를 한다.

니콜라이 역의 남학생은 레베드니카와의 장면을 어떻게 해야 할지 모르겠다고 불평하였다. 문제는 이 학생이 자신 앞에 놓인 위협, 즉 감옥에 갈지도 모른다는 사실을 믿지 않는 데서 비롯되었다. 그 당시 사람들에게 감옥행은 두려운 사건이었다. 감옥에서 살다 나오면 아무도 자신과 같이 일하려 하지 않고 알던 사람들도 손을 내밀지 않을뿐더러 가장 큰 문제는 나중에 그가 얻을 수 있는 최상의 직업이 쥐꼬리만 한 봉급을 받는 보잘것없는 서기직뿐이라는 점이었다. 이는 삶 전체를 뒤흔드는 위협, 자살을 생각할 정도로 엄청난 위협이었다. 그뿐만 아니라 이 학생은 레베드니카와의 관계도 찾지 못했다. 그녀는 투쟁해서 얻어야 하는 여자, 그녀를 위해 많은 것을 희생해야 하는 여자이다. 그녀는 손을 내밀기도 하고 미끄러져 나가기도 한다. 그녀는 니콜라이에게 감옥행으로부터 구해주고 화려한 출세도 보장해 주겠다는 약속을 한다. 우리는 그 학생에게 자신을 매료시킨 다른 여자와의 관계를 레베드니카에게 치환해보라는 조언을 해주었다. (마침 그는 영화 〈그레이트 왈츠〉에 나오는 밀리차 코리우스를 매우 좋아했다.) 레베드니카의 옷, 향수, 태도, 눈, 목소리, 웃음 등 그녀의 모든 것이 니콜라이 마음에 들어야 한다. 그럴 경우 유혹은 치명적이다.

마침내 근사한 레스토랑에서 연습하기로 한 날이 되었다. 사실, 학생 식당이나 젊은이들이 자주 가는 카페에서 연습할 수도 있었지만, 우리는 분위기를 고양하기 위해 오케스트라가 있는 근사한 레스토랑에서 그와 같은 공기를 학생들에게 느끼게 해주기로 했다. 니콜라이 역의 학생에게 필요한 것을 챙겨주고 멋진 모스크바 레스토랑의 구석진 자리에 두 테이블을 잡았다. 하나는 교육자용, 다른 하나는 무대이다.

에튜드의 주제는 레베드니카와 니콜라이가 집에 오기 전에 들렀던 레스토랑에서의 만찬이다. 학생들이 아는 사람의 눈에 띄지 않도록 주의 깊게 홀을 둘러본 다음 테이블에 자리를 잡는다. 니콜라이 역의 학생이 종업원에게 매우 부자연스럽게 음식을 주문한다. 음악이 연주된다. 레베드니카가 멜로디에 맞춰 머리를 까딱거리고 실눈으로 니콜라이를 바라보며 그의 고백을 재촉한다. 그녀의 옷차림과 머리 모양이 화려하다. 이는 그녀에게 올바른 신체적 자감을 준다. 사랑에 빠진 니콜라이가 옆 테이블에 앉아있는 사람들의 시선에도 아랑곳하지 않고 레베드니카를 즐겁게 해주기 시작한다. 레베드니카는 니콜라이의 재치에 자신이 얼마나 매료되었는지 보여주려고 애쓴다. 포도주를 가져오자 식사가 시작된다. 레스토랑의 분위기가 포도주를 따르는 종업원의 서비스를 대하는 니콜라이의 태도에 영향을 미친 것이 분명하다. 갑자기 이러한 레스토랑의 삶을 좋아하는 자신만만한 젊은 남자의 기질이 나타났기 때문이다.

한편 레베드니카는 니콜라이에게 술을 먹이며 일에 대한 얘기를 꺼낼 절호의 순간을 노리고 있다. 니콜라이는 레베드니카가 자신을 레스토랑에 초대한 이유가 자기를 좋아하기 때문이라고 생각하기에 처음에는 일에 관해서가 아니라 오로지 자신의 감정에 대해서만 말하고 싶어 한다. 그러나 레베드니카가 일에 대해서 아무것도 모르기 때문에 남자로서, 아니 변호사로서 그녀가 이 일을 해결할 수 있도록 도와야 한다. 그녀가 어떻게 행동해야 할지 니콜라이가 설명하면 할수록 그녀는 무슨 일을 해야 할지 더욱 이해하지 못하고 흘러가는 말로 농담하듯이 그에게 류드밀라로부터 어음을 훔쳐오라고 제안한다. 학생들은 에튜드에 지나치게 집중한 나머지 옆 테이블에서 자신들을 주의 깊게 쳐다본다는 사실도 눈치채지 못하고 있다가 우리가 에튜드를 중단시키자 그제야 사이좋게 맛있게 식사를 하였다. 이제는 학생들에게 연습이 도움되었는지 아닌지 알아보는 일만 남았는데, 이는 다음 수업시간에 알게 될 것이다.

연습 파트너들이 무대에 등장했다. 니콜라이와 레베드니카의 장면부터 시작했다. 우리는 그들에게 '샤블로브예' 식당인 것처럼 무대를 꾸미고 연습 의상을 입으라고 했다. 그들은 오랫동안 의상을 입고 무대를 만든 다음 레스토랑에서 돌아오는 신체적 자감을 모색했다. 웃으면서 등장하는 니콜라이의 첫 마디인 "오, 식사를 마쳤군요. 우리가!"는 매우 진실 하게 들렸다. 어쨌든 레스토랑에서의 연습은 내적 시각에 의거하는 속텍스트를 위한 좋은 자료가 되었다. 레베드니카는 〈라 페리콜〉 중 아리아를 부르며 니콜라이에게 우산을 건네준다. 그때 니콜라이는 당황하며 우산을 둘 곳을 찾지 못했다. 레스토랑에서 에튜드를 할 때는 그에게 '신사다운' 매너가 보였었는데 이번 연습에서는 모든 것이 사라졌다. 그에게 적응을 위한 몇 가지 힌트를 주어야 했다. 니콜라이는 자신을 취하게 한 여자의 우산을 가슴에 꼭 안으며 레베드니카의 물건이라면 그 무엇이라도 자신에게 소중하다는 것을 보여준다. 그다음 그것을 조심스럽게 구석에 세워놓고 레베드니카의 모자에 입을 맞춘다. 니콜라이는 조심스럽게 의자를 빼서 레베드니카에게 앉으라고 권한다. 그러나 장난치기를 좋아하는 레베드니카는 의자의 팔걸이에 걸터앉는다. 그다음 포도주병의 코르크 마개를 뽑아 잔(지금은 레모네이드나 차)을 높이 들고 다음 장면을 진행한다. 그러나 유감스럽게도 다음 장면으로 넘어가지 못했다. 왜냐하면, 학생들이 아직 대사를 숙지하지 못한데다가 더 이상 자신의 말로 하는 것도 원치 않았기 때문이다.

레베드니카에게는 깨끗이 씻고 멋지게 차려입고 머리 손질을 한 상류사회 여자의 신체적 자감이 나타났다. 그녀는 사람들 사이에서 언제나 유쾌한 기분이고, 모임에서는 사랑스럽고 예의 바른 부인이므로 아무도 그녀에 대해 나쁜 말을 하지 않는다.

그러고 난 후, 우리는 레베드니카 역의 여학생에게 그녀가 하인들을 어떻게 대하는지에 대한 에튀드를 해보도록 했다. 이러한 에튀드는 과거 다양한 사회 계층에 속하는 사람들의 상호관계를 느낄 수 있도록 도와준다. 에튀드는 레베드니카가 초대받은 파티에 갈 준비를 하는 것부터 시작한다. 주문한 드레스가 아직 오지 않은 상태에서 하녀들이 여주인의 머리를 빗기고 치장을 하고 있다. 레베드니카는 드레스가 늦어지자 짜증이 나서 실수로 핀으로 자기를 찌른 하녀 한 명을 욕하고 때린다. 마침내 드레스가 온다. 늦게 가져온 배달꾼에게는 '팁'을 주지 않는다. 하녀들이 입을 모아 여주인의 아름다움과 취향을 칭찬하자 레베드니카는 드레스가 정말 자신에게 어울린다는 것을 느끼고 마음을 진정한 다음 초대받은 파티로 향한다. 에튀드를 통해 여학생은 화려한 옷차림과 머리 모양을 한 자신을 느낄 수 있었다.

류드밀라 역의 여학생은 어떻게 하면 니콜라이를 도울 수 있을까 알고자 하는 마음은 감동적이었으나 그 순간에도 그녀는 여전히 현대의 여자였으며 지나치게 결단력 있고 사무적이었다. 우리는 그녀에게 사랑하는 사람으로서 니콜라이에 대한 관계를 찾아보라는 제안을 했다. 지금까지 그녀는 연인이 아니라 동료인 듯 그를 대하고 있었기 때문이다.

교류와 행동의 선을 따라 장면을 끝내고 난 다음 우리는 학생들에게 역할의 전망에 대해 그리고 장면은 발생한 사건에 따라 한 자감에서 시작되어 다른 자감에서 끝난다는 사실을 상기시켜 주었다. 예를 들어, 장면의 시작 부분에서 레베드니카는 일에 대해서는 아무것도 모르는 순진한 여자인 척하지만 끝 부분에서는 니콜라이가 자신의 기분을 만족시켜줄 것이라는 확신을 하고 자신의 행운에 만족하며 떠난다. 류드밀라는 니콜라이의 운명에 대한 심한 걱정 속에서 장면을 시작하지만, 그에게 어음을 준 다음에는 사랑하는 사람을 구하기 위한 자신의 의무를 다했다고 생각한다. 니콜라이는 레베드니카와의 장면에서 감옥행을 피할 수 있다는 가능성뿐만 아니라 상류사회의 여성을 사랑한다는 상황으로도 유혹받는다. 류드밀라와의 장면은 그녀를 속이려는 마음으로 시작하지만 가난한 여자의 자기희생에 항복하고 자신의 계획을 실행하지 못한다.

우리는 레베드니카 역의 여학생이 행동의 단일한 연속선을 자기 것으로 만들지 못하고 개별적인 구절과 적응만 연기하고 있다는 것을 포착하고(그녀는 아직도 자신의 역할에 대해 '나'라고 말하는 대신 '그녀'라고 말하고 있었다.), 그녀에게 아직 상류사회 부인의 특징에 대해 생각하지 말고 자기 자신으로서 행동하라고 조언하였다.

니콜라이 역의 학생은 도무지 레베드니카에게 집중하지 못하고 아직 내면적으로는 그녀에게 차가웠다. 그는 류드밀라를 속이는 장면이 훨씬 더 낫다고 느꼈다. 거기에는 사랑이 필요 없기 때문이었다.

역할의 준비 과정에서 학생들과 함께하는 작업에는 주인공들이 살았던 분위기와 주위환경을 아는 것이 필수적이다. 슈킨이 A. M. 고리키의 희곡 『예고르 불리초프』(작품의 공간적 배경이 코스트롬)의 주인공을 맡게 되자 그는 여름 내내 볼가에 머물렀다. 그는 거기서 끝없는 초원과 숲을 산책하고 선원과 사공, 어부들과 대화를 나누며 볼가강의 멜로디를 자신 속에 한껏 흡수하였고 자기 자신을 청년이나 사공의 아들로, 부유한 상인이나 배와 목재 창고, 산림의 소유주로, 중병을 앓는 사람으로 느끼며 에튜드를 수행했다. 분명 자연과 강인한 강의 느낌은 때로는 평온하게, 때로는 위협적으로 그에게 불리초프의 과격한 성격에 대한 많은 것들을 보여주었다. 그러나 그에게 주된 원천은 예고르 불리초프 같은 유형의 장사꾼을 기억하고 있는 볼가 사람들의 이야기였다. 이 모든 것이 슈킨에게 예고르 불리초프가 살았던 그 시대의 관습을 거의 실제처럼 느끼게 도와주었다.

또 다른 예를 들면, 어느 여학생이 고리키의 희곡 『지코프 일가』의 소시민 미망인 첼로발네바야 역을 맡았다. 그 학생은 20세기 초의 삶에 대해 아무것도 알지 못했으므로 현대에서 '과거의 파편들'을 찾아보기로 했다. 골목골목 다니며 미망인이 살았을 법한 그런 작은 집을 찾아다녔고, 그런 집을 발견하면 들어가서 여기에 방을 세놓지 않느냐고 물어보았다. 마침내 다행스럽게도 작고 깨끗한 방에 사는 한 미망인을 만났다. 그 방에는 니켈 도금한 작은 공이 달려있고 투명한 천으로 덮어놓은 침대가 있었다. 침대 위에는 큰 깃털 베개에서 아주 작은 쿠션에 이르기까지 작은 베개 산이 솟아있었고, 창문에는 옥양목 커튼이 드리워져 있었으며 카나리아 새장이 걸려있었다. 여주인은 포동포동하였으며 그리 나이 들어 보이지 않고 매우 편안해 보였다. 그녀는 여학생에게 식탁에 앉으라고 권하고 사모바르를 올려놓고 잼병을 꺼내 와서 자신의 일생에 대한 이야기를 들려주었다. 여학생은 이 방에서 마치 시간이 멈춘 것 같았고 자신이 찾고자 했던 그 시대의 분위기가 풍기는 것 같았다. 그렇게 그녀는 형상 창조를 위해 큰 도움이 되었던 자료를 얻을 수 있었다.

이러한 예를 따라 레베드니카 역의 여학생도 오래되고 부유한 저택 안에 자리 잡고 있는 어느 박물관을 찾아갔다. 거기서 그녀는 전시품을 구경하고 이 부유한 집에서의 자기 삶을 상상해보며 에튜드를 연기하였다. (파티와 손님 접대를 위한 홀, 식당, 침실, 서재, 하녀와 문지기의 거처, 부엌 등) 방의 배치에 따라, 보존된 가구의 장식에 따라 그녀는 부유한 상류사회 부인의 삶을 상상해보았다.

니콜라이 역의 학생은 법정에 가서 변호사의 변론을 들었다. 그는 어느 모임에서 한 보고자의 발표가 마음에 들어 그로부터 변호사적인 달변의 기법을 빌어 왔다. 법정 견학을 통해 그는 일에 대한 지식은 물론 레베드니카에게 업무에 대해, 서명위조 시 어떠한 처벌이 기다리고 있는지에 대해, 어떻게 하면 그녀가 재판에서 살아남을 수 있을지에 대해 설명할 수 있게 되었다.

류드밀라 역의 여학생은 그 당시 지참금이 없는 가난한 여자가 결혼하는 것이 거의 불가능하였으므로 니콜라이에 대한 그녀의 사랑은 짝사랑일 수밖에 없다는 것을 알게 되었다. 류드밀라의 삶은 어려웠다. 아버지가 그녀에게 주는 적은 돈으로 집안을 꾸려나가야 했는데 그것으로는 식비와 집세를 내기에도 빠듯했다. 아버지는 변호사였다. 그래서 멋지게 옷을 차려입어야 했으며 그녀 또한 귀족으로서 자신의 차림새에 신경 써야만 했다. 이런 이유로 그녀는 삯 바느질감을 받아왔으며 자신의 옷도 만들고 남의 옷도 만들어주면서 약간의 돈을 벌고 있었다. 그 당시에는 남녀 사이에 여자가 남자에게 일에 대해 꼬치꼬치 물어본다거나 여자가 남자보다 먼저 말을 건네는 것이 허용되지 않았다. 그러나 니콜라이의 운명에 대한 두려움과 그를 돕겠다는 일념 하나로 그녀는 당시의 예의에 대한 통념을 깨고 자기가 먼저 니콜라이에게 그의 불행을 자세하게 물어보았다. 류드밀라 역의 여학생은 류드밀라가 어떻게 옷을 만드는지, 니콜라이의 기분이 어떤지 짐작하기 위해 옆방에서 들려오는 그와 레베드니카의 목소리를 어떻게 듣는지, 레베드니카가 떠난 지 한참 뒤에도 그에게 다가가서 자신이 도와줄 수 있다고 말할 것인지 말 것인지를 어떻게 고민하는지 등과 같은 주제로 에튜드를 보여주었다.

이렇게 개별적인 자질과 행동을 따라 형상의 내적 특성들이 쌓여갔다. 장면 주인공들의 나이와 학생들의 나이가 크게 차이 나지 않아 학생들은 말이나 나이 면에서의 특징은 찾을 필요가 없었다. 그리하여 학생들의 관심은 주인공들의 내적인 본질을 표현하기 위한 행동과 행위에 더 집중되었다.

장면을 연기하는 학생들은 그 어디에서도 서로 모방하지 않았다. 본 희곡 속 여성의 형상은 서로의 성격을 부각하고 강조해줄 수 있을 만큼 완전히 정반대이다. 레베드니카가 자신을 사랑하는 이기주의자라면 류드밀라는 자기를 희생할 준비가 된 여자이다. 레베드니카가 경박하다면 류드밀라는 자신의 책임을 잘 인식하고 있다. 레베드니카가 거짓말쟁이라면 류드밀라는 진실하다. 레베드니카가 냉혹하다면 류드밀라는 동정적이다. 레베드니카가 그 어떤 비겁한 행위도 할 준비가 되어있다면 류드밀라는 정직하다. 레베드니카가 파렴치하다면 류드밀라는 겸손하다. 레베드니카는 차갑고 류드밀라는 다정다감하다 등이다.

니콜라이의 성격은 여자들의 성격에 영향을 받고 그들 두 여성의 성격을 부각해준다. 그는 소위 나약하고 주위의 영향에 쉽게 굴복하는 유형이다. 그는 성실하고 정직한 사람이지만 레베드니카의 영향, 쉬운 삶, 완벽한 만족의 삶은 그를 비겁자로 바꿔놓을 수 있다. 류드밀라의 의지와 사랑을 통해 그는 냉소주의와 기만을 숨기기 위한 상류사회의 매너와 우아한 의복보다 더 아름다운 다른 삶의 기쁨이 있다는 사실을 깨닫는다.

레베드니카는 돈을 위해 나이 많은 부자 노인과 결혼했으며 세상의 모든 것을 돈으로 살 수 있다고 생각한다. 하지만 니콜라이에 대한 류드밀라의 자기희생은 돈으로 살 수 없는 것도 있다는 것을 보여준다. 그리하여 사랑은 돈의 권세를 이긴다.

그러나 우리는 학생들에게 작업 과정에서 내적인 모순에 대해서는 잊어버리고 형상을 단면적으로만 그리는 위험성에 대해, 즉 레베드니카는 타고난 악한으로, 류드밀라는 친절의 화신으로 묘사하려는 위험성에 대해 주의를 주었다.

마침내 우리는 장면을 리허설할 시점에 다다랐고 이제는 개별적으로 찾아진 자질들을 일관된 행동 속에 결합해야 한다. 이를 위해 역할의 초목표와 행동의 연속선에 대해 다시 한 번 상기할 필요가 있다. 『때늦은 사랑』의 장면 리허설은 무리 없이 진행되었다. 레베드니카 역의 여학생은 자신이 매우 좋아하는 드레스를 입고 멋진 장갑과 우산, 모자, 머리 모양으로 완전히 무장한 뒤 등장한다. 그녀는 상류사회의 매너와 행동을 훌륭하게 습득했으며, 서두르지 않았고, 자신의 말을 높이 평가하며 니콜라이를 자기로부터 적당한 거리에 잡아두고 더 이상 다가오지 못하게 한다. 그녀는 무력한 듯, 일에 대해서는 아무것도 모르는 척 고개를 끄덕거렸으므로 니콜라이는 이러한 미끼에 걸려 그녀에게 진지하게 법률적 조언을 하기 시작한다. 레베드니카가 울먹이며 자신에게는 그 어음을 지급할 돈이 없다고 말하자 니콜라이는 그녀에게 보석을 저당 잡히라고 조언한다. 레베드니카는 그런 니콜라이의 순진함이 너무도 재미있어서 더 이상 참지 못하고 웃음을 터뜨린다. 당황한 니콜라이는 그녀의 기분이 왜 갑자기 바뀌었는지 이유를 알지 못하고, 레베드니카는 그의 조언을 조롱하며 만약 그가 류드밀라의 어음을 가져다준다면 3,000루블을 주겠다고 제안한다. 자기 이마에 방아쇠를 당길 준비가 된 니콜라이에게 이것은 대단한 유혹이다. 레베드니카가 돈에 대한 약속에다 자신의 사랑에 대한 암시까지 보태주자 니콜라이는 마침내 이성을 잃는다.

다음 장면에서는 역할이 바뀐다. 니콜라이는 희생자에서 사냥꾼으로 바뀌어 스스로 류드밀라를 속이기 시작한다. 류드밀라는 니콜라이의 운명에 대한 걱정에 사로잡혀 그를 살릴 방법을 찾고 있다. 그런데 니콜라이가 그녀에게 보관하고 있는 자신의 권총을 돌려달라고 말하자 그녀는 권총 대신 레베드니카의 어음을 내준다.

리허설에서 레베드니카의 행위는 매우 설득력 있었으나 울음에서 웃음으로 갑자기 바뀌는 부분만은 매끄럽지 않았다. 그녀의 거짓 울음은 진짜처럼 들렸으나 웃음소리는 아예 나오지 않았다. 우리는 그녀에게 웃음 대신 미소를 짓거나 니콜라이에 대한 질책으로 바꾸어보라고 조언했다. 그리고 웃는 테크닉은 집에서 좀 더 연구해보라고 덧붙였다.

마침내 니콜라이가 감옥행의 위협이 어떤 것인지 깨닫게 되고 그것을 떠올리며 매우 흥분하게 되었다. 그에게 자살에 대한 생각도 저절로 떠올랐으며 레베드니카에 대한 관계도 올바르게 나타나기 시작했다.

류드밀라는 매우 흥분되어 있었고 극적으로 충만해져 있었다. 그녀가 니콜라이의 채무상환기일을 연기해 달라는 부탁을 하기 위해 무턱대고 고리대금업자를 찾아 나서려는 그 순간 그녀에게는 올바른 신체적 자감이 있었다. 이러한 강렬한 폭발 장면 다음에는 극을 끌고 나가기가 쉽다. 그녀가 레베드니카의 어음을 니콜라이에게 건네준 다음 다가올 역경을 기다릴 때 침착한 평정의 순간이 올바르게 전달되었다.

이러한 리허설 과정에서 학생들의 의식과 의지가 담겨있는 부분은 학생들의 예술적 본성 깊은 곳, 무의식 속에서 반향을 찾아야 하며 자신의 창조적 결실을 제공해 주어야 한다. 실제 경험에 따르면, 대부분 배우들에게서 형상은 공연 날짜가 임박해서야 비로소 만들어지는 것이므로 학생들의 첫 역할 작업에서 이것이 발생하지 않을 수도 있다. (젊은 배우들의 경험 부족으로 시간이 부족하기 때문이다.)

형상 창조의 길은 복잡고도 직감적이다. 형상은 배우의 인간적 본성 깊숙한 곳에서 행동을 수행하는 과정에서 저절로 만들어져야 한다. 엄청난 노력 없이 형상이 창조되는 순간은 지극히 드물다. 일례로, 스타니슬랍스키는 입센의 희곡 『닥터 스토크만』의 리딩 후, 어떻게 스토크만 박사의 제스처와 내적인 특성을 느끼며 그의 걸음걸이로 바로 걸어나갈 수 있었는지를 말해주었다. 한편 그는 정반대의 경우도 예를 들어, 주었는데, 오스트롭스키의 희곡 『누구나 약점은 있다』에서 크루티츠키의 형상은 연습하는 내내 아무리 애를 써 봐도 도저히 포착되지가 않았다. 그런데 어느 날 우연히 이끼로 뒤덮인 오래되고 작은 집을 보게 된다. 그 집의 형상은 온통 털로 뒤덮인 인류의 조상 분장을 위한 자극제가 되었으며 그 분장에서 마침내 형상이 만들어졌다. 물론 그 집의 형상은 자극제에 불과했으나 그것을 통해 스타니슬랍스키는 크루티츠키라는 역할에 대한 위대한 작업 결과를 만들어낼 수 있었던 것이다.

우리는 형상을 탐색하는 일이 때로는 지극히 고통스러울 수도 있다는 것을 보여주기 위해 N. F. 모나호프[39]의 이야기를 인용하였다.

> …『노란색 재킷』의 해설자 역할 작업을 하는 중 나에게 다음과
> 같은 사건이 일어났다. A. Y. 타이로프가 나에게 낭독자의 역할을

---

[39] [역주] N. F. 모나호프(Николай Фёдорович Монахов, 1875~1936) 러시아의 연극배우이자 영화배우. 소련 인민배우. 볼쇼이 드라마 극장의 중심 배우로 비극과 희극, 고전극과 현대극 모두를 아우르는 배우였으며 셰익스피어, 실러, 고리키, 톨스토이 등의 작품에서 탁월한 연기를 선보였다.

설명하며 그 역할 속에서 아주 독특한 부드러움과 매력적인 중국인 특유의 상냥함을 드러내라는 요구를 했다.

나는 내 역할의 유동적인 측면을 매우 오랜 기간 끈기 있게 작업하는 것부터 시작했다. 이 작업은 매우 힘들었다. 왜냐하면, 역할의 유동성은 본질적으로 부채를 다루는 손의 유동성으로 제한되기 때문이었다. (기억해야 할 것은 부채는 중국인들에게 일종의 언어라는 점이다. 특히 중국 연극계에서는 부채로 대화하고 부채로 벌을 주기도 한다.) 그러나 내가 부채 다루는 기술에 힘을 실으면 중국인의 역할에 필수적인 부드러움과 상냥함을 나타내기 위해 나 자신의 본성에 힘을 실을 수가 없었다. 아무리 애를 써 봐도 탐색의 결실이 없었으므로 급기야 나는 좌절하게 되었으며 도저히 이 역할을 감당할 수 없으니 이 역할에서 빼달라는 탄원서를 연출부에 제출했다. 심지어 마르드자노프와 대화할 때는 엉엉 울기까지 했다. 내 신경이 그만큼 날카로워져 있었던 것이다.

내가 마르드자노프와 대화를 하고 있을 때 거기 앉아있던 연출부의 무대미술가인 N. V. 보로비예프가 끼어들었다. 그가 나에게 말했다.

"니콜라이 표도로비치, 2~3일 정도 쉬신 다음 새로운 마음으로 연습시간보다 30분 정도 일찍 오세요. 당신과 할 얘기가 있어요."

그 날 나는 내면이 텅 빈 듯한 비참한 기분으로 극장에 갔다. 역할을 포기해야겠다는 생각이 여전했기 때문이다. 보로비예프와 복도에서 만나 나의 분장실로 갔다. 중국인 옷을 입기 위해 옷을 벗자 그가 나에게 속옷도 벗으라고 했다.

"왜요?"

"아니, 별거 아니에요, 벗으세요. 니콜라이 표도로비치."

내가 발가벗자 그가 나를 위해 의상실에서 특별히 만든 얇디얇은 실크 속옷을 맨몸에 입으라고 건네주었다.

나는 속옷을 입고 의상을 걸치고 연습하러 나갔다.

희곡은 해설자의 독백으로 시작된다. 나는 첫 번째 독백을 읽으면서 뜻밖의 느낌에 그 자리에서 꼼짝할 수 없었다. 이전에는 결코 이런 식으로 말해 본 적이 없었으며 내 독백을 이렇게 말할 수 없었다. 몸에 직접 닿는 부드러운 실크가 나라는 존재 전체에 내가 엄두도 내보지 못한 그런 부드러움과, 그런 상냥함, 그런 온화함을 내 말 속에 실어주는 것 같았다.[40]

위의 예처럼 작업에 대한 도움은 곳곳에서 우리에게 올 수 있다. 그러나 만약 모나호프가 형상을 찾기 위해 엄청난 사전 작업을 하지 않았더라면, 괴로워하지 않고, 역할에 몰두하지 않고, 형상의 발견 직전까지가 있지 않았더라면, 그 어떤 속옷도 그에게 도움이 되지 못했을 것이다. 실제 경험에 따르면, 엄청난 노력으로 집중하여 작업하고 거기에 능력이 더해질 경우 대부분은 형상이 창조된다.

첫 번째 역할 작업, 이는 역할(형상) 창조의 모든 필수 단계와 요소들이 준수되어야 하는 예술적인 탐색이지만 학생들의 창조에는 폭넓은 자유가 주어진다. 물론 첫 번째 학생 장면 작업에서는 아직 역할로의 완벽한 변신은 힘들며 학생의 생각과 그 생각의 근원, 성격의 본질에 의해 야기된 행동, 작가의 구도, 작품의 구성과 문체, 말의 특성을 선명하게 표현해 주는 완결된 외적 형태를 갖춘 온전한 예술적 형상의 창조를 요구하기는 어렵다. 첫 번째 학생 역할 작업에서 우리가 바라는 것은 학생이 올바른 내적, 외적 특성을 찾아내어 그 속에서 설정된 목표를 유기적으로(즉 자신으로부터) 달성하고, 등장인물과 희곡의 사건에 대한 올바른 관계를 찾아내어, 자신의 힘으로 제시된 상황과 역할의 대사를 만들어 내고, 초목표를 드러내 주는 일관된 행동을 집중하여 수행하는 것이다.

---

[40] N. F. 모나호프, 『삶에 대한 단상』, 예술, 1961, 129~131쪽.

이를 위해 학생들은 자율적으로 희곡과 역할의 자료를 분석하고 이해하는 법을 배워야 한다. 학생들은 명확하게 이해하고, 희곡 및 역할에 대한 첫인상에 대해 기억하고, 이 작품을 대했을 때 자신 속에 어떠한 생각과 감정들이 일깨워졌는지 정의할 수 있어야 하고, 자립적으로 자신의 역할의 초목표와 일관된 행동을 찾을 수 있어야 하고, 그것들을 자신에게 중요한 것으로 만들 줄 알아야 하고, 역할을 부분으로 쪼갤 줄 알아야 하고, 그 속에 있는 목표(목표달성을 위한 행동)를 드러내는 법을 배워야 하고, 역할의 전망과 역할의 절정을 정의할 수 있어야 한다.

역할의 분석과정을 통해 학생들은 자신의 행동과 행위의 일관성과 연속성을 찾아내고, 희곡의 사실과 사건들을 자세하게 접하고 희곡에서 언급되는 형상의 특징적인 자질을 추출해낸다. 분석과정에서 역할의 대사의 속텍스트도 드러난다. 가정에서 연습할 경우 학생들은 자신의 상상 속에서 역할의 제시된 상황, 즉 사건, 사실, 사물, 시대, 시간, 행동장소, 희곡의 등장인물들이 만나게 될 사람들을 창조해야 한다. 자신의 주인공의 성격을 형성해주는 그의 전기(일대기)를 만들어야 한다. 또한, 가정에서 연습할 때 역할의 대사를 생생하게 만들어주는 내적 시각을 만들고 등장인물의 내적, 외적 특성의 자질을 찾아내야 한다. 이 모든 면에서 학생들은 형상 창조를 위해 필수적인 자료들을 관찰을 통해 삶 속에서 끊임없이 모아야 한다.

무대에서 연습할 경우 학생들이 반드시 해야 할 것은 다음과 같다. 형상의 관점에서 장면의 다른 등장인물에 대한 자신의 관계 드러내기, 그들과 생생한 상호행동(교류) 맺기, 방해물을 극복하며 적극적으로 자신의 목표(목표달성을 위한 행동) 수행하기, 이 목표를 자신에게 중요한 것으로 만들기, 즉흥적인 자감 속에 머물기, 즉 무대에서 직면하게 되는 모든 것을 마치 처음 만나는 것처럼 대하기, 내적 독백 만들기, 삶의 연속선 유지하기와 형상의 사고 습득하기, 자신의 특성 정당화하기, 일관된 행동선 유지하기와 초목표에 집중하기 등이다.

학생들이 희곡과 역할 분석 작업에 집중한다면, 집에서 연습할 때에도 그처럼 집중한다면, 무대에서 연습할 때에도 그러한 집중이 지속적으로 발전된다면, 역할 작업의 수많은 요소들은 일관된 행동 속에 하나로 합쳐질 것이며 무대적 형상의 탄생 과정에 도움이 될 것이다. 사실 이 모든 것은 학생들에게 무대 예술에 대한 재능이나 능력이 있는 경우에 발생한다. 여기서 소위 배우라는 직업이 자신의 적성에 맞는지 안 맞는지가 밝혀질 것이다.

교육자에게는 초보 배우들의 예술적 형상 탄생을 도와줄 의무가 있다. 이를 위해 교육자는 학생들의 역할 창조 과정이 학생들에게 필수적인 조건들을 놓치고 가는 일이 없도록 꼼꼼히 지켜보아야 한다. 만약 학생들을 미리 만들어진 틀에 밀어 넣거나 역할에 대한 교육자의 생각을 학생들에게 불어넣는다면, 교육자의 권위로 학생을 제압하고 학생의 자유로운 상상력 발휘를 박탈하는 것이다. 교육자가 할 일은 학생 스스로 자신을 위해 계획한 방향 속에서 매우 조심스럽게 자극을 주고, 학생들이 형상 창조의 올바른 길로 가고 있는지 아닌지 가늠하는 것이다. 이때 많은 것들이 예감이나 직관에 의해 좌우되는데, 이 때문에 학생들의 형상 창조의 자연스러운 창조적 행위가 방해받지 않도록 해주어야 한다. 이와 관련하여 스타니슬랍스키는 "각각의 무대적, 예술적 형상은 자연 속의 모든 것들과 마찬가지로 유일하며 반복될 수 없는 창조이다."[41]라고 기록하였다.

교육자의 역할은 학생들이 자립적인 창조를 위한 필수 여건을 형성할

---

[41] K. S. 스타니슬랍스키 전집 8권 중 2권, 372쪽.

수 있도록 그들을 돕는 것이다. 학생들의 힘을 한데 모을 수 있을지 없을지는 교육자의 센스와 솜씨, 학생들의 연구와 개성의 정도, 학생들의 창조적 가능성에 달렸지만 해당 순간에 학생들이 아직 드러낼 수 없는 것을 요구해서는 안 된다.

역할 작업의 경우, 교육자는 학생들이 역할에 대한 분석을 할 때 자립적인 사고를 할 수 있도록, 창조적 상상력의 활동에 집중할 수 있도록, 생활 속의 관찰들을 수집하고 그것을 형상 창조 작업에 사용할 수 있도록, 자극을 주어야 한다. 생활 속의 관찰은 관계의 진실성에 대한 점검으로서 엄청난 의미를 지니기 때문이다.

또한, 교육자는 학생들이 역할의 텍스트를 자기 것으로 만들 수 있도록 특별한 관심을 기울여야 한다. 학생들로 하여금 작가의 텍스트를 자기화하도록 도와줄 때는 무슨 일이 있어도 어조나 억양의 시범을 통해 코치하거나 따라 하기를 요구해서는 안 된다. 또한, 특징적인 말투의 시범도 지양해야 한다. 이 모든 것은 학생 스스로 찾아야 하기 때문이다.

◆

결론적으로 말하자면, 첫 번째 역할 작업은 극예술에 대한 창조적 태도 함양에 큰 의미를 가진다. 상대배우와의 작업에서는 작업에 방해되는 자신의 성격의 결점을 극복하는 법, 희곡 속에서 자신의 자리를 찾는 법, 필요 없는 곳에서 자신을 돌출시키지 않는 법, 상대배우의 작업에 방해하지 않는 법 등을 배워야 한다. 또한, 자신의 역할이 아니라 희곡을 연기하는 법을 배워야 한다.

역할 작업은 학생들이 하는 작업에 대한 건강하고 자기 비판적인 태도를 발전시켜 주어야 한다. 배우는 작은 자만심이나 첫 번째 결과에 대한 만족과 맞서 싸워야 하며 이와 더불어 열광적인 성향의 학생들에게서 간혹 나타나는 모든 작업에 대한 히스테리적인 비난도 중지해야 한다. 학생들의 마음속에 역할 작업에 대한 호기심 어린 태도, 연기술의 비밀에 대한 심취, 자신이 아니라 무대예술에 대한 사랑이 길러진다면, 이는 창조된 형상 속에서 풍성한 열매를 맺게 될 것이다. 이와 관련하여 박탄고프의 말을 떠올리지 않을 수 없다.

> 확신하기 위해서 여러분은 반드시 알아야한다.
> 무엇을 위해 예술이 존재하는가?
> 무엇을 위해 연극이 존재하는가?
> 무엇을 위해 스튜디오가 존재하는가?
> 무엇을 위해 스튜디오는 그 희곡을 공연하는가?
> 무엇을 위해 나는 자신의 역할을 연기하는가?
> 무엇을 위해 나는 역할의 이 부분을 연기하는가?
> 무엇을 위해 나는 이 무대적 목표를 수행하는가?[42]

(3) 특정 역할 작업

이에 관해서는 민족 스튜디오 학생들과의 작업 경험을 바탕으로 언급하고자 한다.

우리 반에는 카자흐인으로 러시아어를 유창하게 하고 전 과목 성적이 매우 우수하나 유독 연기전공 시간에는 자기 자신을 찾지 못하는 한 여학생이 있었다. 주인공 역할을 연기하고자 했던 그녀의 모든 시도는 실

---

[42] E. V. 박탄고프, 『메모, 편지, 논고』, 323쪽.

패로 돌아갔다. 그래서 우리는 그녀에게 극적인 특정 역할을 해보라고 조언해주었다. 그녀는 외모 면에서 카자흐 극장이라면 여주인공 역할을 맡았겠지만, 러시아 무대라는 특수성을 고려하여 기꺼이 특정 역할을 맡겠다고 대답했다. 몇 번의 시도 끝에 그녀는 찰스 디킨스[43]의 소설『촌뜨기 여자와 세련된 여자와 아들』을 선택하여 '어머니와 딸'이라는 제목 하에 거지 노파 브라운 역할을 하기로 결정했다.

우리는 표현력 있는 외모와 경쾌한 정서적 흥분감을 지닌 한 여학생을 그녀의 상대배우로 정해 주었다. 이 여학생에게는 탁월한 극적 충분감, 탐구욕, 연기하고자 하는 적극적인 열망이 있었다. 학생들은 어떤 부분을 장면으로 할 것인지 확정한 다음 연습에 돌입했다. '어머니와 딸'이라는 제목하에 발췌한 디킨스의 소설『촌뜨기 여자와 세련된 여자와 아들』의 간략한 줄거리는 다음과 같다.

볼품없는 오두막집. 한구석 편 화덕에 꼼짝 않고 거지 노파 브라운이 앉아 있다. 화덕의 불빛이 누더기와 초라한 가구를 비춘다. 문 두드리는 소리. 노파가 부스스 몸을 일으키며 묻는다.
"누구요?"
여자가 대답한다.
"당신을 위한 소식을 갖고 온 손님이요."
노파가 문을 열자 피곤하지만 대담해 보이는 얼굴의 젊은 여자가 서 있다.
"내 딸이 아닌데."
노파가 대답했다.

---

[43] [역주] 영국 소설가. 그의 대표작품으로는『올리버 트위스트』,『크리스마스 캐럴』,『위대한 유산』 등이 있다.

"그녀가 왜, 죽었어?"

여자 손님이 촛불을 청하자 거지 노파 브라운이 타고 남은 양초로 그녀의 얼굴을 비추며 말한다.

"좀 잘 보시지, 어머니!"

노파가 자신의 딸 알리사를 알아보고 울며 그녀를 어루만지기 시작하자 여자는 어머니를 거칠게 밀어낸다. 알리사는 어머니의 잘못으로 자신이 유형을 가게 되었다는 사실을 상기시키고 이제는 새로운 삶을 시작하고 싶다고 말한다. 그녀는 자신을 유혹했던 미스터 카르케르에 대해 자세히 묻는다. 어머니는 답해주며 딸에게 돈 가진게 있는지 묻는다. 알리사는 누군가가 자신에게 적선하듯 던져준 은화가 있다고 답한다. 그다음 지금 미스터 카르케르가 어디에 살고 있는지 묻기 시작한다. 노파는 그가 큰길가 붉은 집에 살고 있다고 대답한다. 알리사는 자신에게 적선하듯 돈을 준 사람이 카르케르의 누이라는 사실을 알고 있다. 그녀는 어머니에게서 돈을 빼앗아 카르케르의 누이 얼굴에 그 돈을 던져주기 위해 붉은 집으로 달려나가려한다. 어머니가 그녀를 말리며 돈을 돌려주지 말라고 간청했으나 알리사는 듣지 않고 뛰쳐나간다.

장면의 각색을 소리 내어 읽는 동안 이 작품에 대한 '첫인상'이 만들어졌다. 디킨스는 기독교적 관대함으로 삶의 모순을 화해하거나 눈물을 자아내는 감상주의로 감동을 주려 하지 않는다. 이 작품에서 그는 사회 최하위계층의 삶의 냉혹한 진실을 강렬한 터치로 그려낸다. 그는 자신의 불행에 순종하고 익숙해진 사람들을 보여주지만, 이는 우리의 동정심을 자아내기 위해서가 아니라 사회적 불공정함에 항의하기 위해서이다. 그는 뜨겁고 열정적으로 항의한다. 이것이 첫인상이며 여학생들은 이 내용이 마음에 들었다.

"첫인상을 한마디로 정의한다면?"

교육자가 물었다. 그들 둘 다 한 목소리로 대답했다.

"지나치게 혹독하다는 느낌과 힘이 느껴져요."

"그렇다면 그 인상을 자연의 형상을 통해 표현한다면?"

"바다의 폭풍."

"화가로 비유하자면?"

한 학생이 대답했다.

"렘브란트."

다른 여학생이 대답했다.

"영국의 사생화가 도레."

이러한 형상적 비유는 배우의 환상을 불러일으킨다. 형태에 대한 예감은 작업을 시작하는 데 좋은 자료가 되기 때문이다.

디킨스는 특성 창조의 탁월한 거장이다. 그 자신이 자기 작품의 뛰어난 낭독자로서 여러 콘서트에 출연했으며, 자신의 주인공들의 성격을 다양하고 생생하게 묘사함으로써 청중을 놀라게 하였다. 그는 자신이 묘사하고자 하는 환경을 나타내기 위해 혹독하고도 강력한 색채를 찾아냈다. 왜 학생들이 렘브란트를 떠올렸을까? 분명 화덕의 불빛에 비친 오두막집에 대한 묘사가 그들에게 렘브란트 그림 속 음영의 유희를 떠올리게 했기 때문일 것이다. 그렇다면 폭풍은 왜 떠오른 것일까? 바람과 비 때문이다. 알리사가 젖은 비옷 차림으로 왔지 않은가. 그뿐만 아니라 알리사의 마음속에 일어나고 있는 감정들이 바다 위의 폭풍을 떠올려주기 때문일 것이다.

우리에게는 동작의 무게감, 적당한 때가 오기를 기다리는 자제심, 커다란 내적 충만과 외적인 거칢 등이 예감되었다. 장면 작업을 하는 동안 우리는 매번의 연습이 마땅한 창조적 자감 속에서 진행될 수 있도록 주의를 기울인다. 이러한 자감은 학생들이 완벽한 예술적 충만감으로 작업하는 데 방해가 되는 모든 것으로부터 자유로워지고 또 그 속에서 배울 수 있도록 해주어야 한다. 그리고 소심함이나 내적인 억압 등에 직면하게 되는 초기 단계에는 일상적인 자감에서 시작해야 하며, 학생들이 스스로 강요하거나 뭐든 연기해야 한다는 압박감을 느끼지 않도록 해야 한다.

학생들이 온전히 연습에만 전념할 수 있도록 일상적인 걱정이나 생각에서 자신도 모르는 사이 벗어날 수 있도록 해주어야 한다. 아울러 학생들에게 교육자의 예술적 객관성에 대한 신뢰와 자신의 역할을 가능한 최고로 멋지게 해내겠다는 의욕을 불러일으킬 수 있도록 학생들과 함께 올바른 분위기를 찾아내는 것이 중요하다. 이를 위해 우리는 자신의 힘에 대한 믿음을 상실한 학생을 칭찬하고 격려해 주어야 할 순간은 물론 무감각이나 과잉 연기, 불필요한 자만심을 꺾어주어야 할 순간도 놓치지 않는다.

수업 시간에 우리는 학생들의 집중 상태를 유지하기 위해 노력한다. 이를 위해서는 매번 연습 때마다 무언가 새로운 것이 있어야 한다. 학생들 스스로 어제 수업보다 오늘 수업을 보다 풍성하게 만들어주는 새로운 무엇인가를 가져오지 않는다면, 우리는 학생들에게 연기술 부문의 새로운 내용을 알려주고 학생들이 예술에 대해 열정적으로 토론할 수 있는 분위기를 조성해준다. 학생들이 집중하는 기미가 보이면 우리는 표시나지 않게 학생들을 각색 작업으로 이끌고 연습을 시작하도록 한다.

간혹 '분발하지' 못하는 학생이 있다면 그를 인간적으로 모욕주고 자존심을 상하게 하는 것도 유용하다. 이러한 방법은 가끔 도움이 되기도 하지만 학생이 한층 더 '억압받는' 경우도 발생한다. 그러므로 어떤 학생을 칭찬해야 하는지, 어떤 학생의 자존심을 꺾어야 하는지 잘 알고 있어야 있다. 또한, 상대배우들 간에 우호적인 창조적 관계가 형성되고 서로 도와줄 수 있도록 신경 써야 한다. 아울러 학생들이 좋은 기억으로 다음 연습에 더 잘하고자 하는 의욕이 생길 수 있도록 연습은 잘 된 순간에 그리고 제시간에 마칠 수 있도록 해야 한다.

작업 초반에 학생들의 성격과 살아온 과정을 아는 것이 중요하다. 이를 통해 우리는 역할에 필요한 정서적 기억을 보다 빨리 일깨울 수 있고 더 쉽게 공통의 언어를 찾을 수 있다. 그러나 대부분 창조적 자감은 학생들이 다음번 연습을 위한 준비가 되어있고 연습시간에 각자의 가정에서 사전에 준비한 자료를 가져올 때 발생한다.

수업에 대한 흥미의 첫 번째 원천은 작품의 사상과 예술적 가치에 대한 심취이고, 두 번째는 배우술의 기법 습득, 세 번째는 작업에서의 규율과 의지, 고집이다. 첫 번째 두 원천이 작업 내내 가장 중요한 것이 될 수 있도록 노력해야 한다. 규율은 참여자들이 자신에 대한 믿음을 잃거나 일상의 기분에서 벗어나지 못하는 경우 어려움을 극복하는 데 필요하다.

어떤 교육자들은 역할에 대한 분석을 매우 자세하게 해주고, 학생들에게서 포착한 형상에 대해 많은 힌트를 주며, 학생들에게 많은 것을 보여주고 억양이나 제스처, 자세 등을 정확하게 수행하기 위해 학생들을 대신해서 연기해주기도 한다. 반면 다른 교육자들은 학생들에게 결코 보여주는 법이 없고, 다만 배우 스스로 역할을 드러낼 수 있도록 창조적인 영향을 미치며 행동의 논리와 일관성 그리고 내적인 삶을 요구한다.

어떤 방법이 옳은가? 우리 생각에 여기서 중요한 문제는 학생에 대한 개인적 접근이다. 어떤 학생에게는 방향을 잡아주어 스스로 올바른 길로 나가게 해주어야 하고, 다른 학생에게는 '보여줌'으로써 그가 어떤 형태로 드러낼지를 결정해 주어야 한다. 각각의 경우에 맞게 교육자는 자신의 병기고에서 여러 가지 무기들을 꺼내어 학생의 개성에 맞는 접근법을 찾아야 한다. 그러나 이때 명심해야 할 것은 학생이 역할에 대해 스스로 작업하는 법을 배울 수 있도록 해야지 교육자의 힘으로 학생이 창조적으로 사는 법을 익혀서는 안 된다. 교육자는 먼저 자신을 모방해서는 안 된다는 것을 경고한 다음 형상을 보여주기도 하고 학생들이 역할에 대한 자신의 관점을 가질 수 있도록 의도적으로 학생들로 하여금 논쟁하도록 만들기도 한다.

한편 학생이 교육자로부터 자신에게 필요한 것을 가져옴으로써 자신의 지식을 풍성하게 하지만 간혹 교육자가 작업 과정에서 발생한 새로운 것을 학생으로부터 빌려 자신의 연기술을 향상하는 경우도 있다. 이를 위해 연습마다 마치 완전히 낯선 어떤 것을 대하듯 할 필요가 있으며, 이미 찾아진 것을 반복하는 것이 아니라 새로운 구현 형태를 찾아야 한다.

교육자는 학생들이 기계적인 반복을 경계하도록 꼼꼼하게 신경 써야 한다. 배우에게 역할은 자신의 창조적 일대기의 한 단계이며 그 속에서 그는 오늘 가지고 있는 것보다 한층 더 나은 것들을 축적해 나가기 때문이다.

연습에 대한 준비는 집에서 역할의 그림을 그려보고 미장센을 생각해 오는 것이 아니다. 교육자는 오늘의 연습에서 성취된 학생들의 창조에 얽매이지 않고 결과에 대해 예감할 수 있어야 하며 그 결과를 실현할 수 있어야 한다. 학생들의 창조가 어떤 형태로 이루어질지 추측할 수 없다. 그러므로 수업시간에 자신의 권위로서 학생들 위에 군림하는 것이 아니라 학생들의 창조와 교육자의 탐색이 결합할 수 있도록 해야 한다.

『돔비와 아들』을 연습하는 동안 우리는 언제나 장면 작업에 대한 진지한 태도를 유지하려고 노력했다. 여학생들이 쾌활한 기분으로 올 때면 우리는 은연중에 그러한 기분을 작업에 필요한 창조적 자감으로 전환하기 위해 애썼으며, 이윽고 학생들도 이에 익숙하게 되어 어려움 없이 진지한 분위기가 만들어졌다.

우리는 초목표와 일관된 행동을 정의하는 것부터 시작하였다. 논의 결과 우리는 작업의 초목표를 '인간적 자존심을 잃고 싶지 않다'로 정의하였다. 이러한 초목표를 달성하기 위해 우리에게는 어떤 일관된 행동이 필요한가? 우리는 가열 차고 용감한 저항을 통해 사회에서 버림받은 여자들의 인간적 자존심을 보여주고자 하였다. 그다음 장면 작업의 일관된 행동은 비타협적인 저항과 삶의 경험에서 비롯된 타협 사이의 투쟁으로 정의했다.

알리사의 일관된 행동: 자신의 인간적 권리 주장
어머니인 거지 노파 브라운의 반(反)일관된 행동: 딸의 어리석은
행동 저지

초목표와 일관된 행동에 대한 논의 과정에서 우리는 학생들이 구현해야 할 역할 속에서 배우 자신들에게 가까이 느껴지는 것이 어떤 것인지 물어보았다. 알리사 역의 배우는 과거 한때 누군가의 도움이 너무도 절실한 적이 있었는데, 그 당시 그 어디에서도 도움을 받지 못하자 자신의 친척들에게 너무나 화가 났던 적이 있었으며, 그러한 기억이 알리사 역할의 일부를 이해하는 데 도움이 되었다고 말했다. 브라운 역의 배우는 자신이 어머니를 일찍 여의고 이모의 손에서 자랐다고 말했다. 그래서 그녀에게는 어머니의 따스함에 대한 기억이 흐릿하며 이 때문에 그녀는 언제나 어머니의 격려와 위로가 그립다는 말을 했다. 또한, 어머니에 대한 기억은 언제나 그녀를 흥분시킨다는 말을 덧붙였다.

이와 같은 지극히 개인적인 모티브를 통해 여학생들과 그들의 역할은 첫 번째 관련의 매듭을 묶을 수 있게 되었다. 어쨌든 우리는 역할 분석을

마친 다음 찾아가야 할 정서적 기억의 근원지를 찾아냈으므로 이제 살아 있는 내용으로 이것을 가득 채우는 일만 남았다. 그리고 난 후, 우리는 장면 작업을 몇 부분으로 나누고 목표를 달성하기 위한 행동을 정의했다. 아래와 같이 다섯 부분으로 나누었다.

<첫 부분> – '딸이 있는 곳에서 온 여자 손님'

손님은 노파가 감히 입에 담지도 못할 만큼 무서워하는 바다 건너편 유형지에서 돌아왔다. 그녀는 무서울 수도 있는 소식을 가지고 아무도 몰래 돌아왔다. 어머니에게는 목표가 있다. 즉 딸과 함께 돌아온 것인지 아닌지 알아보아야 한다. 딸은 어머니가 자기를 알아보지 못하자 자신을 알아봐 주기를 바란다.

<둘째 부분> – '알아봄'

어머니가 딸을 알아본다. 이는 어떤 상태에서 다른 상태로 갑자기 이동하는 행동의 급격한 전환이며 '부분의 파괴'라는 이름으로 불린다.

<셋째 부분> – '조건'

딸은 자신을 덮친 불행에 대해 어머니를 비난하고 어머니에게 과거를 반복할 생각은 꿈도 꾸지 말라고 요구한다. 다툼을 원치 않는 어머니는 동의한다.

<넷째 부분> – 부드럽고 거의 표시 나지 않는 '화해'

네 번째 부분의 처음에는 '살아남아' 극복해야 할 이전 부분의 생각과 감정들이 아직 많이 남아있다. 그러므로 우리가 역할 공책에 이 부분과 저 부분의 다른 자질들을 기록할 때 이러한 자질이 무대에서 항상 보이는 것은 아니라는 점을 염두에 두어야 한다.

\<다섯째 부분\> - '돌파구'

여기서 또다시 '부분은 파괴되어' 자감 속에 급격한 변화를 초래한다. 목표 달성을 위한 행동을 분석한 다음 등장인물들의 과거와 현재 만들기로 넘어간다. 과거가 성격의 형성을 결정짓는다면, 현재는 학생이 무대에 가지고 나갈 자감을 드러내 준다. 이러한 자감은 무대를 지배하고 있는 분위기에 따라 변화되거나 등장인물 스스로 어떤 행위나 소식을 통해 분위기를 바꾸기도 한다. 행동하고자 하는 욕구나 어떤 것을 성취하고자 하는 욕구 없이 과제 수행을 시작할 수 없다. 알리사가 내뱉는 독백은 그녀의 과거에 대하여 많이 알려주고 있다. 사람이 자기 생각과 감정에 대해 온전히 얘기하는 일은 드물다. 생각은 말로 표현되는 것보다 언제나 더 많은 법이다. 그만큼 집에서 많이 생각해 와야 한다. 알리사가 독백을 할 때 그녀의 상태는 다음과 같이 정의할 수 있다. '생각은 달려가는데 말은 걸어간다.'

장면 작업의 시작은 제시된 상황에 의해 결정된다. 노파는 화덕 옆에 앉아 담배를 피우며 타들어 가는 석탄을 보고 있다. 그녀에게 어렴풋한 기억이 떠오른다. 학생들은 바로 이러한 자감을 찾아야 한다.

알리사는 차가운 빗속에서 수 킬로미터의 진창길을 걸어왔다. 그녀의 몸은 흠뻑 젖어 얼어붙었다. 알리사의 첫 마디는 이러한 신체적 자감 속에서 내뱉어진 것이다. 그녀는 길에 서 있으므로 바람이 그녀가 말하는 걸 방해한다. 이것이 하나의 조건이라면, 또 다른 조건은 노파가 닫혀 있는 문 너머로 길을 향해 소리치고 있다는 점이다. 우리는 에튜드 작업 시간에 목소리의 올바른 음색과 신체적 자감을 찾는데 비교적 많은 시간을 할애했다. 먼저 삶 속에서 비슷한 사건을 찾아보는 것부터 시작했다.

알리사 역의 배우는 추수시기에 국영 농장에서 일하다가 가을이 되어서야 도시로 돌아온 경험을 떠올렸다. 그녀는 얼어붙어 움직이지 않는 입술을 애써 움직이며 그때도 이렇게 얼굴과 입술이 얼어버렸다고 말했다. 우리는 그녀에게 에튜드에서 그 자감을 기억해 보라고 제안했다. 여기서 과잉 연기가 되지 않도록 지켜보아야 하며, 병적인 순간이 나타나면 그것을 지적해 주어야 하고, 자연주의적 세세함은 제외하는 것이 좋다.

여학생이 보여준 에튜드는 잘하려는 지나친 노력과 약간의 압박감으로 우리가 보기에 썩 만족스럽지 못했다. 우리는 이 학생에게 더욱 편한 상태로 자감을 찾은 다음 에튜드를 연기해보라고 조언했다. 신체적 자감을 찾을 때에는 과부하가 걸리는 것보다 끝까지 다 보여주지 말고 암시만 주는 것이 좋다. 학생이 올바른 자감을 유기적이고 설득력 있게 찾게 되면 우리는 그것을 고정하라고 말한다. 이때 고정은 연습시간마다 같은 것을 반복하라는 의미가 아니다. 학생들은 매번 다른 방법으로 올바른 자감을 찾아야 한다.

장면 작업에서 어머니 역의 학생은 화덕에서 불을 쬐고 있는 노파의 신체적 자감을 도무지 찾지 못하더니 결국에는 의기소침해져서 자기 몸을 조금도 움직이려 하지 않게 되었다. 그녀는 자기를 도와주려는 시도, 심지어는 화나게 하려는 시도에도 꼼짝하지 않고 자기 속에 갇혀 자신이 무언가를 해낼 수 있다는 믿음을 버린 것 같았다. 그래서 우리는 몇몇 특정 역할 배우들이 '자신으로서는' 아무것도 할 수 없다는 사실을 떠올리고 그 학생에게 노파의 연령적인 특징을 찾아보라는 제안을 해주었다. 여학생은 이전에 여러 노파들의 걸음걸이들을 보여주기 위해 행했던 관찰 내용을 떠올려 보았으나 세세한 내용은 전부 다 잊어버렸으므로 또다시 관찰 작업을 시작하기로 했다. 그녀는 먼저 관찰 대상이 될 몇 명의 모델을 물색한 다음 그들이 걸음을 내디딜 때의 세부적인 사항과 몸의 상태를 결합해 보았다. 한 노파에게서는 굽은 등을, 다른 노파에게서는 질질 끄는 걸음걸이를, 또 다른 노파에게서는 시선을 빌려 노파 중 한 명이 말하는 방식에 이 모든 것을 합쳐 전달하고자 했다. 그녀는 관찰을 계속하면서 그녀의 모델들이 사실을 어떻게 평가하고 미세한 신체적 행동을 어떻게 수행하는지 포착하려는 노력을 기울였다.

여학생이 낡고 긴 검정 치마에 굽도 없는 찢어진 구두를 구해왔다. 에튜드가 시작되자 의상으로 갈아입은 그녀가 브라운 노파의 걸음걸이를 보여주기 시작했다. 그녀에게서 굽은 등, 굽은 무릎, 질질 끄는 다리가 보이기 시작했다. 그녀가 무게중심을 바꾸자 몸이 앞으로 숙여지고 눈도 저절로 실눈이 되었으므로 이제 그녀가 보고 싶은 대상을 향해 낮게 숙이기만 하면 되었다.

이 모든 것이 아직은 억제되어 자유롭지 못했다. 여학생의 관심은 걸음걸이, 무게중심, 팔의 움직임에 집중되었다. 그렇게 몇 번의 연습 시간이 지났으며 그녀는 연습시간 외에도 집에서, 길을 가면서도 연습했으며, 가능한 곳이라면 대사도 같이 연습했다. 그다음 우리는 다음과 같이 조언해 주었다.

진짜 노파라면 걸을 때 등이나 다리의 상태에 대해 신경 쓰지 말아야 될 것 같은데, 노파가 그렇게 걷는 이유는 그것이 자신에게 편하기 때문이야. 너한테 네 몸의 신체적 상태가 편하게 느껴지도록 해봐. 먼저 그러한 상태를 찾은 다음 그 속에서 걸레로 책상 닦기, 마루 쓸기, 창문 열기 등과 같은 작은 행동을 해 봐. 단, 그 동작이 너에게 편해야 한다.

여학생이 에튜드에서 이러한 작은 행동들을 시작하자 신체적 긴장은 사라져 버렸으며 찾아놓은 몸의 위치는 전과 똑같았지만 대신 더 이상 거기에 신경 쓰지 않으며, 자신의 일을 할 수 있게 되었다. 행동의 자연스러움과 자유로움이 발생한 것이다.

몇 번의 수업 뒤에 그녀에게 새로운 세세함이 나타났다. 아래턱의 위치가 바뀐 것이다. 아래턱이 앞으로 나오면서 이제까지와는 딴판으로 진짜 노파가 말하는 것처럼 변화되었다. 팔도 그녀의 팔이 아닌, 병들고 힘없는, 그래서 한 손은 걸레로 둘러싸야 할 정도가 되었다.

이제 그녀는 자신의 상상의 화덕 앞에서 오랫동안 앉아 있을 수 있게 되었고 할 일도 많아졌다. 그녀는 석탄을 뒤적이기도 하고, 담배 파이프에 담배를 다져 넣기도 하며, 나쁜 날씨에 귀를 기울이기도 하고, 그냥 불을 쳐다보면서 무엇인가를 회상하고 어떤 말을 중얼거리기도 하였다. 드디어 이 학생에게 자신의 형상의 삶이 나타나게 된 것이다.

우리는 연습 과정에서 학생들에게 형상 속에 있으면서 교육자의 논평에 귀를 기울이라고 가르친다. 즉 형상 밖으로 나오지 않고 자신에 대해 생각하며 한쪽 귀로 과제를 듣고 그 즉시 실행하라고 가르친다. 일상의 자감 속으로 넘어왔다면 충분히 듣고 논쟁하고 다시 시작해야 한다. 이전에 쌓여있던 자감을 모으기도, 역할 속에 되돌려놓기도 어렵다. 이제 어머니 역의 여학생은 우리와 얘기하고 질문하고 논평을 들으면서도 동시에 노파 브라운으로 남아있을 수 있게 되었다. 드디어 그녀는 냉혹하고 거친 노파, 자기 힘으로 삶의 빵 조각을 뜯어 먹는데 익숙해진 노파의 형상을 획득하게 된 것이다.

이렇게 작가의 텍스트를 가지고 '책상에서' 작업을 시작하기 위한 충분한 자료가 쌓였다. 사실 어머니에게는 문으로 다가가서, 활짝 열고, 한 발짝 뒤로 물러선다는 것을 의미하는 동작의 암시가 필요했지만, '책상에서'하는 작업이므로 이 모든 행동을 자리에서 움직이지 않고 그냥 앉은 채로 하였다. 알리사 또한 그녀가 몸을 돌려 어머니를 향해 돌아앉는 것은 그녀가 방에 들어왔다는 의미이다. 올바른 자감을 위해 그녀는 머리에 스카프를 둘렀다.

    문 두드리는 소리가 난 후 노파는 고개를 들어 쉰데다 감기든 목소리로 옆방을 향해 소리친다.

    "누구요?"

    그다음 대답을 기다린다.

    알리사는 마치 비와 바람의 소음을 극복하려는 듯 대답한다.

    "당신을 위한 소식을 갖고 온 손님이요."

    노파는 아직 아무것도 모른 채 혼자서 뭔가를 중얼거린 다음 묻는다.

    "어디서?"

    "멀리서."

    목소리가 대답한다.

    노파는 또다시 무언가를 중얼거리더니 어떤 생각이 퍼뜩 떠오른다.

    "설마 바다 건너편에서?"

    "네, 바다 건너편에서!"

    노파는 의자에서 부스스 일어나서 한숨 쉬며 숨을 들이마시고 문을 여는 것을 의미하는 동작을 취한다. 그다음 마치 후퇴하듯 뒤로 물러선다. 알리사는 방 안에 들어왔다는 의미로 돌아앉는다.

    노파는 그녀의 얼굴이 낯익어 보여 그녀 쪽으로 다시 다가가지만, 전혀 모르는 젊은 여자라고 확신한다. 거칠게 그녀를 밀어내며 말한다.

    "내 딸이 아니야!"

    머리와 삐딱하게 돌아간 치마 매무새를 고치며 여전한 목소리로 묻는다.

    "내 예쁜 딸은 어디에 있는 거야? 그들이 그 애를 죽인 거야?"

알리사 역의 배우는 그녀가 국영 농장에서 도시로 돌아오던 어느 가을, 길을 잃어 온몸이 꽁꽁 얼어붙은 상태에서 매우 수상쩍어 보이는 낯선 사람들과 만나게 되었던 일을 떠올렸다. 그녀는 어떤 위험이 있을지 없을지도 모르는 상태에서 밤을 지새워야 할 오두막의 의자에 외투도 벗지 않고 오랫동안 앉아 있었다. 이러한 정서적 기억이 배우에게 도움이 되었다. 그녀는 자기 내면으로 관심을 돌렸다. 그러한 상태에서 사람은 모든 것을 보고 듣고 이해하지만, 그에게 이것은 중요한 것이 아니다. 그 순간 알리사 역의 여학생에게 중요한 것은 기억이다. 그녀는 이 오두막집에서 무엇을 해야 할지 모르고 그저 입구에 서 있었다.

그러고 난 후, 브라운 노파가 자신의 딸을 알아보는 장면이 이어진다. 노파는 한숨 쉬며 그녀 쪽으로 향한다. 그러나 무릎이 삐걱거리는 바람에 하마터면 넘어질 뻔 한다. 알리사가 그녀를 잡아주었지만 이내 매섭게 뿌리친다. 비록 두 배우가 의자에 앉아 자신의 역할의 대사를 읽고 있었지만, 그들은 이미 이 장면을 연기하고 있었다. 사건에 대한 평가도 명확했고, 인물의 성격에도 부합되었다.

우리는 첫 번째 부분에서 나오는 노파의 세 마디, "누구요?", "어디서?", "설마 바다 건너편에서?"의 속텍스트의 정확한 의미를 보충해 주었다. 우리는 노파 역의 배우가 마치 사건의 계단을 한 계단 한 계단 올라가는 듯 말하도록 하였다. "누구요?"는 낮은 계단에서 말하듯, 그다음 "어디서?"는 한 계단 위로 올라가서 말하듯, 마지막 마디는 세 계단 연속해서 올라간 듯 말한다. "설마 바다 건너편에서?"

이렇게 수행된 다음, 여학생들 스스로 올바르다고 생각하는 것들을 하기 시작했다. 올바른 시작 덕분에 모든 것이 훨씬 더 유기적으로, 일관성 있게 발전되었고, 배우들은 자신들의 역할의 내용을 결정지어주는 관계를 획득할 수 있었다.

우리의 경험상 장면 작업의 시작 부분이 올바르게 찾아지지 않았을 경우 그것을 내버려 두면 안 된다. 그럴 경우 올바르지 못한 길로 계속 갈 것이기 때문이다. 첫 번째 부분의 핵심은 노파가 손님의 대사 '멀리서' 다음에 그녀의 딸이 유형지에 있다는 사실을 떠올리고 상상하는 것이다. 배우가 이것을 찾아내고 평가했을 때 장면 작업은 그다음으로 넘어갈 수 있다. 가장 어려운 점은 이러한 평가가 항상 직접적일 수 있도록 이 평가를 고정하는 것이다. 평가는 나타나기도 하고 사라지기도 하는데 사라질 경우 작업은 중단된다. 노파 역 여학생의 창조적 비밀은 이러한 색채를 어떻게 강화하는가에 달려 있는데 그녀는 이것을 잘 표현하였다. 우리가 아직 연습하지 못한 결말 부분이 리허설에서 저절로 찾아와 주리라는 기대 속에 결말 부분을 제외한 모든 각색 작업이 이렇게 완료되었다.

배우들이 우리에게 자신들의 주인공의 일대기와 소설의 다른 부분에서 찾은 주인공에 대한 정보의 요약문을 건네주었다. 역할의 대사도 이미 숙지했으므로 이제 책상에서 일어나 강의실 무대에서 연습할 때가 되었다.

우리는 행동에 대한 암시만 하다가 실제 신체적 행동으로 전환할 경우 학생들이 이미 찾아놓은 자감을 잃어버릴 수도 있다는 염려에서 가능한 이를 눈에 띄지 않게 하려고 애썼다. 처음에는 마치 우연인 듯 그들을 낮은 소파에 앉혔다. 이것은 그들에게 방해되지 않았으므로 그들이 책상에서 했던 것처럼 연습할 수 있도록 했다. 그리고 난 후, 우연히 생각난 듯 미리 책상에 올려둔 타다 남은 양초를 노파에게 가져오도록 했는데 이로써 노파는 몇 걸음 걷게 되었다.

알리사에게도 행동할 때 외투 대신 쓰고 있던 스카프를 창가에 놓아두도록 했는데 그녀는 사건의 일관된 선을 잃지 않고 이를 잘 수행하였다. 배우들이 자신의 특성을 잃지 않고 움직일 수 있다는 확신이 들자

이제 노파를 상상의 화덕 옆 상자에 앉히기로 했다.

이런 식으로 우리는 기지를 발휘하여 책상에서 (새로운 여건들로 인해 이전에 찾아놓은 것들의 실현이 방해되는) 무대로의 부담스러운 전환을 피할 수 있었다.

우리의 각색 작업을 위해 필요한 무대장치의 벽을 만들고 나자 없어서는 안 되는 모든 것, 제일 먼저 빛과 온기의 근원인 화덕, 그다음 노파가 앉을 상자, 딸이 앉을 부서진 의자, 지하실의 인상을 만들어 주기 위해 출입문에서 아래로 내려가는 몇 개의 계단 등이 해결되었다.

장면 작업의 첫 번째 미장센은 알리사가 이 오두막을 자기가 있어야 할 장소라고 전혀 느낄 수 없도록 만들었다. 오두막은 그녀의 기억 속에서보다 훨씬 작고 누추했다. 만약 알리사가 어머니에게 자신을 팔아넘기지 않을 것이라는 약속을 받아내지 못했더라면 그녀는 절대로 여기에 머무르지 않았을 것이다. 그래서 알리사는 앉고 싶지 않다. 그녀는 피곤함에 못 이겨 벽에 기대기도 하고 방의 중앙으로 나오기도 한다.

알리사 역의 여학생은 낡은 외투를 입고 자신 있는 걸음걸이를 걷는데 많은 도움이 된 투박한 남자 단화를 신고 있었다. 연습시간에 '조건' 부분에서 알리사는 어머니의 얼굴을 향해 격렬한 비난을 퍼부었지만 썩 성공적인 장면이 되지 못하고 어떤 거짓이 느껴졌다. 그때 우리는 장면이 잘 살지 않는 경우 거꾸로 연기해보라는 박탄고프의 조언을 떠올리고 여학생에게 자신을 자제하며 연기해 보라고 요청했다. 디킨스의 원작과 영국식의 자제하는 방식이 여기서는 보다 설득력이 있었으므로 이 장면이 진실하게 보였다. 알리사에게도 남자 같은 동작 속에서, 투박한 단화를 신고 다리를 쫙 벌린 몸의 상태에서, 주머니에 쑤셔 넣은 두 손에서, 그녀가 얼굴에 손을 갖다 댈 때 나타난 손바닥의 무거운 움직임에서 형상의 요소들이 나타나기 시작했다. 순간적으로 '이를 드러내고' '독을

품은 듯한' 모습에서 내적인 특성도 찾아졌다. 이것은 알리사가 유형지에서 터득한 자질이다. 그녀는 딸이 어른이 되고 어머니는 아이가 되는 삶의 변화를 실제로 느끼게 된 것이다.

알리사의 역사는 유혹을 당한 수천 여자들의 역사이다. 이 점으로부터 디킨스는 위대한 사회적 결론에 도달했다. 한 여자의 운명 그리고 그 여자가 겪었던 것에 대한 그 여자의 관계는 역할의 내적인 내용이 되고, 그녀와 유사한 삶을 산 많은 사람들의 생각과 내적 체험을 일반화해 준다. 즉 전형이 된다. 디킨스는 이러한 전형을 날카로운 색채로 부각시켰다. 디킨스는 절제된 형식 속에서 더욱 잘 표현할 수 있음을 알면서도 여기에서는 마치 백과 흑처럼 대조적으로 표현하며 위대한 화가의 모든 열정을 다해 부정적인 것을 꾸짖고 있다. 먼저 알리사 역의 배우가 그러한 날카로운 변화를 향해 첫발을 내디뎠다. 그녀는 폭발하다가도 잠잠해지고 어머니에게 다정함을 느끼기 시작하다가도 그녀를 증오한다. 이러한 갑작스러운 변화 속에서 수많은 고통을 당한 강한 성격을 가진 여자가 보이기 시작하였다.

특정 역할에는 선명한 외적 표현력이 요구된다. 그러므로 우리는 학생들과 함께 자세, 제스처, 표정, 대상을 가지고 하는 연기 등에 대해 토론 시간을 가지기로 했다.

자세란 배우의 내적 상태의 유동적인 표현이다. 자세는 반드시 정당화되어야 하고 과거와 현재, 미래를 가지고 있어야 한다. 자세는 목표 달성(과제 수행)을 위한 행동의 일부분일 경우에만 표현력을 가질 수 있다. 가령 작별한 다음 서로 다른 방향으로 가려는 사람들을 관찰하면 그들의 몸과 다리가 '떠나고 있다'는 것을 알 수 있다. 그러나 머리와 손은 '대화를 계속하고 있고' 사람들은 자신들이 헤어지려 한다는 것을 줄곧 느끼면서도 좀 더 대화를 지속할 수도 있다. 이런 경우 그들 몸의 원근화법은 매우 표현력 있다. 대부분의 경우, 방에 들어갔을 때 그 방에 앉아있는 사람들의 자세를 보고 어떤 대화가 오갔는지 짐작할 수 있다. 예를 들어, 사업적인 대화였는지, 즐거운 대화였는지 아니면 다툼이었는지 등이다.

미켈란젤로는 그림 속의 몸체는 반드시 두세 번 정도 돌려져 있어야 한다고 말했다. 배우의 원근화법도 동일하게 말할 수 있다. 우리는 이 말을 무릎과 머리, 또는 허벅지와 손의 가벼운 방향전환으로 이해한다. 필요한 책을 어디에 두었는지 잊어버린 사람을 상상해 보자. 그는 책장 쪽으로 향하다가 갑자기 책이 책상에 놓여있지는 않은지 살펴본다. 그의 어깨는 책장 쪽을 향하지만, 머리와 손은 책상 쪽으로 돌려져 있다. 만약 그가 의아해하며 책이 옆방에 있는 건 아닐까라는 생각을 떠올렸다면 현재와 과거, 미래가 모두 다 들어있는 매우 표현력 있는 자세가 얻어질 것이다.

자세의 느낌을 발전시키기 위해 공으로 하는 모든 놀이는 유익하다. 그 속에서 전혀 예기치 못한 신체의 원근화법이 발생하기 때문이다. 행동을 완결하고자 하는 욕구는 가장 표현력 있고 생생한 표현이다. 자세에 대한 배우의 올바른 관계는 그가 자세를 더 이상 생각하지 않고 행동의 과정에서 저절로 만들어지리라고 믿을 때 만들어진다. 그러므로 우리는 거울 앞에서 자세를 연습하는 것을 좋지 않다고 생각한다.

우리의 장면 작업에서 알리사는 처음에 자신이 어찌해야 할지, 집 밖으로 나가야 할지, 머물러야 할지 몰랐다. 그녀는 그렇게 외투주머니에서 손도 꺼내지 않은 채 방 한가운데 서 있었다. 이러한 자세는 이 부분의 내용, 즉 그녀에게는 달갑지 않은 어머니와의 만남을 나타내고 있다. 다음 부분에서 알리사는 문손잡이를 잡고 떠나겠다고 위협하며 어머니에게 조건을 내건다. 그러나 우리는 이 부분을 채택하지 않고 알리사가 어머니의 얼굴을 향해 분노의 비난을 퍼붓는 부분을 만들어 보기로 했다. 딸이 자기 위로 몸을 숙이자 맞을 것으로 생각한 어머니는 손으로 얼굴을 가린 채 딸이 소리 지르는 말을 듣지 않으려 한다. 그러나 이 장면은 우리의 마음에 들지 않았다. 알리사가 고함지르는 부분이 썩 매력적이지 않기 때문이다. 그다음 알리사가 어머니를 내려다보며 손을 얼굴에 갖다 댄 채 우울한 목소리로 자신과 어머니의 관계를 정리하였는데, 이 자세가 가장 표현력 있는 것으로 평가되었다. 그녀가 힘들었던 어린 시절과 죽어버린 청년기를 떠올리며 더 이상은 그렇게 살 수 없다고 말하는 장면이었다. 이와 관련하여 발레 연출가 노베르는 다음과 같이 말한 바 있다.

　　제스처는 자연이 사람에게 준 두 번째 언어 기관이다. 그러나 그것을 들을 수 있을 때는 오로지 영혼이 사람에게 말하라는 명령을 내려줄 때뿐이다. 고상하고 자연스럽고 단순한 제스처는 말을 장식해 준다. 제스처는 생각에 가치를, 말에 힘을 부여해 준다. 제스처는 말을 하는 사람에게는 말을 해주고 노래하는 사람에게는 반주를 해준다.

무대에서 제스처를 하기 전에 자유롭고 율동적인 동작의 메커니즘을 이해할 필요가 있다. 만약 그것이 팔로 하는 동작이라면 그것은 팔, 손, 손가락의 모든 관절을 타고 흘러가 손가락 끝에서 멈추어야 한다.

팔의 맨 윗부분부터 집게손가락 끝까지 팔 전체에 물이 흘러가는 얇은 고무관이 묶여 있다고 상상해 보도록 한다. 물이 어떻게 어깨와 팔꿈치, 손을 따라 지나다니고, 집게손가락 끝까지 손가락의 모든 관절을 흘러다니며, 가늘고 강한 흐름으로 앞으로 나가는지 느껴보아야 한다. 그다음 가리키고 있는 대상에 물을 뿌리듯 집게손가락을 움직여본다. 이러한 연습과정을 통해 동작이 팔 전체를 타고 흐르는 듯한 느낌을 연습해

볼 수 있다. 이는 제스처에 자유로움과 유동성을 부여해 준다.

멀리 있는 한 가지 대상을 정한 다음 마음속으로 그 대상으로부터 나온 상상의 줄로 그 대상과 손가락 끝이 연결되어 있다고 가정해 보고, 누군가를 손짓으로 부를 때 마치 상상의 실로 그 사람을 내 쪽으로 당겨 온다고 상상해보는 것도 유익하다. 예를 들어, 앞에서 했던 고무관 연습 과제를 떠올려 본다. 손안에 물을 '가두어 놓고' 손가락의 도움 없이 제스처를 끝내본다. 길이가 짧아진 제스처는 거칠고 잘 굽혀지지 않는 노파나 피곤함에 지친 사람의 손가락 느낌을 전해줄 것이다. 손가락 사이를 넓게 벌리고 손바닥을 쫙 펴면 거친 느낌의 손을 만들 수 있다. 이처럼 유용한 연습과제를 통해 특징적인 제스처를 만드는 기법을 배울 수 있다.

제스처는 자연스럽고 관습적이기도 하다. 예를 들어, 중요한 서류에 서명하려고 결정했을 때는 사람의 자감에 의해 자연스러운 제스처가 만들어지며 하품을 할 때는 손으로 입을 가리게 된다. 관습적인 제스처는 모두가 이해 가능한 의미를 전달해 준다. 일례로, 머리를 가로젓는 것은 마치 '쯧쯧'이라고 말하는 것과 같고, 머리를 끄덕이는 것은 '네'라는 의미이며, 어깨를 움찔하는 것은 마치 "이해할 수 없는데요."라고 말하는 것과 같다. 그 외 거수경례를 하거나, 경멸의 표시로 엄지손가락을 코끝에 대고 다른 네 손가락을 펴 보이거나, 감사의 표시로 팔을 가슴에 얹거나, 마치 "꿈도 꾸지 마!"라고 말하는 듯 다리를 구르는 동작 등이 있다.

초기 단계에 우리는 학생들의 유기적이지 못한 제스처를 접하게 된다. 학생들은 역할의 대사를 말할 때 손으로 동작을 해 보임으로써 즉시 손을 지치게 하는 경우가 많다. 하지만 그것은 특정한 의미를 내포하는 제스처가 아니라 의미 없는 손 내젓기에 불과하다. 때로는 기질이 필요한 부분에서 단어마다 머리를 조아린다든지 허공을 향해 팔을 휘젓는 경우도 있다.

무엇보다도 먼저, 학생들에게 휴지 속의 제스처는 시선과 관련 있으며 대사를 말할 때는 강세 있는 말에만 제스처를 해야 한다는 점을 설명해 주어야 한다.

간혹 올바르게 찾아진 제스처가 장면 전체의 진실한 울림을 전해주는 경우가 있다. 저명한 독일 배우 산드로 모이시[44]는 햄릿을 연기할 때 1막 에서는 손을 팔꿈치 높이 위로 들어 올리지 않았다. 오로지 손으로만 말하였다. 그다음 역할이 점점 더 발전되어감에 따라 제스처도 커지다가 결말 부분에서는 팔을 크게 휘둘러 장검을 높이 빼 들고는 마치 창처럼 장검을 높이 들어 왕을 찔러 죽인다. 이처럼 그는 역할의 전체 길이 속에 서 자신의 제스처를 경제적으로 분할하고 그 어디에서도 반복하지 않 았다.

학생들에게 손과 손가락만으로 말하는, 소위 '얼어붙은 제스처'에 대 해 알려주는 것도 매우 유용하다. 손의 표현력과 제스처의 감정을 발전 시키기 위해서는 인형으로 하는 작업과 저글링, 마술 시범 등도 매우 도움이 된다.

또한, 관객에 대한 손의 위치를 거울 앞에서 연구하여 우아함이 필요 한 역할에서 만약 자신의 손이 예쁘지 않다면 손이 가장 예쁘게 보이는 위치를 선택할 수도 있다.

극이 진행되는 분위기도 제스처의 성격에 큰 영향을 미친다. 추운 날 의 제스처가 더운 날보다 더욱 에너지 넘친다. 응접실에서와 현관에서가

---

[44] [역주] 알렉산데르(산드로) 모이시 (Alexander(Sandro) Moissi, 1880~1935) 이탈리 아 출생의 독일 배우로 M. 라인하르트에게 재능을 인정받아 도이치극장에서 활동 하였다. 햄릿, 리처드 2세, 오이디푸스왕, 니키타 등의 배역을 맡으며 관객의 영혼 깊숙이 파고드는 뛰어난 연기를 보였다.

다르며 사람들 속에서와 자기 혼자 있을 때도 다르다. 등장인물의 시대와 성격 또한 제스처 속에서 표현된다.

우리의 장면 작업에서 알리사에게는 이마에 내려온 머리카락을 뒤로 젖히며 머리를 힘차게 쳐드는 버릇이 있었다. 제스처는 간결하고 단호했다. 하지만 어머니 역할에서는 이 제스처가 약간 공허했으며 별 도움이 되지 않았다. 그러자 그녀는 무엇인가 다른 제스처를 하기 시작했는데 하나를 채 끝내기도 전에 또 다른 제스처를 시작하곤 했다. 그래서 우리는 배우들에게 그들의 제스처가 형상에 부합되는 곳은 어디인지 지적해 주고 어울리지 않는 제스처는 제거하였다.

표정을 통해 얼굴이나 눈에서 등장인물들의 감정과 생각의 반영을 알 수 있다. 옛날 연극대학에는 표정이라는 과목이 있었다. 거기서는 얼굴에 두려움, 공포, 증오, 좌절, 악의, 경멸 등과 같은 여러 가지 욕망을 표현하는 기법을 가르쳐 주었다. 그런데 문제는 모든 학생들이 얼굴의 움직임을 통해 이러한 감정을 똑같이 표현한다는 점이었다. 등장인물의 상태에 의해 정당화되지 못한 그러한 외적인 감정 표현은 그 누구도 설득하지 못하였기에 러시아 연극계는 오래전에 그것을 배제하였다.

우리는 얼굴에 배우가 내적 체험하지 않은 감정을 드러내는 기법이나 방법을 절대적으로 거부한다. 과거 비극 배우들의 유명한 효과는 오늘날 재미있는 찡그린 얼굴의 대표적 예가 되었다. (예를 들어, 오델로와 데스데모나 장면에서 오델로가 그녀에게 미소를 짓자 그 얼굴이 얼마나 무서웠던지 데스데모나는 시선을 돌렸다. 그러나 오델로는 잠시 뒤보다 더 무서운 얼굴을 하기 위해 한 번 더 미소를 지었다.)

이와 함께 연극사에는 몇몇 배우들의 표정에서 받은 인상들이 보전되어 있다. 관객의 기억 속에는 셰익스피어의 『헛소동』에서 베아트리체가 자신을 좋아한다는 것을 알았을 때 베네딕트 역의 렌스키의 얼굴에 나타난 표정이 길이 남아있다. 베아트리체가 자신을 좋아한다는 소식을 몰래 듣게 된 그가 숨어있다 나왔을 때 처음에는 어리둥절한 표정이었으나 시간이 지날수록 그의 얼굴은 관객들이 열정적으로 박수를 쳐댈 만큼 행복감으로 빛나기 시작했다. 또한, 오스카 와일드의 희극『진지함의 중요성』에서 잭 역의 라딘이 상복을 입고 슬픔에 잠긴 얼굴로 자신의 장례식에 왔지만, 그의 눈은 즐겁게 웃고 있었던 표정도 유명하다. 이 모든 표정은 주인공의 성격과 내적 체험에 의해 깊이 정당화되었다. 우리는 배우가 올바르게 느낀다면 그의 얼굴도 생각과 내적 체험을 설득력 있게 반영할 수 있다고 생각한다. 그래서 표정에 대한 그 어떤 특별한 수업도 하지 않는 것이다.

비록 학생들에게 말하지는 않았지만 우리는 디킨스의 작품에 대한 이번 장면 작업에서 표정은 간결하고 건조해야 한다고 생각한다. 장면 작업의 처음부터 올바른 상태가 찾아진 덕분에 알리사의 첫 번째 등장과 그녀의 창백하고도 무표정한 얼굴은 공허한 눈빛과 함께 충분히 표현력 있었다.

브라운 역의 여학생에게는 실눈을 뜨고 안면 근육과 함께 앞으로 튀어나온 턱의 느낌을 찾을 필요가 있었다. 그녀는 이러한 자감 속에서 사건을 보고 이해하기 위해 많은 노력을 기울였다.

극이 진행되는 동안 배우가 손에 어떤 사물이 들려 있다면 그것을 다루는 방식 또한 형상의 특징을 보여줄 수 있다. 이때 사물은 배우의 생각과 감정의 표현 수단이 되어 배우를 도울 수 있어야 한다. 예를 들어, 배우의 손에 들려있는 부채는 많은 것을 전달해 줄 수 있다. 상대배우를 멈추게 하려고 부채로 그의 손을 장난치듯 살짝 때릴 수도 있고, 당황스러운 순간에 부채 뒤로 살짝 숨을 수도 있다. 생각에 잠겨 부채를 접었다가 펼 수도 있으며 날쌔게 휘저을 수도 있다.

만약 학생에게 어떤 사물이 주어졌다면 이는 그의 앞에 그 사물을 최대한 이용해야 하는 과제가 주어진 것이다. 앞서 제스처의 테크닉에 관한 언급은 사물을 가지고 하는 연기에도 해당된다. 만약 손에 비옷이 들려있다면 먼저 그 옷의 무게를 느낀 다음 어머니에게 건네주는 동작을 해야 한다. 그럴 때 어머니가 그 동작을 이어받아 손가락 끝으로 점을 찍듯이 비옷으로 동작의 마침표를 찍을 수 있다.

대상을 가지고 하는 연기는 큰 표현력을 가질 수 있다. 슈킨이 예고르 불리초프 역을 맡았을 때, 그는 자기가 집에서 쫓아낸 여자 수도원장이 자기를 향해 분노하며 집어 던진 지팡이를 높이 들어 올렸다. 처음에는 대단한 정신적 인물인 듯 지팡이에 의지하였지만, 나중에는 지팡이의 강도를 시험해 본 다음 마치 이 지팡이에 가장 잘 어울리는 용도는 이것이라고 암시라도 하듯 당구 큐처럼 장난스럽게 다루었다. 그다음 슈킨이 시니치킨 역할을 할 때 그의 손에는 실크해트가 들려있었다. 슈킨이 그것을 양동이에 올려놓자 그것은 코스트로마에서 온 고상한 아버지의 신사로서의 존엄성을 상징해주는 물건이 되었다. 실크해트는 그가 늙은 배우임을 짐작하게 해 주는 자세를 잡는데도 도움이 되었다. 그는 바로 이 실크해트로 문도 열고 막도 열어젖혔다. 시니치킨이 열심히 도주할 때는 실크해트가 언제나 앞장섰으며 마침내 펜싱을 하게 되는 장면에서는 무기로 변모하여 몽둥이의 공격을 막아주기도 했다.

우리의 장면 작업에는 필요한 사물이 거의 없다. 비에 젖은 알리사의 외투가 있는데 알리사는 자신의 낡은 옷을 질질 끌고 가서 물을 털어낸 다음 힘겹게 못에 건다. 그 외 알리사가 적선으로 받은 동전이 있다. 그녀의 손에서 돈은 성물이자 자비의 상징이었다. 그러나 술을 갈망하는 노파의 손에 떨어지자 돈은 그녀의 손바닥에서 즐거운 춤을 추기 시작했다.

마침내 우리는 학교 극장 무대로 옮겨 이번 장면 작업을 위해 만든 무대장치 속에서 연습하기 시작하였다. 무대에서의 연습이 주는 새로운 여건 중 하나는 관객에 대한 예감이다. 현재는 그 자리가 비어있지만, 배우의 가장 중요한 재판관인 관객이 오는 시간이 다가오고 있다. 발표는 아직 멀었으므로 제4의 벽은 존재하지 않았지만, 조명이 설치되었고 학생들은 사방에서 보일 수 있도록 무대에 배치되었다.

마침내 관객과의 만남에 대한 예감, 무대에서의 '삶'에서 오는 첫 흥분이 가라앉고 연습이 시작되었다. 여기에서는 '책상에서' 작업할 때처럼 간혹 자신에게 허용했던 흔들림에 더 이상 할애할 시간이 없다. 무대로 나가기 전 필요한 자감 속에 있을 수 있도록 준비해야 한다. 그렇지 않다면 행동을 시작하지 말아야 한다.

여학생들은 이제는 더 이상 자신의 특성에 대해 생각하지 않고 그들의 형상과 제시된 상황에 부합하는 신체적 재구성 속에서 행동할 수 있게 되었다. 그리고 우리는 학생들에게 멈추지 않고 끝까지 리허설을 하도록 했으며, 돈을 뺏는 마지막 장면은 학생들이 하고 싶은 대로 연기하도록 내버려두었다. 만약 학생들의 시작이 올바르지 않았다면 우리가 극을 중단시키고 다시 시작하도록 요청했을 것이다.

항상 그렇듯 첫 리허설은 엄청난 긴장 속에 진행되지만 두 번째는 많이 시들해진다. 그러나 두 번의 리허설에서 돈을 뺏는 마지막 장면이 자연스럽게 연기되었으므로 수정할 필요가 없었다.

무대에서 알리사의 날카로움과 발작적인 면은 교실에서는 설득력 있는 것으로 보였는데 무대에서는 지나치게 사소하고 히스테릭하게 보였다. 우리는 여학생에게 진정하고 동작을 크게 하라고 제안하였다. 알리사 역의 여학생은 흥분하였을 때 목소리에 매우 매력적이면서도 끊기는 듯한, 강하면서도 감동적인 어조가 있었다. 그것이 매우 잘 전달되었으므로 필요한 부분에서 그 목소리가 잘 유지되도록 하는 것을 목표로 삼았다. 그러나 소리를 지를 때면 이러한 매력이 사라지므로 배우로 하여금 기질에 심취하여 소리 지르는 것을 자제하고 소리를 지르면서도 자제하는 듯한 상태를 강화하라고 충고하였다.

다음 연습에서 우리는 여학생들에게 마지막 장면을 위해 장면 전체를 연기하고 그 속에서 이제까지 쌓아온 모든 것들을 쏟아 부으라고 요청했다. 이를 위해 학생들은 역할을 연기하는 시간 동안 자신을 어떻게 분배할지를 생각해야 했다. 가장 분명한 일관된 행동이 마지막 장면의 다툼에서 드러나기 때문에 그 이전의 다툼이 마지막 장면에서 떠오르지 않도록 연기해야 했다.

그리고 난 후, 우리는 오래전부터 오늘의 리허설을 위해 아껴두고 이전에는 한 번도 언급한 적이 없는 시도, 즉 학생의 인간적 본질에 대한 접근을 시도해 보기로 했다. 우리는 브라운 역의 배우가 어머니의 사랑에 대한 어린 시절의 기억에 의해 흥분한다는 사실을 알고 있었으므로 리허설을 하기 전에 그녀에게 말했다.

"잊지 마, 브라운 노파도 어머니야!"
그녀는 흥분하여 대답했다.
"네, 네, 어머니죠. 이게 중요한 건데 저는 이때껏 거지를 연기하고 있었어요."

리허설에서 그녀의 눈은 어떤 새로운 감정으로 빛났고 딸과 만났을 때는 눈물을 흘렸으며 마침내 그녀의 감정을 억누르고 있던 제방이 무너졌다. 알리사역의 여학생의 경우, 우리는 그녀가 자신의 친척들에게 화가 나 있다는 사실을 상기시켜 주었다. 이것 역시 리허설에서 어머니와 자신의 과거에 대한 그녀의 관계에 반영되었다.

이처럼 그들의 특성은 내적인 내용으로 채워졌고, 이는 그들로 하여금 형상을 통해 자신으로서 일관된 행동을 수행할 수 있도록 도와주었다.

리허설의 시작 부분에서는 어떤 장면이 잘 나오지 않거나 원하는 만큼 연기가 잘되지 않는 경우가 종종 있다. 그럴 경우 우리는 학생들에게 어떤 장면이 잘되지 않는다면 그것을 더 이상 생각하지 말고 앞으로 남아있는 핵심 부분을 위해 연기하라고 조언한다. 대부분의 경우 관객은 결말에 따라 장면 작업 전체에 대한 인상을 결정한다. 만약 학생이 어떤 부분에서 교류가 잘 안 되고 상대배우가 자신에게 하는 말을 잘 이해하지 못하겠다고 느낀다면, 과감하게 멈추어서 근육의 긴장을 풀고 어떤 대상을 주의 깊게 쳐다보아야 한다. 그 대상의 구조가 자세하게 보이면 그때 다시 주의를 상대배우에게 돌린다. 물론 이것은 극의 흐름을 끊지 않도록 적절한 순간에 행해져야 한다.

교육자는 학생들이 리허설을 어떻게 준비하고 있는지 주의 깊게 살펴보아야 한다. 강의실은 조용해야 하고 큰 소리로 떠드는 쓸데없는 대화는 중단시켜야 한다. 그 어느 것도 학생들이 집중하고 무대로 나가기 위해 내적인 준비를 하는 데 방해가 되어서는 안 된다. 그 누구도 무대 뒤에서 잊어버린 물건을 찾기 위해 정신없이 뛰어다니는 일이 없도록 필요한 의상과 소품은 미리 준비해야 한다.

또한, 학생들로 하여금 학교 무대에서 관객석과 만날 준비를 하도록 한다. 우리는 학생들 마음속에 관객과의 관계를 마치 친한 친구와의 관계, 섬세하고 우호적인 예술의 평가자와의 관계로 심어줄 필요가 있다고 생각한다. 결코, 관객에게 화를 내서는 안 되며 만약 무엇인가가 잘 안되었다면 자신을 탓해야 한다.

학생들과 리허설을 하다 보면 교육자를 무서워하는 배우를 자주 만나게 되는데 역할에 대한 집중으로 교육자에 대한 두려움을 극복할 수 있어야 한다. 그럴 경우 학생에게는 공연이 작은 창조의 축제로 변모하고, 교육자에게는 행해진 작업의 결과를 올바르게 평가할 수 있는 기회가 된다.

(4) 보드빌[45] 작업

배우교육 과정에서 보드빌 작업은 큰 의미를 가진다. 보드빌은 특별한 장르로 2행 연구聯句의 노래와 춤을 곁들인 경쾌한 코믹극의 일종이다. 이 장르에는 무대에서 관객석으로 이어지는 익살맞은 에너지가 잘 표현되어 있다. 보드빌의 특징은 순진성, 직접성, 어린애다움이다. 보드빌에서 발생하는 상황 속에는 배우에게 엄청난 지략을 요구하는 의외성이 많으며 재미있는 줄거리와 특이한 모험이 그려져 있다. 보드빌의 대담한 2행시에는 그 누구도 예외 없이 조롱하고 풍자하는 재치와 경쾌함 그리고 섬세함이 반영되어 있다.

19세기 최전성기를 이룬 이래 보드빌은 등장인물들의 말 속에 자주 나타나는 우스꽝스러운 속담과 기지, 말장난 등을 통해 오해에서 비롯된 현대인의 삶의 희극적인 현상을 재생하기 시작했다.

보드빌은 모든 것이 농담이다. 연인들이 고통을 받지만, 관객들은 드라마에서처럼 그들에게 공감하지 않고 오히려 웃는다. 끝에는 모든 것이

---

45 [역주] 처음엔 16세기 중엽 프랑스에서 발생하여 유행한 풍자적인 노래를 뜻했으나 차차 무대 예술적인 요소와 결부되어 현재와 같은 형태로 바뀌었다. 발생지 발 드 비르(Val de Vire)가 전화(轉化)한 것이라고도 하고 본래의 풍자성을 뜻하는 부아 드 빌(voix de ville:거리의 소리)이 변한 말이라고도 한다. 그 풍자정신은 18세기 프랑스 연극이나 가극에 많은 영향을 끼쳤다. 미국에서는 19세기 말에 유행하여 대규모로 발전했다.

좋게 끝나리라는 것을 알고 있기 때문이다. 관객의 관심을 끄는 것은 무대에서 일어나고 있는 재미있는 모험과 의외성뿐이다. 사랑에 빠진 사람의 불평 또한 그리 우울하지 않다. 음악도 그의 고통을 장난스럽게 과장하므로 그 속에는 혈기와 장난이 느껴진다. 박탄고프는 이와 관련하여 다음과 같이 말하고 있다.

> 특이한 것에 대한 집중, 바로 여기에 보드빌의 본질이 있다 …
> 상황마다 여간해서는 잘 나타나지 않는 적응을 찾아내야 한다.[46]

그러나 아무리 '여간해서는 잘 나타나지 않는 적응'이라 할지라도 내적으로 정당화 되어야 하고, 충분히 현실적이어야 하고, 제시된 상황 속에서 가능해야 하고, 등장인물의 성격의 본질을 표현해야 하고, 재미있고 보드빌적인 울림이 있어야 한다. 보드빌은 특히 압박과 과잉 연기 그리고 희극성에 민감한 장르이므로 술책을 위한 술책, 유기성의 결핍, 경쾌함과 우아함이 결여된 연기 등은 용납되지 않는다.

보드빌 인물 고유의 특성에 대해 말하자면 그들 모두 매력적인 인물인데다 악인이다. 보드빌은 불쾌한 형상을 참지 못하므로 부정적인 현상에 대한 표현이라 할지라도 어느 정도의 선량한 조소가 내포되어 있다. 이에 대해 박탄고프는 다음과 같이 말했다.

> 보드빌에는 (삶이나 무대에서처럼, 희극이나 드라마에서처럼) 부패한 사람이 필요하지 않다. 보드빌에는 모두 다 친절하다. 보드빌은 그 속에서 진정한 교류가 이루어지게끔 연기해야 한다. 그리고 모두

---

[46] E. V. 박탄고프, 『메모, 편지, 논고』, 316쪽.

가 서로의 마음에 들도록, 모두가 사랑스럽도록 연기해야 한다. (무대 뒤에서 그러해야 하는 것처럼)[47]

그러나 비록 익히 알려진 것처럼, 친절이 보드빌을 지배하고 있다 하더라도 보드빌의 순진한 내용 역시 나름의 생각을 가지고 있으므로 재미있는 무대적 상황이 우선적이라 해서 이러한 생각을 결코 무시해서는 안 된다. 러시아 보드빌 배우들의 뛰어난 전통은 극적이고 서정적인 장면을 희극적으로 만드는 것이 아니라 희극적인 장면의 유머를 강조함으로써 드라마적인 충만감의 진정한 깊이를 드러내는 데 있다. 만약 보드빌의 순진한 생각이 정말로 배우들을 흥분시키고 선량한 사람들의 승리가 대대적으로 울려 퍼진다면, 보드빌은 관객의 마음속에 친절한 인간적 감정을 일깨워 관객으로 하여금 감동하게 만들 것이다.

보드빌은 자체의 방향성으로 볼 때 항상 민주적인 울림을 가진다. 보드빌 속의 평범한 사람들은 영리하고, 정직하며, 고상하지만 유명한 사람들은 어리석고 이기적이며 다소 엽기적이다. 스타니슬랍스키는 이와 관련하여 다음과 같이 말하였다.

보드빌은 시장의 평범한 사람들 속에서 태어났다. 그러므로 마치 베랑제[48]의 노래 속에서 우리가 민중의 관심을 더 가깝게 느끼고 보다 이해 가능한 것처럼 보드빌에서도 민중의 관심사를 가깝고도 절실하게 이해할 수 있다.[49]

---

[47] 위의 책, 298쪽.
[48] [역주] 피에르 장 드 베랑제(Pierre Jean de Béranger, 1780~1857) 프랑스의 시인, 샹송 작사가. 정치적, 풍자적인 샹송 가사를 썼다. 작품으로 『헌 깃발』이 유명하다.
[49] N. N. 고르차코프, 『스타니슬랍스키 연출수업』, 예술, 1951, 259쪽.

보드빌은 사람들의 결점을 비웃고 폭로하며 사회적인 삶의 부정적 측면을 풍자적으로 보여주지만, 대부분의 경우 화해할 수 없는 사회적, 공공적 투쟁을 그리는 진짜 극적이고 비극적인 충돌은 다루지 않는다.

보드빌의 영역은 완전히 다른 것이어서 그것의 사건은 항상 순조로운 결말, 행복한 대단원으로 향하는 결론적인 2행시로 마무리된다. 그러나 2행시의 신랄한 조소와 당면한 결점의 폭로는 여전히 보드빌에 어느 정도의 진지함을 부여한다. 예를 들어, 렌스키의 유명한 보드빌『레브 구리치 시니치킨』에는 그 당시 러시아 연극계의 현상을 조소하고 패러디하는 수많은 장면들이 있다. 자기와 내연관계에 있는 여배우에게 주인공 역할을 주려는 부자 후원자들과 그들에게 매여있는 극단주의 종속성, 어리석은 레퍼토리, 자신을 천재라고 여기는 극작가들의 소심한 성격, 지방무대에서의 우스꽝스러운 리허설 등이 그러하다.

이 모든 것은 풍자적 분위기의 좋은 재료가 된다. 보드빌적인 갈등은 삶에서 가져온 것으로 지극히 현실적이고 진실하며 사회적인 상호 관계에 의해 결정된 것이므로 보드빌의 진정성에 대해서는 추호의 의심도 없다.『레브 구리치 시니치킨』에 나타난 성격들은 마치 우리가 어디선가 만난 적이 있는 것 같은 느낌이 들 정도로 전형적이고 설득력이 있다.

보드빌의 형상은 지어내거나 관습적인 인물이 아니라 현실적이고 삶의 한가운데로 완전히 들어온 인물이며 우리에게 선명하고, 표현력 넘치고 순진하고, 특별하고, 재치 있고, 자신의 사상에 완전히 심취하고, 자신의 목표 달성을 위해 힘과 상상을 아끼지 않는 성격을 보여준다.

보드빌의 특성 중 하나는 거의 모든 등장인물들이 2행시를 짓고 춤을 춘다는 점이다. 그러나 이것이 보드빌의 현실적인 울림과 삶에 대한 진실성을 방해하지는 않는다. 보드빌의 등장인물들은 노래하고 춤추고 싶은 상태에서 들어온다. 말에서 노래와 춤으로의 전환은 사건의 세부 상황을 설명해주는 당연한 것으로 수행된다. 이에 대해 스타니슬랍스키는 다음과 같이 말하였다.

> 보드빌 속의 2행시가 오락적이고 핵심적 행동에서 벗어난 무대적 순간이라고 생각하는 사람들은 커다란, 돌이킬 수 없는 실수를 저지르는 것이다. 2행시는 보통 춤과 관련되어 있다. 그러나 보드빌 속의 춤은 경쾌하고 매력적인 동작이며 시의 리듬성과 음악성을 보충하고 강조해 준다. 간혹 등장인물의 특성을 강조해 주기도 한다.[50]

보드빌에서 2행시를 실행하는 방법은 다양하다. 모든 것이 배우가 소유하고 있는 목소리나 음악적 수단에 달려있다. 2행시는 고전적 가창법의 법칙에 따라 이행될 수 있고, 경쾌하고 평이하게 이행될 수도, 레시타티브[51]로 불려질 수도, 음악적인 운율 속에 들어있는 평범하고 일상적인 말로 이행될 수도 있다. 보드빌의 멜로디는 복잡하지 않고 즐겁고 금방 기억되는 것이어야 한다.

배우는 2행시를 노래하고 그것의 내적인 내용, 즉 2행시의 '영혼'을 드러낼 수 있도록 수많은 연습을 해야 한다. 왜냐하면, 2행시는 역할의 가장 중요한 순간, 정신적인 고양의 순간이자 진정한 감정과 흥분으로 가득 찬 순간에 이행되기 때문이다. 배우는 2행시 속에 내포된 생각을 아주 분명하게 표현해야 하며 그것의 유희적인 형식을 느낄 수 있어야 하고, 그 속에 들어 있는 당면한 문제에 대한 암시를 관객에게 줄 수 있어야 한다. 이 모든 것은 훌륭하고 정확한 발음, 속텍스트의 완벽한

---

[50] 위의 책, 258쪽.
[51] [역주] 서창(敍唱), 오페라, 오라토리오, 칸타타 등에 쓰이는 창법으로 선율을 아름답게 부르는 아리아에 비해 대사 내용에 중점을 둔다.

터득, 보드빌적인 즐거운 자감, 작가와 배우의 예리한 혀에 포착된 삶의
현상을 기꺼이 조소하고자 하는 욕구와 용기를 필요로 한다.

보드빌의 2행시는 오래전부터 존재했으며, 작가의 생각에 따르면 풍
속을 교정하고 악덕을 근절하며 지루함을 몰아내는 데 나름의 역할을
해야 한다. 그 예로 우리는 흐멜니츠키[52]의 오래된 보드빌『떡 가게는
떡 가게』[53] 중 한 구절을 살펴보자.

> 세상의 도둑들을 세어보지 않더라도,
> 등급으로 그들을 구분할 수 있네.
> 어떤 이들은 약탈을 당하고
> 다른 이들은 제 손으로 전부 움켜쥐네.
> 누구는 벌을 받고 …… 그러는 동안
> 다른 이는 즐거워하네.
> 그러자 모두 다 겁 없이 따라 하네.
> 떡은 떡집에서 해야 하는데.

간혹 보드빌의 2행시에는 왕권 체제하에서 다른 형태로는 공개적으로
말할 수 없었던 생각들이 반영되기도 한다. 코니[54]의 보드빌『백내장,

---

[52] [역주] N. I. 흐멜니츠키(1789~1846). 러시아의 희곡/보드빌 작가.

[53] [역주] '떡은 떡집에서 만든 것이 맛있다.'라는 뜻으로 사물에는 제각기 전문성이
있다는 의미.

[54] [역주] F. A. 코니(Федор Алексеевич Кони, 1809~1879): 러시아의 극작가, 보드
빌 작가, 연극 비평가, 전기 작가, 연극잡지 편집장. 당시 보드빌은 선명한 무대성
과 재치 있는 대화, 인상적인 2행시 등을 통해 많은 인기를 누렸으며 코니 또한
당대의 보드빌 작가로 큰 명성을 얻었다. 코니는 자신의 작품에서 폭정, 노예근성,
프랑스 광, 매문가 등을 조소하였으며 주요 작품으로는『여자-경기병』,『페테르부
르크의 집』,『마음의 고충 그리고 지혜의 슬픔』,『백내장, 볏 머리, 혹 달린 왕자』,
『남편은 난로 속에, 아내는 파티에』 등이 있다. 코니의 풍자는 유순한 성격을 띠는

앞머리, 문장을 가진 왕자』에는 러시아의 니콜라이 황제 시대에 대한 직접적인 암시가 담겨 있다.

의견의 자유는 인정하나
염탐꾼은 잡아간다.
조금이라도 날카로운 토론이라면
즉시 또다시 구속된다.
시골에서도 수도에서도 말하겠지.
이제 자유의 시간이 왔노라고!
꽉 조인 고삐는
나중을 위해 숨겨두자고.

다른 보드빌에서 작가는 다음과 같이 노래한다.

루소가 한 말이 기억나네
재판관은 바퀴와 같아서
기름이 없으면 끝없이 삐꺽거린다고.
어떻게 기름칠을 하지 – 관두게![55]

오래된 보드빌의 2행시는 동시대의 당면한 내용을 담고 있으므로 이러한 당면 과제가 오늘날의 관객에게 이해가 되지 않는다면, 오래된 보

편이었으나 몇몇 작품은 사회 폭로적 수준에 달할 정도로 수위가 높은 것도 있다. 가령 『페테르부르크의 집』에서는 당시의 특정 매문 작가를 공격했는데 이에 대해 V. 벨린스키는 '그야말로 러시아의 삶의 결정판'이라며 수차례 칭찬하였다. 또한, 본서에서 다루는 『백내장, 볏 머리, 혹 달린 왕자』(1836) 역시 당시의 폭정에 대한 조소를 담고 있다.

[55] [역주] 위의 작가의 다른 보드빌 『남편은 난로 속에, 아내는 파티에』.

드빌의 2행시를 새로운 내용으로, 오늘날 우리를 웃기거나 미소 짓게 만드는 내용으로 대체할 수 있다. 물론 그러한 대체는 보드빌의 형식과 문체, 언어의 구조를 파괴하지 않도록 매우 전략적으로 이루어져야 한다. 실제 무대에서 증명된 바와 같이 현대의 농담으로 2행시를 갱신함으로써 보드빌의 명료함은 한층 더 강화될 수 있다. 1924년 박탄고프 극장에서 〈레브 구리치 시니치킨〉이 공연되었을 때 수많은 옛 2행시들이 당시 연극계의 사건에 부합하는 새로운 내용으로 대체되었고, 날카로운 조소가 어디로 향하는지 잘 알고 있었던 관객들에게 뜨거운 환영을 받았다.

극단주 푸스토슬랍체프의 극장에서 공연된 19세기의 재능 없는 비극을 패러디한 〈페루의 알론조 피자로 ─ 노래와 춤이 있는 스페인인의 비극〉 대신에 서방의 혁명적 봉기를 단순하게 묘사한 현대의 유사혁명 희곡을 패러디한 N. 에르드만의 작품이 쓰였다. 이것은 재치가 넘치는 패러디로 아버지에게 버림받아 혁명의 편으로 넘어간 백만장자의 딸의 상투적인 여행을 신랄하게 조소한다. 이런 희곡이 당시 모스크바 극장가 레퍼토리의 주류를 이루고 있었으므로 관객들은 이러한 패러디를 열렬히 환호하였다. 그 외 연출가 R. N. 시모노프 역시 보드빌의 형상과 줄거리를 꼼꼼하게 보존하였다.

보드빌 속의 춤은 등장인물들의 즐거움과 기쁨의 표현이거나 2행시의 연속선상인 풍자적 특징을 가지고 있다. 또한 춤은 보드빌 속의 모든 것이 그렇듯 순진함과 직접성의 특징을 가지고 있다.

보드빌의 연기는 드라마 배우의 자감과는 크게 다르고 희극 배우의 자감과는 약간 다른 보드빌적인 자감의 습득 없이는 불가능하다. 보드빌적인 자감은 행동의 성격에 자신의 흔적을 남기는 음악 및 춤과 밀접한 관련이 있다. 보드빌에서 배우의 즉흥적 자감은 장난기 어리고 재치 넘치며 농담이 섞인 완전한 의외성과 즐거움의 뉘앙스를 가지고 있다. 보드빌의 토대는 끝없이 넘치는 기쁨과 이러한 낙관주의를 관객석으로 전염시키고자 하는 욕구이다. 그러므로 보드빌 속의 사실과 사건에 대한 평가는 자신만의 특별한 흔적을 가지는 경우가 많다. 그것은 '보잘것없는 동기에 의한 비극: 우유를 끓이다가 넘쳤다. 그러나 나는 마치 우리 집이 내려앉은 듯 이 사실을 대한다.'라고 정의할 수 있다. 보드빌적인 자감은 배우에게 자신의 목표달성을 위해 몰두하고 그 어떤 상황에서도 빠져나올 수 있는 가장 특별한 방법을 찾을 수 있는 준비성을 길러준다. 이것은 결코 보드빌적인 자감을 갖춘 배우가 끝없이 서두르고 헛소동을 벌인다는 의미가 아니며, 반대로 만약 행동이 이를 요구한다면 느리고 긴장된 템포 속에서 흘러가면서도 여전히 보드빌적인 자감을 표현할 수 있다는 의미이다. 그 외 보드빌적인 자감은 배우에게 자신이 부딪쳐야 할 사실의 진실을 믿을 수 있도록 해준다. 또한 등장인물들로 하여금 일체의 의심이나 동요 없이 사실을 평가할 수 있도록 해주고 배우들이 자신의 관계, 즉 예외적인 형상과 특별한 성격에 부합되는 거의 언제나 뜻밖인 관계를 찾을 수 있도록 도와준다.

그러므로 우리가 아무리 오래된 보드빌(5막짜리든 1막짜리든)을 선택한다 하더라도 보드빌은 자신만의, 모든 보드빌에 공통적인, 이 장르 고유의 특별한 자질을 가지고 있다. 첫째, 보드빌은 짧고 에너지 넘치는 전시회이다. 관객들은 무슨 일이 벌어지고 있는지 금방 알 수 있으며 무대적 상황의 한가운데로 즉시 빨려 들어간다. 대부분의 경우 우리는 사건의 절정의 순간에 놓인 등장인물들을 만나게 된다. 둘째, 형상은 금방 분명해지며 그들의 성격은 날카로운 충돌과 특이한 상황 속에서 선명하게 드러난다. 셋째, 보드빌의 줄거리는 예외적이고 매우 재미있는 경우를 기반으로 만들어진다. 이 때문에 배우는 지극히 코믹한 상황에 처하게 된다. 예를 들어, 저명한 러시아 배우 중의 한 명인 K. A. 바를라모프[56]는 보드빌에서 이국적인 작은 역할을 맡게 되었다. 그는 이 역할을 위해 모든 앞니에 검은색을 칠하고 한 개만 남겨두었는데 유일한 그 이로 커다란 사과를 맛있게 먹었다. 예외적인 상황이지만 삶에서 가능한 일이며 보드빌에서는 전적으로 가능하다. 넷째, 보드빌의 등장인물들은 극이 시작되기 전의 사건에 대해 관객석을 향해 말하거나 아예 관객과 직접 이야기하는 경우가 많다. 2행시에서도 마찬가지이다. 이는 관객석과의 직접적인 교류로서 보드빌의 본질적인 특징 중 하나이다. 다섯째, 보드빌은 줄거리, 2행시, 춤의 측면에서 완결적이다. 보드빌을 특징지어 주는 것은 희극적인 상황, 예리한 말, 2행시의 풍자적인 화살, 춤만은 아니다. 보드빌에서 중요한 것은 행동의 중단 없는 흐름과 관객을 사로잡고 새로운 의외성으로 관객의 관심을 묶어두는 마술적인 사건의 순환이다.

"희곡은 언제나 앞으로 나가야 하는 천 개의 발이 달린 동물이다. 만약 천천히 나아간다면 관객은 하품할 것이고, 멈춘다면 야유를 보낼 것이다." 이는 특이하고 재미있는 충돌과 상황 그리고 성격을 만들어낸 지칠 줄 모르는 공상가이자 프랑스의 저명한 보드빌 작가인 라비시가 한 말이다. 이처럼 행복한 결말을 향한 행동의 비약적인 전개와 신속한 행동 또한 보드빌의 삶의 리듬을 결정짓는 주요 특성 중 하나이다.

---

[56] [역주] K. A. 바를라모프(Константин Александрович Варламов, 1848~1915) 러시아의 공훈배우이며 로망스로 유명한 A. E. 바를라모프의 아들이다. 보드빌과 풍자 희극 배우로 널리 알려져 있다. 그의 연기는 언제나 관객으로부터 폭소와 감탄을 자아냈으며 그가 맡은 역만 해도 천 개에 달한다. 그는 희극 장르뿐만 아니라 드라마 장르에서도 탁월한 재능을 발휘하여 수많은 관객을 울렸으며 그가 공연할 때마다 관객석은 만원이었다. 이러한 인기를 증명하는 듯 그의 초상화가 그려진 그의 별명을 딴 담배도 출시되었다.

보드빌은 현대 연극 레퍼토리에서 거의 사라져 주로 연극대학의 연습 과제로만 남아있지만, 그곳에서 수많은 젊은 배우들의 연기전공 요소들을 향상시키고 아울러 이들의 자유로움, 용감성, 음악성, 리듬감, 발음의 정확성, 속텍스트 표현 능력, 어휘 전달의 경쾌함, 동작과 제스처의 표현력, 춤의 우아함, 유머감각, 흥미 있는 성격을 소유한 인물의 순진함, 관객과의 교류 유지 기법 등을 발전시키고 있다. 보드빌 작업은 학생들의 희극적 기질과 행동을 위한 적극적인 집중 능력, 그 어떤 특이한 상황도 정당화할 수 있는 능력을 발전시켜준다. 교육자와의 작업에서 많은 학생들은 보드빌 작업을 통해 배우의 자유로움와 용감성이 무엇인지 알게 되었고 또 이러한 자질들이 잘 발휘되었다. 스타니슬랍스키도 "나는 보드빌이 젊은 배우들에게 매우 유익하다고 생각한다."[57]라고 말한 바 있다.

보드빌 작업에 대해 기록하면서 앞장에서 이미 설명한 역할 창조를 위한 자료 축적은 다시 반복하지 않겠다. 대신 우리가 주로 관심을 가지는 부분, 즉 보드빌 작업과 다른 장르의 희곡 연습의 차이점에 중점을 두고자 한다.

삶에 대한 관찰과 정서적 기억을 일깨우는 문제는 보드빌 작업 속에 모든 것이 장난스러운 성격을 띠고 행복한 결말을 맺는 이 장르의 특징에 맞는 보드빌 고유의 특징을 가져온다. 이는 모든 연습과정에서도 마찬가지다.

4학년 학생 몇 명이 우리를 찾아와 보드빌 작품을 해보고 싶다는 부탁을 하였다. 그들 모두 노래와 춤에 자신이 있었기 때문에 이 장르에서 자신을 시험해 보고 싶었던 것이다. 우리는 그들에게 고전 보드빌 작품인 렌스키의 『촌뜨기 여자와 세련된 여자』를 제안했다. 이 작품은 귀족

---

[57] 각주 49의 책, 258쪽.

적이고 여성스러운, 그리고 프랑스 소설로 약간 풍미가 더해진 교육을 받은 여자는 계산에 의한 결혼을 했으며 결국 배우자를 배신하는 반면, 사랑에 의한 결혼을 한 평범한 러시아 여자는 비록 '귀족의 예의'도 모르고 상류사회에서 처신할 줄도 모르지만, 남편에 대한 관심 외에는 그 어떤 계산도 하지 않는다는 단순한 주제의 보드빌이다.

비록 렌스키는 두 여자 모두 조롱하지만 팔라샤와 그녀의 이복동생 예멜랴의 순진함과 소박함은 정감 있게 표현하고, 젊은 여자와 결혼한 노인과 그의 아내는 비꼬는 색채로 그려낸다. 또한, 상류사회의 결혼 생활에서 정부의 역할에 만족하는 거짓된 사관의 로맨스도 조롱의 대상이다.

한편 『촌뜨기 여자와 세련된 여자』에서 렌스키는 대가다운 기교와 유머로 등장인물들의 선명한 성격을 드러내고 예상치 못한 충돌로 가득 찬 줄거리 라인을 성공적으로 그려내고 있다.

보드빌 작업의 시작은 다른 장르의 희곡 연습과 다르지 않다. 듣는 사람들이 집중할 수 있는 여건 속에서 리딩이 이루어지고, 학생들의 단체 의견을 명료하게 이해하고, 보드빌의 자료에 대해 집중하는지 확인하고, 생기 있는 토론과 논쟁을 통해 추출된 첫인상을 확보한다. 그리하여 무엇을 위해 오늘 이 보드빌을 무대에 올리고 연기하느냐는 질문에 대한 명확한 답변도 찾는다.

우리 현대의 삶에서도 여전히 젊은 여자가 물질적 행복을 좇아 노인과 애정 없는 결혼을 하는 경우가 있다. 그러므로 오늘날에도 보드빌의 풍자적인 화살은 자신의 과녁을 찾아낼 수 있을 것이다. 또한, 농담의 형식 속에서 사건을 해결하는 보드빌이라는 장르의 느낌은 토론 속에도 잘 반영되어야 한다.

이 작품의 배우가 될 학생들과 『촌뜨기 여자와 세련된 여자』 리딩을 마친 다음 우리는 예상치 못했던 몇몇 문제점들을 발견하게 되었다. 학생들에게 역할이 무척 어울렸음에도 불구하고 보드빌은 전혀 웃기지 않았고, 학생들이 너무도 보드빌을 연기하고 싶어함에도 불구하고 아무도 보드빌에 매료되지 못했다.

우리는 박탄고프 극장에서 셰익스피어의 희극 『헛수고』를 리딩한 다음, 웃기다는 생각은 전혀 들지 않았음에도 불구하고 오로지 셰익스피어라는 작가에 대한 믿음 하나에만 의지하여 작품을 레퍼토리에 포함시켰던 기억을 떠올렸다. 그 결정은 전적으로 옳았으며 극장의 무대는 희극의 눈부신 유머로 가득 찼다.

우리는 이러한 경험을 학생들에게 말해주고, 고전 작품은 첫 리딩에서 자신의 아름다움을 언제나 활짝 열어 보여주지는 않지만 무대에서, 행동 속에서 자신의 모든 힘을 보여줄 것이라는 설명을 해주었다. 학생들은 우리의 말을 믿었고 연습 분위기 조성을 위한 작업이 시작되었다.

우리는 수업 시간에 학생들에게 보드빌적인 자감이 생기도록 애쓰며, 학생들에게 결코 무대적 진지함을 상실해서는 안 되고, 우리의 수업이 작업과는 아무 관계 없는 잡다한 이야기나 일화가 있는 즐거운 시간 보내기로 변질된다면, 학생들에게 아무런 도움도 되지 못할 것이라고 미리 주의를 주었다. 만약 학생들이 무대적 행동에 대한 평가나 상황에서 유머를 느꼈다면, 그들은 보드빌적 자감 탐색의 올바른 길에 들어선 것이다.

수업 시간에 '책상에서' 보드빌을 분석하는 시간을 통해 우리는 희곡과 역할의 초목표와 일관된 행동을 결정하고, 보드빌을 단락으로 나눈 다음 목표달성(목표와 그것의 실행)을 위해 그 속에 내재되어 있는 행동을 결정하고, 등장인물의 전기를 만들었다. 한마디로 말해, 앞의 현대 희곡 부분에서 언급한 희곡의 행동 찾기 작업을 시작했다.

한편 보드빌의 형상은 그 어디에서도 서로 중복되어서는 안 된다. 형상 각각이 자신의 기능을 수행하며 다른 형상을 대조적으로 돋보이게 만들어야 한다. 그리하여 여러 성격들의 분명한 다양성을 통해 조화로운 인상을 주는, 이른바 연극 용어로 '배우들의 부케'라 불리는 것이 만들어진다.

보드빌의 사건과 행동에 대한 분석을 마친 다음 에튜드 연습에 착수했다. 제일 먼저 무대 계획에 대해 논의했다. 보드빌에는 춤이 반드시 있어야 하므로 무대 중앙은 무용을 위해 비워둘 수 있도록 무대 장치 배치를 결정했다. 행동은 모스크바 근교 다차에서 일어난다. 그러므로 난간과 기둥으로 둘러쳐진 다차의 테라스를 만들어 기둥 사이에 입구를 세운 다음, 난간을 따라 의자를 놓고 벽의 왼쪽에는 작은 탁자를 놓았다.

이제 우리는 학생들에게 용기병 장교인 스트렐킨이 자신의 불행한 사랑의 역경에 대해 말하기 위해 자신의 친구인 카르나우호프를 방문하는 것을 주제로 에튜드를 연기해 보라고 제안했다. 준비한 후 에튜드는 다음과 같이 연기되었다.

잠자고 있는 주인의 코 고는 소리. 사환 아이가 발끝으로 걸어온다. 달리는 말의 발굽 소리가 들린다. 스트렐킨이 뛰어들어오며 사환 아이에게 소리친다. "주인을 깨워라!" 사환이 옆방으로 달려 들어가자 자기를 깨웠다고 화를 내는 카르나우호프의 불만스러운 중얼거림과 소음이 들린다. 두 팔에 베개를 들고 실내복 차림으로 한숨 푹 잔 카르나우호프가 나와 스트렐킨을 때리려고 팔을 쳐든다. 하지만 정신을 차리고 그가 누군지 알고서 자신의 친구와 인사를 나눈다. 그다음 즉흥 대사로 스트렐킨의 불행한 사랑에 대한 이야기와 교육 받지 못한 아내에 대한 카르나우호프의 불만이 이어진다.

이 에튜드에서 학생들은 자신을 위한 신체적 자감을 설정했는데, 이는 보드빌의 시작 부분부터 나타나 강렬한 상황을 만들어주었다.

이 연습에서는 에튜드 형태로 팔라샤의 첫 등장도 이루어졌다. 원작에서는 팔라샤가 신나는 러시아 노래와 함께 등장한다. 팔라샤 역할의 여배우도 노래처럼 강렬했으므로 교육자는 팔라샤가 서정적인 노래와 함께 등장하는 것으로 변경했다. 에튜드는 다음과 같이 연기되었다.

앞치마를 두른 팔라샤가 두 손에 든 양동이로 꽃에 물을 주며 서정적인 노래를 부른다. 그녀는 장교를 보자 놀라며 겁먹은 듯 양동이를 감추고 앞치마에 손을 닦은 다음 보트 모양으로 어색하게 오므린 손바닥을 스트렐킨에게 내민다. 그다음 앞치마로 의자를 닦고 스트렐킨에게 앉으라고 권한다. 그녀는 소위 상류 사회 방식을 모르는 시골 여자의 예절에 따라 행동한다.

이 에튜드에서 팔라샤 역의 여배우는 자신이 알고 있으며 팔라샤의 특성의 기반이 되는 시골여자의 매너와 행동을 보여주었다. 또한, 그녀는 작업 처음부터 강렬함은 피해야 하고, 관객에게 호감을 줄 수 있어야 하며, 시골 사람들의 순진함에 도덕적 정결함이 보존되어야함을 증명해야 한다는 것도 알고 있었다.

다음 수업을 준비하기 위해 우리는 반주자와 함께 보드빌을 위한 음악을 고르기 시작했다. 『백 개의 보드빌을 위한 음악』이라는 제목의 옛 선집을 찾아 거기에서 2행시와 춤을 위한 많은 자료들을 얻었다. 몇 개의 2행시에 대한 멜로디는 작가 자신이 직접 명시해 놓기도 하였다. 음악은 즐겁고 소박했으며 쉽게 기억되는 멜로디로 시대와 잘 어울렸다.

에튜드를 끝내고 다시 '책상으로' 돌아와 첫 장면의 텍스트 분석을 시작하였다. 에튜드를 할 때 나타났던 특성에 대한 관계와 암시들이 작가의 텍스트에서 벗어나 발전하기 시작했다. 스트렐킨이 자신의 잃어버린 사랑과 여인에 대해 눈물을 글썽이며 말하면서 좌절한다. 물론 이 눈물은 어느 정도 과장된 것이고 스트렐킨도 자신의 감정의 낭만적인 힘을 카르나우호프에게 보여주며 그것을 즐긴다. 카르나우호프는 친구에게 평범한 소시민의 딸과의 성공적이지 못한 결혼에 대해 이야기한다. 카르나우호프는 자기 아내의 실수로 스트렐킨 앞에서 창피를 당하지 않기 위해 자신이 다리를 다쳤을 때 팔라샤가 자신을 치료해 주었으며, 자신은 그녀의 간호에 대한 보답으로 결혼했다고 고백함으로써 친구 앞에서 자신을 정당화한다.

우리는 학생들에게 팔라샤는 스트렐킨을 어떻게 받아들이고 카르나우호프는 아내의 행동을 어떻게 대하느냐는 주제로 에튜드를 해보라고 제안했다. 에튜드는 다음과 같이 연기되었다.

팔라샤가 스트렐킨과 인사를 나눈 뒤 그를 앉히고 '상류사회 이야기'로 시골의 시름을 잊으려고 하자 이 때문에 카르나우호프는 미칠 지경이다. 그는 주제가 예의에 어긋남을 알게 해주려고 표시 안 나게 그녀를 살짝 꼬집고 발을 밟으려 한다. 팔라샤는 카르나우호프가 꼬집자 몸을 움츠리고 자기 밑에 있는 발을 치우며 남편이 무엇을 원하는지 의아해한다. 스트렐킨은 자기 친구의 불행한 처지를 보면서도 팔라샤가 마음에 들어 카르나우호프를 조롱한다.

이 에튜드에서 학생들은 즉흥 대사로 연기했음에도 불구하고 작가에 의해 주어진 특이한 상황의 유머를 느끼기 시작했다. 다시 수업으로 돌아와 텍스트 순서에 따라 스트렐킨이 나간 다음 카르나우호프와 팔라샤 장면을 연습했다. 화가 끝까지 난 카르나우호프는 팔라샤에게 처신도 제대로 못 한다고 비난하지만, 그녀는 남편이 화를 내는 이유를 알 수 없다. 다툼이 계속되다가 둘이 함께 부르는 2행시로 싸움은 끝이 난다.

그다음 우리는 학생들에게 이 장면의 주제를 에튜드로 만들어보고 2행시의 의미를 느끼게 하려고 음악 없이 단어만 말해보도록 했다. 우리는 맨 처음 작업을 시작할 때부터 학생들에게 2행시는 삽입이 아니라 희곡의 한 부분이라는 점을 강조했다.

에튜드에서 카르나우호프는 팔라샤에게 비난을 퍼붓지만, 그녀는 남편이 화를 내는 이유도 모른 채 공평하지 못하다고 화를 낸다. 그들이 얼떨결에 시 구절도 없이 즉흥적인 멜로디로 함께 2행시를 노래하는 장면에서 다툼은 음악의 지원 없이도 최고조에 달했다.

팔라샤는 카르나우호프가 나가고 혼자 남자 의자에 주저앉아 손을 활짝 펴 뺨에 괴고 상류 사회의 거짓에 대해, 그녀가 처녀 시절 '이모 집에서' 얼마나 행복하게 살았는지에 대해 2행시로 노래한다. 2행시는 길었으므로 배우는 음악 없이 대사로만 노래하기 시작했으며, 잠시 뒤 의자에서 일어나 가벼운 동작으로 춤이 있어야 할 곳을 암시하였다. 텍스트를 노래 부르며 그녀는 자신의 2행시의 의미를 전달하고 그 속에서 남편이 시작한 싸움에 대한 평가를 찾으려고 노력했다. 처음에 그녀는 우울한 자감 속에 있었지만 곧이어 2행시는 상류사회에 대한 풍자적인 폭로로 바뀌었고, 과거의 삶에 대한 기분 좋은 회상으로 끝맺었다. 춤이 있어야 할 자리를 암시하며 그녀는 2행시를 노래 부른 다음 발생한 자감을 강조하려 애썼다.

삼촌의 등장 장면을 리딩한 다음, 우리는 학생들에게 이것을 에튜드로 만들어보도록 했다. 준비한 후에 다음과 같이 연기되었다.

유리 공주인 소피는 누군가 자신을 건드리지 않을까 두려워한다. 그녀의 눈은 아래로 향하고 입술은 뾰로통하다. 삼촌은 지팡이를 짚고 있으며 걸음을 내딛는 다리가 영 불안해 보인다. 이것은 삼촌 역의 학생이 집에서 연구한 결과 찾은 내적 특성에 대한 암시이다. 삼

촌은 팔라샤의 시골스러운 행위에 도무지 적응하지 못한다. 그에게
는 모든 것이 충격이었으므로 교육이 부족하다고 조카를 나무라기
까지 하였다. 삼촌은 소피의 음악성을 침이 마를 정도로 칭찬한 다음
바이올린을 가져오자 2행시 대신 소피는 〈잔인한 로맨스〉를 연주한다.

우리는 위의 에튜드에서 삼촌 역할을 한 학생에게 음악 없이 대사로
만 2행시를 말해보도록 했다.

대사가 숙지되면 외벽이 세워진 상태에서 연습하는 것도 좋다. 먼저
우리는 학생들에게 에튜드를 할 때 필요한 미장센을 '가늠해보도록' 했
다. 시작 부분은 다음과 같이 계획되었다. 스트렐킨이 온다. 개 짖는 소
리가 들린다. 그 소리에 카르나우호프가 잠에서 깬다. 친구들이 다시 만
난다. 스트렐킨 역의 학생은 곧바로 '운명의' 정부 연기를 하려 했으나
아무것도 되지 않았다. 그는 긴장했고 교류하지 않았으며, 상황을 정당
화하지 않고 무턱대고 결과만 연기하려 했다. 반대로 카르나우호프는
아무것도 하지 않고 오로지 상대배우의 대사만 받아주었다. 스트렐킨은
행위의 진실과 자감, 교류의 선을 따라갈 수 있도록 해야 했고, 카르나우
호프에게는 아내가 자신을 미치게 하였다는 사실을 상기시켜줄 필요가
있었다. 몇 번을 반복한 다음 이 장면은 진실해졌고 학생들 모두 필요한
자감에 다가서게 되었다.

삼촌 역의 학생이 찾아낸 특성은 설득력이 있었다. 그의 동작에는 나
이가 느껴졌고, 그는 젊은 옷차림을 한 노인의 행동을 올바르게 보여주
었다. 이제 이 학생에게는 자신의 주인공의 기질을 찾는 일만 남았다.
이 학생이 아직은 약간 힘없고 지나치게 자신을 통제하는 것 같았으므로
주위에서 일어나고 있는 사건에 더 많은 관심을 기울이도록 하였다.

이번에는 우리가 반주자를 데리고 와서 음악에 맞추어 연습해 보았다.
학생들은 2행시를 노래할 때 텍스트 내용을 설명해주는 제스처가 필요

하다는 사실을 깨닫기 시작한다. 바이올린을 연주하는 소피조차도 〈잔인한 로맨스〉를 연주할 때 어느 부분에서 삼촌을 바라보며 연주했고, 가장 열정적인 부분에서는 직접 그에게 다가갔다. 감탄한 삼촌이 소피의 손에 입 맞추려 하자 손은 활과 함께 위로 올라가고 삼촌이 일어서자 손은 아래로 내려간다. 결국, 소피는 자신의 연주를 방해한 벌로 삼촌을 활로 살짝 때린다. 삼촌은 상처(이는 연습 중 우연히 생긴 결과이다.)가 난 이마를 문지르면서도 마치 상처가 사랑스러운 애무의 자국인 듯 여긴다.

카르나우호프 또한 자신의 젊은 숙모의 재능에 감탄하며 유감스러운 마음으로 자신의 '촌뜨기 여자'와 비교한다. 팔라샤에게도 소피의 연주가 무척 마음에 들었다.

우리는 학생들이 보다 과감해지고 찾아진 느낌을 확실히 기억하며 자신감을 얻게 하려고 이미 수행한 부분 각각을 몇 차례 연습하였다. 그다음 우리는 팔라샤의 이복동생 예멜랴를 등장시켰다. 이 역할을 맡은 학생은 춤을 추며 등장하고 싶어 했다. 그러나 춤은 2행시의 완결이라는 사실을 설명해주고 그렇게 등장하지 않도록 했다. 그뿐만 아니라 춤 다음에는 호흡이 흐트러지고 노래 부르기가 훨씬 더 힘들어지기 때문이다.

에튜드에서 예멜랴는 테라스로 들어오지만 아무도 만나지 못하자 자신에게로 관심을 끌기 위해 발랄라이카를 연주하며 노래하기 시작한다. 익숙한 멜로디가 들리자 팔라샤가 나와 기쁨에 겨워 소리 지른다. 이때 허리까지 머리 숙여 인사하고 입맞춤한 뒤 맛있는 음식을 대접하는 시골의 오래된 만남 의식이 시작된다. 이 모든 것은 재미있으면서도 약간 아이러니한 성격을 띤다. 1분 만에 할 수 있는 것을 5분 정도로 질질 끌며 끝없이 반복한다. 다행히도 학생들은 이러한 의식을 행할 때의 진지함, 이러한 의식의 필요성에 대한 순진한 믿음, 인사하는 양측 모두의 만족감 등을 잘 포착해 주었다. 그러나 장면 전체가 웃음이라곤 하나도 없이 지나치게 엄숙한 얼굴로 진행되었다는 약간의 문제점은 있었다.

그러고 난 후, 소피와 스트렐킨 장면을 연습하였다. 소피가 테라스로 나온다. 말발굽소리가 들린다. 이는 점심식사에 초대받은 스트렐킨이 돌아온 것이다. 그에게 개가 달려든다. 날뛰며 짖는 개소리를 듣고 소피가 겁에 질려 소파 위로 뛰어 올라간다. 스트렐킨이 뛰어들어온다. 과거 자신을 따라다니던 남자를 보고 소피는 기절한다. 스트렐킨은 그녀의 팔을 잡아 자신의 품에 격정적으로 끌어안는다. 정신을 차린 소피가 자신이 스트렐킨에게 안겨있는 것을 보고 벗어나려 하지만 그가 그녀를 놓아주지 않는다. 그러자 그녀는 그를 때리고 머리카락을 뜯는다. 스트렐킨은 소리를 지르며 소피를 내려놓는다. 이때 학생들이 한 가지 속임수를 생각해냈다. 소피가 자신의 추종자의 머리 색깔과 똑같은 색깔의 천 조각을 미리 준비하여 주먹 안에 쥐고 있다가 스트렐킨의 머리카락을 뽑고, 그가 그녀를 내려놓아 준 다음 주먹을 펴면 그 속에는 마치 그녀가 뽑은 듯한 용기병의 머리카락 한 줌이 들어있도록 한 것이다. 그리고 "이 머리 타래는 당신에 대한 기념으로 보관할게요."라고 정당성을 찾으며 말하면 된다.

우리는 일부러 등장인물들을 보드빌적인 자감 찾기에는 보편적이지 않은 상황 속에 두었다. 간혹 보드빌적인 자감은 위급한 상황에 처하게 되는 계기가 되기도 하지만 한편으로는 특이한 사건들로 즐겁고 즉흥적인 자감이 만들어지기도 한다.

스트렐킨이 자신의 사랑에 대한 2행시를 노래하기 시작한다. 소피는 둘이 같이 있는 것을 누가 보기라도 할까봐 걱정하며 그에게 숨으라고 간곡히 부탁한다. 그는 기둥 뒤에 숨어 사랑의 노래를 부른다. 그다음 속삭이는 소리로 밀회를 하자고 부탁한다. 소피는 불쾌해하며 거절한다. 그러자 스트렐킨은 총을 쏜다는 의미로 집게손가락을 관자놀이에 대고 엄지와 중지로 '딱'하는 소리를 낸다. 겁먹은 소피는 동요하다가 마침내 밀회를 하기로 하고 두 사람은 무도회의 마주르카를 추기 시작한다. 우연히 카르나우호프가 들어와 이 장면을 목격한다. 그는 삼촌이 자기 아내의 배신을 확인할 수 있도록 삼촌을 데리러 달려나간다. 소피와 스트렐킨이 나가고 그 자리에 팔라샤와 예멜랴가 나타난다. 그녀는 작별인사를 하며 자신의 이복동생에게 입을 맞춘다. 그 모습을 삼촌과 그를 데리고 오던 카르나우호프가 우연히 목격한다. 아직 모든 것이 해명되지 않은 가운데 이번에는 삼촌이 카르나우호프를 조롱한다. 카르나우호프가 소란을 일으키는 장면이 음악 아래 진행된다.

소피와 스트렐킨이 추는 나른한 마주르카는 무용 교육자의 작품이다. 춤의 마지막 부분에서 소피가 헤어지며 스트렐킨의 장교 모자를 쓰는 대목에서 마주르카는 즐겁고 열정적이고 장난스러워진다. 이 장면은 은밀한 키스로 끝맺는다. 무용 교육자는 춤 외에도 2행시를 읊을 때 설명을 위해 필요한 제스처도 만들어주기로 약속했다.

그리고 소란 장면을 연습하였다. 학생들 각자가 자신의 행동을 미리 생각해오고, 서로가 관객의 관심의 중심에 서고자 했으며, 자신에게 웃긴 부분이 적다는 것 때문에 속상해했다. 우리는 학생들에게 다른 사람의 장면이 진행될 때 결코 관객의 관심의 중심에 서서는 안 되며, 재치있게 행동해야 하고, 보드빌의 기본 라인에 방해되어서는 안 된다는 점을 설명해 주었다.

자기 아내가 누군가와 키스하는 것을 본 카르나우호프는 가만 놔두어도 쓰러질 것 같은 삼촌의 팔에 안겨 기절한다. 화가 난 카르나우호프가 예멜랴를 쫓아내려 하자 팔라샤는 그를 놓아주지 않는다. 남편이 강제로 이복동생을 끌어내려 하자 그녀는 구두를 벗어 남편에게 휘두른다. 겁먹은 카르나우호프가 뒤로 물러섰으나 또다시 예멜랴를 쫓아내려 한다.

그다음 모든 등장인물이 다 함께 노래 부르는 대형 장면이 이어진다. 학생들은 동작 및 춤과 함께 이 장면을 익히느라 많은 노력을 하였다. 학생들은 이 장면을 즐겁게 연습했으나 아직은 장면의 골격만 만들어진 상태였다.

그리고 난 후, 팔랴샤와 예멜랴의 장면을 연습했다. 무대를 지나다니며 음악의 리듬 속에서 동작을 찾아내고 음악의 끝 부분과 미장센을 맞추는 작업을 시작했다. 이는 곧바로 행동에 대한 관심을 불러일으킨다. 깔끔한 리듬 장면은 보드빌을 아름답게 꾸며준다. 학생들은 통일된 리듬 속에서 움직이다가 동시에 동작을 멈춘 다음 동시에 동작을 시작한다. 이러한 방법은 음악적인 리듬을 느낄 수 있도록 해 줄 뿐만 아니라 보드빌 연기의 필수적인 특성 중 하나인 명확성을 습득할 수 있도록 해준다.

미장센의 측면에서 학생들이 무대에서 자리를 잡을 때 우리는 관객석의 좌우 끝자리에 앉아있는 사람들이 학생들을 볼 수 있고, 학생들도 그런 측면 좌석을 볼 수 있도록 배치하였다. 한편 부득이 상대배우 앞을 지나가야만 하는 경우도 있다. 또한, 어떤 학생이 자신의 얼굴이 어둠 속에 있다고 느낀다면 얼굴에 조명이 비칠 수 있도록 해야 하고, 상대배우의 얼굴에 그림자가 진다면 그의 얼굴이 밝아질 수 있도록 옆으로 비켜서 주어야 한다. 그리고 상대배우가 무대에서 나가는 경우 무대 뒤로 사라질 때까지 동작을 시작하지 않아야 한다.

한편 학생의 얼굴이 관객으로 향할 때 학생의 위치는 항상 정당화되어야 하는데, 그렇지 않을 경우 뻔뻔스러운 미장센이 된다. 이유도 없이 상대배우의 약간 뒤에 서서 자신에게 더 유리한 위치를 차지하거나, 상대배우로 하여금 관객에게 등 돌리고 서게 만들어서도 안 된다. 이러한 내용은 처음부터 주지되어야 하고, 나중에 역할을 수행할 때에는 이미 그것에 대해 생각하지 않을 정도로 배우의 자동적인 습관이 되어야 한다. 이처럼 우리는 학생들과 이에 관한 수업을 진행하며 그들에게 무대에서의 올바른 또는 옳지 않은 위치를 알려주었다.

로비에서 무대까지 다다르자 우리는 그전에 해놓은 것을 리허설해 보기로 했다. 음악부터 시작했다. 첫 번째 리허설은 보드빌적인 자감과 맞지 않을 정도로 아주 느린 템포로 진행되었다. 우리는 아무런 논평도 하지 않고 무대에서의 즐거움은 원기 왕성함과 장난스러운 에너지에 의해 얻어질 수 있다는 사실만 상기시켜 주었다. 잠시 후 훨씬 더 빠르고 에너지 넘치는 템포로 모든 것을 한 번 더 반복하기로 했다.

두 번째 리허설은 비교할 수 없을 만큼 좋아졌다. 일상적인 리듬은 사라지고 보드빌적인 장난기와 유머, 진정한 즐거움이 나타났다. 예멜랴에게는 호감이 가는 순박하고 정직한 시골 청년의 형상이 보였다. 팔라샤는 아직 토속적인 말투를 익히지 못해 도시적인 재빠른 말투를 내뱉는 경우가 많았으나, 그녀가 행동에 심취한 덕택에 그녀에게는 흥미 있고 예상 밖의 적응이 발생하였다.

결말 부분을 연습할 때는 보드빌의 주요 요소인 도덕을 내포하는 줄거리적인 상황 설명에 신경을 썼다. 삼촌은 스트렐킨을 테라스로 데리고 와서 마치 오랜 친구의 아들을 대하듯 조언해주고 자신의 집에 머물라고 초대해 주었다. 카르나우호프는 이제 스트렐킨이 완전히 자유롭게 애정 행각을 벌일 수 있게 되었다는 사실에 몸서리치며 거짓된 상류사회의 삶을 버리고 시골로 떠나기로 결정한다. 그는 이를 팔라샤에게 알린다. 팔라샤와 예멜랴가 그런 결정에 기뻐하며 러시아 춤을 추기 시작하자 카르나우호프도 합세한다. 삼촌과 스트렐킨 그리고 소피는 놀란 모습으로 이 춤을 쳐다본다.

보드빌 전체에 대한 첫 번째 리허설이 시작되자 배우들은 보드빌적인 자감을 찾느라 서두르고 교류하지 않았으며 서로 대사가 끝날 때까지 기다려주지도 않았다. 텍스트, 미장센, 2행시의 멜로디, 춤의 그림을 떠올리느라 리허설은 뒤죽박죽이 되었다.

그러나 두 번째 리허설에서는 모든 것이 제자리를 찾기 시작했다. 보드빌적인 자감도 나타났다. 학생들은 서두르지 않았으며, 2행시와 춤도 자신감 넘치고 즐겁게 수행되었고, 형상도 명확하게 그려지기 시작했다. 배우들에게서 미장센의 느낌이 감지되었고 속임수도 특별히 눈에 띄지 않게 슬그머니 수행되었다. 아울러 2행시에서는 관객과의 교류도 만들어지기 시작했다. 이제 연기의 경쾌함과 우아함을 획득하기 위해 발표 전에 몇 차례 반복하는 리허설만 남았다. 보드빌 작업이 얼마나 유용했는지 벌써 짐작할 수 있다. 학생들은 과감해져서 보드빌적인 자감을 찾아낼 수 있게 되었고 자신의 역할에서 큰 만족감을 얻었다. 이렇듯 창조적 심취는 보드빌의 리딩 후에 발생한 것이 아니라 이 장르의 여러 기법과 특징, 자감을 적극적으로 획득해감에 따라 연습 과정 중에 점차 증대되었다.

이처럼 보드빌 연기를 이해하게 된 학생들은 역할 작업을 위한 자신만의 접근방법을 찾고 연마해야 한다. 우리의 도움은 무대적 형상을 만들어주는 여러 요소들을 학생들이 자립적으로 터득할 수 있도록 많은 연습과제를 준비해주는 것이다.

젊은 배우를 위한 모든 교육은 배우에게 자립적인 창조, 삶에 대한 자신의 시각, 삶 속에서 창조를 위한 자료를 찾을 수 있는 능력 등에 대한 감각을 발전시키는 방향으로 나가야 한다. 셰익스피어의 말처럼, 배우는 '자기 시대의 거울이자 아름다운 연대기'이기 때문이다. 자기 시대의 삶을 거울처럼 반영하고 자기 시대의 삶을 기술하기 위해 배우-예술가는 쉼 없이 예술 속의 새로운 길을 탐색해 나가야 하며, 우리 삶에서 끝없이 잉태되고 있는 새로운 것들을 볼 수 있는 능력이 있어야 한다.

만약 역할에 대한 사전 작업이 삶에 대한 예술적 연구, 삶의 과정에 대한 이해, 사람의 성격과 운명에 대한 이해로 나타난다면, 배우는 다듬어진 연극적 기법에 의해서가 아니라 자신의 삶의 경험과 자신의 개성에 기반을 두어 역할에 접근할 수 있게 된다. 창조에 대한 이러한 접근의 결과, 현대인의 새로운 자질을 가져오거나, 과거의 형상 속에 현대의 관객들에게 더욱 더 가깝고 더욱 더 이해 가능한 성격의 여러 자질들을 강조해주는 성격이 자립적으로 창조된다.

▌찾아보기 ▌

한국연구재단 학술명저번역총서 서양편·724

무대 에튜드_배우를 위한 연기 지침서

발 행 일   2014년 2월 20일 초판 인쇄
          2014년 3월   1일 초판 발행

원   제   СЦЕНИЧЕСКИЕ ЭТЮДЫ
지 은 이   Л. М. 쉬흐마토프, В. К. 리보바
옮 긴 이   박 상 하
책임편집   이 지 은
편   집   공 정 선
펴 낸 이   김 진 수
펴 낸 곳   **한국문화사**
등   록   1991년 11월 9일 제2-1276호
주   소   서울특별시 성동구 아차산로 3(성수동 1가) 502호
전   화   (02)464-7708 / 3409-4488
전   송   (02)499-0846
이 메 일   hkm7708@hanmail.net
홈페이지   http://www.hankookmunhwasa.co.kr
블 로 그   http://blog.naver.com/hkm2012

책값은 23,000원입니다.

ISBN 978-89-6817-110-9   93680

이 도서의 국립중앙도서관 출판시도서목록(CIP)은 e-CIP
홈페이지 (http://www.nl.go.kr/cip.php)에서 이용하실 수
있습니다. (CIP제어번호: CIP2014003677)

'한국연구재단 학술명저번역총서'는 우리 시대 기초학문의 부흥을 위해
한국연구재단과 한국문화사가 공동으로 펼치는 서양고전 번역간행사업입니다.